한반도에 울려퍼진
희망의 *아리랑*

한국기독교 민족지도자 50인

한반도에 울려퍼진 희망의 아리랑

발 행 일	2015년 8월 10일 초판 발행
	2015년 10월 6일 2쇄 발행
발 행 인	김재현
엮 은 이	김재현
발 행 처	한국고등신학연구원(KIATS)
편 집	강은혜, 류명균, 김지연, 최선화, 서은혜
디 자 인	박송화
일러스트	김재욱
등록번호	제 300-2004-211호
주 소	서울시 용산구 한강로 1가 228 한준빌딩 1층
전 화	02-766-2019
팩 스	0505-116-2019
E-mail	kiats2019@gmail.com
I S B N	978-89-93447-72-9

*본 출판물의 저작권은 한국고등신학연구원(KIATS)에 있습니다.
*사전동의 없이 무단으로 복사 또는 전재하여 사용할 수 없습니다.

*이 도서의 국립중앙도서관 출판예정도서목록(CIP)은 서지정보유통지원시스템 홈페이지(http://seoji.nl.go.kr)와 국가자료공동목록시스템(http://www.nl.go.kr/kolisnet)에서 이용하실 수 있습니다.(CIP제어번호: CIP2015020429)

한반도에 울려퍼진
희망의 *아리랑*

한국기독교 민족지도자 50인

KIATS

2015

한국기독교 민족지도자 50명 출생 지역

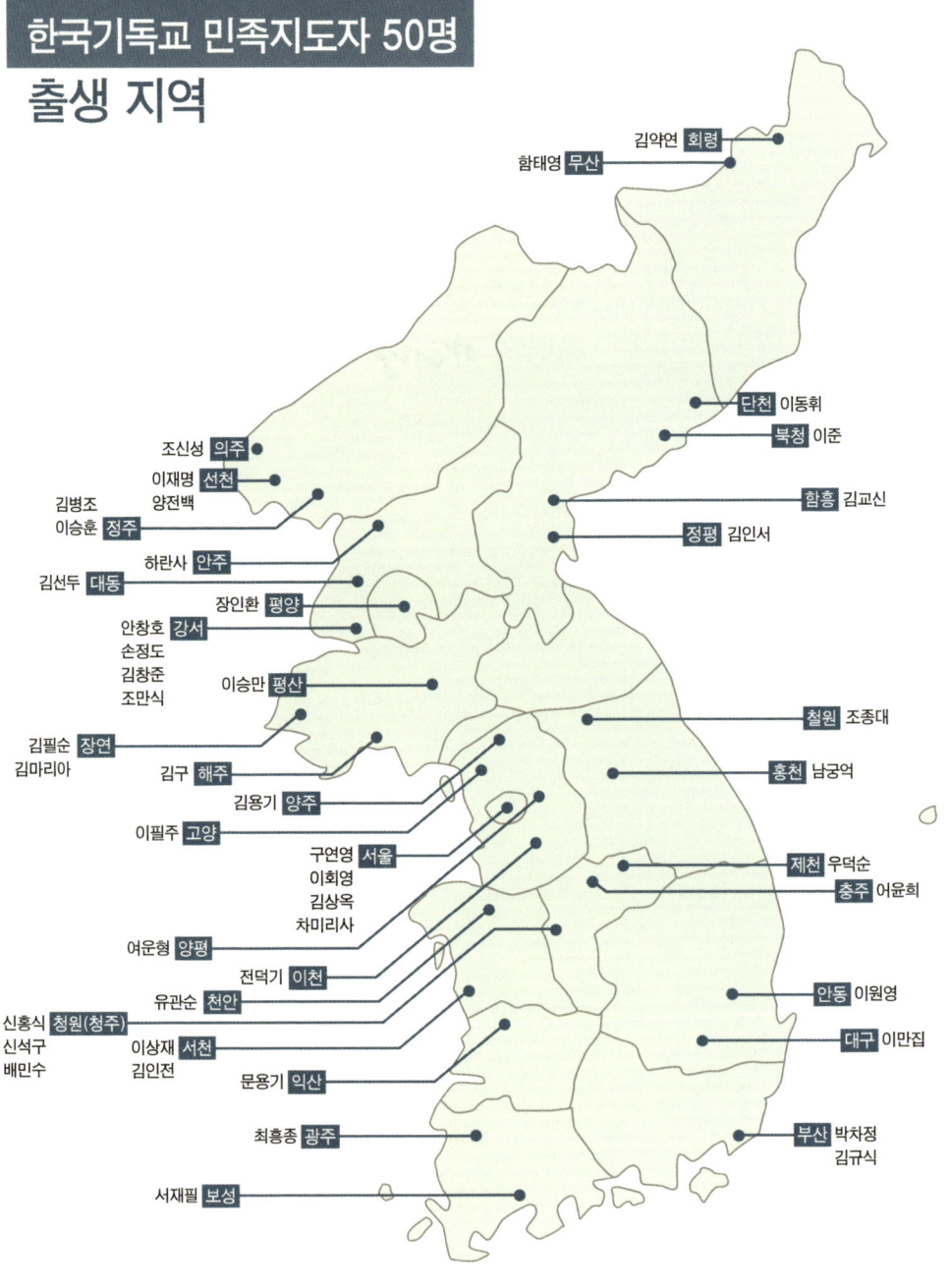

목차

1부
개혁과 민족운동으로
새로운 나라, 신민新民을
꿈꾸던 시대 • 9

1. 구연영
2. 서재필
3. 이상재
4. 이준
5. 전덕기
6. 헐버트
7. 안창호
8. 이승만
9. 김약연
10. 이회영
11. 김필순
12. 손정도
13. 장인환
14. 우덕순
15. 이재명

2부
강제병탄과 무단통치의 어두움을
3·1만세운동과 대한민국임시정부로
헤쳐나간 시대 • 141

16. 김마리아
17. 이승훈
18. 김병조
19. 양전백
20. 신홍식
21. 신석구
22. 이필주
23. 김창준
24. 스코필드
25. 유관순
26. 어윤희
27. 문용기
28. 이만집
29. 김인전
30. 김구
31. 김인서
32. 조종대

3부

다양한 항일·구국운동으로
깊은 어둠의 골짜기를
힘겹게 걷던 시대 • 283

33. 강우규
34. 조신성
35. 김상옥
36. 조만식
37. 배민수
38. 이동휘
39. 박차정
40. 차미리사
41. 하란사
42. 남궁억
43. 최흥종
44. 김교신
45. 김선두
46. 이원영

4부

분열과 신탁을 넘어
하나된 남북의
진정한 해방을 꿈꾸던 시대 • 395

47. 여운형
48. 김규식
49. 함태영
50. 김용기

에필로그
공훈별 인물
이 달의 독립운동가
참고문헌
색인

구연영
서재필
이상재
이준
전덕기
헐버트
안창호
이승만
김약연
이회영
김필순
손정도
장인환
우덕순
이재명

1부

개혁과 민족운동으로
새로운 나라, 신민新民을 꿈꾸던 시대

개혁과 민족운동으로
새로운 나라, 신민新民을 꿈꾸던 시대

개혁과 독립이 필요한 시대

1882년 조선과 미국간에 맺어진 조미수호통상조약은 한국이 서양에 본격적으로 문호를 개방한 상징적인 사건일 뿐만 아니라 19세기 말 격동의 시절에 한국사회가 기독교를 대면하게 만든 중요한 출발점이었다. 500여 년간 유교와 중국문화를 중심으로 작동해온 조선왕조와 사회 시스템은 위기에 봉착했고, 갑신정변부터 시작된 내부로부터의 개혁과 변화에 대한 요구는 더욱 강렬히 분출되었다. 1894년 갑오년에 시행된 과거제도 폐지를 포함한 일명 갑오년 개혁조치는 조선왕조사회가 한국을 이끌 능력이 사멸해 가는 과정을 단적으로 보여주었다.

한국인들은 1894년 청일전쟁을 통해 조선사회 상왕역할을 해온 중국에 본격적 의구심을 갖게 되었고, 외세, 특히 중국으로부터의 독립을 꿈꾸며 1896년 서재필이 중심이 된 독립협회는 중국지배의 상징인 영은문을 헐고 독립문과 독립관을 세워 나라의 독립을 꿈꾸었다. 이 책에서 다룬 구연영과 서재필, 이상재는 이 과정의 희망과 고뇌를 보여주었다. 1895년, 을미사변이라 불리는 '명성황후 시해사건'과 1904년 러일전쟁은 독립할 대상은 바뀌었지만, 여전히 한반도를 지배할 강대국의 막강한 힘을 의식하게 만들었다. 이런 시기에 조선정부의 내부적인 개혁과 외세로부터의 독립은 중요한 화두였다.

시련의 시기, 여전히 종교를 필요로 하다(종교4국지)

백의민족 한국민족이 정직하고 의롭게 산다고 해서 군대와 자본을 앞세운 제국주의 열강을 피해가거나 막아낼 수는 없었다. 통상이란 명분으로 서구열강의 아시아침략이 극에 달한 19세기 말에 기독교가 서구선교사들을 통해 한국에 전해졌다. 1884년 9월 호레이스 알렌Horace N. Allen, 안련이 부산에 도착한 이래 해방 전까지 1,500여 명의 해외선교사가 한반도에 들어와 활동했다.

종교성이 강한 한국인들은 불교와 유교, 토속신앙과 오랫동안 같이해 왔다. 그런데 굳이 《뜻으로 본 한국역사》를 쓴 함석헌의 비유를 들지 않더라도, 19세기 말 불교와 유교의 사회적-종교적 기능은 현저히 약화되었고, 이제 새롭게 들어온 기독교가 계몽과 근대와 구국의 수단으로 많은 사람에 의해 수용되었다. 선교사들을 통해 전해진 기독교는 중국과 여타 아시아국가에서 보았던 제국주의의 첨병이 아니라 한국의 개혁과 독립과 구국의 희망으로 자리 잡았다. 이는 명성황후 시해사건 때 선교사들이 고종의 벗이 되었고, 상동청년학원의 기독교 청년들은 도끼를 메고 을사늑약 무효상소를 올렸으며, 헤이그 특사사건에 중심에 기독교 지도자들이 자리하고 있었기 때문이다.

무능한 조국, 인간의 존엄과 정의의 개념을 뭉개버린 일본 제국주의

임진왜란과 병자호란, 19세기 말 전환기, 심지어 한국전쟁과 오늘에 이르기까지 우리는 종종 '과연 한국사회에 국가가 존재하는가'라는 질문을 한다. 국민이 위기에 처했을 때 국민 개개인을 보호하고 싸워줄 힘과 의식이 있는 '국가라는 실체가 존재하는가'라는 질문을 참으로 오랫동안 던지고 있는 것이다. 특히 19세기 말 힘없는 한반도는 열강의 각축장이고 전쟁터였다. 국민을 돌봐줄 국가가 어디에 있는지 아무도 몰랐고, 국민은 스스로의 안전을 책임져야 했다. 당시 상황을 서재

1876
강화도조약

1882
조미수호통상조약

1884. 12
갑신정변

1894
갑오개혁

1895
을미사변

필은 이렇게 절규했다. "정부는 시간이 지남에 따라 바뀔 수 있고 한 나라의 정치적인 외형은 상황에 따라 변화할 수도 있지만, 백성은 이 땅에 영원히 존재할 것입니다."

영은문을 헌 자리에 민주와 민권과 평등과 독립을 강조한 사람들이 독립문을 세울 때만 해도 이제는 한국사회가 중국을 포함한 외세열강의 아귀에서 벗어날 줄 알았다. 그런데 임진왜란 이후 호시탐탐 노려오던 일본은 중국에서 벗어난 한국을 삼킬 준비를 교활하고 치밀하게 해왔다. 처음에는 한국이 중국과 러시아의 영향력에서 벗어나는 것을 도와주는 척하면서 점차 한국에서 지배력을 확장한 일본은 마침내 우리 땅을 한 입에 삼켜버렸다. 물론 수많은 한국인 부일 협력자들과 매국노들이 없었다면, 일본의 한반도지배는 좀더 더디 이루어졌겠지만, 독립문을 세워 우리의 기개를 보여준 지 10년도 채 지나지 않아 한국은 실질적으로 일본의 속국이 되었다.

빼앗긴 조국, 변방에서 눈물 훔친 '신민'에의 꿈

1895년 조선왕권의 심장부인 궁궐에 들어와 명성황후를 시해하고, 1904년 러일전쟁을 통해 한반도의 지배력을 확인한 일제에게는 거칠 것이 없었다. 을사늑약을 통해 조선통감부를 설치하고 이어진 외교권 박탈과 군대의 강제적인 해산은 조선정부를 실질적으로 종식시켰다. 삼일천하로 끝난 1884년의 갑신정변, 1894년 갑오개혁, 1896년 이후 독립협회와 만민공동회를 통해 꿈이라도 꿀 수 있었던 개혁과 독립의 의지는 나라를 실제로 빼앗긴 상황에서는 꿈꾸는 것마저 허용되지 않았다.

1907년 안창호를 중심으로 시작된 신민회는 1910년 한일 강제병탄 전에 벌써 모든 것을 잃어버린 사람들이 아직도 좌절하지 않고 "새로운 나라와 민족", 즉 신민新民을 꿈꾼 모임이었다. 특히 중국과 러시아와의 전쟁을 거치는 동안 일제는 벌써 주목할만한 한국 지도자들을 국외로 몰아내는 비열한 작업을 지속해왔다. 을사늑약을 체결한 후, 그래도 한국민족을 이끌 지도자들은 서북지역에 기반을 둔 기독교 지도자들이었다. 1910년 강제병탄 이전 마지막으로 한국 국민 전체의 결집된 힘을 보여주고자 했던 신민회, 그 뜻을 이루지 못하고 1911-12년 105인 사건을 통해 종지부를 찍을 수밖에 없었다.

그리고 이 암울했던 긴 시간, 이제 갓 들어온 기독교가 수많은 자리를 함께 했다. 적지 않은 기독교인들이 구한말 암울한 역사의 길목길목을 함께 했다. 구연영은 해산된 군대를 모아 총을 들었고, 이준과 헐버트는 잃어버린 나라를 되찾기 위해 헤이그로 날아갔다. 이회영은 어마어마한 전 재산을 팔아 간도에 무력기지를 마련했고, 어린 이재명은 이완용을 죽이기 위해 몸을 던졌다.

이들은 잃어버린 나라를 되찾기 위해 총과 칼을 들고 자신의 목숨을 담보로 투쟁했다. 기독교인이 칼을 들고 암살의 전면에 나서야 하는 것이 옳은 것인가라는 질문은 이들에게는 이미 큰 의미가 없었을지 모른다. 북녘 동포가 굶어 죽어버린 상황에 통일의 의미가 없듯이, 나라를 잃고 모두가 일제의 폭력적 군홧발 밑에서 죽어버린 상황에서 그들이 생각한 진정한 신앙이 무엇이었겠는가?

1896
독립협회 설립

1905
을사늑약 체결

1907
고종 강제 퇴위, 군대 해산, 한일신협약, 신민회 창간

1910
한일 강제병탄

1911
신흥무관학교 설립, 105인 사건

성경과 함께 의병운동의 일선에 나선
구국회求國會의 중심 인물,
이천의 전도자 **구연영** 1864-1907

이 땅에 와서 너희가 이처럼 무도한 강도질을 하는데
하나님이 무심하실 줄 아느냐,
동지들을 말한다면 일진회 놈들을 빼고는
모든 백성이 나의 동지들이다.

허울뿐인 나라 대신 의병을 일으켜 일본에 맞서다

구연영

구연영은 1864년 8월 20일 서울에서 구철조의 3남으로 출생하였다. 그는 18세가 되기 전에 변 씨라는 성을 가진 여자와 결혼했는데, 그녀는 예수를 믿어 세례를 받은 후 미례美禮라는 아름다운 이름을 얻었고, 둘 사이에 정서, 성서, 완서, 종서라는 네 명의 아들을 두었다.

1895년 한 국가의 왕비인 명성황후가 일제에 의해 시해를 당하고 이어 단발령이 시행되자 일반 국민의 반일 감정이 극도에 달하였다. 이때 구영연을 비롯한 김하락, 조성학, 김태원, 신룡희가 경기도 이천을 중심으로 일종의 의병들로 이루어진 규대인 의진義陣을 결성하였다. 이에 용인, 안성, 포천, 시
한말 국권 회복에 앞장섰던 의병부대

흥, 수원, 안산에서 민중들이 자발적으로 호응해 이천에 모여들었고, '이천수창의소'의 기치 아래 대규모의 의병부대가 결성되었다.

'이천수창의소'라는 의진이 결성 된 후 중군장에 임명된 구연영은 1896년 경기도 광주의 광현, 일명 넋고개에서 일본군 수비대를 섬멸시키는 쾌거를 올렸다. '이천독립운동사'에서는 180여 명의 일본군 수비대 중에 불과 2-3명 만이 살아남았다고 기록할 정도였고, 한국사에서는 광현전투를 "전기 의병 사상 최초의 대규모 승리"로 평가하고 있다.

그러나 군대를 재정비한 일본군이 새벽에 이천을 기습하자, '이천수창의소' 의병들은 진지를 옮겨 광주 남한산성을 점령하고, 의병을 모아 서울 진공작전을 준비하였다. 이에 당황한 조선의 중앙정부는 서울 친위대와 강화도 주둔군을 남한산성에 파견하고, 일본군의 후원을 받아 성을 포위하여 20여 일 간 공방전을 치렀으나 의병들에게 번번이 지고 말았다. 이에 정부 관군은 동쪽 문을 맡고 있던 김귀성을 포섭해 성에 몰래 입성하였고, 의병들은 관군에게 쫓겨 뿔뿔이 흩어졌다.

구연영은 남한산성에서 해산한 후 의병장 김하락을 중심으로 다시 영남지방으로 향했다. 충청도 제천, 단양을 거쳐 경북 안동에 이르러 영남 의병과 연합해 항전에 임할 방법과 계략을 논의한 후 청송 감은리, 의성 수정사에서 수차에 걸쳐 관군을 상대로 치열한 전투를 벌였다. 그러나 정부 관군과 일본군 연합군이 지속적으로 보충되는 반면 의병의 숫자는 계속 줄어들어, 구연영은 결국 의병을 일으켜 나라를 구하고자 하는 뜻을 포기하고 고향으로 돌아왔다. 그가 30대 초반에 겪은 참담한 조국의 현실이었다.

민족운동의 방편으로 기독교에 입교하다

구연영은 의병활동을 접고 약 6개월간 고향인 서울에서 시간을 보냈다. 그리고 1897년 2월 서울 남대문 안에 있던 상동교회의 선교사 윌리엄 스크랜튼William B. Scranton, 시란돈을 찾아

상동교회 초기 모습과 스크랜튼

갔다. 무력투쟁을 통한 항일 민족운동의 처절한 실패를 맛보았던 구연영은 항일 운동을 위한 다른 방법을 찾고자 하였다. 훗날 구연영과 사돈 관계를 맺게 되는 원용한 목사는 이런 구연영의 기독교 입교 과정을 다음과 같이 증언하였다.

구연영 선생은 성격이 호매영민豪邁英敏: 성격이 호탕하고 인품이 뛰어나며, 영특하고 민첩하다하사 당시 정계 모든 풍경을 목도하신 후에 1897년 2월경에 모든 생각과 계획을 일소一掃하시고, 춘몽을 깨신 듯이 상경하사 남대문 내 거주하는 선교사 시란돈스크랜튼 목사에게 자진하야 기독신자가 되신 후에 귀향하사 전도를 힘쓰는 중 인류 평등을 주장하시고, 동중, 상인, 노복에게까지 존칭어를 사용하시니 당시에 보는 이들이 미쳤다고까지 하였으며, 선생은 열심으로 대중을 권하여 참 신 하나님을 찾고 회개하여 예수를 구주로 신信하여야 개인이나 민족이나 생로가 있을 것을 외치셨다.

이러한 구연영의 기독교 입교과정에 대해 당시 경기도 광주지역에서 사역하던 감리교 감리사 윌버 스웨어러Wilbur C. Swearer, 서원보는 보고서에서 다음과 같은 글을 남겼다.

노루목교회 창설자 구춘경(구연영)은 덕들 교회에서 처음 학습을 받았다. 그 후 그는 우리를 돕는 매서인 중에 가장 활발한 활동가의 한 사람이었다. 그는 덕들에서 학습을 받기 전 이미 3년 동안 기독교인으로서 신앙을 고백하고 있었다. 당시에 그는 그리스도 복음 안에 있는 은혜의 충만함을 이해하지 못한 채, 개인적인 목적을 이루기 위한 방편으로 신앙을 고백하는 교인의 대표적인 예였다.

구연영이 상동교회 스크랜튼을 찾은 동기는 "개인적인 목적", 즉 기독교를 통해 나라를 구하려는 이유 때문이었다. 구연영이 기독교 신앙을 가진 후에도 3년이나 지난 뒤에 선교사에게 세례를 받은 것은 이 때문이었다. 구국의 목적으로 기독교를 찾아온 구연영은 복음의 충만한 은혜를 경험한 후 복음을 전하며 성경을 보급, 판매하는 매서인으로 활발히 활동하였고, 기독교를 통한 새로운 구국운동의 길을 밟아 나갔다.

칼 대신 성경을 들고

구연영은 상동교회에서 자신보다 열 살 아래의 전덕기 목사를 만났다. 전덕기 목사는 당시 상동교회 내에 엡윗청년회를 조직해 이끌고 있었으며, 구연영은 그를 통해 새로운 민족운동의 길에 대한 많은 이야기를 나누었다. 구연영은 전덕기와 엡윗청년회 활동을 함께하면서 민족운동에 관한 구체적인 방법들을 찾아 나갔고, 이를 통해 교회 조직을 통한 민족운동을 실현해 나갔다.

감리회의 엡윗청년회는 독립협회와 마찬가지로 서구의 민주주의 이념을 바탕으로 했다. 구연영은 이 조직을 통해 인본주의적 사회 체제를 습득하고, 다른 민족운동가들과의 교류를 통해 새로운 민족의식을 형성해 나갔다. 그것은 구연영이 기존에 가지고 있었던 보수적인 '척사위정'斥邪衛正의 논리에 입각한 봉건주의적 민족의식이 아니라, 주권이 백성들에게 있다는 '주권재민'主權在民의 민주적 민족의식이었다.

1899년 3월 구연영은 의병활동을 했던 장춘영, 한창섭과 함께 이천지역에서 처음 설립된 마장면 덕평리에 있는 덕들교회에서 세례를 받고 이후 매서인이 되어 2,800km의 먼 길을 여행하면서 600여 권의 성경과 소책자들을 팔았다. 심지어 당시 감리교회의 대표적인 월간지인 〈신학월보〉에 "매서인의 직분"이라는 글 열 개를 수록하기도 했다.

구연영은 1905년 정식 전도사로서 이천읍교회를 포함한 아홉 교회의 교인을 이끌었으며, 칼 대신 성경을 들고 십자가의 구원을 외치며 이천, 광주, 장호원, 여주지방을 순회했다.

항일운동과 일진회 비판의 중심, 구국회

전도사가 된 구연영은 이전보다 발전한 형태의 민족운동을 추진하고자 하였다. 그리고 일련의 움직임들이 민족운동으로 성공하기 위해서는 한두 명이 모여서 추진하는 것이 아니라 민중의 적극적인 지지를 얻어야만 가능하다는 것을 그는 깨달았다. 따라서 구연영은 민중에게 민족의식을 고취시키고 민족이 처한 현실을 정확하게 알 수 있게 하는 계몽운동이 시급함을 깨달았다. 의병항쟁과 같은 무력으로는 일본에 대항하여 승산이 없음을 누구보다 잘 알고 있었기 때문에 그는 무력이 아닌 다른 방법을 찾고자 했던 것이다.

그 결과 구연영은 기독교 정신을 바탕으로 '나라를 구하는 모임'을 뜻하는 구국회求國會를 조직하였다. 민족운동가이며 사학자인 박은식이 지은 항일독립운동에 관한 역사서인 《한국독립운동지혈사》에 따르면 구국회는 믿음, 소망, 사랑을 실천하는 것을 목적으로 삼고, 하나님을 공경하는 일과 조국과 동포를 사랑하고 정의로 단결하여 모르는 사람을 깨우치는 일이 조국광복에 기초가 된다고 생각하였다.

> 신信은 진실한 신념으로 상제上帝를 신봉하고, 기독의 교훈으로 죄과를 회개하고, 진리의 삶으로써 완전한 인격의 기초를 삼자 함이요.
> 망望은 확고한 소망을 가지고 관존민비, 의타사상依他思想, 직업차별, 미신 허례 등 악풍폐습을 타파 개선하며, 신교육을 흡수하여 현실에 낙심 말고 직업에 충실함이요.
> 애愛는 경천애인을 표어로 하고, 하나님을 공경하며 조국을 사랑하고 동포를 사랑하여 정의로 단결하여 모르는 사람을 깨우치는 조국광복의 기초라.

구국회가 정확히 언제 어떤 모습으로 조직되었는지는 알 수 없지만, 구연영이 세례를 받고 활발한 전도활동을 시작하던 무렵 거의 동시에 이루어진 것으로 보인

구연영 순국기념비와 추모비

다. 구연영은 권서 활동을 하면서 자신이 예전에 의병으로 활동했던 지역을 두루 다니며 기독교의 복된 소식을 전하는 동시에 동지들을 규합해 구국회의 기틀을 다져나갔다. 이런 의미에서 구연영의 민족사랑과 신앙이 절묘하게 조합된 것이 바로 구국회였다.

1905년 구연영은 이천구역 담임이 되어 경기도 광주군 도척면의 노곡교회에서 이천교회로 이주해왔다. 그해 11월 을사늑약이 체결되었는데 그 결과 국민 사이의 배일감정이 극도로 악화되었다. 구연영은 을사늑약이 발표되자 이천, 광주, 여주, 장호원 지역을 순회하면서 군중집회를 개최하고 구국운동을 본격적으로 전개하여 일본의 침략행위를 규탄하고 늑약 체결을 철회할 것을 촉구하였다.

특히 친일 단체인 일진회의 매국적인 활동에 대한 규탄이 활발히 전개되었다. 일진회는 을사늑약 체결을 지지하는 매국적인 친일행각을 자행하는 한편 일제로부터 막대한 자금을 지원 받아 막강한 힘을 행사하고 있었다. 이 때문에 군수와 관찰사들이 일진회 회원들에게 뇌물을 주지 않으면 자리를 지키기 어려울 정도였다. 일제가 일진회를 적극 보호하였기 때문에 권력을 얻고자 하는 사람들이 일진회로 몰려들었고, 전국적으로 조직이 확대되어 나갔다. 이러한 상황을 안타깝게 여긴 구연영은 나라를 파는 데 앞장선 동족을 향해 조국 사랑과 정의를 외쳤던 것이다.

구연영이 조직한 구국회의 집회는 기독교인들이 모인 집회였지만, 일본의 침략에 반대하는 목소리가 높은 모임이었다. 또한, 그 모임에는 이천수

창의소 당시 구연영과 함께 활동한 장춘명, 안옥희, 한창섭, 전무호 같은 의병 동지들의 이름이 다수 포함되어 있다. 이를 통해 구연영이 구국회를 조직한 목적과 그 의도를 우리는 어렵지 않게 짐작할 수 있다.

이처럼 민족의 독립과 민중의 계몽을 위해 노력하던 구연영은 일진회의 밀고로 아들 정서와 함께 일본군에게 체포되었다. 온갖 회유와 협박에도 굴하지 않고 대항하다가 결국 이천 장터에서 아들과 함께 총살당하였다. 아직 조국이 완전히 침몰당하기 전인 1907년 8월 24일 일어난 일이었다.

이천중앙교회 서쪽 뜰에 구연영 부자 순국기념비가 서 있으며, 궁평리 묘소에는 구연영과 정서와 성서의 묘가 나란히 있다.

구연영은 1963년 3월 1일 정부로부터 건국공로훈장 독립장을 추서 받았으며, 아들 정서는 1991년 건국공로훈장 애국장이 추서되었다.

자주독립과 민족개혁의 선구자
서재필 1864-1951

우리 역사상 처음 얻은 인민의 권리를 남에게 약탈당하지 말라. 정부에게 맹종하지 말고 정부는 인민이 주인이라는 것을 잊어서는 안 된다. 그러므로 이 권리를 외국인이나 타인이 빼앗으려 하거든 생명을 바쳐 싸워라. 이것만이 나의 평생소원이다.

성공하지 못한 개혁 그리고, 망명

서재필은 1864년 1월 7일 외가가 있던 전남 보성에서 태어났다. 서재필은 본가가 있던 충청남도 논산으로 보내져 성장하다가 인근에 살던 근친 서광하의 양자로 입양되었다. 7살 무렵 서울로 보내져 양부모인 안동 김씨의 동생 김성근의 집에서 과거를 준비하였다. 김성근은 1862년 문과에 급제한 뒤 당시 판서직에 있었

서재필

는데, 그의 집에는 개화파 지도자인 김옥균이 일가로서 자주 드나들고 있었다. 따라서 서재필은 김성근의 집에 있으면서 자연스레 김옥균과 박영효 같은 개화파들을 알게 되었다.

19세가 되던 1882년 서재필은 별시 문과에 합격하였으며, 서적발간을 담당하는 교서관校書館의 부정자副正字로 활동하면서 개화파 인물들과 빈번하게 접촉하게 되면서 개화사상을 심화시켜 나갔다.

1883년 김옥균의 권유로 일본 도쿄의 토야마戶山육군학교에 입학하여, 1년여 동안 근대식 군사교육과 지리학 같은 메이지 유신을 통해 일본에 본격적으로 도입된 신학문을 익혔다. 1884년 7월 한국에 돌아온 서재필은 고종에게 사관학교의 설립을 건의했고, 자신이 사관장에 임명되었다. 그러나 일본세력을 의식한 청나라와 청나라에 기댄 정권의 반대로 사관학교의 설립이 지지부진하게 되었다. 이에 서재필을 비롯한 김옥균, 박영효, 서광범, 홍영식 같은 급진 개화파 인사들은 1884년 우정국 개국 축하연을 기회로 청나라에 의존하려는 일명 친청 세력을 몰아내고 개화 정권을 수립하고자 하는 무력정변인 갑신정변을 일으켰다.

개화당 정부는 근대적 사회개혁의 이념을 담은 14개조의 개혁강령을 반포하기도 했지만, 청나라의 무력개입으로 갑신정변은 3일 만에 실패하고 말았다. 서재필은 1884년 12월 11일 김옥균, 박영효, 서광범과 함께 일본으로 망명할 수밖에 없었다.

갑신정변을 주도했던 박영효, 서광범, 서재필, 김옥균(왼쪽부터)

또 한 번의 망명과 미국 시민권 취득

그러나 일본으로 건너간 이들을 일본 역시 달가워하지 않았다. 한국 정부는 갑신정변 주모자를 인도해 줄 것을 일본 정부에 지속적으로 강력히 요구하였고, 일본 정부 또한 한국과의 관계에 악영향을 끼칠 것을 염려해 서재필을 비롯한 개화파 인물들을 적극적으로 보호해주지 않았다. 이런 상황 속에서 서재필은 1885년 4월 박영효, 서광범과 함께 일본을 떠나 미국으로 향했다. 두 번째 망명인 것이다. 이때 서재필 일행이 미국으로 망명하는데 일본에 와 있던 선교사들이 많은 도움을 주었다. 서재필은 일본에 있을 때 미국 성서공회의 일본과 한국지역 담당 총무인 헨리 루미스Henry Loomis목사 집에서 미국으로 떠나기 직전까지 4개월간 머물면서 영어를 배우기도 했다.

그러나 미국으로 건너간 박영효는 궁핍한 생활을 견디지 못해 다시 일본으로 돌아갔고, 서광범은 호레이스 언더우드Horace G. Underwood, 원두우의 집안과 연결되어 혼자 미국 동부로 떠났다. 결국 서재필은 혼자 남아 생활하게 되었다. 미국 샌프란시스코에 도착한 서재필은 낮에는 일하고, 밤에는 기독교청년회에서 운영하는 야간학교에 등록해 공부했다. 그리고 일요일에는 성경공부, 예배, 기도회 할 것 없이 집회마다 쫓아다녔다. 처음에는 신앙보다 영어를 배울 욕심에서 열심을 내었던 서재필은 많은 성경 구절을 암송하게 되었고, 이런 과정을 통해 점차 기독교를 받아들이게 되었다.

이렇게 영어를 배우던 중 1886년 8월 펜실베니아 주 윌크스 배리Wilkes-Barre의 해리힐맨고등학교Harry Hilman Academy에 입학하였고, 1888년 워싱턴 D.C.의 컬럼비안 대학교Columbian College 부설 코크란대학에 입학해 의학을 전공하였다. 1890년 6월 미국인으로 귀화한 서재필은 필립 제이슨Philip Jaisohn 이란 이름으로 일평생을 살아갔다. 서재필이 이름까지 바꾼 것은 갑신정변의 실패로 부모와 형, 부인이 음독자살을 하고, 친동생 서재창은 참형을 당하는 등 죄인으로 낙인 찍힌 본인이 다시 한국으로 돌아갈 수 없을 것이라는 좌절감과 고뇌 때문이었을 것이다.

서재필은 1892년 의학사 학위를 받고, 1893년 의사 면허를 취득하였으며, 1894년 6월 미국 여인 뮤리엘 암스트롱Muriel Armstrong과 결혼하였다.

11년 만의 귀국, 아래로부터의 민중계몽 운동의 시작

1894년 청일전쟁 때 일본의 강압으로 군국기무처가 세워지고 내정개혁이 단행되면서 흥선대원군과 김홍집, 김윤식, 어윤중 세력 간에 갈등이 계속되었다. 이러한 상황에서 일본 측에 의해 1884년 갑신정변 망명자들의 귀국이 추진되었다. 그 결과 일본에 있던 박영효와 미국에 있던 서광범은 귀국해 다시 정부의 대신이 되었고, 그들을 추종하던 세력들 역시 관직에 임용되었으나 서재필은 이때 귀국요청을 받아들이지 않았다.

그러나 서재필은 김홍집 정권의 지속적인 요구로 망명한 지 11년 만인 1895년 32살의 나이로 다시 고국 땅을 밟았다. 1896년 1월 내각의 자문기관인 중추원의 고문에 임명된 서재필은 대중신문을 발간하려는 계획과 함

〈독립신문〉 창간호
한글판(1896. 4)

께 자신이 주된 관심을 두고 있던 민중계몽을 시작했다. 그는 정부가 하는 일을 국민이 알게 하고, 다른 나라가 조선에서 무엇을 하고 있는지를 일깨워 주기 위해 신문이 꼭 필요하다고 생각했다. 이로써 그는 정부에 건의해 지원금을 받고 개화파들의 지원을 받으면서 1896년 4월 7일 우리나라 최초의 민간 대중신문인 〈독립신문〉을 창간하였다. 서재필은 이러한 신문의 창간 목적을 알리기 위해 〈독립신문〉 창간사를 1896년 4월 7일 자 〈독립신문〉에 기고하였다.

우리는 첫째, 편벽偏僻되지 아니한고로 무슨 당에도 상관없고 상하 귀천을 달리 대접하지도 아니하고, 모두 조선 사람으로만 알고 조선만 위하며 공평하게 인민에게 말할 것입니다. 우리가 서울 백성만 위할 게 아니라 조선 전국 인민을 위하여 무슨 일이든지 대언代言하여 주려 합니다. 정부에서 하시는 일을 백성에게 전할 것이요, 백성의 정세를 정부에 전할 터이니 만일 백성이 정부 일을 자세히 아시면 피차에 유익한 일만 있을 것이고, 불평한 마음과 의심하는 생각이 없어질 것입니다.

이어서 서재필은 1896년 7월 이상재, 이승만, 윤치호와 함께 한국 최초의 근대적 사회정치단체라고 할 수 있는 독립협회를 창립하였다. 독립협회는 창립과 함께 중국종속의 상징인 영은문을 헐고 그 자리에 독립문을 건립하고, 독립관과 독립공원을 설립하였다. 서재필은 독립문 건립을 통해 자주독립 정신을 실현하는 최초의 행동을 영구적으로 간직하자고 주장하였으며, 미국의 개국을 부각시켜서 자주독립 정신을 고취시키고자 하였다.

독립문

서재필은 자주독립 정신을 고취시킬 수 있는 많은 논설을 〈독립신문〉에 직접 기고하고, 배재학당 학생들이 중심이 되어 대중들의 계몽을 목적으로 시작한 단체인 협성회와 독립협회의 토론을 통해 자유사상과 민주주의적 지식을 넣어주고 애국의 필요성을 전파하고자 노력하였다. 특히, 열강의 이권침탈로 인한 국권 상실을 부각시키는 데 관심을 두고, 윤치호와 함께 러시아의 이권침탈을 차단하기 위해 만민공동회를 개최하였다.

이처럼 서재필의 지도력 밑에 민중들의 자의식과 정치의식이 계발되고 정부에 대한 비판과 개혁요구가 증가하자, 정부 내의 보수적인 관료들은 점차 이탈하기 시작했다. 더욱이 자신들의 이권침탈에 방해가 된다고 느낀 열강의 공사들도 서재필의 개혁활동에 대한 지지를 철회하고, 오히려 서재필이 미국으로 귀환할 것을 종용하였다. 서재필은 중추원 고문직에서 해임되더라도 의료인으로 자신의 전공을 살려 미국인 광업회사의 공의(公醫)로 남아 활동을 계속하려 했으나, 조선 정부에서는 이마저도 꺼렸다. 결국, 서재필은 1898년 5월 14일 마지못해 미국으로 다시 돌아갔다. 하지만 미국으로 돌아간 후에도 그는 윤치호와 함께 〈독립신문〉의 주필과 최고 책임자를 맡아 지속적으로 활동했다.

미국에서 대한의 독립을 부단히 외치고

미국으로 돌아간 서재필은 고국의 3·1만세운동에 관한 소식을 듣고 미국에서 독립외교활동을 펴 일제의 만행을 규탄하고 국내 독립운동을 지원하였으며, 국제사회에 한국의 독립에 관한 관심을 지속적으로 촉구하였다.

서재필은 미국에 사는 한국인 지도자들과 미국인 유력인사들을 동원하여 1919년 4월 14-16일 한인연합대회를 자유의 상징 도시인 필라델피아에서 열어 일제의 한국 강점을 규탄하고 독립시위를 벌였다. 그리고 한국홍보국을 설치하고, 시사외교선전을 목적으로 *Korean Review*〈한국평론〉지를 창간하였으며, 미국 각지에 한국에 관심을 가진 사람들을 중심으로 한국 친우회를 조직하여 대한민국임시정부의 외교활동을 비롯한 한국독립운동을 조직적으로 후원했다. 뿐만

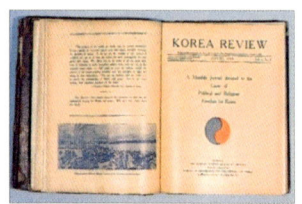

Korea Review

아니라 기회가 있을 때마다 언론과 강연회를 통해 한국독립에 대한 지지를 호소하였다. 서재필은 비록 몸은 미국에 있었으나, 고국인 한국을 잊지 않고 한국의 독립을 위해 노력하였다.

1931년 9월 일제가 중국대륙 침략을 재개해 조선의 독립은 더 멀어지는 듯했다. 그러나 서재필은 민족에 대한 희망을 포기하지 않고, 오히려 〈기독신보〉에 "용기와 협력"이라는 다음과 같은 글을 기고해 한국인들을 위로하고 격려했다.

> 조선 민족이 여러 가지 장점들을 많이 가지고 있으나, 용기와 협력 정신이 부족하니 어떠한 상황에서도 낙심하지 말고 용기를 가지고 새로운 일에 도전하며 동족을 사랑하는 마음과 협력 정신을 기르십시오.

국민이 주인인 나라를 꿈꾸다

1945년 8월 15일 광복이 된 후 9월부터 바로 미군정이 시작되었다. 미군정의 존 하지John Reed Hodge 중장은 이승만을 견제할 인물로 서재필을 선택하고, 하지의 고문 겸 남조선 과도정부의 특별 의정관으로 서재필을 초빙하였다. 평소 귀국을 원하고 있던 서재필은 자신이 한국인을 위해 한국 사정을 잘 조언할 수 있다고 여겨 요청을 수락하고, 80이 넘은 몸을 이끌고 1947년 7월 다시 한국으로 돌아왔다.

서재필은 한국에 있는 동안 국민의 추앙을 받아 대통령 추대 연명을 받기도 했지만, 당시 파벌이 심했던 국내 정치계와의 불화를 일으키고 남한만의 단독정부의 수립으로 시국이 혼란해지자 다음과 같은 인터뷰를 남기고 미국으로 돌아갔다.

> 우리 역사상 처음 얻은 인민의 권리를 남에게 약탈당하지 말라. 정부에게 맹종하지 말고 정부는 인민이 주인이라는 것을 잊어서는 안 된다. 그러므로 이 권리를 외국인이나 타인이 빼앗으려 하거든 생명을 바쳐 싸워라. 이것만이 나의 평생소원이다.

1948년 9월 미국으로 돌아간 서재필은 1951년 1월 5일 88세의 일기로 그곳에서 여생을 마쳤다. 정부에서는 서재필의 공훈을 기리어 1977년 건국훈장 대한민국장을 추서하였다.

서재필의 기념관은 1925년부터 1951년까지 서재필이 거주하였던 필라델피아와 그의 생가가 있는 전남 보성에 자리하고 있다.

기개와 해학으로 어두운 시대를 밝힌
영원한 청년 **이상재** 1850-1927

신臣은 비록 만萬 번 주륙誅戮을 당할지언정 이러한 매국하는 도적들과는 한 조정에 설 수 없사온즉, 폐하께서 만일 신이 그르다고 생각하시거든 신의 목을 베이사 모든 저들에게 사례하시고, 만일 신의 말이 옳다고 여기시거든 모든 도적의 목을 베어 전 국민에게 사례하소서.

인생에 누구를 만나느냐는 매우 중요하다, 이상재가 만난 박정양!

이상재는 1850년 충청남도 서천에서 고려 시대 탁월한 문인 목은^{牧隱} 이색^{李穡}의 13대손으로 출생하였다. 이상재의 선조인 이색은 고려 말의 충신으로 중국 원나라의 국립대학에 해당하는 국자감에서 성리학을 배우고 돌아온 학자요 문인이었는데, 1367년 대사성^{大司成}이 되어 성균관의 학칙을 새로 제정하고 정몽주 등과 강론하며 성리학 발전에 공헌했다. 그러나 19세기 쓰러져가는 조선 말기에 이상재 가족은 여느 양반과 같이 재정적으로 매우 어려운 상황을 견디어 내야 했다.

이상재

고향 서천의 서당에서 한학을 익힌 이상재는 18세에 서울에 올라와 과거를 치렀지만 낙방했다. 그렇지만 한양에서 이상재는 평생 그에게 영향을 끼친 한 사람을 만났다. 그는 실학의 북학 학통을 이어받아 고위관료로 활동하던 박정양이었다.

첫 주미공사관으로 활동한 박정양

1881년 박정양이 일본의 개화 모습을 살피기 위해 조사시찰단 朝士視察團을 이끌고 일본에 갔는데, 이상재가 보좌관으로 그와 같이 갔다 왔고 왕에게 제출하는 "일본국 문견 조건" 日本國聞見條件이란 보고서 집필을 도왔다. 이후 1887년 박정양이 미국에 초대공사로 임명되자 이상재는 그와 함께 미국으로 건너가 주미공사관 서기관을 역임하고, 박정양이 기록한 "미속습유"^{美俗拾遺}라는

신사유람단의 모습

미국 시찰 견문록 집필을 도왔다.

개화 인물 박정양과의 인연은 지속되었다. 1894년부터 갑오개혁을 이끌던 김홍집이 아관파천으로 살해되자 박정양이 총리대신 서리로 취임했고, 이상재는 현재의 행정자치부 장관에 해당하는 내각총서로 임명되어 고종을 황제로 추대하고 대한제국을 선포하는 일명 광무개혁을 도왔다.

이상재의 청렴결백하고 준엄한 모습, 그러면서 슬픔과 좌절을 해학적으로 보여주는 일화가 많다. 한번은 그가 국왕을 알현할 때 관직을 사고파는 서류뭉치가 보자기에 싸여 왕의 허락을 기다리고 있었다. 이때 이상재가 "폐하가 계신 방이 왜 이렇게 추운가?" 하면서 그 보자기를 난로 속에 집어 던져버렸다. 아무도 상상할 수 없는 일을 이상재는 익살스럽게 헤쳐왔다. 나라도 잃고, 나라도 없던 시절에 이상재의 탁월한 해학적 기지는 많은 사람에게 위로와 희망을 주었다.

독립협회와 만민공동회-의회 설립 운동

개화된 일본과 문명국 미국을 직접 눈으로 보고, 발로 밟고 온 이상재는 국제정세에 대한 객관적인 이해와 국내 개혁의 필요성을 절실히 느꼈다. 또한, 이상재는 미국의 민권 사상과 근대적 제도를 한국 땅에 접목하고자 했는데, 이 노력의 결과가 서재필과 함께한 독립협회를 통해 나타났다.

1895년 미국으로 망명했던 서재필의 입국으로 발족된 독립협회는 〈독립신문〉을 발행해 민주, 민권 사상을 보급하는 한편, 만민공동회를 열고 백성의 의견을 수렴해 정부에 건의하는 통로 역할을 했다. 1898년 서재필이 수구파의 압력을 받고 다시 미국으로 돌아가자 이상재는 회장 윤치호를 도와 독립협회를 이끌었으며, 만민공동회

만민공동회의 모습

에서 토론을 거쳐 채택된 개혁안을 정부에 전달하는 역할을 했다.

> 국가가 국가를 이루는 까닭은 한두 사람만으로 이루어지는 것이 아니고 여러 천만 명이 모여서 삶으로 이루어지는 것이므로 이 민중이 없이 어떻게 국가를 이룰 것이며, 또 민중이 모였다 하여도 조금이라도 각각 그 천부의 권리와 의무를 향유하지 못하면 이것은 꿈질거리는 고깃덩이와 움직이는 송장이니 무엇이 초목금수와 달라서 넓고 비옥한 토지가 있다 하더라도 이것을 어찌 지키고 보존할 수 있겠습니까?

이상재는 독립협회를 대표해 '헌의 6조'와 같은 상소를 여러 차례 올렸다. 그는 헌법에 의해 군주의 권력을 제한하는 입헌군주제를 주장하면서 민중의 참정권을 확대하는 방안으로 고관들의 자문기관이었던 중추원을 개편해 근대적인 의회로 활용할 것을 제안했다. 그러나 이러한 시도는 보수파 관료들의 반대로 좌절되었고, 독립협회 세력이 일본에 망명 중인 박영효와 합력하여 정부를 전복하려 한다는 음모에 빠져 이상재를 비롯한 개혁 인사들은 결국 투옥되는 신세가 되었다. 개혁을 꿈꾸었던 관료 이상재의 꿈은 이렇게 끝나는 듯했다.

옥중에서의 회심과 이승만과의 만남

그러나 한성감옥이 이상재의 종착점이 아니었다. 감옥 생활은 오히려 이상재의 삶을 새롭게 시작하는 출발점이 되었는데, 바로 한성감옥에서 기독교를 받아들인 것이다. 이상재는 선교사들이 차입해 준 성경과 기독교 관련 서적을 탐독하였는데, 그는 특별히 요한복음을 30번 이상 통독하였다고 한다. 그리고 감옥을 방문해 전도하던 제임스 게일[James S. Gale, 기일], 호머 헐버트Homer B. Hulbert, 홀법/할보, 올리버 에비슨Oliver R. Avison, 어비신과 같은 선교사들에게 기독교 신앙을 배워 나갔다. 한번은 비몽사몽 간에 하나님의 음성이 들렸다고 한다.

> 나는 수년 전 그대가 워싱턴에 있을 때 성경을 주어 예수를 믿을 기회를 주었는데 그대는 거절했다. 그것이 첫 번째 큰 죄다. 다시 그대가 독립협회에 가담했을 때 기회를 주었는데 예수를 믿지 않을 뿐 아니라 다른 사람까지도 믿지 못하게 방해했다. 그대는 민족의 진보할 기회를 막았으니 이것이 큰 죄다. 나는 그대의 생명을 보존하여 옥중에 두었고, 이제 믿을 기회를 주노니 잘못을 회개하지 않으면 전보다 더 큰 죄가 될 것이다.

기독교가 유교의 부족한 점을 보완하고 서구 선진국의 발전의 원동력이라고 확신한 이상재는 마침내 1903년 54세의 나이에 기독교를 받아들였다. 당시 한성감옥에서는 이상재를 비롯해 이원긍, 김정식과 같은 고관 출신의 양반들이 집단으로 개종하는 놀라운 사건이 일어났다. 1904년 석방된 직후 이상재, 이원긍, 유성준, 김정식은 연못골교회, 지금의 연동교회를 찾아가 담임을 맡고 있던 제임스 게일에게 세례를 받았다.

이상재가 감옥에서 맺은 이승만과의 인연은 출옥 후에도 지속되었다. 이상재가 전국에 YMCA를 조직할 때 미국 유학을 마친 이승만을 불러들여 서울YMCA 학감으로 세우고 함께 YMCA운동을 전개해 나갔고, 1919년 3·1만세운동 이후에 한성정부가 조직될 때 이

YMCA종로회관(1910)

승만을 지지하며 집정관 총재로 옹립하였다. 또한, 비밀단체인 흥업구락부를 국내에 조직하여 미주에서 활동하는 이승만과 동지회를 지원하였다.

YMCA에서 60대의 이상재가 꿈꾼 새 개념의 청년

1903년 이상재가 한성감옥에서 기독교에 새롭게 눈을 뜨고 있을 때, 서울에서는 YMCA^{Young Men's Christian Association}가 설립되어 독립협회 해산 후 끊어져 가는 구국계몽운동과 시민운동을 이어갔다. YMCA는 한국의 상류층 청년들의 강력한 요구에 의해 세워진 기관으로 제임스 게일과 호머 헐버트 등 감옥에서 이상재를 돌본 선교사들이 설립에 적극적으로 참여하고 있었다.

이상재는 "청년이라는 말은 새말이요, 새 개념이다."라고 말하면서 교파를 초월한 YMCA의 시민운동에 마음이 불타올랐다. 출옥 후 동지들과 함께 YMCA 운동에 투신한 이상재는 교육부 위원장이 되어 성경공부를 비롯한 신학문과 기술교육을 실시하고, 야구를 비롯한 근대적 스포츠를 도입하였다. 또한, YMCA의 전국조직망을 갖추기 위해 힘을 쏟았다.

조선야구대회 개회식에서 시구하고 있는 이상재(1921)

일제가 민족 지도자들을 일망타진하기 위해 조작한 105인 사건으로 YMCA 총무 필립 질레트^{Philip L. Gillett, 길레태}가 1912년에 추방되고 한국 개신교 지도자들이 구속되는 상황에서 이상재는 필립 질레트의 후임으로 서울 YMCA의 총무를 맡아 기관을 이끌어갔다. 일본 당국은 독립운동의 본거지인 YMCA 운동을 없애버리기 위해 기존의 재정 지원을 끊고 YMCA를 일본에 예속시키려고 했지만, 이상재는 이러한 음모를 막아내고 YMCA의 재정 독립을 일구어냈다. 그리고 1914년에 조선기독교청년회 연합회를 조직하여 1910년부터 시작한 학생 YMCA 조직의 연합을 이루었다.

"다 같이 시작한" 비폭력 무저항 3·1만세운동

1919년 3·1만세운동이 일어나기 전 기독교 측 대표들이 이상재를 찾아가 그에게 만세운동의 '수령'이 되어줄 것을 부탁했다. 그러나 이상재는 천도교측의 손병희에게 자리를 양보하고 뒤에 할 일이 많다는 이유로 이를 거절했다. 70의 나이에 이른 이상재가 3·1만세운동 이후 상황을 수습하고 민족운동을 이끌어가기 위해 일선에 직접 나서지 않은 것이다. 그는 비록 민족대표 33인은 아니었지만, 이 운동을 뒤에서 후원하며 기독교도들을 동원하였고, 천도교대표 손병희와 함께 3·1만세운동의 방향을 정하는 결정적인 역할을 했다. 그의 업적은 이상재의 비문에도 잘 나타나 있다.

그 중 특기할 것은 3·1만세운동의 방법을 지정한 것이다. 천도교주 의암 손병희 선생과 함께 모의를 거듭할 때 다수는 한결같이 살육을 주장했으나 오직 선생이 남을 살육하느니보다 우리가 죽기로 항거하여 대의를 세움만 같지 못하다고 제의하시었다. 그리하여 무저항 비폭력의 혁명운동이 처음으로 전개되어 인류 역사상에 우리가 영광스러운 사적을 가지게 되었던 것이다.

이상재는 3·1만세운동 직후 수감되어 심문을 받았는데, 이때에 특유의 재치로 검찰관을 당혹스럽게 하였다. 그리고 그의 대답에는 평생을 2천만 민족과 함께 호흡하였던 신앙인 이상재의 모습이 나타나 있다.

심문: 이 운동은 누가 먼저 시작했는가?
답변: 2천만 민족이 다 같이 시작했다.
심문: 아니, 구체적으로 말하라.
답변: 하나님의 지시로 했다.
심문: 당신이 한 것이 아닌가?
답변: 나도 했다.

심문: 연루자가 누구인가?

답변: 연루자? 독립운동은 혼자 하는 것이지. 연루자가 있을 리 없다.

"겨레를 위하는 일이라면"

민족지도자 이상재는 1921년 조선교육협회 회장을 역임하고, 1922년 베이징에서 개최되는 세계학생기독교청년연맹대회에 참가하고, 1924년에 〈조선일보〉 사장에 취임하는 등 적지 않은 나이에도 불구하고 굵직한 일들을 맡아 민족의 독립을 위해 애썼다.

이상재 동상

1927년 민족주의 계열과 사회주의 계열이 연합하여 항일운동단체 신간회를 창립하자 이상재가 초대 회장으로 추대되었는데, 당시 70대 후반이던 이상재는 병상에 누워 있어 이를 고사하였다. 그러나 신간회 총회 대표가 찾아와 "선생님이 안 나오시면 청년들이 뒤를 따르지 않을 것입니다."라고 간곡히 부탁하자, "그렇다면 내가 나가지! 겨레를 위하는 일이라면 눈을 감는 순간까지 일을 해야지!" 하며 이를 수락하였다.

그러나 이상재는 그다음 달인 1927년 3월 29일 만 77세의 나이에 노환으로 생을 마감하였다. 4월 9일 10만 군중의 애도 속에 그의 장례가 한국 최초의 사회장으로 치러졌다.

정부는 그의 일생을 통한 공훈을 기리어 1962년에 건국훈장 대통령장을 추서하였다. 이상재의 고향인 서천에 이상재를 기리는 기념관이 자리하고 있고, 2012년에 그가 즐겨 입던 두루마기를 입은 모습의 동상이 세워졌다.

헤이그 평화회의에서 대한의 독립을 외친 검사 이준 １８５９-１９０７

우리는 당당한 한국의 전권 대표로서 이 평화회의에 참석할 권리가 있습니다. 일본 전권이 말하는 1905년에 체결된 을사늑약은 휴지와 같은 것입니다. 그것은 우리 국민이 전부 반대하여 피로써 항의하는 것이요, 우리 황제의 의사에 없는 억지로 만들어진 조약입니다.

유배지 섬에서 깊게 만난 하나님

이준은 1859년 12월 18일 함경남도 북청군 속후면 중산리에서 태어났다. 나이 12세에 일찍 결혼한 이준은 29세의 나이에 초시에 합격하고 30세까지 전통적인 학문을 공부하며 성리학을 수호하고 외국문물을 배척하는 보수적인 척사위정 계열의 인물들과 교류를 해 왔다.

이준

1888년 가을, 서울에 올라온 이준은 당대 시대가 변화하는 것을 보고 자신도 생각을 바꿔야겠다고 결심했다. 당시 정부는 1894년 갑오개혁의 후속 조치의 하나로 1895년에 '법관양성소'를 설립했는데, 이준은 37세가 되던 해에 법관양성소에 입학해서 6개월 동안 공부한 후 제1회로 졸업하였다. 그리고 1896년 2월 한성재판소 검사보 주임 6등관에 임명되었지만, 임명된 지 약 1개월 만인 3월 5일 직에서 물러나고야 말았다.

독립협회에 가입한 이준은 1898년 11월 만민공동회에서 가두연설을 하는 등 적극적으로 활동하였고, 1902년에는 이상재, 민영환, 이상설, 이동휘, 양기탁이 중심이 되어 조직된 비밀결사인 개혁당에 가담하였다. 젊어서 주로 척사위정파 인물들과 교류를 해 온 그에게는 적지 않은 변화였다.

이준이 처음 기독교에 입교한 것은 당대 여러 사람에게서 볼 수 있듯이 정치적 목적이 적지 않았다. 서울에서 민족운동을 해 오던 이준은 독립협회에서 활동할 때부터 상동교회에 출석하면서 전덕기와 가까이 지냈다. 상동교회에서 민족운동가들과 어울리며 신앙생활을 하던 그는 1904년 말경 당시 민족운동 단체인 공진회共進會 회장이 되었다. 공진회는 친일단체 일진회와 대항한 반일민족단체였는데, 이준은 친일파의 모함으로 황해도의 황주 철도라는 작은 섬으로 유배를 가게 되었다. 그런데 이 섬에 유배되어 있던 기간에 이준이 하나님을 더욱 깊게 만나는 결정적인 계기가 되었다. 그는 섬에 갇혀있는 동안 성경을 탐독하며 깊은 신앙체험을 하였고, 그 후 철저한 신앙을 갖게 되었다.

일제의 무리한 황무지 개간권을 무력화시킨 대한보안회

1904년 일제가 러일전쟁을 일으키고 일본군을 한국에 불법 상륙시켜 한국 정부와 '제1차 한일의정서'를 강제로 체결하자, 이준은 이에 대한 반대시위운동을 주도적으로 이끌었다. 또한, 일제가 한국 영토의 거의 4분에 1에 해당하는 황무지 개척권을 요구하자 이에 반대하는 대한보안회大韓保安會에 가입해 총무 직책을 맡아 격렬한 반대 상소와 시위운동을 이끌었다. 일제의 황무지개척권이란 일본인 나가모리 토키치로長森藤吉郎에게 현재 왕실이나 관청이 소유한 개각된 땅이나 소유관계가 명백한 민유지를 제외한 토지의 개척을 허락해 달라는 것이었는데, 더 분통이 터지는 것은 개간지에 만 5년이 지나서야 세금을 매길 수 있어서 한국인에게는 매우 불평등한 요구였다.

이에 보민회라고도 불린 대한보안회가 회장에 신기선, 부회장에 이유인, 대판회장代辦會長에 송수만을 추대해 전국에 통문을 돌려 보안회의 취지와 운영요강을 전하면서 반대 집회를 연이어갔다. 여기에 일제는 무장헌병을 동원해 강제로 집회를 해산시키고, 송수만, 송인섭, 원세성을 체포하였다. 그럼에도 국민이 거세게 반발하자 정부는 결국 일본의 황무지개간권 요구를 거절하겠다는 발표로 보안회 집회를 중지시킬 수밖에 없었다. 대한보안회는 힘없는 정부가 일제에 거부권을 행사할 뒷심을 만들어준 것이다.

보안회가 막을 내리자 이준은 8월에 이상설과 함께 '개혁당' 출신 인사를 중심으로 대한협동회를 조직해 부회장을 맡아 일제의 황무지개척권 요구를 다시 한 번 저지시켰다.

을사늑약 폐기운동, 의회와 국민의 권리

1905년 일제가 을사늑약을 강제로 체결하고 외교권을 박탈하자, 이준은 상동교회의 엡웟청년회, 그리고 전덕기, 최재학, 정순만, 이동녕, 김구와 함께 을사늑약 폐기운동에 돌입했다.

중명전과 을사늑약문

복합상소를 올리는 것이 그 중 한 가지 방법이었는데, 기독교인들의 모임인 엡웟청년회 소속 이준이 이 상소문을 작성했다. 이준은 상소문을 통해 1876년 강화도조약 당시 일본이 조선은 자립국가이며 일본과 평등한 권리를 지닌다고 했고, 1904년 러일전쟁 때에도 전쟁을 일으킨 목적이 한국이 독립되어 토지 주권을 보증하는 것이라고 한 사실을 상기시켰다. 또한, 일본이 1895년 시모노세키조약 당시 조선은 독립국으로 스스로 주권을 가지고 있음을 인정하고 서로 침범하지 않겠다고 하고서 이제는 한국의 주권을 강탈했다고 비판했다. 나아가 황제의 서명도 없이 박제순과 같은 역신이 조약에 날인한 것도 이 조약이 무효임을 나타내는 것이라고 이준은 주장했다. 다시 말해 그동안 일본이 한국의 독립을 인정하고 보장한다는 주장들을 열거해 왔기 때문에 을사늑약을 통한 일본의 태도가 모순된 것임을 역설하면서 이준은 일본의 태도를 비판하고 조약의 원천무효를 주장하였다.
 그러나 민중의 호응을 이끌어 내지 못한 이 상소 운동은 결국 실패하고 말았다. 하지만 이를 계기로 상동회 관계자들은 민중의 애국사상이 아직 연약하다는 점을 인식하고 사방으로 흩어져 애국사상 고취를 위한 신교육을 실시하기로 결의했다.
 1906년 이준은 국민의 애국교육을 목적으로 국민교육회를 조직해 회장에 취임하였다. 나아가 이 취지를 전국 각 지방에 실현해야 한다고 생각해 자신의 고향인 함경도 지방의 애국계몽운동 단체의 담당자들과 함께 함북흥학회를 조직해 지도하였다. 또한, 일제의 식민지화를 저지하려면 국왕이 조약체결의 전제권을 갖는 것이 아니라 의회가 이를 심의하고 동의하게 하는 제도로 개혁해야 한다고 주장하면서 입헌제도를 연구하기 위해 헌정연구회를 조직해 회장으로 활동하였다. 젊은 시절 법관양성소의 배움이 이 시기에 요령 있게 사용된 것이다. 헌정연구회 강령에는 왕실이나 정부도 헌법과 법률을 지켜야 하며, 국민은 법률에 규정된 권리를 누릴 자유가 있다는 내용을 담았다. 이후 헌정연구회가 확대 개편되어 대한자강회가 창립되자 이준은 여기에 합류해 애국계몽운동을 전개하였다.

헤이그특사 사건과 순국

 1907년 6-10월까지 네덜란드의 수도 헤이그에서 제2차 만국평화회의가 개최되었다. 고종은 이 회의에 특사를 파견해 을사늑약이 대한제국 황제의 뜻에 반해 일제의 강압으로 이루어진 것을 세계에 알리고, 일본의 야욕을 세계에 폭로해 세계열강의 도움으로 을사늑약을 파기하려 했다. 물론 약소국 국왕의 부질없는 꿈이었는지 모르지만, 별 다른 길이 없었다.
 이 회의에 전 의정부 참찬 이상설이 정사로, 전 평리원검사 이준이 부사로, 전 러시아 공사관 참사관 이위종이 통역으로 참여했다. 당시 21세 이위종은 7세 때부터 아버지를 따라 유럽 각국을 다녔기 때문에 영어, 프랑스어, 러시아어에 능통했다. 그들은 고종의 위임장과 러시아 황제에게 보내는 친서를 갖고 출발하였다.

만약의 경우를 대비해서 밀사들은 한국에서 출발한 날짜를 서로 다르게 했다. 이상설은 회의가 열리기 1년 전인 1906년 4월 떠났다. 이준은 1907년 4월 21일 한국을 출발, 블라디보스토크에서 이상설을 만나 5월 21일 시베리아 철도편으로 러시아의 수도 페테르스부르크로 떠나 6월 중순께 도착했다. 거기서 전 주러공사 이범진과 그의 아들 이위종을 만나 전 주한공사 카를 웨베르 Karl I. Waeber를 찾아보고, 그들의 알선으로 러시아 외무대신과 황제를 만날 수 있었다. 그들은 러시아 황제에게 고종의 친서를 전달하고 협조를 구했다.

세 특사가 6월 24-25일경 헤이그에 도착했을 때는 평화회의가 15일에 이미 개회된 후였다. 그들은 시내의 한 호텔에 투숙하여 태극기를 내걸고 공식적인 활동에 들어갔다. 6월 27일경, 한국 특사가 헤이그에 있다는 것과 그들의 활동을 알아차린 일본 대표들은 급전으로 본국에 알리는 한편 특사들의 활동을 방해하기 시작했다.

헤이그특사로 파견된 이준, 이상설, 이위종(왼쪽부터)

제 2차 만국평화회의가 개최된 '기사의 전당'(Hall of Knights)

특사들이 만국평화회의에서 을사늑약의 무효파기를 주장하려면 우선 한국대표로서의 공식성을 인정받아 각 분과회의나 본회의에 참석하고 공식적인 발언권을 얻어야 했다. 그들은 평화회의 의장인 러시아 대표 넬리도프 Aleksandr Nelidov를 방문하여 후원을 요청했지만, 그는 각국 대표의 초청권한이 주최국 네덜란드 정부에 있다고 설명하고 네덜란드의 외무대신 후온데스와 교섭하도록 권했다. 후

온데스 역시 개인적으로는 한국의 상황과 사정을 동정하였으나, 을사늑약으로 한국의 외교권이 일본에 이양되었고, 각국이 2년간 단교한 사실이 있으므로 본회의의 한국 대표 참석을 자신으로서는 어쩔 수 없다고 완곡하게 사절하였다.

세 특사는 6월 29일 다시 의장 넬리도프를 찾아가 의장 직권으로 회의참석이 가능할 수 있도록 요구하였으나 끝내 실패하였고, 미국, 프랑스, 중국, 독일 대표에게도 협조를 구했으나 뜻을 이루지 못했다. 그들은 비공식적인 경로로 한국 문제를 국제문제로 부각시키기 위해 6월 27일 일본의 침략 사실과 한국의 요구를 담은 공고사와 그 부속문서를 세 특사의 연서로 평화회의 의장과 각국 대표에게 보내고 신문에도 공포하였다.

한편, 세 특사와 비슷한 시기에 헤이그에 도착한 호머 헐버트Homer B. Hulbert는 특사들을 도와 신문과 잡지를 이용하여 국제여론에 호소했다. 제1회 만국평화회의 때부터 알려진 유명 언론인 스테드Wm. T. Stead가 편집하는 〈평화회의보〉는 공고사 전문과 특사들의 활동을 보도했는데, 이 신문은 평화회의의 공식 기관지는 아니지만, 회의기사를 많이 취급해 각국 대표들과 유럽인들에게 널리 읽혀져 영향력이 컸던 소식지였다. 특히 한국을 칭송하고 일본에 비판적이었던 스테

제2차 만국평화회의 당시 네델란드의 언론 보도

드의 글은 〈런던 타임즈〉, 〈뉴욕 헤럴드〉, 그리고 유럽 신문들에 전재되었다. 그 밖에도 특사들은 7월 9일 열린 각국 신문기자단의 국제회의의 초청을 받았고, 이위종이 그 자리에서 부르짖은 "한국의 호소"는 즉석에서 한국의 입장에 동의하는 결의안을 만장의 박수로 끌어내기도 했다.

이처럼 특사들은 언론 홍보 등에 주력하면서 을사늑약의 강제성과 일제의 잔학성, 무신뢰성을 규탄하면서 세계의 군대가 그런 야만적인 폭력을 방지해야 한다고 주장하였다. 그러나 이러한 특사들의 활동은 세계 각국의 주목을 어느 정도 끌어내는 데는 성공했으나 대한제국의 처지를 불쌍히 여기게 만들었을뿐 구체적인 성과는 얻지 못했다.

이후 이준은 헤이그특사 활동 20일 만에 머물던 호텔에서 순국하였다. 이준의 죽음과 관련해서는 병사와 자결 사이에 상이한 견해가 있다. 그런데 자결을 주장하는 근거는 이준의 사망진단서에 병명이 기재되어 있지 않다는 점이다. 이상설이 회장으로 있던 권업회의 기관지 〈권업신문〉은 1914년 7월 19일 자 논설에 "리쥰공이 피 흘린 날의 서두"에 라는 제목으로 다음과 같은 글이 실렸다.

> 세월이 뜻 업도다. 지난 14일은 충렬사 리쥰공이 하란(네덜란드) 해아부(헤이그)에서 뜨거운 피를 흘린 지 데8년째 되는 날이로다 아깝다 충렬사의 뜨거운 피가 워째 식고 마랏는가 거룩한 그의 피가 우리 마음에……

이것은 권업회의 공식 입장이 이준의 자결이라는 것과 동시에 이상설이 한 번도 이준의 병사를 이야기 하지 않고 자결만을 언급했다는 점도 자결설을 지지하는 근거이다.

일본은 헤이그특사 파견을 빌미로 고종을 강제로 퇴위시키고, 7월 20일 왕권을 물려주는 양위식을 폭압

헤이그 외곽의 이준 열사 묘지

적으로 자행했다. 그리고 순종 즉위 후 4일만에 한일신협약을 체결하고 한반도 침략을 가속화 시켰다.

정부에서는 이준의 공훈을 기리어 1962년에 건국훈장 대한민국장을 추서하였다.

부모 잃은 나라를 구하기 위해
온몸을 던진 상동교회 고아 출신
전덕기 1875-1914

나는 평민 출신이므로 누구나 복음을 받기를 원하고
가난한 자와 억눌린 자를 위해 일생을 산다.

"낮은 자들을 위한 복음"이 고아를 시대의 인물로 만들다

1875년 12월 8일 서울 정동에서 태어난 전덕기는 9세가 되던 해 부모를 여의었다. 어린 시절 고아가 된 전덕기는 서울 남대문에서 '숯장수'를 하던 삼촌의 집에서 가난하게 자랐다. 전덕기가 18세 되던 해인 1892년에 미감리회 소속 선교사 윌리암 스크랜튼의 병원에 들어가 일을 하게 되었는데, 스크랜튼은 가난한 백성을 돌보던 선교사였다.

전덕기

1885년 의료선교사로 한국 땅을 밟은 스크랜튼은 서울 정동에 자리를 잡고 환자들을 돌보다가 1888년부터 사회의 소외계층과 가난한 자들을 위해 '선한 사마리아인 병원' 설립을 추진하여 사람들이 쉽게 찾을 수 있는 서대문 애오개, 남대문 상동, 동대문 지역에 시약소를 설립하였다. 이는 서울의 중심 정동에서 가난하고 소외된 백성이 거주하는 변두리로 한 걸음 더 다가간 것이다. 그리고 마침내 스크랜튼은 "민중이 있는 곳에 병원이 있어야 한다."고 선교부에 건의하고 1894년 정동병원을 아예 상동으로 옮겼다.

시병원   메어리 스크랜튼   윌리암 스크랜튼

전덕기는 스크랜튼의 병원에서 일하다가 스크랜튼의 '민중적' 선교활동과 그의 어머니 메어리 스크랜튼Mary F. Scranton의 자상하고 부드러운 가르침에 감동하여 복음에 관심을 갖게 되었다. 그리고 1896년 22살의 나이에 복음을 받아들이고 스크랜튼에게 세례를 받았다.

전덕기의 활동에는 스크랜튼의 영향이 많이 배어 있었다. 그는 약한 자들을 보살피고 섬기는 것이 목회자의 본분이라 생각했다. 전염병이 창궐해서 가족들도 손을 못 대는 시신을 전덕기는 손수 처리하여 염을 하고 장례식까지 치러 주었다. 형편이 어려워 장례를 치르지 못하는 가정은 기독교인이 아니라 할지라도 전덕기가 직접 시신을 다루고 정성스럽게 장례식을 치러주었다. 이러한 전덕기의 섬김에 훗날 전덕기 목사가 40세의 젊은 나이에 소천하자 많은 기생과 거지들과 백정들이 모여 "내 생명의 선생님이 돌아가셨다."고 통곡하였다.

독립협회, 전도의 열정으로 상동교회 담임이 되다

전덕기가 스크랜튼에게 세례를 받은 1896년에 미국에서 돌아온 서재필이 〈독립신문〉을 창간하고 독립협회를 조직하였다. 1894년 조선 땅에서 청나라와 일본 사이의 전쟁이 일어나고, 이듬해에 일제에 의해 명성황후가 시해 당하는 만행이 벌어져 어수선한 시기에 민중을 중심으로 하는 계몽운동과 구국운동이 시작된 것이다.

상동교회

전덕기는 독립협회에 참여해 서무부장급으로 활동하며 민중계몽을 통한 독립운동에 강한 인상을 받고, 이후 상동청년학원과 신민회에서 함께 활동할 '상동파' 이승만, 이상재, 안창호, 이동휘와 같은 지도자들을 만나게 되었다.

한편 상동교회 평신도 지도자로 성장한 전덕기는 스크랜튼에게 세례를 받은 지 2년 후인 1898년에 감리교회 구역 책임자에 해당하는 속장을 역임하고, 이어 1901년에 권사가 되었다. 전덕기는 매일 교회 앞 거리에 나가 전도할 것을 건의하고 이를 곧바로 실행하였다. 그리고 자신이 직접 상당량의 전도지와 성서를 팔았을 뿐만 아니라 많은 사람이 전도를 통해 교회에 나오기 시작했다. 물론 교회에 온 사람들은 대부분 가난한 자들이었다. 이러한 적극적인 전도 활동으로 선교사들과 미감리회의 인정을 받은 전덕기는 1902년 전도사로 임명되었다.

1901년부터 1904년까지 스크랜튼이 어머니의 병으로 한국을 떠나 있었지만, 전덕기 전도사의 헌신과 노력으로 상동교회는 날로 성장하여 1904년에는 교인 수가 300여 명에 이르렀다. 전덕기는 1905년에 집사 목사로 안수받고 스크랜튼의 뒤를 이어 상동교회의 담임목사가 되었다.

국민의 계몽을 위해

전덕기 목사는 철저한 신앙생활과 함께 확고한 민족 사랑의 의지를 갖고 나라와 민족을 위해 무엇을 할 것인가를 늘 생각하고 실천했다. 청년운동을 지도하며 이끌고, 김구, 이동녕, 안창호 같은 당대 민족지도자들과 깊은 관계를 맺고 있었다는 점도 이를 증명한다.

상동청년회

전덕기는 1898년 속장이 되면서 상동 엡윗청년회를 조직해 청년운동을 일으켰고, 1899년부터는 상동교회에서 설립한 초등 교육기관인 공옥학교의 교장으로 활동하며 불우한 형편의 청소년들을 가르쳤다. 상동 엡윗청년회는 감리교 청년회로 민족운동을 전개하는 대표적인 단체였는데, 전덕기는 1903년부터 1905년까지 이 단체의 회장으로 활약하였다.

또한, 그는 청년학원을 설립하고 민족과 나라를 위한 일꾼을 키워냈다. 상동교회에는 이미 초등교육기관인 남·여 공옥학교가 설립되어 있었으나 청년층을 교육하기 위한 학교가 필요했다. 그래서 그는 상동교회 안에 교육 공간을 마련하고 학문을 통한 빈곤 추방과 국세 회복을 취지로 '상동청년학원'이란 이름의 학교를 설립하고 1904년 10월 15일 개교식을 했다. 이승만이 초대 교장이 되었고, 전덕기가 성경을, 주시경이 국문을 가르쳤으며, 군인 출신 이필주가 체조 시간을 맡았다. 당대 최고의 선생들이 상동청년학원의 지도자로 모여든 것이다.

초대 교장 이승만은 청년학원의 설립 목적이 "하나님 공경하는 참 도를 근본으로 삼아 청년으로 말하여도 벼슬이나 월급을 위하여 일하는 사람이 되지 말고 세상에 참 유익한 일꾼이 되기를 작정하자는 데 있다."고 말하였다. 이후 상동청년학원은 경천애인敬天愛人 사상에 근거하여, 지·덕·체를 겸비한 민족과 교회의 지도자들을 배출하였고, 〈수리학잡지〉와 〈가정잡지〉란 이름의 월간지도 발간하여 국민 계몽에 앞장섰다.

전덕기의 이러한 활동은 민족의 현실과 기독교가 어떻게 조합되어야 하는지에 관한 예를 제시하였다. 이처럼 상동청년학원은 단순히 교회 안에 한 학교가 아니라, 계몽과 독립을 꿈꾸는 지도자들의 사랑방이었고, 그 한 가운데 바로 전덕기가 자리하고 있었다.

기독교 정신으로 민족과 나라를 구하자

전덕기는 민족운동에 누구보다 적극적으로 참여하였다. 1896년 독립협회에 가입했고, 1898년에 만민공동회 운동에서는 간부급으로 활약하였다. 1905년 11월 1주일 동안 상동 청년회를 중심으로 을사늑약 체결을 반대하는 구국기도회를 주도하였는데, 수천 명이 참석한 이 기도회는 많은 사람의 관심을 끌었다. 그러나 이 같은 소극적인 방법만으로는 민족독립의 뜻을 이룰 수 없음을 깨달은 전덕기는 다른 방법을 모색하였는데, 그것이 바로 을사늑약 무효상소를 올리는 것이었다.

1905년 상동청년회의 회장 전덕기를 중심으로 전국 감리교회 엡윗청년회 대표들, 특별히 서북지역 기독교인들이 상동교회에 모여 을사늑약을 파기할 것을 주장하는 상소를 올리기로 하였다. 상소의 내용은 "그동안 한국의 독립을 인정하고 보장한

웹윗청년회(1928)

다는 일본의 주장들을 열거하여 일본의 모순된 태도를 비판하고, 만국공법萬國公法을 근거로 조약의 원천무효를 주장하는 것"이었다. 청년들의 항의와 투쟁은 스크랜튼이 엡윗청년회의 집회를 금지하고 단체를 해산 조치할 정도로 격렬히 전개되었고, 이들의 상소는 사회에 큰 충격을 주었다.

1907년 '헤이그 만국평화회의'에 이준, 이상설, 이위종 세 사람의 특사를 파견하는 일에도 전덕기는 주도적인 역할을 하였다. 그는 고종에게 친서를 받아 이준에게 전달하여 상동교회가 '헤이그특사 사건의 산실'이 되게 하였다.

1907년 4월 창립된 신민회도 상동교회 출신들의 주도로 조직되었다. 신민회는 안창호, 양기탁, 전덕기, 이동녕, 이동휘, 최광옥, 이갑, 이승훈, 유동열이 중심이 되어 결성한 종교인, 언론인, 군인, 실업인을 모두 망라히는 전국 규모의 비밀결사단체이다. 을사늑약 체결 후 상실한 국권 회복을 위한 실력양성과 전국에 산재되어 있는 애국자들을 규합하여 장차 거사하는 때의 중심 동력 마련을 위해 조직되었다.

비밀결사 단체의 성격을 지닌 만큼 신민회의 조직은 종으로만 이어지게 해서 당사자 2인 이상은 회원을 서로 알지 못하고, 횡으로는 누가 회원인지 전혀 모르게 하여 비밀을 유지하였다. 또한, 비밀결사의 단점을 보완하기 위해 표면적인 활동을 할 수 있는 청년학우회, 동제회, 면학회, 권장회와 같은 표면단체를 만들어 활동하였다.

1899년 12월 독립운동의 구심점 역할을 하던 독립협회마저 해산되고, 1905년 을사늑약 체결로 인한 외교권 박탈로 나라가 어지러워진 상황에서 상동청년회와 상동청년학원을 기반으로 애국지사들이 결집, 활동하였다. 이 상동청년회는 단순한 종교 단체에 머물지 않고 독립협회를 계승하면서 민족운동의 중심 역할을 하였다. 뿐만 아니라 정동을 중심으로 하는 민족운동의 맥을 일제강점기 대표적인 항일단체였던 신민회로 연결하는 가교 역할을 담당하였다. 그리고 그 중심에 전덕기가 있었다. 전덕기는 신민회 창립 7인 발기인의 한 사람이면서 신민회 중앙 조직상에 재무를 맡고 있었다.

소명의 완수

　1911년 협성신학교를 졸업한 직후에 전덕기는 105인 사건으로 와해된 신민회의 남아 있는 조직을 끝까지 추스르며 자칫하면 끊어질 뻔한 민족운동의 맥을 이었다. 한반도를 강점한 일제는 서북지역의 반일 기독교 세력이 데라우치 총독을 모살하려 했다는 거짓 사건을 날조해 국내 항일운동의 뿌리를 뽑고, 조선을 완전한 식민지로 만들고자 했던 것이다.

　전덕기는 신민회에서 중심 역할을 감당했지만, 신민회의 전체 규모를 알고 있던 이승훈, 양기탁, 안태국 같은 중앙 임원들이 조사 과정에서 전덕기를 포함한 남쪽 조직을 보호하였기 때문에 옥고를 치르지 않고 국내에 남아 지속적인 운동을 전개할 수 있었다.

　그러나 1912년 이후 전덕기는 지병이 악화되어 활동을 제대로 할 수 없게 되었다. 결국, 그는 2년 동안 고생하다가 회복하지 못하고 40세의 나이로 1914년 3월 23일 하늘의 부름을 받았다.

　그의 주검은 경기도 고양에 묻혔다가 1934년 일제의 강요로 화장되어 한강에 뿌려졌다. 이 때문에 그의 위패만 서울 동작동 국립묘지에 모셔져 있다. 일제가 지배했던 짙은 구름이 끼었던 잔인한 세월을 온몸으로 살아간 전덕기였다.

정부에서는 국권회복에 끼친 전덕기의 공훈을 기리어 1962년 건국훈장 독립장을 추서하였다.

웨스트민스터 사원보다
한국 땅에 묻히기를 소망했던
교육선교사와 언론선교사 **호머 헐버트** 1863-1949

나는 웨스트민스터 성당보다도
한국땅에 묻히기를 원하노라.

헐버트

미국 정부의 공식 교육 선교사

호머 헐버트Homer B. Hulbert는 1863년 1월 26일 미국 북동부 버몬트주의 목사이며, 미들베리 대학Middlebury College 학장인 칼빈 헐버트Calvin B. Hulbert와 인도 선교사 엘리어자 휠록Eleazar Wheelock의 딸 메리 헐버트Mary W. Hulbert 사이에서 3형제 중 차남으로 태어났다. 독실한 기독교 가정에서 성장한 헐버트는 외가에서 1769년에 설립한 다트마우스대학Dartmouth College을 거쳐, 1884년 뉴욕의 유니언신학교Union Theological Seminary에서 신학을 공부하였다.

개화기 한국정부는 1882년 미국과 조미수호통상조약을 맺고 서양 문물에 대한 견문을 넓히기 위해 민영익, 홍영식, 서광범, 유길준을 포함한 개화파로 구성된 보빙사報聘使라는 일종의 사절단을 미국에 파견했다. 이들은 세계박람회, 방직공장, 공립학교 등을 방문했으며, 특별히 미국 교육국장 존 이튼John Eaton과의 만남을 통해 미국 교육제도에 대한 소개를 받고《교육국사》등의 자료를 기증받았다.

조선 보빙사 일행

미국에서 돌아온 보빙사는 고종에게 미국의 교육 제도를 본받을 것을 제안하였다. 미국에서 취할만한 장점을 묻는 고종의 질문에 홍영식은 "특히 우리가 가장 중요시 할 것은 교육에 관한 일인데, 만약 미국의 교육방법을 본받아 인재를 양성해서 백방으로 대응한다면 아마도 어려움이 없을 것이므로 반드시 미국 교육제도의 법을 본받아야 합니다."라고 대답하였다.

1884년 9월, 고종은 미국의 제도를 따른 새로운 학교 설립을 허가하고 미국 정부에 교육을 맡을 교사를 요청했다. 미 정부는 교사 선발을 교육국장 존 이튼에게 맡겼고, 그는 다트마우스대학 동창 칼빈 헐버트에게 유니온신학교에 재학 중인 두 아들 중 하나를 교사로 보낼 것을 문의했다. 결국 둘째 아들 헐버트가 다른 초빙교사인 달지엘 벙커Dalziel A. Bunker, 조지 길모어George W. Gilmore와 함께 미국 정부 추천 교사로 한국으로 파송되어 1886년 7월 4일 서울에 도착했다. 고종으로부터 로버트 매클레이Robert S. Maclay가 학교와 병원 선교를 허락받은 지 정확히 2년 만에 교육선교사들이 한국에 들어와 본격적인 선교의 장을 확장해 나갔다.

한국의 미래를 꿈꾼 젊은 영재를 기르는 교육선교

육영공원에서 수업하고 있는 헐버트

1885년 헐버트, 벙커, 길모어가 한국에 도착하자 본격적인 학교 설립이 이루어졌다. 1886년 9월 23일 학교 이름을 '젊은 영재를 기르는 공립학교'라는 뜻의 육영공원育英公院이라 짓고 한국 최초의 근대식 공립학교를 개교하였다.

헐버트의 첫 공식활동은 '육영공원설학절목'育英公院設學節目을 제정하는 일이었는데, 이는 육영공원의 운영 및 교육내용과 방법을 상세히 다루는 일종의 규약문이었다. 이를 통해 육영공원의 운영은 조선왕실이 맡고, 교육은 외국인 교사들에게 전적으로 위임되었다.

헐버트와 동료 교사들은 영어, 역사, 자연과학, 지리, 수학과 같은 근대적인 서양 학문을 가르쳤고, 학생들도 현직 관리와 재능 있는 선비 중에서 선발했기 때문에 호응이 좋았다. 특히 학생들이 세계 지리에 큰 관심을 보이자 헐버트는 1891년 간이 천문지리서의 성격을 가진 《ᄉ민필지》士民必知를 순 한글판으로 출간했다. 1892년 이후 기독교 계통 학교는 물론 일반 학교도 이 책을 필수교재로 사용했는데, 이것이 헐버트의 육영공원에서의 활동 가운데 가장 주목할 만한 일이다.

헐버트가 제작한 한글교과서 《ᄉ민필지》

1891년 정부와 2차 계약 기간을 마치고 미국으로 돌아간 헐버트는 2년 후 1893년 감리교 선교사 자격으로 부인과 딸과 함께 한국을 다시 찾았다. 육영공원에 이어 정부의 교육활동에 다시 참여한 헐버트는 1897년부터 1900년까지는 한성사범학교와 1900년부터 1905년까지 한성중학교에 고용되어 신학문 교육과 교과서 편찬 임무를 맡았다.

헐버트는 사범학교에서 점차 많은 졸업생이 나와서 각 마을까지 학교가 설립되고, 우수한 졸업생을 선발해 중등 또는 고등학교 교사로 훈련하는 것을 꿈꾸었다. 비록 외국인 선교사였지만 교육과 계몽을 통해 한국 민족에게 자유와 독립을 심어주고 기독교적 가치를 나눠주기를 원한 마음만큼은 여느 민족지도자에 못지않았다.

"민족적 문제를 외면하고 선교를 할 수 있단 말인가?"

1904년 청일전쟁이 일본의 승리로 끝나자, 미국 정부는 한국 문제에 깊이 개입할 경우 일본과의 관계가 악화될 것을 우려했다. 그래서 미국 공사관은 물론 선교사를 포함한 주한 미국인들이 한국의 정치적 문제에 일체 개입하지 말도록 강력하게 지시하였다. 이런 이유 때문에 대부분의 선교사는 본국의 지시대로 직접적인 선교사업 이외에는 한국의 정치문제에 개입하지 않으려 했다. 그러나 헐버트는 당시 한국인의 민족적인 문제를 외면한 상태에서 선교하는 것은 불가능하다고 생각하였다.

헐버트의 구체적인 정치 참여는 1895년 11월 28일 국왕탈출미수사건인 '춘생문사건'을 통해 이루어졌다. 춘생문사건은 1895년 10월 8일 을미사변, 일명 명성황후 시해 사건 이후 친일정권에 포위된 채 불안과 공포에 떨고 있던 고종을 궁 밖으로 나오게 하여 친일정권을 타도하고 새 정권을 수립하고자 했던 일이다.

춘생문

1895년 을미사변으로 명성황후가 시해된 후 신변의 위험을 느끼고 있던 고종은 자기 주변에 항상 외국인 선교사들을 두어 보호를 받으려 하였는데, 이는 외국 선교사들과 함께 있으면 안전할 것이라는 판단에서였다. 그래서 헐버트를 비롯하여 조지 존스, 제임스 게일, 호레이스 언더우드, 올리버 에비슨이 교대로 고종을 호위하였다. 춘생문사건은 비록 거사에 함께 참여했다가 변심한 무관 출신 이진호의 배신으로 실패했으나 이런 일련의 움직임은 1896년 고종과 세자가 궁궐을 탈출하여 러시아 공사관으로 가는, 일명 아관파천에 큰 도움을 주었다.

한국민족의 독립을 위한 헐버트의 노력은 여기서 그치지 않았다. 1905년 을사늑약이 체결되자 헐버트는 한국의 자주독립을 주장하는 고종의 친서를 미국 테오도르 루즈벨트Theodore Roosevelt 대통령에게 전달하려고 하였다. 그러나 이미 친일정책을 쓰고 있던 루즈벨트는 미국의 국익을 위해 한국의 사정에 귀를 기울이려 하지 않았다.

헐버트는 1907년 또다시 한국의 민족운동에 동참했다. 1907년 6월 제2차 만국평화회의가 네덜란드 헤이그에서 개최된다는 사실을 알게 된 그는 고종에게 이 사실을 알려서 헤이그에 밀사를 파견하도록 제안했다. 나아가 헐버트는 한국인 밀사들보다 먼저 헤이그에 가서 자신도 한국대표로 회의에 참석하기 위해 백방으로 노력했다. 그리고 헤이그에 도착하기 전에도 러시아 페테르스부르크와 독일, 스위스, 프랑스를 방문하여 정부 인사들과 언론인들에게 한국의 처지를 호소하며 협력을 끌어 내고자 고군분투하였다. 하지만 일본의 방해로 헐버트를 비롯한 이상설,

고종이 헐버트에게 준 위임장

이준, 이위종은 결국 회의에 참석하지 못했고, 고종은 7월 19일 강제로 퇴위를 당했다. 헐버트 역시 일제의 압력을 받고 미국 정부의 소환형식으로 한국을 떠날 수밖에 없었다. 수많은 사람이 자신의 나라를 배반하고, 힘없는 백성들은 조국을 빼앗긴 상황에서 약소국 한국을 위한 헐버트의 노력은 눈물이 날 지경이었다.

출판과 언론을 통한 계몽운동과 한국독립운동

헐버트는 한국을 해외에 알리고 한국의 독립운동을 지원하기 위해 왕성한 저술활동과 출판사업을 전개했다. 1890년 아펜젤러에 의해 시작된 삼문출판사三文出版社, Tri-lingual Press는 국내 유일의 인쇄소였는데, 1892년 한국을 외국에 알리기 위해 최초의 영문 월간지 *The Korean Repository*(1892-1899)를 간행하고, 각종 종교 서적을 대량으로 출판해 보급하였다. 출판사의 모든 업무를 맡은 프랭클린 올린저Franklin Ohlinger가 1893년 한국을 떠나자 헐버트가 책임자가 되어 휴간되었던 *The Korean Repository*를 다시 간행하고 1897년까지 삼문출판사를 이끌었다.

헐버트는 1896년부터 발간된 〈독립신문〉 출판에도 참여했다. 그는 인쇄 직원 두 명을 지원했을 뿐만 아니라 〈독립신문〉 영문판 편집을 책임졌다. 그는 이 신문이 한국인들에게 매우 유익할 것으로 생각하고 기쁘게 신문의 창간에 관여하였다.

헐버트의 저술 및 출판활동은 1901년 *The Korea Review*(1901-1907) 창간으로 이어졌다. *The Korea Review*는 *The Korean Repository*가 1899년에 폐간된 후 한국 사정을 알리는 유일한 영문 월간지

The Korean Repository와 〈독립신문〉 영문판

였다. 초반기에는 한국문화를 주제로 주로 발표했지만, 1904년 러일전쟁을 겪으면서 헐버트는 일본의 야심과 야만적인 탄압행위를 신랄하게 비판했다. 그는 일본이 한국을 강제로 보호국으로 만들고, 일본의 자본가와 투기꾼들의 이익을 위해 한국이 착취당하고 있다고 주장했다. 또한, 아편 판매나 놀음 같은 사업형태를 운영하고 민간인들에게 정규 임금을 지급하지 않는 일본 관리들과 자본가들의 부도덕한 모습을 비판했다. 결국, 헐버트가 발행하는 *The Korea Review*는 일본당국의 감시 아래 놓이게 되었고, 1907년 1월부터 마침내 발행이 중단되었다.

헐버트는 1905년 *The Korean Repository*와 *The Korea Review* 등에 발표한 글을 모아 서양인이 쓴 최초의 한국사인 *The History of Korea*《한국사 드라마가 되다》(리베르, 2009)를 출간했고, 이듬해에는 *The Korean Repository*와 *The History of Korea*를 요약해 *The Passing of Korea*《대한제국멸망사》(집문당, 1999)를 간행하여 러일전쟁 이후의 한국 현실에 관해 자신의 견해를 자세하게 서술하였다.

양화진 선교사 묘지에 묻힌 헐버트 묘

한편, 헐버트는 1896년 그동안 입에서 입으로 구전으로만 전해오던 "아리랑"을 최초로 채보採譜해서 *The Korean Repository*에 싣기도 하였다. 이 같은 저서들을 통해 우리는 당시 헐버트가 한국에 가지고 있던 관심과 애정을 알 수 있다.

헐버트는 1949년 8월 이승만 대통령의 초청으로 해방된 한국을 방문했으나 여독으로 서울 위생병원에 입원했다가 1949년 8월 5일, 그렇게 사랑하던 한국에 몸을 묻었다.

정부에서는 1950년 외국인 최초로 헐버트에게 건국훈장 독립장을 추서하였다.

애기애타 愛己愛他 정신으로 구국운동에 온 몸을 바친 겨레의 스승 안창호 1878-1938

저는 민족의 죄인이올시다.
이 민족이 저를 이렇게 위해 주는데,
저는 민족을 위해 아무것도 한 일이 없습니다.
저는 죄인이올시다.

민족의 현실을 생각하는 기독교를 만난 명 연설가

안창호는 1878년 평안남도 강서군 초리면 칠리 봉상도에서 안흥국과 제남 황 씨 사이의 3남 1녀 중 셋째 아들로 태어났다. 1885년 강서에서 평양 대동강변 국수당으로 이사했으며, 8세 때에 부친이 별세하면서 할아버지 슬하에서 교육을 받았다. 17세가 되던 1894년에 동학농민운동이 일어나고, 청일전쟁이 일어나 평양 부근에서 큰 전투가 벌어지자 안창호는 평양을 떠나 서울로 상경하였다.

안창호

10대 후반이던 1895년 서울로 온 안창호는 밀러학당 보통부에 입학해 처음으로 신학문을 접하였다. 밀러학당은 미국장로회에서 파송한 호레이스 언더우드Horace G. Underwood가 1886년 정동에 설립한 학교인데, 1893년부터 프레데릭 밀러Frederick S. Miller, 민로아가 교장이 되면서 밀러학당이라 불렸다. 안창호는 이곳에서 3년간 공부하였으며, 이 무렵 기독교에 입교하였다. 안창호는 기독교를 통해 서양의 과학문명과 신학문, 신지식을 체계적으로 공부하였으며, 신앙의 실천성을 강조하고, 민족 현실을 생각하는 신앙을 추구해 나갔다.

1897년 독립협회에 가입한 안창호는 필대은과 함께 고향인 평안남도 강서에 독립협회 관서지부(평양지회)를 설립하는데 참여하였다. 20대에 접어들던 1898년 7월 25일 평양 쾌재정에서 개최된 만민공동회에서 안창호는 처음으로 대중 앞에서 연설하였으며, 이 연설에서 정부와 탐관오리의 부정부패를 비판하고 개혁을 주장하면서 민중의 새로운 각성을 촉구하였다.

1899년 독립협회가 강제로 해산되자 안창호는 고향

만민공동회

중앙에 안창호의 모습

으로 돌아와 22살의 나이에 점진학교를 세우고 교육을 통한 구국운동에 뛰어들었다. 3년간 점진학교에서 교육사업을 시행한 안창호는 본격적으로 교육구국운동을 전개하고 실력을 양성하기 위해 더 큰 공부를 하겠다고 결심하고 밀러 선교사의 주선으로 미국으로 유학을 떠났다.

서로 돕고 일제에 항거하는 공립협회

1903년 9월 23일 안창호가 샌프란시스코에서 조직한 상항친목회는 미주 한인사회 최초의 결사로 민족운동의 출발이 되었다. 한인사회의 주변 일을 정리하는 사업부터 시작해 발전을 거듭한 상항친목회는 2년도 채 안 된 1904년 4월 미주 한인의 민족운동단체인 공립협회로 발전하였다.

공립협회는 1905년 11월 을사늑약 전후로부터 샌프란시스코를 중심으로 각 지방에 퍼져 나간 한인사회를 결속시키고자 지방회를 설치해 운영하였다. 공립협회의 조직은 각 지방회와 그를 총괄하는 샌프란시스코의 중앙총회가 근간이 되었고, 그 운영은 입법기능과 행정기능을 분권, 조화시켜 가는 민주체제를 택하였다.

리버사이드 오렌지 농장에서 오렌지를 수확하는 안창호(1912)

공립협회가 추진한 주요사업의 하나는 1905년 11월 기관지〈공립신보〉를 발행하는 것이었는데,〈공립신보〉는 국내에서 자행되고 있는 일제의 침략행위와 그 불법성을 규탄하고, 교육과 실업, '독립전쟁론' 준비를 강조하는 기사와 논설을 게재함으로써 민족언론을 주도하였다. 〈공립신보〉는 미주지역뿐만 아니라 국내, 시베리아 연해주와 서북간도를 중심으로 한 남북만주지역까지 크게 환영 받는 민족간행물로 성장하였다.

〈공립신보〉

이처럼 안창호가 주도한 공립협회는 비록 해외에서지만 한민족 최초의 공화제를 시행하고, 민족자주언론을 창달하는 민주주의 제도와 이념을 구현하는 민족운동단체로 급성장하였다.

세계한인들을 하나로 묶고자 한 대한인국민회

공립협회는 1909년 2월 하와이의 통합 민족운동 단체인 한인합성협회와 합하여 국민회로 발족하였다. 이어 1910년 5월에 장경이 주도하며 그동안 통합에 응하지 않았던 대동보국회도 국민회와 통합되어 대한인국민회를 결성하여 북미지방 총회와 하와이지방 총회가 성립되었다. 안창호는 4개 처의 지방총회를 총괄해서 대한인국민회 중앙총회를 조직하고, 그가 대한민국임시정부에 부임하는 1919년 4월까지 대한인국민회의 중앙총회장을 맡았다. 1919년 3월 13일 샌프란시스코 대한인국민회 중앙총회 위원회 석상에서 안창호는 다음과 같이 연설하였다.

> 세계 역사가 증거하여 보이건대, 국가의 독립이 한 번 싸움으로 성공하는 일이 드물고, 또 바로 지금 우리가 스스로 돌아보더라도, 형편상 무수한 피를 흘려 일본의 섬을 바닷속에 잡아넣어야 우리 한국의 독립이 완전히 성공될지니, 우리는 죽고 또 죽음으로써 독립을 회복하기 위해 사람이면 모두 내어 쓰는 대로 쓰고 주먹으로 쓰다가 나중에는 생명을 바칩시다. 무릇 용감한 자는 큰일에 임하여 대담하고 성정과 마음을 무게있게 하며 앞에 쓴 책임을 지러 가니, 용감한 우리는 헛된 열정을 경계하

고 모든 일을 진중히 하여 우리 독립국을 끝까지 응원합시다.

대한인국민회 임원진 모습

대한인국민회는 〈공립신보〉를 되살려 민족언론을 살리고 한인사회의 자치와 권익을 크게 신장시켰다. 안창호는 1919년 4월 상하이에 가서 대한민국임시정부 건립과 운영을 주도하였으며, 전 세계에 흩어져 있던 한인들의 삶의 현장을 찾아다니며 위로하고 권면한 안창호의 열정과 사랑이 진하게 배여 있는 활동이었다.

새로운 나라를 꿈꾸며 국내로……

안창호는 1905년 11월 17일 체결된 을사늑약과 관련된 소식을 듣고 국권회복을 위한 민족운동을 추진할 목적으로 1907년 2월에 귀국해 1910년 4월 중국으로 망명하기 전까지 약 3년간 국내에 머물렀다. 안창호가 귀국한 주요 목적은 신민회 결성에 있었다. 안창호는 신민회 조직에 필요한 '대한신민회취지서'와 '대한신민회통용장정'의 초안을 준비한 뒤 1906년 말-1907년 초의 연휴 기간에 미국 LA 근교의 리버사이드에서 공립협회 회원들에게 국권회복 단체로서 대한 신민회 창립을 제안하였다. 그 결과 미국이 아닌 대한제국 본국에서 단체를 조직해서 활동해야 한다는 결론을 내리고, 안창호를 본국으로 파견하게 되었다.

1907년 안창호는 제일 먼저 양기탁과 접촉하였고, 이어서 윤치호를 비롯한 국내 민족지도 인사들과 개별적인 접촉을 통해 비공개로 일을 진행시켰는데, 후에 심문조서에서 그 이유를 다음과 같이 밝히고 있다.

당시에는 인민의 수준이 낮아서 이를 표면 단체로 내세우면 사회의 반응을 초래하여 방해를 받게 되고, 또한 입회 희망자를 전부 가입시키면 어떤 인물이 섞여 있는지도 알 수 없게 되어 신민회의 진정한 목적을 달성할 수 없게 된다. 신민회는 정치적으로는 조선 민족의 자립 자존을 목적으로 하고 있기 때문에 총감부에서 해산을 명하는 일이 발생해서는 안 된다고 판단하여, 상당한 실력을 키울 때까지 비밀결사 단체로 둔 것이다.

1907년 4월경 안창호, 양기탁, 전덕기, 이동녕, 이동휘, 최광옥, 이갑, 이승훈, 유동열이 중심이 되어 종교인, 언론인, 군인, 실업인을 모두 망라하는 비밀결사단체인 신민회를 결성하였다. 신민회의 조직은 종선으로만 이어지게 해서 당사자 2인 이상은 회원을 서로 알지 못하게 했고, 횡선으로는 누가 회원인지 전혀 모르게 하였다. 물론 가장 중요한 조건은 관에 발각되었을 때는 죽음을 각오하고 자백하지 않을 것을 서약하는 것이었다.

신민회가 결성된 후 그 산하에 여러 개의 다양한 표면 단체들이 생겨났는데, 먼저 교육기관으로 오산학교, 대성학교, 보창학교, 양실학교, 신안학교, 가명학교와 같은 수십 개의 학교와 안악면려학회, 조선광문회, 태극서관, 그리고 청년학우회 같은 단체를 세워 사회계몽과 신교육 보급은 물론 신민회 조직을 강화하고 확대해 나갔다.

1910년 3월 신민회는 무관학교 설립과 독립군기지 창건 운동을 본격적으로 시작하였다. 1910년 12월부터 선발대인 이동녕과 이회영이 만주 일대에 비밀리에 독립군기지 건설을 위한 단체 이주를 시작하였다. 그러나 이러한 움직임을 포착한 일제가 1910년에 '안악사건',

105인사건 관련자들 체포 장면

1911년 9월에 105인 사건으로 불리는 '데라우치 총독 암살미수사건'을 조작해 신민회 회원을 대다수 체포하면서 사실상 신민회는 해체되었다. 신민회는 해체되는 중에도 만주 봉천성 유하현 삼원보에 신한민촌을 건설하고 신흥무관학교를 세워 독립을 위한 지속적인 노력을 하였다.

생명의 부활을 위해서는 혁명의 한 길이 있을 뿐이다

1919년 3·1만세운동의 가장 큰 수확은 여러 곳에서 임시정부가 수립되고 공포된 일이다. 모두 7개의 임시정부 수립의 움직임 가운데 회의체를 결성해 내각조직까지 공표한 곳은 중국의 상하이뿐이었다. 그리고 임시정부에서 안창호의 역할로 가장 돋보이는 것은 3·1만세운동과 더불어 수립한 여러 곳의 임시정부를 하나로 통합하는 일이었다.

대한민국임시정부 직원 일동(1919)

안창호의 주도하에 이동휘, 문창범, 최재형의 협력을 얻어 9월 6일 임시정부는 통합헌법을 성립시켰다. 그러나 임시정부로서는 자리매김했지만, 대내외적으로 적지 않은 어려움에 직면했다. 1919년 파리강화회의의 결과는 약소국의 서러움을 극단적으로 보여주었고, 1920년 일본군이 한인들이 거주하는 블라디보스토크 신한촌과 우수리스크 지역을 습격하여 한인들을 살상하고 가옥을 파괴한 4월 참변과 간도의 독립군을 진압한다는 명목으로 그 지방에 살고 있던 무고한 한인들을 대량으로 학살한 간도참변으로 독립전쟁의 중심지이자 근거지인 연해주와 간도 지방이 크게 흔들렸다.

안창호는 이후 임시정부를 떠났으나 국내외를 망라한 민족대회의인 독립운동자 총회를 소집하였다. 안창호는 그 이름을 '국민대표회'라 하고 1921년 6월 국민대표회 기성회를 결성하여 회장을 맡았다.

1920년대 들어서면서 안창호가 전개한 또 하나의 움직임은 유일당 운동이다. 그 당시 국내에서 대두하고 있던 자치론과 실력양성론 같은 개량주의를 신랄하게 비판하고, 공산주의자에 대해서는 자신을 포함한 민족대혁명당(민족유일당) 조직을 제창하였다. 그리고 1920년 10월 베이징에서 원세훈, 장건상 등 좌파지도자와 좌우를 합작한 민족유일당운동을 추진하여 대독립당 조직 북경촉성회를 성립하였다. 안창호는 "우리 혁명운동과 임시정부에 대하여"라는 연설에서 다음과 같이 주장했다.

> 혹자는 혁명수단에 의하여 완전한 독립을 얻기란 불가능하다. 그 이유는 실력이 없고 또 단계를 밟지 않은 때문이다. 차라리 자치를 먼저 얻고 그리고 독립을 얻어야 한다고 창도하나 이것은 큰 잘못이다. …… 우리들의 생명의 부활을 위해서는 혁명의 한 길이 있을 뿐이며 그것을 유력하게 함에는 보편적이고 또 유력한 일대 혁명당의 조직을 필요로 한다. 과거의 산만적 운동보다도 조직적 운동을 하려고 노력하지 않으면 안 된다.

이렇듯 국내외를 망라하고 나라의 독립과 통합을 위해 애쓰던 안창호는 심문을 받고 서대문형무소에 수감되었다가 생명이 위독해지면서 병 보석으로 풀려났다. 그러나 1938년 3월 10일 밤 12시, 조국 해방의 감격을 보지 못한 채 간경화와 만성 기관지염으로 서울대학 병원에서 눈을 감았다. 정부는 안창호의 공훈을 기리어 1962년 건국훈장 대한민국장을 추서하였다.

동우회 사건으로
서대문형무소에
수감되었을 당시의
안창호(1937)

명석함과 열정으로 독립을 위해 자신을 불사른 청년 이승만 1875-1965

슬프다!
나라가 없으면 집이 어디 있으며 집이 없으면
나의 일신과 부모처자와 형제자매며
일후 자손이 다 어디서 살며 어디로 가리오.

마침내 한성감옥에 갇혀버린 급진적인 개혁가, 젊은 이승만

우남 이승만은 1875년 4월 황해도 평산에서 양녕대군의 16대손으로 몰락한 양반 가문에서 태어났다. 20살이 다되던 1894년 배재학당에 입학하여 11살 위인 서재필의 강의를 들으며 서양문물과 기독교 사상을 접하였다. 그리고 서재필의 지도 하에 청년단체인 협성회가 결성되자 그 모임의 서기 및 회장에 선출되었다.

이승만

이승만은 협성회의 기관지 〈협성회회보〉와 이를 계재한 한국인이 만든 최초의 일간지 〈매일신문〉의 주필로 활동하며 나라의 개혁을 촉구하였고, 특별히 외세의 이권침탈을 날카롭게 비판하였다. 당시 러시아는 목포와 진남포 일대의 땅을 요구하였고, 프랑스는 평안도 석탄광산의 채굴권을 얻고사 했는데, 1898년 5월 16일 자 〈매일신문〉에 이러한 비밀외교문서가 2개면에 걸쳐 폭로되었다. 이승만은 특집기사에 자신의 심정을 기고하였다. 민족의 암울한 현실도 20대 초반의 청년 이승만에게는 거칠 것이 없어 보였다.

> 이 말을 들을 때 치가 떨리고 기가 막히어 분한 마음을 억제할 수 없는지라. 대소 인민 간에 이런 소문을 듣고 잠시인들 가만히 있으리오. 우리 동포들은 일심으로 분발하여 속히 조치할 도리를 생각하시오.

러시아의 이권 침탈을 규탄하기 위해 독립협회가 종로에서 제1회 만민공동회를 개최하였을 때에 23살의 젊은 이승만은 연사로 참가해 만민공동회의 결의서를 외부대신에게 전달하는 역할을 맡았다. 이승만의 활약과 국내 여론의 반발로 러시아 공사는 마침내 재정고문과 군사교관을 철수하고, 지금의 부산 영도에 해당하는 절영도 조차요구를 철회하겠다는 뜻을 대한제국 정부에 통보하였다. 이것이 백성과 정부가 한마음이 되어 국권을 보호한 첫 번째 쾌거였다.

한편 이 시기 이상재를 비롯한 독립협회 지도부는 중추원을 개편해 근대적인 의회로 활용할 것을 고종에게 건의하였다. 이로 인해 한서 남궁억을 비롯한 50여 명의 지도자가 중추원 의관으로 임명되었고, 이승만도 중추원 의관에 임명되어 급진적인 개혁을 추진해 나갔다. 그러나 이승만은 중추원 회의에서 당시 갑신정변을 일으키고 일본에 망명 중인 박영효를 정부 요직에 임명하려 하였고, 이 일을 계기로 독립협회와 최초의 의회제도에 해당하는 중추원 의관 제도는 고종에 의해 중단되었다. 이승만과 박영효의 지지 세력은 한발 더 나아가 고종을 폐위하고 일본에 피신 중인 의화군 이강을 새 황제로 옹립하려는 쿠데타를 계획했다는 혐의를 받아 한성감옥에 갇혔다.

탐구와 기도와 예배와 신학 홀이 된 한성감옥에서 만난 하나님

한성감옥 구금 중 이승만은 탈옥해 민중운동을 지속하고자 했으나 또다시 체포되어 이번에는 사형을 선고받았다. 그는 감옥에서의 어려웠던 시간을 이렇게 회고했다.

한성감옥에서 이승만의 모습(왼쪽 끝)

목에는 칼을 썼고, 두 손은 그 판 위에 올려 채우고, 나의 발은 그 판 끝에 잡아 매였으니 여러 날 여러 주일 여러 달 동안 고생할 때에 드러누워 보지는 못하고 잠은 잠깐 밖에 잘 수가 없는 고통스러운 나날이었다.

그런데 바로 이때 이승만에게 찾아온 것이 기독교 복음이었다. 그는 후에 이때 만난 하나님을 이렇게 술회했다.

감옥에 다시 들어가기란 죽기보다 싫었다. 저들은 마치 성난 짐승처럼 내게 악한 감정을 노골적으로 드러냈다……. 과연 나는 어떻게 될 것인가? 그 생각뿐이었다. 그때 배재학당 예배당에서 들었던 설교가 생각났다. 그 때부터 칼 위에 머리를 숙이고 기도하였다. '오 하나님, 내 영혼과 내 나라를 구해 주소서.' 성경책 한 권을 죄수 한 명이 몰래 나에게 넘겨주었다. 나는 성경을 읽으면서 평안을 찾았다. 그것은 색다른 느낌이었다.

배재학당에 다닐 때만 해도 어색하게 느껴졌던 예수 그리스도에 대한 가르침이 사형수로 감옥에 갇혀 있는 이승만에게는 큰 위안으로 다가왔다. 그리고 한성감옥에서 자신은 물론 국가를 위해 기도의 무릎을 꿇었다. 이승만은 자신이 체험한 희망과 위로의 기쁜 소식을 감옥 동료 죄수들에게 전하고, 소위 '옥중학교'

한성감옥에서 옥중학교를 운영한 이승만

를 만들었다. 그리고 외국어, 산수, 지리 같은 일반 과목과 기독교 교육을 바로 감옥 안에서 실시했다. 감옥이 교회와 학교로 변해버린 것이다. 그 결과 독립협회에서 함께 활동했던 이상재와 이원긍을 비롯한 40여 명이 기독교로 개종하는 놀랄만한 일이 다름 아닌 감옥 안에서 이루어졌다. 특히 당대 사회지도층이 이처럼 집단으로 개종한 사건은 기독교가 사회지도자들 사이에 적극적으로 들어가게 되는 중요한 계기를 마련해 주었다는데에 더 큰 의미가 있다.

이승만의 건의로 감옥에 서적실이 개설되었고, 배재학당의 선교사 달지엘 벙커를 비롯한 많은 이의 지원으로 250여 권의 책을 비치한 서적실은 1904년에는 국문책 52종 165권, 한문책 222종 338권, 영어책 20종 40권 등 총 294종 543권을 갖춘 도서관이 될 정도로 발전했다.

《전환기의 한국》Korea in Transition을 집필한 캐나다 선교사 제임스 게일의 말처럼 한성감옥은 처음에는 '탐구의 방'an inquiry room이었다가 '기도의 집'a house of prayer이 되었고, 나중에는 '예배를 드리는 곳'a chapel for religious exercises이 되었으며, 결국은 '신학 홀'a theological hall이 되기까지 했다.

명석함과 열성을 가지고 독립운동의 현장에 서서

1904년 8월 7일 이승만은 5년 7개월 옥고를 치르고 석방되었다. 이승만은 출옥 후 민족운동가들의 결집소인 상동청년학원 설립에 참여해 초대 교장을 역임하다 한 달 후 유학의 기회가 주어져 미국으로 떠났다. 미국에서 이승만은 1907년 조지워싱턴대학George Washington University에서 학사학위를 받은 후 1년간 하버드대학Harvard University에서 수학하였고, 1908년 9월 프린스턴대학Princeton University에 입학, 1910년 7월 국제법 철학박사 학위를 받았다. 미국 유학 중에도 이승만은 교포신문인 〈공립신보〉에 글을 기고하거나 한인 집회나 미국 내 집회에 참석하여 한국 상황을 알리고 지지를 호소하는 언론활동을 계속하였다. 이는 명석한 머리와 열정을 가진 이승만만이 해낼 수 있는 성과였다.

미국유학을 마친 이승만은 1910년 한국이 일제에 병탄되자 한국으로 돌아와 청년운동인 YMCA 운동에 희망을 걸고 학감에 취임하였는데, YMCA

는 한국 사회에서 과거 민족주의자들의 결집체인 독립협회와 유사한 역할을 하고 있었다. 그러나 1911년 일제가 조작한 105인 사건과 관련해 많은 기독교청년회 인사들이 체포되자 이승만은 YMCA 총무 필립 질레트의 도움으로 체포를 면하고 다시 미국으로 망명하게 되었다.

이승만은 이후 외교선전활동을 통한 독립운동을 전개하였는데, 그가 미국 망명생활 중 저술한《한국교회 핍박》에서 그 성격의 일면을 확인할 수 있다. 아래의 인용문에서 보듯이 이승만은 무력투쟁과 암살을 지지하는 의혈투쟁보다 미국과 우호적인 관계를 유지하면서 독립의 기회를 얻고자 했다.

> 한국인들은 불평한 마음에서 우러나오는 혈기지용血氣之勇을 억누르고 형편과 사정을 살펴 기회를 기다리면서 내內로는 교육과 교화에 힘쓰고 외外로는 서양인에게 우리의 뜻을 알려 동정을 얻게 되면 순풍을 얻어 돛 단 것 같이 우리의 목적지에 도달할 수 있다.

이승만은 미국 각지를 순회하며 한국의 독립을 호소하였다. 1919년 제1차 세계대전의 결말을 짓는 파리강화회의가 열리자 여러 나라의 원수들과 파리평화회의 의장에게 한국 독립선포를 알리는 공문을 발송했고, 일본 천황 히로히토裕仁와 미국 루즈벨트 대통령에게 독립을 요청하는 편지를 보내기도 했다.

한국에서 3·1만세운동이 일어나 한국인들이 독립을 선언한 이후 임시정부가 세워졌는데, 이승만은 한성정부의 집정관 총재와 상해임시정부의 임시대통령으로 추대되었다. 당시 40대 중반이던 이승만의 민족지도자로서의 위상을 잘 보여주고 있다.

상해임시정부 신년회

이승만의 독립청원이 임시정부 내 다른 독립운동가

들과 갈등을 일으켜 임시정부 초대 대통령직에서 면직된 이후, 그는 임시정부가 미국 및 유럽 각국의 외교업무를 주관하기 위해 미국 워싱턴에 설립한 구미외교위원부를 중심으로 《재만동포옹호》 팜플렛과 《태평양주보》를 발간하면서 외교를 통한 독립운동을 지속해 나갔다.

1933년 국제연맹에 한국의 독립을 탄원할 전권대사로 임명된 이승만은 스위스 제네바에 가서 대한독립청원서를 제출하였다. 그리고 1941년 12월 7일 일본의 진주만 공격으로 태평양 전쟁이 발발하자 미국의 소리Voice of America 초단파 방송망을 통하여 다음과 같은 내용으로 육성방송을 시행해 한국민들의 단결을 호소했다.

> 일제는 전쟁에 패하고 있다. 우리 임시정부는 미국의 승인을 얻어 연합군의 일원으로 참가할 날이 가까워 오고 있다. 나의 사랑하는 2,300만 동포여, 우리가 독립을 위해 건국을 준비하여야 하며 피를 흘려야 자손만대에 영원할 것이다.

건국과 분단의 사이

이승만은 해방 후 1945년 10월 16일 한국에 돌아왔다. 당시 한반도는 미군과 소련군이 38선을 경계로 남북을 점거하고 있었는데, 신탁통치 문제로 좌익과 우익이 팽팽히 대립하는 상황이었다. 한민족의 숙원인 광복은 얻었지만, 바로 남북이 분단되는 분열의 씨앗을 볼 수밖에 없었다.

이승만 귀국 환영회(1945)

한국의 독립과 관련해 미소공동위원회가 열리고 좌우합작위원회가 조직되어 좌우익과 남북의 통합을 꾀하였지만, 결국 북한에는 북조선인민위원회

남한의 단독정부 수립을 주장한 신문기사

가 설립되고, 남한에서도 1946년 이승만이 남한의 단독정부 수립을 주장하고 나서 마침내 남북한에 각각의 정부가 세워지게 되었다.

이승만은 이렇게 건국의 아버지이면서 동시에 한반도 분단과 한국전쟁에 대해 막중한 책임을 지게 되었다. 이후 이승만은 헌법을 불법으로 바꾸고 의회를 강제 해산하며 장기집권을 이어가다 1960년 4·19혁명으로 대통령직을 사임하였다.

명석함과 열정으로 한국의 독립과 해방을 추구하던 이승만은 독재와 부패라는 이미지를 안고 다시 한 번 한국을 떠날 수밖에 없었다. 그리고 1965년 7월 19일 하와이에서 삶을 마감했다.

대한민국 최초의 의회인 중추원에서 개혁을 부르짖던 청년 이승만, 그리고 한국의 현대사에서 독재와 부패의 상징으로 자리한 이승만, 그는 21세기 한국사회에 여전한 과제로 남아있다.

정부에서는 이승만의 공훈을 기리며 1949년 건국훈장 대한민국장을 추서하였다.

잃어버린 조선을 다시 밝게 할
명동학교의 설립자,
북간도의 대통령 **김약연** 1868-1942

나의 행동이 나의 유언이다.

"조선을 밝게 할" 명동촌

김약연

김약연은 1868년 9월 12일 함경북도 회령에서 출생하였다. 8세 때부터 한학을 공부해 온 김약연은 30세가 될 때까지 고향에서 학문을 배우고 익혔다.

그러나 김약연이 거주하고 있던 함경북도는 사람들이 농사를 지으며 생활하기에는 무척이나 척박하고 힘든 땅이었다. 아침저녁으로 땀 흘려 노력해도 수확은 늘 기대치 이하였으며, 자연재해로 인해 연속해서 흉년이 들면서 굶어 죽는 사람이 거리에 즐비할 정도였다.

이에 30이 갓 넘은 김약연은 1899년 2월 18일 김하규, 문치정, 남위언과 함께 가족과 친족 25세대를 데리고 두만강을 건너 중국 만주로 집단 이주하였다. 그곳에 한인촌을 이루고 황무지를 개간한 김약연은 1901년 자신의 호를 딴 규암재라는 학교를 세워 교육사업에 헌신하였다. 학교를 지어 학생들에게 호연지기를 불어넣어 주고 후세를 길러내려 한 것이다. 김약연은 후에 중국인의 임야를 사들여 한인촌을 이주하여서 중국식 이름 장재촌을 "동쪽, 즉 조선을 밝게 한다."는 뜻의 명동촌으로 개명하였다.

간도로 이주한 한인들의 모습

개혁과 민족운동으로 새로운 나라, 신민을 꿈꾸던 시대

신信-망望-애愛에 기초한 명동학교

명동촌에서 규암재를 설립해 유학을 토대로 한 구식교육을 시도하였던 김약연은 이상설이 용정에 서전서숙을 개설했다는 소식을 접하고 사촌 동생 김학연과 남위언을 보내 서전서숙에서 신식교육의 수업을 받도록 하였다. 용정의 서전서숙은 국외에 최초로 설립된 민족교육학교였다. 이상설이 세운 신식교육기관인 서전서숙의 영향을 받은 김약연은 명동촌에도 신학문을 교육할 학교가 필요함을 호소하였다. 헤이그 특사 활동과 이준의 죽음에 이은 고종황제의 강제퇴위와 한국 군대의 해산, 그리고 이에 저항한 국경지대의 의병항쟁 같은 급박한 소식들이 이어지자, 김약연은 명동의 3개 서재를 규암재로 모으고, 1908년 4월 27 명동서숙을 설립하였다.

명동서숙(1908)

1909년 4월 27일 개교기념일에 학교 이름을 명동학교로 바꾸고, 그 후 정재면이 취임하면서 명동학교는 큰 변화를 겪었다. 상동청년학원 출신이자 신민회 회원으로 활동했던 정재면은 당시 원산의 장로교 노회가 파견한 북간도교육단의 일원으로 용정에 파견되어서 선교활동과 교육활동을 같이 하고 있었다. 정재면은 유교적 전통이 강한 명동촌에서 성경을 가르치고 예배를 드리는 것을 조건으로 명동서숙을 기독교계의 근대교육학교로 변모시키고자 하였다. 이때부터 명동학교의 민족교육이 "신信, 망望, 애愛"의 기독정신을 토대로 한 민족교육으로 전환되었다. 이러한 변화는 유교사상에 잡혀 있던 김약연에게는 또 하나의 도전이었고 큰 결단이었다.

명동학교는 1910년 중학부를 증설한 데 이어, 1911년 학교를 방문한 이동휘가 여성교육의 필요성을 역설하자 북간도에서 처음으로 학교 내에 여학부도 병설해 그 규모를 점차 확대해 갔다. 명동여학교 교사와 졸업생들은 남성 못지않게 기독교 선교운동을 통해 활발한 사회활동을 하였으며, 1913년에 교사들이 중심이 되어 결성한 삼국부인전도회와 졸업생들이 중심이 되어 시작한 평생전도회는 대표적인 여성 결사체였다.

명동학교 옛 터

지속적인 성장으로 여성교육의 수요와 필요성이 증대되자 1912년 김약연은 이동휘, 정재면과 함께 북간도 각 지역 대표 이름으로 캐나다장로회 선교부에 여자중학의 교육시설을 확장해 줄 것을 요구하는 요청서를 제출했다. 이로써 1913년 10월 캐나다 선교사 아치볼드 바커Archibald H. Barker, 박걸가 부임해 용정에 명신여학교가 설립되었고, 같은 해 6월에 영신여학교가 설립되었다.

목사가 된 북간도의 대통령

유학의 대가 김약연이 기독교를 받아들인 것은 정신을 새롭게 만들어 내지 않고서는 민족을 살릴 수 없다는 민족지도자로서의 결단이었다. 김약연은 이후 민족의 독립을 위해서 기독교에 적극 참가할 것을 사람들에게 호소하였다.

김약연에게 가장 먼저 기독교를 전한 사람은 캐나다 선교사 로버트 그리어슨Robert Grierson이었다. 그리어슨은 이동휘가 한국을 피해 연해주로 가고자 할 때 그를 자기의 성경 매서인으로 가장시켜 러시아로 무사히 피신할 수 있도록 도운 인물이다. 이동휘가 1911년 명동에 와서 부흥사경회를 열면서 전도를 할 만큼 김약연은 이미 기독교를 폭넓게 접하고 있었고, 또한 기독교를 긍정적으로 받아들이고 있었다. 더군다나 김약연에게 기독교는 서양문화의 전파자요 자신의 근대적 자각을 일깨워 독립운동을 도와줄 수 있는 종교였다.

이런 김약연에게 실질적인 신앙을 전해준 것은 정재면이었다. 이 당시 김약연의 나이는 40을 지나고 있었고, 따라서 김약연에게 기독교는 개인의 영혼 구원이나 사죄보다 기독교가 명동촌과 명동학교

그리어슨 선교사와 정재면

에 미치는 영향력을 더 생각해야 할 상황이었는지 모른다. 더구나 '북간도의 대통령'이라는 별명처럼 당시 명동촌을 이끌고 있던 자신이 기독교를 수용하는 것이 간도지역의 한인과 사회에 어떠한 영향을 끼칠 것인가를 고민할 수밖에 없었을 것이다.

마침내 김약연은 명동학교 선생으로 청빙한 정재면을 통해 장로교에 입교했으며, 이후 명동지방의 기독교회 대표로 일하면서 다른 교회 대표들과 함께 캐나다선교회에 중학교와 기독교병원 설립을 청원하였다. 김약연은 정재면이 설립한 명동교회의 장로로 직분을 받고, 1915년 원산에서 열린 함경노회에서 장로가 되었다.

이후 1929년 김약연은 평양으로 가서 62세라는 고령에 평양신학교 학생이 되었다. 신학교를 졸업하고 목사 안수를 받은 후 다시 명동교회에 돌아와 그곳의 목사로 임명되었다. 북간도의 대통령이 목사 김약연이 된 것이다.

"간도거주 불령자 중의 유력자", 3·1만세운동과 김약연

제1차 세계대전이 끝나고 파리강화회의가 열린다는 소식이 간도와 연해주에 알려졌다. 간도의 한인들도 파리강화회의에 한국대표를 파견하고 독립을 실현하고자 준비하였다. 1919년 1월 25일과 28일, 김약연의 주도하에 두 차례의 비밀회의가 개최되었으며, 2월, 김약연과 당시 명신학교 교사 정

재면은 이중집, 문병호, 윤동철과 간도대표단을 구성하고 니콜리스크로 출발하였고, 이들은 독립선언서를 작성해 반포하였다.

그러던 중 국내에서 3·1만세운동이 발발했다는 소식이 간도와 연해주에 전해졌다. 간도 한인들과 재러 한인들은 연대해서 독립운동을 진행할 계획을 세운 후에 김약연은 3월 21일 다시 간도로 돌아왔다. 간도로 돌아온 김약연은 유동렬, 조성환, 박은식과 교류하며 무장 항일투쟁을 준비하였다. 사실 일제는 명동학교를 교육기관보다는 독립운동기관으로 규정했다. 이런 인식 가운데 거듭되는 일본의 항의에 굴복한 중국 당국은 명동학교 폐쇄와 함께 교장 김약연을 "간도거주 불령자不逞者 중의 유력자"로 지목하고 국자가 연길 도윤에 구금하기도 했다.

1919년 서울의 3·1만세운동 소식을 접한 국자가와 용정 등지의 청년학생들은 10일부터 일제히 동맹휴학에 들어갔다. 이들은 3월 13일 용정의 서전평야에서 대규모 집회를 소집하였고, 독립선언서 발표식을 거행하였다. 이 때 명동학교 학생들은 악대를 선봉으로 세우고 식장으로 모여들었다. 간도의 3·13 만세시위는 북간도 지역에서의 일어난 최초의 시위였고, 가장 많은 희생자를 낸 시위였다.

명동학교 학생들과 함께 찍은 졸업사진(1926)

3·1만세운동 이후 간도의 일본 영사관 경찰은 여러 가지 대책을 내놓고 재만한인에 대한 순화책을 강구하였다. 당시 김약연은 러시아에서 귀환한 후 중국 관아에 구금되었는데, 일제는 김약연을 회유하기 위해 노력하였지만 실패하였다.

중국 관헌에 체포되어 2년간 연금생활을 했던 김약연이 1921년 출옥해 명동촌으로 돌아오면서 명동학교는 다시 문을 열었다. 하지만 명동학교는 계속되는 일제의 통제와 압박, 그리고 1924년 간도지역에 대흉년이 닥쳐서 학부모들이 경제 파탄의 지경에 이르게 되면서 1925년 소학교만 남기고 중학교는 폐지되었다. 그리고 명동소학교는 사실상 1929년 문을 닫게 되었다.

"나의 행동이 나의 유언이다", 무오독립선언서

김약연을 중심으로 건설된 명동촌은 민족운동의 본거지가 되었으며, 김약연도 지속적으로 민족의 독립운동을 펼쳐나갔다. 이 가운데 1919년 3·1 만세운동이 일어나기 전에 1918년 음력 11월에 미주, 노령, 만주 일대의 민족지도자 신규식, 정재관, 박은식, 이시영, 이동녕, 신채호, 김좌진, 이대위, 김규식, 이승만, 이동휘, 안창호 등 39명이 서명하여 발표한 무오독립선언戊午獨立宣言에는 김약연의 독립을 향한 강인한 의지가 고스란히 녹아있다. 이 선언서는 서울이나 도쿄에서 써낸 선언서와 달리 일본을 설득하거나 그들의 양해를 얻어 독립을 청원하는 것이 아니었으며, 1910년 8월 연해주에서 만들어 낸 성명회 선언서와 같이 국제적 공조를 얻어 독립을 열망하는 방식도 아니었다.

무오독립선언서에서는 한국 주권이 한국 사람의 고유의 권리요 주권이라는 주장 아래 한국 사람은 독립할 권리가 있고, 누구나 이를 침범하거나 해칠 때는 독립전쟁을 일으켜 무력으로 침략자를 축출해야 한다고 주창하였다. 따라서 그 어느 선언서보다도 무오독립선언서는 우리나라의 기본 주체를 정해 놓고,

무오독립선언서

이것을 침범하는 자는 무력으로 대하고, 육탄혈전으로 독립을 수립하겠다는 극히 간단하면서도 힘있는 선언이었다.

김약연은 기독교 신앙에 기반을 두어 공산주의나 친일 행위는 기독교 교리에 어긋나는 것이며, 반 한국적 사상이라고 확신하였다. 1942년 10월 24일 병환으로 용정 자택에서 향년 75세의 나이로 하늘의 부름을 받은 김약연은 "나의 행동이 나의 유언이다."라는 한 마디를 남겼다.
  정부에서는 김약연의 공훈을 기리어 1977년 건국훈장 독립장이 추서하였다.

무력으로 빼앗긴 나라
무력으로 되찾기를 몸소 행한
'한국의 체 게바라' **이회영** 1867-1932

목적이 방법과 수단을 규정하는 것이지 방법과 수단이 목적을 규정할 수 없다는 번연한 이 논리로 볼 때에 한 민족의 독립운동이란 것은 그 민족의 해방과 자유의 탈환일진대, 더욱이 이런 해방운동, 혁명운동이란 자각과 목적의식이 투철한 사람들이 하는 것인 까닭에 운동 자체가 해방과 자유를 의미하는 것이다.

명문가 이항복의 자손, 근대와 민족에 대한 의식을 일깨우다

이회영은 1867년 4월 21일 서울 저동에서 6형제 중 넷째로 태어났다. 아버지 이유승은 이조판서·의정부참찬을 지냈고, 어머니 정씨는 이조판서를 지낸 정순조의 딸이다.

이회영

이회영의 10대조는 권율 장군의 사위이며, 이조참판·형조판서·홍문관 대제학을 지낸 백사 이항복으로 임진왜란이 일어나자 선조를 의주까지 따라 모신 충신이었다. 그 밖에 조상들 중에도 영의정을 지낸 5대조 이종성, 병조판서를 지낸 4대조 이경윤, 예조판서를 지낸 증조부 이정규가 있다.

개혁적인 성향의 집안에서 자란 이회영은 스무 살을 지나면서부터 집안의 노비에게 존댓말을 썼으며, 그들을 평민으로 풀어주기도 했다. 또한, 청상과부가 된 누이를 개가시키기도 했는데, 당시 사회에서 판서 집 딸이 재혼한다는 것은 상상할 수 없는 일이었다.

1885년 이회영은 이상설, 동생 이시영 등과 신흥사新興寺라는 절에서 8개월간 합숙하면서 수학, 영어, 법학 같은 신학문을 공부하였다. 1898년 9월에는 이상설의 집에 서재를 두고, 정치, 경제, 법률, 동서양의 역사를 연구하였다. 신학문을 적극적으로 접하면서 민족의식을 점차 형성하기 시작한 이회영은 그 해 독립협회를 중심으로 이상재, 이상설, 이범세와 교류하였다. 그곳에서 민중의 계몽과 신진 정치가들의 협력, 국내외의 정책 수립에 참여하며 국가와 민족을 위해 자신이 무엇을 할 것인가를 고민했다.
　이회영은 당시 시대의 답답한 심정을 〈독립신문〉에 '소년 30세'라는 시로 기고했다.

> 세상에 풍운은 많이 일고
> 해와 달은 급하게 사람을 몰아붙이는데
> 이 한 번의 젊은 나이를 어찌할 것인가
> 어느새 벌써 서른 살이 되었으니

국내 민족독립운동의 든든한 조력자

　이회영은 세상의 풍운 속에서 젊은 나이에 무엇을 할 것인가를 고민하며 민족의 독립과 계몽운동에 참여했다. 청일전쟁에 이어 러일전쟁으로 한반도에 대한 일제의 침략 야욕이 본격화될 즈음, 이회영은 전덕기가 담임목사로 있던 상동교회에서 세례를 받았다. 당시 상동교회는 독립운동의 요람으로 우국지사들이 모여 반일 민족운동을 활발히 전개하던 곳이었다. 이회영에게 그곳은 1907년 사별한 부인 달성 서씨 다음으로 이은숙을 만나 재혼을 한 의미 있는 장소이기도 하다. 이회영은 상동교회 내 민족교육기관인 상동청년학원 학감으로 지내면서 청년 교육에 힘썼다.
　이회영은 1905년 을사늑약 체결 후 을사오적에 대한 규탄을 주도하였고, 1907년에는 안창호, 전덕기, 양기탁, 이동녕과 비밀결사단체인 신민회에서 활동하였다. 또한, 중국 만주에 이상설과 이동녕을 특파해 교포 자녀교육을 하게 한 서전서숙을 개설하는 등 많은 일에 참여하였다. 검손한 성품으로 그는 훗날 신흥무관학교 설립 당시에도 그러했듯 앞에서 이끌기보다는 항상 뒤에서 든든한 조력자 역할을 하였다. 하지만 애국애족하는 마음은 누구 못지 않았다.

6형제의 절의, 노블레스 오블리주를 온몸으로 실천한 가문

1909년 신민회 비밀 간부회의에서는 독립기지 건설과 군관학교 설치를 위해 만주로의 집단 망명과 독립기지 건설을 결정하고 이회영, 이동녕, 주진수, 장유순을 파견해 독립기지로 적당한 지점을 매수케 하였다. 1910년 만주 안동현에 시찰을 다녀온 이회영은 만주 이주를 위해 막대한 자금이 필요함을 인식하고, 6형제(건영, 석영, 철영, 회영, 시영, 호영)가 가지고 있던 모든 가산을 정리하여 만주로 이주하자고 설득했다.

이회영의 6형제

> 한일합방의 괴변을 당하여 반도 산하의 판도가 왜적에 속했습니다. 우리 형제가 당당 명족으로 대의소재大義所在: 인간이 마땅히 행해야 할 중대한 의리가 있음에 차라리 죽을지언정 왜적 치하에서 노예가 되어 생명을 구도하면 어찌 금수와 다르리오…… 나는 동지들과 상의하고 근역에서 운동하던 모든 일을 만주로 옮겨 실천코자 합니다. 만일 다른 해에 행운이 닥쳐와 왜적을 파멸하고 조국을 광복하면, 이것이 대한 민족된 신분이요, 또 왜적과 혈투하시던 이항복 공의 후손된 도리로 생각합니다. 원컨대 백중계伯仲季 모두는 이 뜻을 좇으시오.

이회영의 비장한 한마디 한마디를 다 들은 형제들은 모두 제안을 기꺼이 수락했다. 6형제는 강제병탄 이후 친일파의 기세가 등등했던 시절 비밀리에 서둘러 가산을 정리하고, 당시 가치로 약 40만 냥, 지금의 수백 억 원에 해당하는 거금을 갖고 만주로 이주했다.

월남 이상재는 이들의 집단 이주 소식을 듣고 이렇게 평했다.

> 우당 일가족처럼 6형제 일가족 40여 명이 한마음으로 결의하고 나라를 떠난 일은 전무후무한 것이다. 장하다! 우당의 형제는 참으로 그 형에 그 동생이라 할 만하다. 6형제의 절의는 참으로 백세청풍이 될 것이니 우리 동포의 가장 좋은 모범이 되리라.

1910년 12월 이회영 일가는 가장 추울 때인 12월 30일 압록강을 건넜다. 공식적으로 나라를 빼앗긴 시점에 한시라도 빨리 군관학교를 설치해 나라를 되찾겠다는 심정이었을지 모른다. 영하 20-30도의 추위 속에서도 새벽 네 시부터 북으로 북으로 달려 그들이 도착한 곳은 중국 유하현 삼원보였다. 이곳은 비교적 넓은 들이 펼쳐져 있어 군사훈련과 농사일을 동시에 할 수 있는 유리한 곳이었다. 이회영 일가가 만주 독립운동 기지 건설을 위해 떠났다는 소식을 들은 신민회 간부, 의병 활동가, 그리고 많은 독립운동가도 삼원보 일대에 이주해 왔다.

만주 삼원보

"신민회의 정신으로 다시 일어나리라," 신흥무관학교

1911년 이회영이 항일 운동가들과 가장 먼저 시작한 독립운동 활동은 경학사耕學社와 신흥강습소 설립이었다. 이회영, 이동녕, 이상룡은 이주해 온 동포들의 안착과 농업 생산을 지도하는 기관으로 경학사를 조직했다. 더 나아가 이 기관은 군사훈련을 통한 독립군 양성에 목적을 두고, 무장투쟁으로 독립을 쟁취하고자 하였다. 경학사 건설을 마친 이들은 현지의 중국인 옥수수 창고를 빌려 이동녕을 교장으로 하는 무관학교인 신흥강습소를 설립했다. 신민회의 '신'자와 '다시 일어나는 구국투쟁'이라는 의미의 '흥'자를 붙였다. 보통 4년제 중학 과정인 본과와 특과 두 과정을 두었고, 최소 40여 명의 학생을 두었다.

신흥무관학교 출신이 대거 참여한 북로군정서

한인들은 입적入籍, 중국 토지매매와 관련해서 새롭게 이주한 곳에서 적지 않은 어려움을 겪어야 했다. 이 문제를 해결하기 위해 이회영은 부친과 친교가 있었던 위안스카이袁世凱를 만나러 베이징에 갔다. 임오군란 당시 조선에 온 적이 있던 위안스카이는 당시 청조의 몰락 이후 임시 대총통의 자리에 있었다. 위안스카이를 만나 적극적인 협조를 약속받은 이회영은 위안스카이의 비서 후밍천胡明臣을 대동하고, 중국 동삼성 총독을 면담하여 한인들의 겪는 어려움을 제도적으로 해결하기 위해 노력했다. 이에 동삼성 총독은 한인 거주지역인 회인, 통화, 유하현에 "만주인들은 한인들이 농공상업, 교육 및 기타 사업과 시설에 협력 원조하다. 한인과 절대 화친하며, 그들의 제반 사업을 침해하거나 분쟁을 일으키고, 또 한인에 조소나 모욕을 하는 자는 엄벌에 처할 것이다."라는 훈시문을 게시하였다.

하지만 아직도 토지매매 문제는 해결되지 않았다. 이회영은 중국 정부에 "우리가 기꺼이 왜적의 노예가 되지 않고 중국의 백성이 되고자 하는 마음을 헤아려 달라."며 토지 매입을 강청했으나 뜻대로 되지 않았다. 그렇지만 후밍천의 권유로 이회영은 통화현 합니하의 부지를 매입하고 그곳으로 신흥강습소를 옮겨 신흥무관학교 건립을 본격적으로 준비할 수 있었다.

이회영 6형제는 이때 신흥무관학교 부지 매매에서부터 무관학교 학생들을 자신들의 집에 머물게 하며 돌보는 일까지 열심으로 참여하였다. 그동안의 숙원이었던 무관학교를 세우고, 원수 일제를 무찌를 수 있는 군관을 육성할 수 있게 되었다는 생각에 더 열심을 내었다.

특히나 '무관학교'다운 학교가 탄생하기까지 이회영과 이동녕, 이시영, 이상룡, 김대락 같은 인물들은 희생과 헌신적인 노력을 아끼지 않았다. 이회영의 두 번째 부인인 이은숙의 자서전 기록을 보면 신흥무관학교의 명칭 역시 이회영의 작품임을 알 수 있다.

> 우당장(이회영)은 학교 간역幹役도 하시며 학교 이름을 '신흥무관학교'라 하였다. 발기인은 우당(이회영), 석오(이동녕), 해관(이관직), 이상룡, 윤기섭, 교주는 이석영, 교장은 이상룡이었다. 이분은 경상도 유림단 대표로 오신 분이고, 이장녕, 이관직, 김창환 세 분은 고종황제 당시에 무관학교의 특별 우등생으로 승급을 최고로 하던 분들이다.

신흥무관학교는 1919년 합니하에서 안도현으로 이동할 때까지 3,500명의 졸업생을 배출했다. 이들은 독립군 전사나 비밀결사대원이 되어 일제와 무력으로 담대하게 맞섰다. 일제에 맞선 무력 독립항쟁 중 사상 최대 규모의 승리로 평가받는 청산리대첩은 신흥무관학교 졸업생이 없었다면 불가능했을지 모른다. 당시 김좌진 장군의 북로군정서와 홍범도 장군의 대한독립군에 신흥무관학교 졸업생들이 대거 포진해 있었기 때문이다.

노장의 꺼지지 않는 독립 투쟁

독립자금을 회수하러 잠시 한국에 들어온 이회영은 1918년 고종의 망명을 추진하여 새로운 독립운동의 구심점을 만들고자 했다. 고종의 지시로 민영달로부터 5만 원을 받아 베이징에 고종의 거처를 마련하였으나, 고종이 서거하자 그 계획은 좌절되었다. 고종의 서거 이후 3·1만세운동이 전국에서 일어났고, 그 결과 상하이에 임시정부가 수립되었다. 그러나 임시정부수립에 참여한 이회영은 임시정부 내분에 실망하고, 베이징으로 가서 새로운 독립운동을 모색했다. 이후 그는 무정부주의 운동의 중심이 될 재중 조선무정부주의자연맹을 결성하였고, 신흥무관학교 출신을 모아 신흥학우단을 조직하는 등 끊임없이 새로운 독립운동을 모색하고, 독립운동기지 건설을 시도하였다.

1931년에는 정화암, 백정기 등 7인이 상하이에 모여 항일구국연맹을 결성하고, 흑색공포단이라는 비밀행동 조직을 조직하였다. 이 공포단은 중국 푸젠성 아모이 일본 영사관 폭파, 톈진항 일본 군수 물자 수송선 폭파, 톈진 일본 영사관 폭탄 투척 등 가공할만한 무장항일투쟁을 계속하였다. 그러던 중 이회영은 1932년 만주에 항일의용군을 결성하고, 독립운동기지를 건설하려는 목적으로 대련으로 가는 도중 밀정의 정보 누설로 대련에

이회영 순국 신문기사

도착하자마자 일본 경찰에 검거되었다. 그리고 심한 고문으로 옥사하였으니, 그의 나이 66세였다.

평생을 항일과 독립을 위해 싸워온 이회영을 사람들은 종종 '한국의 체 게바라'라 불렀다. 체 게바라는 쿠바혁명에서 이름을 날린 남아메리카의 전설적인 게릴라 지도자였다. 다만 이회영은 기독교신앙을 깊이 가슴에 품고 잃어버린 대한민국을 찾기 위해 온몸을 불사른 실천가요, 지도자였다는 차이가 있다.

정부는 그의 공훈을 기리어 1962년 건국훈장 대통령장을 추서하였다.

실천적 항일운동의 투사가 된
한국 최초의 7인 의사 **김필순** 1878-1919

필례 동생 보아라.
나는 국내의 일로 일경에 쫓기는 몸이 되어
이곳 서간도로 왔다.
이곳에서 난 내가 지금까지 꿈꾸어 오던
이상촌을 세우고 독립군을 양성하여
우리나라 독립의 기틀을 닦고자 한다.
즉시 가족들을 데리고 서둘러 서간도로 오기 바란다.

황해도 소래와 김필순의 가문

김필순은 한국 개신교의 요람이라 불리는 황해도 소래에서 1878년에 태어났다. 소래에는 개신교 선교사가 한국에 들어오기도 전인 1885년 서상륜, 서경조 형제가 교회를 설립해 주일마다 예배를 드리는 자생적인 신앙공동체를 형성했다. 이후 캐나다 출신 윌리암 맥켄지(William J. McKenzie, 매건시) 선교사의 헌신과 죽음은 복음의 씨앗이 되어 풍성한 열매를 맺었다.

김필순

소래의 김필순 가문은 한국사에서 중요한 역할을 감당했다. 김필순의 매부 서병호(김구례의 남편)는 서경조의 둘째 아들로 상해임시정부 내무위원을 역임했고, 김필순의 동생 김순애는 김규식과 결혼해 독립운동에 앞장섰고, 막내동생 김필례는 한국 YWCA를 창설하였다. 또한 김필순의 조카 김마리아와 서새헌도 역시 독립운동에 앞장섰다.

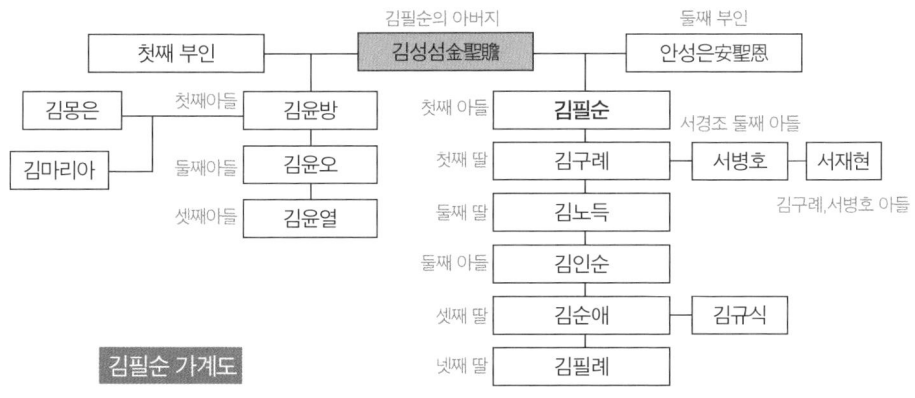

김필순 가계도

세브란스의학교 1회 졸업생

정기적으로 소래를 방문하던 호레이스 언더우드는 김필순 부모에게 김필순을 책임지고 공부시킬 것을 약속하고 서울로 데려와 신식교육을 받게 했다. 1895년 배재학당에 입학한 김필순은 남달리 영어 공부를 열심히 했는데, 영어발음이 특히 좋았다.

배재학당에서 4년 동안 학업을 마친 김필순은 1899년부터 제중원에서 알프레드 샤록스 Alfred M. Sharrocks와 올리버 에비슨의 통역 조수로 활동했다. 그는 해부학 교과서를 비롯해 외과총론, 화학, 해부생리학, 내과학에 대한 의학 교과서를 한국말로 번역해 한국 의학 발전에 기여하였다. 김필순이 번역하고 에비슨 선교사가 교열을 보아 제중원에서 발간한 의학 교과서 《해부학》이 현재 독립기념관에 보관되어 있다. 안타깝게도 《해부학》은 번역이 끝난 뒤 등사하기 전에 불에 타 없어져 이 책은 1906년에 다시 번역한 것으로 알려져 있다.

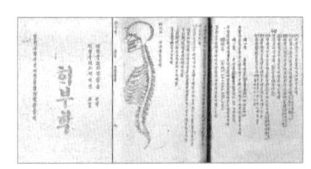

김필순이 번역한 해부학 교과서(1906)

한국 최초의 면허 의사 7인
(뒷줄 왼쪽이 김필순)

1908년 세브란스의학교를 1회로 졸업한 김필순은 한국 최초의 면허 의사 7인(김희영, 박서양, 신창희, 주현칙, 홍석우, 홍종은) 중 한 사람이 되었는데, 졸업한 후 세브란스의학교 교수로 취임해 후진을 양성했다. 졸업 후 그의 활동은 당시 선교부에서 월간으로 발행되던 *The Korea Mission Field*에 기록되어 있다. 특히 1911년 1월호에는 그의 사진을 표지사진으로 넣고 후에 그의 매제가 된 김규식이 쓴 글이 실려있다.

1910-11년 기록에 의하면 그는 하루 3-4시간 강의를 하면서 해부학과 생물학을 담당했고, 생리학은 피에터스 Pieters 부인과, 위생학과 외과학은 에비슨 교장과 분담해 강의하였다. 한편 1906년 에스더 쉴즈 Esther L. Shields 선

교사가 설립한 간호원양성소의 교수로도 활동했는데, 그 자신이 번역한 해부생리학 교과서를 갖고 강의하였다. 김필순은 중국으로 망명하기까지 세브란스의학교 학감과 외래 책임자를 역임하였다.

1907년 군대해산과 망국의 한

김필순이 세브란스의학교에 재학 중이던 1907년 구한국 군대가 일제에 의해 강제로 해산되었다. 분노한 보병 장병들이 서울 한복판에서 일본군과 시가전을 벌였는데, 주요 전장 중 한 곳이 세브란스병원이 있던 서울역 위의 남대문 인근이었다. 이때 부상자들이 세브란스 병원에 밀려들어 순간 아수라장이 되었다.

당시 김필순의 가족들은 서울에 올라와 병원 일을 돕고 있었는데, 환자들이 늘어나자 김필순은 가족들에게 달려와 부상병 간호와 치료를 도와줄 것을 요청했다. 이에 그의 어머니는 "시집도 안 간 양갓집 규수가 아무리 부상병이라고는 하나 남정네 간호하는 일을 어떻게 할 수 있겠니?"라고 말했다. 김필순이 "어머니 지금 사람들이 죽어가고 있는데 그런 걸 시시콜콜 따지고 있을 때가 아닙니다."라고 강경히 말하자 어머니도 여성들까지 부상병을 간호하는 것을 허락했다고 한다. 이리하여 김함라, 김미염, 김마리아, 김필례가 김필순을 도와 부상병들을 돌보았다. 이 사건은 김필순에게 적지 않은 충격이었다. 그는 환자들을 치료하면서 기울어져 가는 국운을 두 눈으로 선명히 보았고, 결국 그로 하여금 독립운동에 뛰어든 계기가 되었기 때문이다.

안창호의 의형제

김필순은 세브란스의학교 재학 중에 황성기독교청년회와 상동교회를 왕래하면서 구국운동가로 활동하였다. 또한, 겨레의 스승이라 불리는 도산 안창호와는 동갑의 나이로 '결의형제'를 맺고 민족운동을 전개했다. 1907년 실업 연구를 위해 안창호가 도쿄박람회에 참석한 것도 김필순의 부탁에 따른 것이었다. 그는 또한 안창호가 사장으로 있는 공립신보사의 대리인으로 〈공립신보〉에 관한 소개와 판매소 광고를 〈대한매일신보〉에 실기도 하였다.

1907년 4월 비밀결사단체 신민회가 안창호를 중심으로 결정되자 신민회 일원으로 활동하였고, 자신의 이복형인 김윤오와 세브란스병원 건너편에서 '김형제상회'를 운영하면서 이곳을 신민회 비밀 모임의 거점으로 활용하였다. 이후 105인 사건이 일어나 일제가 신민회 주요 인사를 구속하기 시작하자, 그는 1911년 12월 중국 망명길에 올랐다.

에비슨과 김필순

치치하얼 북제병원과 독립운동기지의 꿈

김필순은 이회영의 6형제와 이상룡을 비롯한 안동 사람들이 이미 건너가 활동하던 서간도로 향했다. 그는 신흥무관학교가 설립된 서간도의 유하현과 인접한 통화현에 정착해 신흥무관학교 운영을 도왔고, 병원을 개업해 병원 수익금을 독립자금으로 사용하였다.

김필순은 가족들을 서간도로 불러모았다. 어느 날 일본에 있는 6형제 중 막내이자 넷째 누이인 김필례에게 뜻하지 않은 손님이 새벽에 기숙사로 찾아와 허리춤 속에 감추어 둔 하얀 종이로 꼰 종이 타래를 건네주었다. 종이 타래를 풀어보니 그것은 종잇조각마다 순서를 적어 넣은 편지였다. 제일 큰 오빠인 김필순이 써서 보낸 편지의 내용은 대충 이러했다.

필례 동생 보아라. 내가 긴말을 자세히 적어 보내지 못함이 서운하나 지금 형편으로는 어쩔 수 없다. 나는 일경에 쫓기는 몸이 되어 이곳 서간도로 왔다. 이곳에서 난 내 인생을 개척할 생각이다. 난 이곳에서 지금까지 꿈꾸어 오던 이상촌을 세우고 독립군을 양성하여 우리나라 독립의 기틀을 닦고자 한다. 너도 이곳으로 와 그동안 배운 지식을 가지고 교육을 맡아주어야겠다. 편지 전해준 분을 따라 귀국하기 바란다. 귀국 즉시 가족들을 데리고 서둘러 서간도로 오기 바란다.

이를 계기로 김필례의 바로 손 위의 언니 김순애가 김필순의 어머니, 아내, 네 명의 아들을 데리고 중국 땅인 통화 조선인 촌에 도착했다.

1916년 김필순은 일제의 압력이 심해지자 흑룡강성 치치하얼 부근과 밀산 지역에 독립운동기지를 건설하려 했던 안창호의 권유에 따라 치치하얼로 거처를 옮겼다. 치치하얼의 용사공원 내 관제묘(관우묘)에 거처를 정한 김필순은 그와 인접한 영안대가永安大街에 '북쪽의 제중원'이란 뜻의 북제진료소를 개원했다. 독립투사들을 의료적으로 지원하는 거점도시를 만든 것이다. 김필순은 이런 방법으로 현지인들과 한인들은 물론 부상한 독립군들을 돌보았고, 병원을 독립운동가들의 연락 거점으로 매우 효과적으로 활용하였다.

우당 이회영의 부인 이은숙은 《민족운동가 아내의 수기》에서 도적의 총을 맞은 자신을 김필순이 100km나 되는 길을 달려와 치료해 주었다고 기록하였다.

한편 김필순은 병원 운영과 함께 대규모 농장을 꾸려 이상촌을 세우고 중국 일대에 흩어져 있던 애국 청년들을 규합해 독립군을 양성하는 독립투사 교육을 이루고자 했다. 그는 먼저 러시아제 농기구를 구입하고 빈농 동포 30가구를 받아들였다. 치치하얼 일본영사관의 보고에 의하면 김필순은 중국인 지주와 함께 토지를 개간했는데, 그중 1/3 가량이 그의 소유였다고 한다. 심지어 토지 구입을 위해 그는 중국 국적을 취득하였다.

김필순은 일제강점기 여성운동가로 당시 일본에 유학 중이던 자신의 동생 김필례를 농장으로 불러 농민교육을 맡겼다. 또한, 자신은 농장경영에 매진하기 위해 매재이자 세브란스 6회 졸업생인 최영욱에게 병원 일을 맡기고 농장 일에 열정을 쏟아 부었다. 김필순의 어머니 안 씨도 흙벽돌을 직접 찍으며 일을 거들었다.

김필순 여동생 김필례

그러나 김필순은 42세의 젊은 나이에 의문의 죽음으로 생을 마감하였다. 막내딸 김로의 증언에 따르면 1919년 어느 날 김필순이 간호부로부터 한 봉지의 우유를 받았는데, 그 간호부는 동료인 일본인 내과의사가 "김 선생은 위급한 환자 치료로 피로한데다 식사도 제대로 챙기지 않으니 이것을 마시도록 주시오."하고 말하며 우유를 넘겨 주었다고 했다. 우유를 마신 직후 김필순은 기운이 빠져 부축을 받으며 집으로 돌아왔고, 다음날에는 말도 하지 못할 상태가 되었다. 이에 일본인 의사가 암염(巖鹽)으로 만든 알약을 뜨겁게 해 김필순에게 먹였는데, 김필순은 배가 시커멓게 변하고 결국은 사망하였다. 김필순 사망 후 우유를 건네준 일본인 의사는 모습을 볼 수 없었다고 한다.

김필순은 이후 치치하얼에 묻혔는데, 일본군이 그 묘마저 없애버려 흔적조차 사라져 버렸다. 정부에서는 김필순의 공훈을 기리어 1997년에 건국훈장 애족장을 추서하였다.

김필순의 자녀들

1930년대 '대로'(大路)라는 영화로 큰 인기를 끌었던 중국의 영화 황제 김덕린(김염)은 김필순의 셋째 아들로 상하이 영화 제작소 부주임, 상하이 인민대표대회 대표, 중국영화작가협회 이사를 역임했고, 자오단趙丹, 바이양白楊과 함께 중국 국가 1급 배우로 임명되어 마오쩌둥 전 주석을 접견하기도 했다. 특히 김덕린은 중국에서 영화와 연극을 통한 항일운동의 전면에 나선 인물로 유명했다. 그의 출연작은 대부분 항일과 관련되어 있다. 영화 〈대로〉도 김덕린이 일본군 앞잡이의 방해 공작에도 항일 투쟁을 위해 도로를 개통하고 이후 적기의 공습에 장렬하게 전사하는 내용을 담았다. 김필순의 기개와 용기가 자녀들을 통해 여전히 불타오르고 있었던 것이다.

김필순의 아들 김덕린(김염)

김필순의 다른 자녀들도 다양한 모습으로 민족운동을 도왔다. 첫째 아들 김덕봉(김영)은 남경의대를 졸업하고 만주 용정의 제창병원 원장을 지냈고, 둘째 아들 김덕호(김억)은 치치하얼에서 의사로 활동하며 항일운동을 전개했다. 다섯째 아들 김덕홍은 항일운동 중 상하이에서 김규식의 집에서 병으로 소천했고, 첫째 딸 김우명(김위)는 조선 의용대원이자 임시정부 외무총장으로, 둘째 딸 김효봉(김로) 또한 항일운동을 전개하였다.

복음 정신을 항일운동에 투사한
만주선교사 손정도 1882-1931

나는 제 몸으로 더러움을 닦아내는
걸레 같은 삶을 살겠다.

선교사가 된 유학자

손정도는 평안북도 강서군에서 유교적 명성을 가진 손몽룡 집안의 장남으로 태어났다. 평범했던 유교 선비 집안 출신으로 13세에 3살 위인 박신일과 결혼하였으며, 17세까지 한학을 공부한 그는 23세가 되던 1904년 '관리등용 시험'을 보러 평양으로 길을 떠났다. 그런데 평양 근교 '조 씨 마을'에 하룻밤 머문 것이 그의 인생을 바꾸는 계기가 되었다. 밤을 지내기 위해 우연히 들른 곳은 이 마을 조 목사의 집이었는데, 그로부터 새로운 학문과 세상 돌아가는 이야기, 그리고 기독교 교리를 심도 있게 들었다. 이때 받은 영적인 감동과 결심으로 그는 관리가 되겠다는 생각을 접고 그 자리에서 상투를 자르고, 바로 고향으로 돌아와 집안의 사당을 몽둥이로 부수었다.

손정도

집안에서 '미쳐도 크게 미친' 사람으로 취급되어 쫓겨나다시피 집에서 나온 손정도는 조 목사의 도움으로 평양에 있던 감리교 존 무어^{John Z. Moore} 선교사 집을 찾아 그의 어학 선생 겸 비서로 일했다. 1903년 내한하여 평양 서편, 삼화, 진남포, 강서, 용강 지역을 담당하고 있던 무어의 주선으로 숭실학교에 진학한 손정도는 동기생으로 조만식, 선우혁과 함께 공부했고, 아내 박신일은 평양의 기홀병원에서 잡역부로 일하였다. 로버트 하디^{Robert A. Hardie}로부터 시작해 그가 졸업반이던 1907년 초에 일어난 평양 대부흥운동은 손정도에게 적지 않은 영향을 미쳤고, 그는 목회자의 삶을 결심하게 되었다. 손정도는 무어가 담임하던 평양 남산현교회에서 첫 목회를 시작해서, 평안남도 진남포와 삼화 구역에서 사역했는데, 이 지역 역시 무어 선교사의 선교 구역이었다.

1909년 미감리회 연회는 '내외국선교회'를 창립하고, 만주 선교를 시작하기로 결정하였다. 미감리회는 남만주 지역을 선교 구역으로 삼고 선교자금을 모으기 시작했는데 이때 손정도가 선교사로 지원하였다.

민족운동가들의 연락망이 된 청국 선교사

1910년 5월 서울 정동교회에서 개최된 미감리회 연회에서 '청국 선교사'로 파송 받은 손정도는 중국어를 배우기 위해 7월 베이징으로 갔다. 그리고 이곳에서 1907년 결성된 신민회의 핵심 인물인 조성환을 만났다. 조성환은 안창호, 양기탁, 전덕기가 주도하여 1907년 설립한 비밀결사 신민회의 핵심 임원으로 베이징에서 민족운동 해외기지 구축을 위해 노력하고 있었다.

안창호와 손정도

손정도는 미감리회 연회에서 파송 받은 '중국 선교사'로서 신분이 보장되어 있었다. 그는 선교 보고와 선교자금 모금을 빌미로 국내에 들어와 교회를 순방할 수 있었고, 이 과정에서 국내와 국외 민족운동가들의 연락망이 되었다. 이는 1911년 12월 25일 손정도가 안창호에게 보낸 편지에서 확인할 수 있는데, 1910년 봄에 서울 남대문 제중원에서 안창호를 만난 사실과 같은 해 여름에 베이징에 도착하여 조성환을 통해 안창호와 연락하였다는 사실을 알 수 있다.

손정도는 톈진, 단둥, 하얼빈에서 교포들을 돌보는 목회를 하였고, 1912년에는 블라디보스토크까지 가서 북방지역에 흩어진 동포들에게 복음전파와 함께 민족운동을 전했다. 그의 삶과 활동은 은혜롭고 열정적인 설교, 뜨거운 애국심, 진심이 깃든 언행으로 특징지을 수 있다.

조작된 사건과 유배, 북만주선교에서 진도유배까지

1912년 3월에 귀국한 손정도는 서울 상동교회에서 개최된 미감리회 연회에 참석하여 선교 상황을 보고한 후 '청국 봉천 북방 하얼빈 남방 선교사'로 재차 파송되었다. 그의 선교 지역이 하얼빈을 중심으로 하는 북만주 지역으로 확장되었다. 국내에서는 105인 사건으로 신민회 회원들의 재판이 한참 진행 중이었고, 이 사건으로 국내에 남아 있던 서북지방의 신민회 회원들이 대부분 구속되어 재판을 받고 있었다. 다행히 손정도는 '선교사'의 신분 덕분에 그 화를 면할 수 있었다.

그러나 같은 해 7월 손정도는 가츠라 타로桂太郎 공작 암살미수 사건과 105인 사건 공모자로 체포되어 경성(서울) 경무총감부로 압송되었다. 이 가츠라 타로 암살미수 사건은 105인 사건과 마찬가지로 일제 측에서 조작하여 민족운동 세력을 말살하려는 정치적 음모에서 비롯된 사건이었으며, 항일운동과 독립운동을 시도한 자들을 잡아들이기 위한 일제의 기나긴 폭압정치의 서막이었다. 일제가 조작한 사건이었기에 자백 외에는 뚜렷한 증거가 나올 리가 없었고, 대신 혹독한 고문이 자행되었다. 더욱이 손정도는 암살 모의의 수괴로 지목되어 더욱 가혹한 고문을 당했다. 이 때문에 1년 어간 옥고를 치른 손정도는 '보안조례 위반'으로 인한 '거주제한 1년' 처벌을 받고 1913년 11월 5일 전라남도 진도에서 유배생활을 했다.

1914년 유배에서 풀려난 손정도는 서울 동대문교회, 정동교회에서 사역하면서 청년들에게 하나님 사랑과 나라 사랑을 강조했다. 이 시기 3년 어간의 정동교회 사역은 그의 일생에서 가장 보람찬 기간이었다. 많은 논문과 설교를 왕성하게 기고했고, 교회는 성장해 증축되었으며, 유관순과 같은 청년들을 길러냈다.

해외 망명과 임시정부 활동

그 당시의 만주 선교는 단순한 이민 목회를 넘어서 장차 이루어질 민족독립운동의 전초 기지로서 중요한 의미를 지니고 있었다. 하지만 일본의 감시로 인해 손정도는 이제 만주로 들어가는 것 자체가 녹록지 않았다. 그러나 손정도는 이런 상황에 굴하지 않고 해외이주를 위한 준비를 계속하였다. 그리고 그는 1919년 3·1만세운동이 일어나기 직전 망명을 결행하였다. 손정도는 기홀병원에서 이승훈을 만나 만세운동에 합류할 것을 요청받았으나 사양하고, 대신 남산현교회의 신홍식 목사와 장대현 교회의 길선주 목사를 소개하여 그들로 하여금 민족대표로 참여케 하고 자신은 평양을 떠났다.

손정도는 1919년 3월 26일경 상하이의 김신부로가金神父路街에 자리를 잡은 후, 임시정부 조직에 참여하여 요직을 맡았다. 임시정부 임시의정원 부의장을 시작으로 의정원 의장, 임시정부 평정관, 임시정부 의정원법 기초위원으로 활약하면서 임시정부 및 의정원 조직 체계를 잡는 데 깊이 참여하였다. 또한 대한적십자회 창설에 참여하여 상무위원을 거쳐 1922년에는 총재를 역임하였다.

1920년대 상해임시정부 위원들과 함께(왼쪽 손정도)

1921년 3월에는 상하이에 있던 목사 이원익, 김병조, 김인전, 조상섭, 송병조, 장덕로와 함께 미국과 세계 기독교인들에게 한국의 실상을 알리고 독립운동 지원을 요청하는 '대한예수교회 진정서'를 발표하였다. 이는 기독교 조직을 통한 외교적 독립투쟁의 의미를 지닌 것이었다.

그러나 손정도가 속해 있던 임시정부는 조직 직후부터 계파 간에 운동 노선과 이념을 둘러싼 갈등이 노출되어 여러 차례 와해의 위기를 겪었다. 손정도는 1923년 1월 각 정파의 이견 해소를 위해 소집된 국민대표회의에 '평안도 대표'로 참석하여 재정위원으로 활약한 것을 마지막으로 임시정부 관계 일에서 손을 뗀 후, 북만주 길림으로 떠났다.

길림목회와 이상촌 건설

1924년 9월 미감리회 연회에 복귀한 손정도는 길림 신첩新帖교회 목사로 파송 받아 그곳에서 일생을 마쳤다. 평양에 있던 가족들도 이때 길림으로 이주하여 길림성 밖에 있는 교회 사택에 머물렀다. 당시 북만주에는 3·1만세운동에 참여하고 옥고를 치르고 나온 동석기 목사가 영고탑에, 최성모 목사가 봉천에서 함께 목회하고 있어 서로 도움이 되었다. 손정도는 1926년부터 길림교회와 액목현교회를 겸하여 시무하면서 길림 주변, 대분大坌, 대강자大崗子교회까지 순방하며 돌보았다.

손정도의 길림 생활은 교회 목회와 민족운동이 한데 어우러져 진행되었다. 그는 1926년 3월 1일 자신이 시무하는 길림교회에서 양기탁, 왕삼덕, 최일, 박기백과 함께 3·1만세운동 기념식을 대대적으로 거행하였고, 길림 지역 독립운동가 현익철, 김동삼, 오동진, 최명식, 이탁, 김좌진과 연락을 취하며 이들의 무장 투쟁을 지원하였다.

북만주지역 풍경

1926년 말에 도산 안창호가 길림을 방문하였다. 그의 길림 방문의 1차 목적은 만주지역 무장독립운동 단체인 정의부, 참의부, 신민부의 통합 문제를 논의하기 위함이었다. 손정도는 안창호가 주선한 독립운동 관계자 모임에 참석하여 함께 논의하였다. 그러던 중 1927년 2월 안창호 강연회가 열리는 도중 일제 측의 사주를 받은 중국 경찰에 의해 안창호를 비롯하여 40여 명의 민족운동가가 체포되는 사건이 벌어졌다. 이때 액목에 있던 손정도는 소식을 듣고 달려와 길림성 교섭국 통역관으로 있던 오인화와 함께 길림성 당국자는 물론 베이징의 장학량에게까지 가서 교섭하여 20여 일만에 모두 석방시켰다.

안창호의 길림 방문 2차 목적은 만주에 '이상촌'을 건설하려는 것이었다. 자급자족할 수 있는 농촌 공동체를 설치하여 이것을 독립운동 기지로 삼으려는 취지였다. 이는 손정도의 계획이기도 했다. 안창호는 미주 지역을 순방하며 농지 구입 자금을 모금하였고, 손정도는 자신이 목회하고 있던 길림 액목현에 이 같은 이상촌의 건설 계획을 수립하였다. 그리하여 안창호의 길림 방문을 계기로 주식회사 형태의 '농민호조사'農民互助社를 설립하였다.

그러나 길림목회와 농민호조사 일은 순조롭지 않았다. 독립운동 진영 안에서 공산주의 세력과 민족주의 세력 사이의 갈등과 마찰이 생겨났고, 일제의 농민호조사에 대한 방해 공작도 집요했다. 일제는 1931년 만보산사건을 거쳐 만주사변을 일으키고 만주국이란 어용 정부를 수립한 후 만주 일대를 식민지화했다. 만보산 사건은 만주에 세력을 형성한 중국 민족운동 세력과 조선인 민족운동 세력의 반일 공동전선투쟁에 대해 중국인과 한국인을 이간질해서 분열시키려는 일제의 치밀한 음모였다. 일제는 이것을 만주 침략과 대륙 침탈의 발판으로 삼아 국제적으로는 자기 입장을 유리하게 하려고 하였다. 이 사건으로 중국에서는 조선인 배일운동이 일어났고, 일본에서는 만주 침략의 분위기가 조성되었다. 그리고 끝내 일제가 1931년 9월 18일 만철 폭파 사건을 조작해 만주를 중국 침략을 위한 전쟁의 병참기지와 식민지로 만들기 위해 일으킨 만주사변으로 이어졌다.

농민호조사의 액목현 농장도 이때 만주척식회사에 몰수되었고, 농민호조사 사업은 4년 만에 실패로 끝나고 말았다.

1929년 길림 상황이 점차 악화되자 손정도는 농민호조사 일을 정리하고, 가족을 베이징으로 옮겼다. 그러나 그러던 중 평생 나라와 동포를 사랑하고, 민족과 독립을 외친 손정도는 일제의 고문 후유증으로 1931년 만주의 추위 가운데서 가족의 간호 한 번 제대로 받지 못하고 소천했다.

손정도의 아들 손원일은 한국의 해군을 창설한 제독으로 '해군의 아버지'로 불렸다. 손원일을 수식하는 전형적인 단어가 '손정도 목사의 아들'일 정도로 한국사회는 목사 손정도에게 경의를 표해왔다. 손원일의 장남 손명원은 할아버지 손정도의 호 해석海石을 영어로 번역한 '오션락'Ocean Rock이라는 자문 업체를 운영해 그 정신을 기렸다. 정부는 손정도의 공훈을 기리어 1962년 건국훈장 독립장을 추서하였다.

손정도 아들 손원일

일제지배를 미화한 스티븐스를 저격한 하와이 노동자 출신 장인환 1876-1930

여러 말할 것 없이 일본인이 한국에 대하여 옳지 못하게 행동하는 것은 세상이 다 아는 바요. 스티븐스는 한국 고문관으로 한국 월급을 받으면서 오히려 일본을 도와주고 한국의 2천만 동포를 은근히 독살하는지라.

"낮에는 죽도록 일하고 밤에는 독립군이 되자"

장인환

장인환은 1876년 3월 평남 평양군 대동면에서 태어났다. 6살에 어머니를 여의고 얼마 지나지 않아 아버지도 돌아가셨다. 서당을 다니면서 공부를 하긴 했지만, 어려운 생활 속에 학업을 계속할 수 없었다. 이때부터 상점 점원으로 일하거나 잡화상을 운영하며 생계를 유지했다. 1894년 장인환은 한반도에서 청국과 일본의 전쟁이 벌어지는 비참한 현실을 보며, 비록 학식은 없지만 국가를 위해 자신이 할 바를 고민하였다. 그러던 중 인천항에서 미국 선교사들이 주선하는 이민 소식을 듣게 되었고, 하와이에서 새로운 삶을 개척하면 심적인 평안과 부의 축적은 물론 한국의 독립운동까지 이룰 수 있다는 선교사의 말을 듣고 하와이 이민을 결심했다. 그리고 마음속으로 이렇게 다짐했다. "하와이에서 죽도록 일하고 밤에는 독립군이 되자. 독립을 꿈꾸며 기회를 만들어 공부하고 열심히 일하며 노력하면 무엇인들 못 하랴."

장인환은 1904년 고국을 떠나 하와이 코할라 사탕수수 농장에서 일하다가 2년 후에는 미국 본토인 샌프란시스코로 이주하였다. 이곳에서 생활도 그리 넉넉지는 않았다. 장인환은 식당과 통조림공장에서 일하며 고된 생활을 했고, 산 아르도 San Ardo의 철도 공사장에서

하와이 사탕수수 농장의 노동자들

개혁과 민족운동으로 새로운 나라, 신민을 꿈꾸던 시대

는 일을 하다 다치기도 했다.

먼 고국으로부터 들려오는 소식은 그를 더욱 슬프게 했다. 을사늑약이 강제로 체결되면서 일제의 침략 야욕이 본격적으로 드러나기 시작했다. 고종황제가 퇴위 되고, 군대마저 해산되었던 것이다. 장인환은 분노의 눈물을 삼키며 언젠가 이루어질 독립을 꿈꾸었다.

> 나는 특별한 학식이 없어 나라를 별달리 보국補國할 방책이 없으나 언제든지 우리나라가 일본에 대하여 독립전쟁을 개시하는 날에는 나는 반드시 칼을 차고 총을 메어 떨어지는 날 가을 풀에 말머리 행오行伍 앞에서 나의 한 창자 더욱 피를 쏟을 뿐이다.

민족의식을 가지고 시작한 대동보국회 활동

한국 감리교회에서 세례를 받은 장인환은 대로변에서도 서슴지 않고 복음을 전파하는 열렬한 기독교 신자였다. 그는 샌프란시스코에 한인연합감리교회가 세워질 때도 참여했다. 당시 샌프란시스코에는 하와이 사탕수수농장에서 일하다 건너온 노동자 및 유학생 등 한인 이민자 150여 명이 살고 있었다. 이들은 대동보국회를 설립하여 이민자나 본국의 민족교육과 독립운동을 돕고 있었다. 민족의식이 강했던 장인환 역시 그 기관에 가입하여 활동하였다.

대동보국회에서 두드러진 장인환의 활동은 세브란스의 최초의 7인 면허의사인 주현측이 1926년 선천에 설립한 대동고아원을 돌보는 일이었다. 대동보국회는 애국계몽운동의 일환으로 평북 선천에 대동고아원을 설립하여 부모 없는 아이들을 돌보고 교육하였다. 장인환이 가진 대동고아원에 대한 애정은 스티븐스 저격 사건 후 처참한 감옥생활을 견딜 힘을 줄 정도였다. 그는 다음과 같은 신념으로 하루하루를 견딜 수 있었다.

> 나는 아직도 할 일이 많다. 고향에는 고아원이 있지 않은가. 오갈 곳 없는 아이들이 나를 기다리고 있지 않은가. 빨리 굳세게 일어나 그들을 살려야지…….

일제의 지령 받고 하와이에 온 한국의 왕실 외교 고문 스티븐스

조용한 한인사회에 일대 사건이 발생했다. 그것은 일본 외무성에 근무하다가 1904년 한국의 왕실 외교 고문관으로 파견된 더램 스티븐스Durham W. Stevens 때문이었다. 그는 고종을 보호한다는 구실 아래 일본 헌병이 궁궐의 경비를 서게 하여 고종을 감금하고, 일본인 하와이 노동자를 위해 한인들이 하와이로 이민가는 것을 중단시킨 인물이다. 1908년 3월 20일 스티븐스는 일본 외무성과 조선통감부의 중대 밀령을 수행하기 위해 미국의 수도 워싱턴으로 가는 길에 샌프란시스코를 들렀다. 이 중대 밀령이란 루즈벨트 대통령에게 한국을 강제로 병탄할 계획을 설명하기 위함이었을 것이다.

스티븐스

스티븐스는 샌프란시스코 행 배 안에서 신문기자들과 회견하여 "일본의 한국 지배는 한국에 유익하다.Japan's control, a benefit to Corea"는 제목으로 일본의 한국에 대한 침략을 왜곡 선전하였다. 그 내용은 "일본이 한국을 보호한 후로 한국에 유익한 일이 많음으로 근래 한일 양국인 간에 교제가 점점 친밀하며, 일반 백성과 농민들은 일본사람을 환영한다."는 것이었다.

한인들은 〈샌프란시스코 크로니클〉San Francisco Chronicle에 이러한 내용이 실린 기사를 보고 분개했다. 그래서 한인 기관인 공립협회와 대동보국회를 중심으로 한인공동회가 개최되었다. 한인공동회는 최정익, 문양목, 정재관,

이학현 4명을 총대로 선정하여 스티븐스를 찾아가 그의 행동의 시정을 요구했으나, 그는 다음과 같은 망언을 서슴지 않았다.

> 한국에는 이완용 같은 충신이 있고, 이토 히로부미 같은 통감이 있으니 한국에 큰 행복이요 동양에 대행大幸이다. 내가 한국 형편을 보니 광무황제께서 덕망을 잃은 것이 매우 심하고 완고당들이 백성의 재산을 강도질하고 백성이 어리석어 독립할 자격이 없으니 일본서 빼앗지 아니하면 벌써 러시아에 빼앗겼을 터이라.

이에 격분한 4명의 총대가 스티븐스에게 달려드는 바람에 격렬한 몸싸움이 벌어지기도 했다.

장인환 전명운의 스티븐스 저격 사건

장인환은 스티븐스가 고종은 물론 한국인들에게 한 잔인한 행동과 비리를 〈코리안 미션〉을 통해 알고 있었다. 또한, 지난번 샌프란시스코 행 선상에서 한 기자회견이나 한인회 대표에게 한 언행들을 그냥 두고 볼 수 없어 그는 스티븐스를 처단할 계획을 세웠다.

1908년 3월 23일 오전 9시 30분 스티븐스는 워싱턴으로 가기 위해 샌프란시스코의 오크랜드 부두 페리 정거장에 도착하여 배웅 차 동승한 일본 총영사 고이케 조조小池張造와 함께 차에서 내려 페리빌딩 안으로 들어가고 있었다.

스티븐스 저격 사건을 실은 〈샌프란시스코 크로니클〉지

일본 총영사의 배웅을 받아 페리빌딩으로 들어가려는 순간, 스티븐스를 저격하려던 장인환은 다른 사람이 먼저 스티븐스를 향해 총을 쏘는 소리를 들었다. 이는 장인환과 마음이 같았던 전명운이 권총 육혈포를 들고 대기하다 스티븐스가 나타나자마자 그를 향해 쏜 것이다. 그러나 실탄이 불발하자 전명운은 달아나려는 스티븐스를 뒤쫓아가 그의 얼굴을 총두로 가격하였고, 두 사람은 뒤엉키게 되었다.

이때 장인환은 연속하여 세 번의 방아쇠를 당겼는데, 한 발은 전명운의 어깨에, 나머지 두 발은 스티븐스의 등과 허리를 명중하였다. 스티븐스는 응급수술을 받았지만, 이틀 후 생을 마감했다. 전명운, 장인환 그리고 한인공동회의 바람이 실현되는 순간이었다. 어깨를 총에 맞은 전명운은 다행히도 치료를 받아 생명엔 지장이 없었다.

전명운과 장인환

재판과정에서 장인환은 스티븐스의 저격 이유를 다음과 같이 밝혔다.

> 스티븐스는 나쁜 놈이다. 그는 한국민으로부터 재산을 강탈하고 일본을 돕고 있다. 그는 한국에게는 매국노이며, 감언이설로 우리나라 지도자를 속이고 있다. 그러므로 그는 차라리 죽는 것이 낫다고 본다. 이대로 가면 한국민은 모두 죽게 될 것이며, 일본은 우리나라를 차지하고 말 것이다. 일본은 우리나라를 점유하려고 기도하고 있다. 나는 조국을 사랑한다. 나는 애국자이며 스티븐스는 한국을 일본에 팔아먹은 매국노이기 때문에 그를 쏜 것이다.

"애국심의 광란으로 인한 무지각적 범죄"

장인환과 전명운의 스티븐스 총살 의거 당일 저녁에 교민들은 한인공동회를 개최하고 두 애국지사를 위한 공판투쟁을 준비했다. 이 회의에서는 공판에 대비하여 7인을 판사전담위원으로 선임하였고, 우선 참석자로부터 의연금도 걷었다. 미주 본토와 하와이의 한인사회에서는 물론 국내외 각지 동포사회에서 7,390달러가 모금되어 변호사와 통역의 비용 일체를 충당하게 되었다. 초기 경찰서 심문 때의 통역은 당시 샌프란시스코에 머물고 있던 양주삼 목사가 담당하였고, 법정 통역으로 로스앤젤레스에서 수학 중이던 신흥우가 선발되었다.

우선 전명운이 살인미수 혐의로 공판정에 섰다. 검찰은 살인사건의 공범임을 강조했으나 변호사는 그를 총상까지 입은 피해자로 변호했다. 사건 발생 97일 만에 전명운은 무죄를 선고받고 보석으로 풀려났다.

장인환은 살인 중죄인으로 상등법원으로 이송되어 280일간 재판을 받았다. 검사와 일제 측 변호사는 장인환을 일급살인범으로 몰아 처형을 주장했다. 그러나 한인공동회가 고용한 피고 측 변호사는 스티븐스 총격은 일반적인 살인이 아닌 "애국심의 광란으로 인한 무지각적 범죄"이므로 애국지사인 장인환을 무죄 방면해야 한다고 주장했다. 배심원의 8차례의 비밀투표 끝에 장인환은 "애국적 환상에 의한 2급 살인죄"로 판정이 났다. 장인환은 25년의 형기가 결정되어 샌프란시스코 감옥에 복역하게 되었다. 280일간 계속된 공판은 한인공동회의 민족 단결성의 승리였다. 장인환은 10년만인 1919년 1월 17일 방면되었다. 이는 그의 모범적인 복역생활과 함께 대한인국민회를 비롯한 미주 한인사회의 지속적인 석방운동의 성과였다.

이는 장인환의 옥중서신을 통해 확인할 수 있다.

수감 당시 장인환의 모습

> 나의 사랑하는 형제자매들이여, 여러분의 사랑하는 마음으로 보내신 성탄 예물과 새해 문안카드들은 감사한 마음으로 받고 이에 정성되고 기쁜 뜻으로 여러분에게 회답하여야 나를 이같이 사랑하시는 정을 표하고자

하옵나이다. 나는 우리 주 예수의 사랑하시는 안에서 육신과 영혼이 다 평안하고 즐거이 지내며, 또한 하나님이 우리 민족을 전진하게 하며 발달하게 해야 피차에 사랑하고 단합해야 장차 우리의 잃어버린 나라의 자유를 회복하고 인민을 노예 가운데서 구원하게 하기를 쉬지 않고 걱정도 하며 또한 태평복락을 누리게 되기를 기도하옵나이다.

출감한 장인환은 계속 일제의 감시 대상이 되었고, 고문의 후유증은 끊임없이 장인환을 괴롭혔다. 모진 형벌로 몸은 이미 망가졌고, 대소변 조차 자유롭게 볼 수 없는 지경이었다. 장인환을 더욱 힘들게 한 것은 어렵게 살고 있는 동포들에게 의지하여, 치료비마저 부담시킨다는 사실이었다. 육체적 통증과 심리적 부담감에 시달리던 장인환은 1930년 5월 22일 자신이 머물고 있던 3층 병실에서 투신자살하였다. 그의 나이 55세를 막 넘긴 시점이었다. 자신의 목숨보다 사랑한 조국과 동포들에 대한 그가 할 수 있는 최선의 선택이었을 것이다.

정부는 그의 공훈을 기리어 1962년 건국훈장 대통령장을 추서하였다.

안중근과 함께
이토 히로부미 처단의 동지
애국지사 **우덕순** 1876-1950

덕德 닦으면 덕이 오고 죄 범하면 죄가 온다.
너뿐인 줄 알지 마라.
오천만을 오늘부터 시작하여
하나둘씩 보는 대로 내 손으로 죽이리라.

상동청년 을사늑약을 계기로 블라디보스토크로 가다

1876년 충청북도 제천에서 태어난 우덕순은 4-5세의 어린 나이에 서울로 이주했다. 우덕순은 나이 서른이 다된 1905년경 기독교에 입교한 것으로 보이는데, 이때 상동교회에 출석하고 상동청년회에 가입해 활동하면서 자연스럽게 민족운동에 참여하였다. 상동교회는 평민, 천민, 사회 하류층들이 많이 다녔고, 담임목사 역시 평민 출신의 전덕기였다. 사회계층의 차별을 뛰어넘은 상동교회는 당시 민족과 시대 상황에 가장 민감하게 반응하였다.

우덕순

상동청년회는 1905년을 전후로 활발히 활동했다. 1904년 10월 15일에 상동청년학원이 개교하면서 교육 사업을 시작했는데, 민영환, 이상설, 이시영, 이준, 이회영을 비롯한 우국지사들이 청년회의 활동을 지지하고 후원했다.

동대문 부근에서 잡화상을 운영하던 우덕순은 1905년 을사늑약이 체결되자 나라 밖에서 국권회복 투쟁을 결심했다. 그가 속한 상동청년회도 을사늑약 체결 전부터 반대운동을 주도적으로 전개하였고, 이후 을사오적 암살계획을 세우는 등 강력하고 적극적 투쟁을 전개하였다. 을사오적은 외부대신 박제순, 내부대신 이지용, 군부대신 이근택, 학부대신 이완용, 농상부대신 권중현을 일컫는 말로, 1905년 일제가 한국을 침략하는 과정에서 강제로 을사늑약을 체결할 때 찬성하여 서명한 대신들이요, 나라를 팔아먹은 매국노들이었다.

그러나 을사늑약 이후 상동청년회 활동은 일제에 의해 점차 탄압을 받게 되고, 감리회 선교사들이 청년회의 정치적 활동에 반대하자 1906년 엡윗청년회로서의 상동청년회는 결국 해산해 버렸다. 이런 상황에서 국내 활동에 이제는 한계가 있다는 것을 느낀 일부 인사들은 해외로 망명했다. 우덕순 역시 이렇게 조국을 떠나 블라디보스토크로 갔다.

블라디보스토크에서의 항일투쟁과 안중근과의 만남

블라디보스토크로 건너간 우덕순은 국내보다 더 적극적인 민족항일투쟁을 벌였다. 상동청년회 출신답게 그는 먼저 교육활동과 의병활동에 참여하였다. 이 중에 가장 가슴 벅찬 일은 안중근과의 만남이었다. 그는 이범윤 밑에서 활동하던 1908년 7월에 안중근을 처음 만났는데, 이범윤은 당시 블라디보스토크 지역의 의병 지도자였다. 실제 이범윤은 러일전쟁 당시 함경도 일대의 산포수들을 모아 충의대忠義隊라는 조직을 만들어 러시아군과 함께 항일전쟁을 벌였다. 안중근도 이범윤의 밑에 있으면서 후에 그의 지원을 받아 국내진공작전을 수립하기도 했다. 그런 안중근을 우덕순이 만난 것이다.

안중근

우덕순은 헤이그 특사파견에 필요한 기금을 모아 보내고 블라디보스토크에 학교를 세우는 일에도 나섰다. 또한, 1911년 권업회가 교포들의 교육을 위해 개척지에 세운 한민학교韓民學校를 위해 모금운동을 하면서 러시아 한인사회의 민족운동에 나섰다.

기회가 주어지는 대로 의병활동을 하던 우덕순은 일본헌병대에 잡혀 곤욕을 치르기도 했다. 우덕순은 1908년 6월 19일 함흥재판소로 이송되어 8월 초순 재판장에서 검사는 사형을 구형했지만, 동지 김재익과 이창도의 도움으로 탈옥에 성공했다. 그리고 1909년 여름에는 또다시 블라디보스토크 대동공보사의 수금원으로도 활동하였다. 연해주지방 독립운동의 구심점 역할을 하였던 대동공보사는 러시아 교민단체의 신문 〈대동신보〉를 발행하였는데, 이 신문은 독립정신과 애국심을 고취하는 논설과 기사를 실어 일제로부터 자주 압수처분을 받았다.

"살피소서 주 예수여 살피소서", 이토 히로부미 처단의 공모자

우덕순은 1909년 9월 초 이토 히로부미가 만주에 온다는 사실을 〈원동보〉의 기사를 통해 알았다. 이곳에 있던 많은 한인들은 이토를 처단할 의지를 불태우고 있었다. 이 무렵 블라디보스토크에 있는 이치권의 집에 도착한 안중근은 대동공보사와 이치권 집에서 정재관을 통해 이토의 만주 방문 사실을 확인하고 그를 처치하기로 결심하였다.

의거를 성공리에 진행하기 위해 안중근은 자금과 동지가 필요했다. 다행히 이석산을 통해 필요한 거사 자금 100루블 정도를 얻어 재정문제는 해결했다. 문제는 목숨을 걸 수 있는 동지를 찾는 일이었다. 그런데 1908년부터 알던 우덕순을 떠올린 안중근은 1909년 10월 20일 우덕순이 머물고 있던 고준문의 집으로 갔다. 안중근이 의거 협조를 요청받은 우덕순은 전혀 고민하지 않고 오히려 장부의 굳은 뜻을 담은 다음과 같은 보구가報仇歌를 지어 서로의 결의를 다졌다.

우덕순(중앙)의 거사 직전 기념사진

만났도다. 만났도다. 원수를 만났도다. 너를 한 번 만나려고…… 앉을 때

개혁과 민족운동으로 새로운 나라, 신민을 꿈꾸던 시대 | 121

나 섰을 때나 하늘을 우러러 기도하길 살피소서. 살피소서. 주 예수여 살피소서. 동반도東半島의 대제국을 내 원대로 구하소서. 간악한 이 늙은 도적아, 우리 민족 2천만을 멸망까지 시켜놓고 금수강산 삼천리를 소리 없이 뺏노라고 참혹하고 흉악한 저 수단을 지금 네 명命이 끊어지니 너도 원통하리로다. 갑오독립 시켜놓고 을사늑약한 연후에 오늘 네가 북향北向할 줄 나도 역시 몰랐노라. 덕德 닦으면 덕이 오고 죄 범하면 죄가 온다. 너뿐인 줄 알지 마라. 오천만을 오늘부터 시작하여 하나둘씩 보는 대로 내 손으로 죽이리라.

하얼빈역 풍경

1909년 10월 24일 아침, 우덕순은 안중근과 조도선과 함께 하얼빈에서 차이자거우蔡家溝로 갔다. 차이자거우는 하얼빈행 기차가 중간에 기관차를 바꾸기 위해 머무는 곳이었다. 차이자거우에 도착한 후, 안중근은 우덕순에게 여비가 부족해서 융통하기 위해서 간다는 뜻을 전하고 하얼빈으로 향했다. 우덕순은 이와 관련해 심문조서에서 안중근의 하얼빈행에 대하여 이렇게 술회했다.

안중근이 이토 히로부미가 오는 날짜가 12일(10월 25일)이라고도 하고, 13일(10월 26일)이라고도 하여 분명하지 않은데, 만약 15일(10월 28일)이나 20일(11월 2일)까지라도 머무르게 되면 돈이 부족하니 그렇게 되면 외국인에게 모역을 받게 되므로 하얼빈으로 가서 돈을 마련해 오겠다고 말하고 출발하였다.

차이자거우에 대기하고 있던 우덕순은 역 정거장 지하 찻집에 머물며 이토 히로부미가 오기를 기다리고있던 중에 이토가 도착하는 날짜가 26일이라는 사실을 알게 되었다. 그리고 안중근이 그때까지 돌아오지 않으면 혼자라도 이토를 처단하리라고 결심하였다.

이토 히로부미가 도착하기 전날 밤인 25일 저녁 우덕순은 자신들이 머물고 있던 정거장의 지하 찻집에서 러시아 군인들이 왔다 갔다 하는 발자국 소리를 들었다. 함께 있던 조도선에게 상황을 물으니, 조도선은 러시아인들이 이야기하는 것을 듣고서 다음 날 아침 6시에 일본의 높은 관리가 오기 때문에 준비하러 와 있다는 사실을 알려주었다. 그 이야기를 들은 우덕순은 블라디보스토크를 출발할 때부터 안주머니에 넣어 두었던 권총을 가지고 거사를 준비하였다.

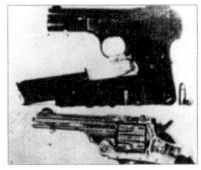

당시 사용된 권총

그러나 그날 밤, 우덕순은 조도선을 통해 러시아군에 의해 밖으로 나갈 수 없게 되었다는 사실을 듣게 되었다. 상황인즉은 주인이 일본인 관리가 올 것으로 생각하고 밖으로 나가려고 하자 러시아 군인은 나가는 것을 허락하지 않았다는 것이다. 이 사실을 확인한 우덕순은 러시아 사람인 주인이 밖으로 나갈 수 없는 상황이라면 자신 역시 밖으로 나가는 것은 불가능할것이라는 생각에 다음 날의 거사를 포기하고 잠자리에 들 수밖에 없었다. 그리고 11시경 우덕순은 러시아 헌병에게 체포되었다.

우덕순은 하얼빈에서 일어난 일들을 알지 못한 상황에서 여행권과 소지품을 압수당하면서 한국인은 모두 체포한다는 이야기를 듣고 처음에는 권총을 소지하고 있었기 때문에 체포되는 것으로 생각하였다. 그러나 차이자거우에서 하얼빈으로 호송되는 도중에 안중근이 10월 26일 하얼빈에서 이토 히로부미를 처단한 사실을 알게 되었다.

한편 여비를 마련하기 위해 하얼빈으로 돌아온 안중근은 신문을 통해 이토 히로부미가 26일 하얼빈에 온다는 사실을 확인하고, 하얼빈에서 기다리고 있다가 이토 일행이 도착하자 군대의 뒤를 따라가며 총을 쏘아 이토를

개혁과 민족운동으로 새로운 나라, 신민을 꿈꾸던 시대 | 123

사살해 버렸다. 안중근은 "코레아 우라"(대한민국 만세)라는 말을 세 번 외친 후 현장에서 체포되었다.

일제는 우덕순에게 1910년 2월 14일 징역 3년을 언도하고, 안중근에게는 사형을 선고했다. 하지만 이미 한국민의 역적인 이토는 사망했고, 이를 계기로 우덕순은 이후 민족운동에 더 본격적으로 뛰어들었다.

공판 투쟁, 또 다른 항일투쟁 앞에서

우덕순은 일제의 신문訊問을 받는 과정에서 왜 이토 히로부미를 살해할 계획을 세웠는지 분명하게 자신의 의견을 제기하며 거사의 정당성을 주장했다. 그 계획이 안중근의 명령이나 회유에 의한 것이 아닌지를 묻는 검찰관을 향해서 우덕순은 한국 국민의 한 사람으로 그 일을 행했다고 조금도 흔들림이 없이 대답했다. 이를 통해 이토 히로부미 암살 계획은 특정한 사람들의 생각이 아니고, 당시 일반 한국인들 모두가 그렇게 생각하고 실행할 의지가 있었음을 온 천하에 보여주었다.

공판 당시 사진

이는 공판을 통해 자신의 주장을 떳떳하게 주장하는 일종의 공판투쟁이었는데, 우덕순도 이 과정을 빼놓지 않았다. 일제는 당시 국제사회가 한국을 인정하지 않고 있다는 점을 강조하고 이토 히로부미 살해가 국제사회의 비난을 받고 있다고 주장했다. 이에 우덕순은 세상의 모든 나라는 틀릴 수 있고, 사람들도 신문을 통해 이토의 잘못된 점을 잘 알고 있다는 점을 당당하게 밝히며 일본 검찰관의 주장을 강력하게 반박했다.

우덕순은 공판과정에서 일제의 강압과 회유에 조금도 넘어가지 않았다. 오히려 이토 히로부미를 처단해야 할 이유를 뚜렷하고 정당하게 밝혔다. 이것이야말로 공판을 통한 또 다른 방법의 항일투쟁이었다.

여성, 고아, 민족을 위해 마지막을 불사르다

이토 히로부미 살해 혐의로 중국의 여순감옥에서 복역하던 우덕순은 1908년 여름에 자행한 의병활동 전력이 드러나, 1910년 7월 함흥으로 압송되어 1913년에야 석방되었다. 참으로 기나긴 감옥생활이었다. 이후 우덕순은 1917년 〈청구신보〉 발행을 위한 모금활동에 참여하여 민족운동을 재개하고, 하얼빈, 치치하르에서 지속적인 독립운동에 참여했다.

우덕순의 애국적인 활동과 이제는 이 땅의 사람이 아니었던 안중근과의 우정은 해방 이후에도 지속되었다. 그는 1946년 3월 6일 '안중근의사 순국 37주기 추도 준비회' 위원장으로 활동하며 '의사 안중근 동상 건립기성회'를 주도했다. 5월 10일에는 〈부녀신문〉을 창간해 편집인과 발행인을 맡았는데, 우덕순은 창간사를 통해 억압받고 교육받지 못한 한국 여성들의 현실을 개탄하면서 새로운 나라 건설에 걸맞은 여성들의 각성과 역할을 강조했다.

우덕순은 1946년 8월 31일 일제의 침략으로 고아가 된 아이들을 보호하기 위해 평화보육원을 창립하는데에도 함께 했다. 서울의 정여진과 청주의 신정호가 기부한 땅 10만 평과 건물 세 채를 자산으로 최동오와 이장원 등과 함께 설립한 것이다.

우덕순의 생애의 마지막 민족운동은 정치활동이었다. 1948년 11월 13일 이승만과 신익희 등 2천여 명이 참석한 가운데 대한국민당이 창당되었는데, 우덕순은 여기서 신익희, 배은희와 더불어 대한국민당 최고위원에 당선되어 건국사업에 참여했다.

그러나 우덕순은 1950년 한국전쟁 때에 북한군에 납치되어 9월 26일 평양형무소에서 사망했다. 1962년 건국훈장 독립장이 추서되었고, 1968년 9월 국립 서울현충원 애국지사 묘역(묘비번호 59)에 안장되었다.

현충원 애국지사 묘역의 우덕순 묘

이토 히로부미와 이완용 처단에 모든 것을 걸었던 젊은이 이재명 1886-1910

너희 법이 불공평하여 나의 생명을 빼앗지만,
나의 충혼은 빼앗지 못할 것이다.
지금 나를 교수형에 처한다면
나는 죽어 수십만 명의 이재명으로 환생하여
너희 일본을 망하게 할 것이다.

매국노를 처단할 기개를 품은 10대 소년의 애국심

1886년 평안북도 선천에서 태어난 이재명은 일신학교를 졸업하고, 14세에 기독교인이 되었다. 해외노동이민이 시작되던 1904년 미국노동이민회사의 이민모집에 응해 하와이를 거쳐 미국으로 건너갔

이재명

최초의 한인 이민선 갤릭호

다. 공부를 더 하기 위해 1906년 3월에 미국 본토로 옮겼지만, 당시 국내외 상황은 대단히 혼란스러웠다. 한국에서는 제1, 2차 한일협약과 을사늑약이 강제로 체결되었고, 1905년 4월 샌프란시스코에서는 같은 동족끼리 서로 사랑하자는 동족상애同族相愛의 정신을 내세우며, 안창호를 중심으로 창립된 공립협회가 미국에서 항일 민족운동을 전개하고 있었다. 이때, 미국 본토로 건너온 이재명은 곧바로 공립협회에 가입하여 항일 민족운동에 동참하였다.

1907년 6월, 헤이그특사 사건을 빌미로 고종황제를 강제로 물러나게 한 일제가 법령제정권, 행정권, 관리 임명 등을 일본통감의 권한 아래 두는 일명 '정미7조약'을 폭압적으로 체결하고, 대한제국의 군대까지 해산하여 한국민족의 자위력을 완전히 해체하며 한반도 점령을 가속하였다.

이런 상황에서 안창호를 중심으로 결성된 공립협회는 공동회를 개최해 매국적인 인물을 숙청하기로 결의하고 이를 실행할 자를 뽑았는데, 이에

스무 살이 갓 넘은 이재명이 자원했다. 1907년 10월 일본의 나가사키를 거쳐 귀국한 이재명은 어린 나이에도 불구하고 자기 혼자 살겠다고 민족의 현실을 외면할 수 없었다. 이재명은 귀국 후 중국과 노령 지역을 돌아다니면서 동지를 모으고, 이토 히로부미와 이완용과 같은 매국노들을 처단할 계획을 세웠다.

동시대를 살아가는 청년들의 분노가 이토를 사살하다

이재명은 이들을 처단하기 위해 기회를 엿보던 중, 1909년 1월 조선 초대 통감을 지낸 이토 히로부미가 순종 황제와 함께 평양을 방문한다는 소식을 듣고, 이를 기회로 이토를 처단하고자 하였다. 이재명은 동지 몇 사람과 함께 평양역에서 대기하며 이토를 처단할 순간을 기다렸다. 하지만 신변의 위협을 느낀 이토 히로부미가 순종의 곁을 떠나지 않자 이재명은 이토를 저격하지 못했다. 이때 안창호는 순종의 안전을 생각해 이재명이 준비하고 있던 계획을 만류했고, 어쩔 수 없이 이토 히로부미 처단은 다음으로 미뤄야 했다.

그러나 이토의 처단을 무작정 포기할 수 없던 이재명은 다시 한 번 동지 김병록과 함께 서울과 원산을 거쳐 블라디보스토크로 건너가 기회를 엿보았다. 그러던 중 1909년 10월 26일 이토 히로부미는 중국의 하얼빈역에서 안중근에게 사살되었다.

같은 시대를 살고 있던 청년들의 의분을 이재명만이 느낀 것은 아니었다. 이재명 대신 이토 히로부미를 처단한 안중근이 있었고, 샌프란시스코에서 "일본의 한국 지배가 한국에 유익하다."는 발언을 한 대한제국 외교고문 친일 매국노 더럼 스티븐스 Durham W. Stevens를

안중근·장인환

처단한 장인환 역시 대표적 인물이다.

그런데 이재명, 안중근, 장인환의 사이에 흥미로운 공통점이 있다. 먼저는 이들 세 명 모두 평안도 서북지역 출신이라는 것이다. 또한 이들은 모두 개신교와 가톨릭이라는 기독교 신앙을 갖고 있었다는 점이다.

군밤 장수로 변장한 민족 의사

이토 히로부미의 사살 소식을 들은 이재명은 원래 계획한 이완용을 서둘러 처단해야겠다고 결심했다. 이완용은 을사오적의 한 사람으로 일본에 나라를 팔아먹은 대표적인 매국노였다. 고종황제를 협박하여 을사늑약 체결과 서명을 주도하였고, 의정부를 내각으로 고친 후 내각총리대신이 된 인물이기도 하다. 뿐만 아니라 헤이그특사 사건 이후 고종을 물러나게 하고, 순종을 즉위시켰으며, 총리대신으로 일본과 한일병탄조약을 체결하였다.

이완용

이재명은 1909년 11월 하순 평양 경흥학교 서적종람소와 야학당에서 자신의 동지들과 회동을 갖고 친일파 척결이라는 거사 계획을 세웠다. 그 결과 이재명, 이동수, 김병록은 이완용을, 김정익과 조창호는 일진회의 대표 이용구를 처단하기로 하였다.

처단 계획을 세운 후 이완용에 관한 정보를 모으던 이재명은 12월 23일 오전 경성 종현천주교성당(현 명동성당)에서 벨기에 황제 레오폴드 2세 Buste de Leopold II 의 추도식에 이완용이 참석한다는 신문보도를 접했다. 그날 당일 오전 11시 30분경 이재명은 성당 문밖에서 군밤 장수로 변장하고 기다리다 이완용이 인력거를 타고 나올 때 비수를 꺼내 들고 그에게 달려들었다. 그때 이재명을 막아 선 인력거꾼 박원문을 먼저 찌른 후 곧장 이완용에게 달

명동성당

려들어 허리를 찔렀다. 이재명은 여기서 멈추지 않았고, 인력거 아래로 굴러떨어진 이완용에게 다시 달려들어 두 차례나 더 칼을 휘둘렀다. 이완용이 죽었다고 생각한 이재명은 큰소리로 "대한 독립만세"를 외쳤고, 이완용을 경호하던 한국인과 일본인 순사에게 현장에서 당당하게 체포되었다. 이재명의 칼에 찔린 이완용은 중상을 입었지만, 나라를 팔아먹은 이완용의 목숨은 질기게도 끊기지 않았다.

"2천만 우리 동포가 모두 나의 공범이다……"

체포된 이재명은 재판 과정에서도 끝까지 의협심을 잃지 않았다. 이재명은 공판에서 오히려 이완용의 죄악을 낱낱이 밝히고, 일제의 만행을 지탄하였다. 공판장에 선 이재명은 이렇게 말했다.

> 이완용은 가히 죽일 만한 죄악이 허다하다. 그중 가장 큰 여덟 가지의 제목이 있기 때문에 살해하기로 한 것이다. 첫째는 보호조약을 체결했고, 둘째는 7조약을 체결했고…….

이때 통역관이 이재명의 말을 중단시켰고, 그 뜻을 전달받은 재판장은 이재명에게 다른 말로 바꿔서 물었다.
이재명의 공판 기록을 보면 이완용을 처단하기 위해 조력한 사람이 없느냐는 질문에 이재명은 다음과 같이 대답하였다.

> 연루자로 여기에 있는 여러 사람은 그때에 찬성을 표시하였는지 어떠하였는지 지금 이 자리의 나로서는 진술할 바가 아니니, 찬성과 조력으로 말할 것 같으면 우리나라 2천만 동포가 찬성하지 아니하는 사람이 없을 것이고, 만약 방조자로 말한다고 할 것 같으면 결코 그러한 사람이 있을

수가 없노라.

이재명을 변호한 안병찬 변호사는 이토를 죽인 안중근의 경우와 달리 나라를 팔아먹은 조선의 매국노 이완용을 같은 민족인 이재명이 죽이려 한 것은 애국행위라고 강조했다. 하지만 그러한 변호가 일본이 지배하고 집행하는 재판장에서 통할 리 없었다. 경성지방재판소는 1910년 5월 18일 이재명에게 모살謨殺 미수라는 죄목으로 사형을 선고했다.

이재명의 의거터 표지

이 자리에서 이재명은 최후 진술을 통해 다음과 같은 말을 남겼다.

> 너희 법이 불공평하여 나의 생명을 빼앗지만, 나의 충혼은 빼앗지 못할 것이다. 지금 나를 교수형에 처한다면 나는 죽어 수십만 명의 이재명으로 환생하여 너희 일본을 망하게 할 것이다.

칼을 맞은 이완용은 당대 일본 최고의 의술의 도움으로 두 달 만에 건강을 회복했다. 그렇게 매국노는 다시 살아나서 전성기를 맞았고, 독립을 외치는 자들은 죽어갔다. 나라를 빼앗고 팔아먹은 자들을 자기 손으로 처단하기 위해 불꽃같이 살면서 고군분투했던 이재명은 1910년 9월 13일 서대문형무소에서 교수형으로 25세의 불꽃 같은 삶을 마감했다.

정부에서는 이재명의 공훈을 기리어 1962년에 건국훈장 대통령장을 추서하였다.

1. 한일조약으로 보는 국권피탈

1876년 **강화도조약(병자수호조약)**

1876년 2월 일본과 맺은 전문 12개조로 구성된 이 조약은 조선이 근대 국제법의 토대 위에서 외국과 맺은 최초의 조약으로 병자수호조약이라고도 불린다. 조선은 부산·인천·원산에 항구를 열고 거류지를 제공하는 데 반해, 일본에는 치외법권을 인정해 개항장에서 자행되는 일본인의 범죄도 일본 법에 의해 처벌하는 것을 허용하는 등 처음부터 불평등한 조약이었다. 무엇보다 일반인들의 무역과정에 양국 관리가 간섭하여 제한하거나 금지를 할 수 없고, 세금도 부과하지 않는다는 항목마저 담고 있었다.

1905년  **"아 원통하고 분하도다" 을사늑약**

1905년 11월 17일 일본이 대한제국에 대하여 강압적으로 체결한 5개 항목의 조약으로 흔히 '을사오조약'이라 불리고, 조약 체결과정의 강압성 때문에 '을사늑약'이라 불린다. 을사년에 맺어진 늑약의 주된 내용은 조선의 외교권 박탈과 일제의 통감부 설치였다. 이 늑약으로 인해 대한제국은 명목상 일본의 보호국이 되었지만, 실제로는 일본 식민지로 전락했다. 이러한 늑약에 반대해 상소운동과 무력 투쟁이 전국적으로 일어났고, 상동청년학원 출신들은 도끼를 메고 대한문 앞에서 상소운동을 벌였다.

〈을사오적〉

  이근택

권중현 (농상공부대신)　박제순 (외부대신)　이근택 (군부대신)　이완용 (학부대신)　이지용 (내부대신)

| 1907년 | ### 한일신협약 (정미 7조약)

1907년 일제가 고종을 강제로 퇴위시키고 조선황제의 동의 없이 법령 제정권, 행정권 및 일본 관리 임명에 관한 7개 항을 강제로 체결한 조약이다. 이로써 한국정부는 법령 제정과 중요한 행정상의 처분, 관리 임용 시에 일본 통감의 승인을 받게 되었다.

일제는 조약의 후속조치로 한국인 대신 밑에 일본 차관을 두어 실제적인 행정실권을 장악하였고, 언론탄압을 위한 법을 공포하였다. 1907년 8월 1일 일제에 의해 한국군대가 강제로 해산되자 전국 각지에서 해산 군인을 포함한 의병이 일어나 항일 무장 투쟁을 전개하였다.

| 1910년 | ### 한일병탄(경술국치)

1910년 8월 29일 한국이 일본에 통치권을 빼앗기고, 일본의 식민지가 된 사건이다. 1905년 을사늑약으로 한국을 보호국으로 만들고 통감을 세워 한반도를 지배한 일본은, 1910년에 이르러 8개 항목의 조약을 통해 조선을 완전하게 삼켜버렸다. 8개 항목 중 제1조는 "한국 전부에 관한 일체의 통치권을 완전히 또 영구히" 일제에게 넘길 것을 규정하고 있다.

2. 독립협회

"정부는 시간이 지남에 따라 바뀔 수 있고 한 나라의 정치적인 외형은 상황에 따라 변화할 수도 있지만, 백성은 이 땅에 영원히 존재할 것입니다." - 서재필

서재필   이상재

1896년 서재필을 중심으로 이상재, 이승만, 윤치호 등의 개화파 관료들이 조직한 단체이다. 이후 민중의 적극적인 참여로 시민사회단체로 확장되었다. 독립문을 세워 조선의 독립을 선포하였고, 〈독립신문〉 발행과 만민공동회 개최를 통해 백성이 나라의 주인이라는 민주, 민권 사상을 보급하였다.

독립문

독립협회는 창립과 함께 오랫동안 중국 종속의 상징인 영은문을 헐고 그 자리에 독립문을 건립하였고, 모화관을 개수하여 독립관을 설립해 한국의 독립을 강조했다. 영은문과 모화관은 청나라 사신을 영접하던 곳이었다.

프랑스의 개선문을 본뜬 독립문은 정면에 '독립문'이라는 이름과 함께 좌우에 태극기 무늬가 새겨져 있고 아래쪽으로 황실의 문장을 상징하는 오얏꽃무늬가 조각되어 있다. 전국민을 상대로 모금운동을 벌여 공사비는 주로 기부금으로 충당하였고, 1897년 11월 20일에 완공되었다.

〈독립신문〉

〈독립신문〉

"우리는 무슨 당에도 상관없고 상하귀천을 달리 대접하지 아니하고, 모든 조선 사람으로만 알고 조선만 위하며 공평하게 인민에게 말할 것입니다."
-〈독립신문〉 창간사

〈독립신문〉은 1896년 4월 7일 한국에서 발간된 최초의 민간신문이다. 민주, 민권 사상을 보급하는 한편 정부의 개혁정책을 백성에게 소개하고, 백성의 목소리를 담아 정부에 건의해서 관과 민이 소통하는 통로 역할을 만들어 주었다. 누구나 읽을 수 있게 순 한글로 기록하였고, 구절을 떼어 읽기 쉽게 만들었다.

1897년 1월 5일 자부터는 한글판과 영문판을 분리해 발행하여 외국인에게 한국의 실상을 알리는 역할을 하였다.

만민공동회

독립협회가 주관한 대토론회이자 시민운동인 만민공동회는 시민, 단체회원, 정부관료를 포함한 모든 사람이 참여 가능한 대중집회였다. 1898년 10월 29일에 열린 만민공동회에서는 첫 연설자로 백정 박성춘이 나서 연설을 하였다.

만민공동회

"나는 대한에서 가장 천하고 무식한 사람입니다. 이런 나도 임금에게 충성을 다하고 나라를 사랑하는 뜻을 대강 알고 있습니다. 원컨대 관민이 마음을 합쳐 우리 대황제의 큰 덕에 보답하고 나라가 만만세를 누리게 합시다."

만민공동회는 외세의 이권침탈을 비판, 저지하였고, 중추원을 개편해 근대적 의회를 구성하는 시국에 대한 개혁안을 제시하기도 하였다.

고종의 허락을 받아 근대적 의회인 중추원이 세워졌지만, 독립협회 일부 회원들의 급진적 개혁과 정부 관료의 이간 때문에 독립협회는 고종에 의해 해산되는 비운을 겪었다.

3. 신민회

신민회는 1907년 안창호가 중심이 되어 설립한 비밀결사 단체이다. 일제에 맞서 국권을 회복하기 위해 설립된 신민회는 교육구국운동의 일환으로 정주 오산학교와 평양 대성학교를 설립하였고, 도자기 회사를 세워 산업을 진흥하고 민족자본을 육성하였다. 또한 출판 및 도서 보급을 위해 평양에 태극서관을 세우고 민주사상과 독립의식을 전파하는 한편 독립군 양성을 위한 무관학교 설립과 독립군기지 창설에 힘썼다.

안창호

평양 대성학교

신민회는 종교인, 언론인, 군인, 실업인을 모두 망라하는 전국 규모의 조직으로 을사늑약 체결 후 상실한 국권회복을 위해 전국에 산재되어 있는 애국자들을 규합하는 역할을 하였고, 추후 예측되는 거사의 핵심 동력을 마련하기 위해 조직되었다.

평양대성학교

"학교 교육에 관한 천언만어千言萬語보다 '본보기' 학교 하나를 일구어 놓는 것이 요긴하니 그리하면 사람들은 그것을 모방하려 하기 때문입니다. 금일 탄생하는 이 대성학교를 희망 있는 좋은 학교로 만들어 놓기만 하면 우리나라에는 이와 같은 학교가 우후죽순으로 생길 것이라고 봅니다."-안창호의 평양대성학교 개교식 훈화

1907년 안창호가 "건전한 인격을 가진 애국심 있는 국민의 양성"을 목표로 평양대성학교를 설립하고, 한국의 각 도에 분교를 하나씩 세워 대성학교 출신자로 각 지역의 초등학교를 운영할 계획을 세웠다. 그러나 대성학교는 1912년 제1회 졸업생 19명을 배출하고 민족의식을 고취한다는 이유로 일제에 의해 강제로 폐교당했다.

평양자기회사

1908년 신민회가 일제의 경제침략에 대항하고 민족산업자본을 육성하기 위해 평양에 설립한 도자기 회사이다. 주식회사 형태로 시작하여 초기에 50원의 주식 200주를 발행하였고, 이후 주식을 1,000주를 증자하여 회사를 확장하였다. 1911년 105인 사건으로 신민회

회원들이 일제에 검거되면서 활동이 위축되었다.

신흥무관학교

1910년 한일병탄 이후 신민회는 국권회복을 위해 무장투쟁을 결의하였다. 이회영을 비롯한 6형제와 이상룡, 김동삼이 자신들의 재산을 정리해 서간도로 집단 이주한 후 통화현 삼원보에 교사校舍 8동을 신축하고 신흥무관학교를 설립하였다. '신흥'이라는 명칭은 신민회의 '신'新과 구국투쟁이 왕성하게 일어난다는 뜻의 '흥'興이 합쳐진 것이다. 신흥무관학교는 1920년까지 약 3,500여 명의 졸업생을 배출했는데, 그들은 홍범도의 대한의용군과 김좌진의 북로군정서에서 활동하며 항일운동의 중심적인 역할을 감당했다.

이회영

신흥무관학교

신민회 조직과 인적 구성

이승훈

오산학교

비밀결사 단체의 성격을 지닌 만큼 신민회 조직은 종으로만 이어져서 당사자 2인 이상은 회원을 서로 알지 못하고, 횡으로도 누가 회원인지 전혀 모르게 하여 비밀을 유지하였다. 또한, 비밀결사의 단점을 보완하기 위해 청년학우회, 동제회 면학회, 권장회와 같은 표면단체를 만들어 활동하였다. 신민회는 전국적으로 조직을 확대하였는데, 그중 독립협회와 상동교회 출신을 포함한 서울지역 민족인사들과 이승훈을 대표로 하는 서북지역 인사들이 중심 역할을 하였다.

신민회 국내조직상황표(1911)

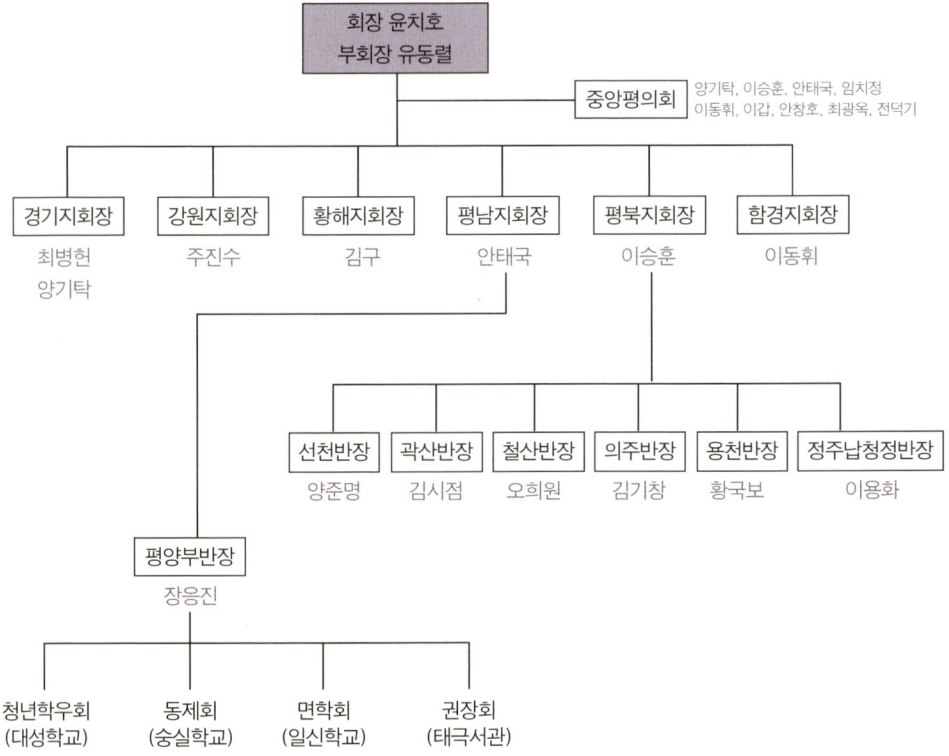

4. 105인 사건

1911년 일본총독부가 민족독립운동을 탄압하기 위해 데라우치 마사타케 총독의 암살미수사건을 조작해 만들어낸 민족지도자 박해사건이다. 1910년 10월 1일 조선총독부의 초대 총독으로 부임한 데라우치 마사타케는 독립운동이 꾸준히 확산되고 있던 황해도와 평안도를 포함한 서북지역의 기독교계 반일세력을 제거하고자 하였다.

데라우치 총독

105인사건 관련자들 체포장면

1910년 12월 북간도로 망명했던 안중근의 사촌 아우 안명근이 황해도 신천 일대에서 군자금을 모집하다 평양역에서 일본경찰에게 붙잡혔다. 일제는 안명근이 12월 압록강 철교 개통식에 참석하기 위해 평양과 선천 지역을 시찰하려던 데라우치 총독을 암살하기 위해 자금을 모으고, 무기를 구입했다고 조작했다.

이 과정에서 1911년 9월 신민회의 지도급 인사 윤치호, 이동휘, 양기탁, 김구를 비롯해 600여 명의 애국지사가 전국적으로 검거 투옥되었고 결과적으로 신민회의 조직은 해체되었다.

1912년 9월 28일 경성지방법원에서 기소된 123명 중 105명에게 유죄판결이 내려져 105인 사건이라고 부른다.

105인 사건	
발생시기	주요사건
1910년 10월 1일	데라우치 마사타케가 조선총독부 초대 총독으로 부임
1910년 12월	무관학교 설립을 위한 자금 모금 중 안명근 체포, 압록강 철교 개통식, 안악사건 발생, 황해도 지역 관련 인사 160명 검거
1911년 1월	총독부, 신민회 간부 16명을 보안법 위반으로 체포
1911년 9월	총독부, 안악사건과 신민회 간부 체포를 총독 암살 미수사건으로 몰아 관서지방 전체로 탄압을 확대하여 600여 명의 독립운동가 체포
1912년	체포된 사람들 중 상당수가 증거 불충분으로 석방
1912년 6월	기소된 독립운동가 123명에 대한 재판 진행
1912년 9월 28일	경성지방법원에서 열린 재판에서 18명 무죄로 석방, 나머지 105명은 최소 징역 5년의 유죄 판결을 받음
1913년 10월	제2심에서 무죄 선고된 99명을 제외한 6명(윤치호, 양기탁, 안태국, 이승훈, 임치정, 옥관빈)에 징역 5-6년을 선고
1915년 2월 12일	징역 선고를 받았던 6명이 일본황제 다이쇼의 즉위식을 기념해 특별 사면되어 석방

김마리아
이승훈
김병조
양전백
신홍식
신석구
이필주
김창준
스코필드
유관순
어윤희
문용기
이만집
김인전
김구
김인서
조종대

2부

강제병탄과 무단통치의 어두움을 3·1만세운동과 대한민국임시정부로 헤쳐나간 시대

강제병탄과 무단통치의 어두움을 3·1만세운동과 대한민국임시정부로 헤쳐나가던 시대

치밀한 제국주의 정복 야망, 고요한 아침의 나라를 침몰시키다

한국에 비해 서구문물을 일찍 받아들인 일본은 메이지유신을 계기로 근대화와 산업화를 통해 형성된 자본과 군사력을 무기로 만들어 한국과 아시아로 향했다. 쇄국정책으로 중국중심정책과 기존 조선사회 시스템을 고집하던 한국사회는 19세기 말 전환기에 통상과 무기를 들고 나타난 서구세력에 속수무책이었다. 혼란의 틈바구니에서 일본은 마침내 정치-군사적, 경제적인 힘으로 한국사회를 침몰시키고 식민지로 삼았다. 1894년 청일전쟁에서 일본이 승리한 것을 한국이 오랜 중국 지배에서 벗어난 것으로 평가한 외국 논객들은 10여 년 만에 한국에 일본이 먹히는 것을 볼 수 밖에 없었다.

을사오적, 부일 협력, '헌병-경찰'의 무단통치의 시대

임진왜란 이후 한반도를 삼키고자 한 일제, 아우스비치에서 유대인을 학살하기로 마음먹은 나치에 인간의 존엄이나 상식의 힘을 내밀면서 정의나 자비를 순진하게 기대하는 것은 무리였다. 그러나 일제보다 결코 덜하지 않았던 을사오적과 수많은 부일 협력자, 때론 이런 자들이 애국지사나 신사참배반대로 감옥에 갇혀있던 사람들에게 더 두려운 존재였다. 을사오적의 우두머리 격인 이완용은 서구문물의 중요성과 힘을 누구보다 잘 알고 있던 개화파였고, 조국을 팔아넘기는데 자신의 재능을 사용했다.

1910년 강제병탄 이후 일제는 군에 소속된 헌병경찰을 통해 한반도를 지배하기 시작했다. 일명 잔인한 무단통치시대를 열었다. 1919년 3·1만세운동이 열리기 전까지 쉽게 말해 군인인 헌병-경찰들을 통한 비상계엄령과 같은 참혹한 통치를 이어갔다. 그러면서 한국이 갖고 있던 농업과 광업을 비롯한 모든 자산을 약탈하고, 처참한 식민지를 만들어갔다.

무오독립선언에서 3·1만세운동까지, 맨주먹으로 하늘에 호소하다

지렁이도 밟히면 꿈틀거리고, 쥐도 코너에 완전히 몰리면 고양이를 물 수 있다. 아무리 정부가 무능하고, 나라를 팔아먹는 대신들이 득실거리고, 홍난파 같은 청년 때문에 친일적 출세를 꿈꾼 사람들이 많았으며, 헌병들의 총칼을 두려워한 국민일지라도, 인간의 자존감과 5천년 역사를 이어온 사람들이었다. 이들이라고 그저 가만히 죽음만 기다렸겠는가?

1919
파리강화회의(1차 2차)

1919. 2. 1
무오독립선언

1919. 2. 8
2·8독립선언

1919. 3. 1
3·1만세운동

1차 세계대전(1914-1918)이 종료되고, 미국 윌슨 대통령의 민족자결주의를 통해 더 이상 참을 수 없다고 생각한 애국지사들은 마침내 1919년을 기점으로 국내외적으로 비폭력 만세운동을 벌였다. 당시 뜻있는 애국지사들이 가장 많이 모여있던 간도에서 제일 먼저 일어난 무오독립선언, 일본 도쿄의 기독교 청년회관에서 벌어진 2·8독립선언, 그리고 3월 1일을 기해 전국적으로 일어난 3·1만세운동은 대표적인 한국민족의 독립만세운동이었다. 그들이 가진 것이라고는 하늘을 향한 절규밖에 없었다. 대부분의 만세운동은 비폭력 운동이었지만, 무오독립선언은 무력을 통해서라도 우리의 빼앗긴 주권을 정당하게 되찾아오는 것을 강조했다. 김약연이 중심이 된 무오독립선언은 비굴하게 일본에 독립을 구걸하지 않았다.

심장의 박동 소리를 듣던 기독교인들

국내외에서 광범위하게 일어난 3·1만세운동은 기독교인들만의 전유물은 아니었다. 국내 3·1만세운동은 천도교, 기독교, 불교가 연합해 일으켰으며, 빼앗긴 나라를 찾는 데 종교의 다름이 큰 문제가 되지 않았다.

그러나 당시의 한국사회의 종교적 상황을 볼 때, 독립만세운동에 대한 기독교의 공헌은 아무리 강조해도 지나치지 않는다. 전 국민을 1,700만 어간으로 보았을 때 2%도 되지 않는 한국기독교인들, 그러나 독립선언서에 서명한 33명 중 16명이 기독교인이었다. 34번째 민족대표로 불리는 프랭크 스코필드까지 더하면 절반에 해당하는 지도자들이 기독교인들이었다. 세브란스의 의료선교사 프랭크 스코필드는 30대의 청년으로 소아마비가 걸린 신체적 어려움에도 불구하고, 카메라를 메고 3·1만세운동의 현장과 수촌리, 제암리 학살현장을 사진에 담아 한국역사에 선물로 남겨주었다.

간도와 일본 내의 독립선언을 한 중심인물들 가운데서도 기독교인들이 다수 포함되어 있었다. 김마리아는 2·8독립선언과 국내 3·1만세운동의 가교역할을 했고, 이승훈을 비롯한 기독교 지도자들이 평양과 서울에서 비밀리에 준비한 3·1만세운동을 전국적으로 소통시키는데 중심적 역할을 했다. 비록 한국인 전체에서 차지하는 기독교인들의 비율은 얼마 되지 않았지만, 이들은 교회, 미션스쿨, 그리고 선교사라는 전국적인 네트워크를 지니고 있었다. 어떤 의미에선 독립된 우리 민족의 행정부가 없는 상황에서 전국적이고 국내외적인 신경조직망을 한국개신교가 갖고 있었던 것이다. 그러한 역량을 3·1만세운동을 통해 가장 극명하게 보여주었다.

선언되었지만, 아직 손에 잡히지 않은
귀중한 씨앗 하나를 심다

비폭력적인 3·1만세운동은 사실 단순한 만세운동이 아니라 일제의 지배에서 독립을 요구하고 선언한 비폭력적인 만세혁명이었다. 그렇다면 3·1만세운동은 온 천하에 독립을 선언하고 쟁취하려는 원래의 의도를 성취했는가? 좀 더 솔직하게 말해, 3·1만세운동은 성공했는가?

3·1만세운동에 온 힘을 다 바친 한국교회는 이를 계기로 민족과 현실에 더 참여하게 되었는가? 안타깝게도 3·1만세운동에서 중심적 역할을 한 기독교는 이후 점차 적극적인 현실참여를 벗어나 신비주의적이고 보수적인 색채로 변했다. 초창기 한국개신교의 아이콘이라 불리는 길선주의 이후 행보는 한국교회의 활동과 방향을 상징적으로 보여준다. 길선주는 《말세학》이라는 책과 지도를 들고 교회사역에 몰입했다. 종말론을 통해 성도들이 희망을 잃지 않도록 노력했지만, 이는 3·1만세운동과는 다른 모습이었다. 더군다나 적지 않은 사람들이 오히려 독립의 의지를 잃고 부일 협력자나 현실적 개량주의자들로 변했다.

하지만 그렇다고 3·1만세운동이 실패한 것은 아니다. 무엇보다 을사늑약에서 무단통치까지 이어진 일제의 억압에 분연하게 일어날 수 있는 민족적 역량과 기개를 여실히 보여주었다. 그리고 온 나라에 아직 꺾이지 않은 한민족의 독립의 열망을 잘 보여주었고, 일본의 무단통치를 문화정치로 바꿔버렸다. 무엇보다 중요한 것은 현재 대한민국의 정신과 뿌리가 되는 대한민국임시정부의 태동을 가져왔다. "실현되었지만 아직 이 땅에 성취되지 않은" 종말론을 가진 기독교인의 신념처럼, "선언되었지만 아직 손에 잡히지 않은" 대한민국을 만들어낼 귀중한 씨앗 하나를 굳건하게 심어준 것이다.

1919. 4
수촌리 사건, 제암리 사건

1919. 4
대한민국임시정부 수립

1919. 4
대한독립애국단 조직

1922
한국노병회 창립

1923
국민대표회의 개최

1932. 4. 29
윤봉길 훙구공원 의거

1940
대한독립 애국단 조직

2·8독립선언과 3·1만세운동을 연결시킨 대한민국애국부인회의 김마리아 1892-1944

어제는 조선의 독립운동이 시작된 날입니다.
남학생들이 크게 운동하고 있으므로 우리 여자들도
그대로 바라만 보고 있을 수 없습니다.
여학생들도 운동을 하지 않으면 안 됩니다.

민족의식과 신앙이 깊은 집안의 여장군

김마리아는 1892년 6월 18일 황해도 장연군 대구면 송천리, 우리에게 잘 알려진 소래마을에서 김윤방과 김몽은의 셋째 딸로 태어났다. 김마리아의 아버지 김윤방은 한국 최초의 7인 의사 중 한 명인 김필순과 이복형제이다. 소나무가 무성하고 샘이 솟는다는 의미로 '소래'라고도 불린 이 지역은 1885년 서상륜, 서경조 형제가 세운 한국 최초의 자생교회인 소래교회가 있던 한국교회의 어머니 품 같은 곳이었다.

김마리아

김마리아의 집안은 고조부 때까지는 명문 판서로 이름이 나 있었으나, 현실 정치에 환멸을 느낀 고조부 형제들이 황해도 불타산 일대에 낙향해 낭을 개간하고 노력한 끝에 만식꾼으로 가세가 부유해졌다. 또한, 그의 가문은 독실한 기독교 집안이었는데 큰언니 함라는 신학박사 남궁혁의 부인이고, 둘째 언니 미염은 의사 방합신의 부인이다. 김마리아의 부친은 장남으로 그 아래 윤오, 윤열이라는 두 명의 친형제와 필순, 인순이라는 두 명의 이복 형제가 있었고, 구례, 노득, 순애, 필례의 네 명의 이복 여동생이 있었다. 김마리아의 삼촌 4명과 고모 4명은 모두 초기 기독교 신자로서 우리나라의 개화 문명을 보급했을 뿐 아니라 항일 운동에도 앞장섰던 인물들이었다. 이러한 집안 분위기에서 자란 김마리아는 어릴 때부터 민족의식을 자연스럽게 형성했고 일제강점기에는 발 벗고 독립운동 선두에 서게 되었다.

송천리 예수교소학교, 즉 소래학교에 입학한 김마리아는 기독교의 박애와 평등사상, 그리고 자유·정의·진리가 뜻하는 바가 무엇인지를 어린 시절에 배웠다. '장군'이 꿈이었던 그는 남장을 하고 보교步轎를 타고 학교에 다니며 항상 1등을 놓치지 않았다. 4살에 부친을 여의고, 14살에 모친도 "지금 시대는 비록 여자라 해도 가히 공부하지 않을 수 없다. 더욱이 마리아는 외국에까지 유학시켜야 되겠다. 이것이 나의 소원의 전부이다."라는 유언을 남기고 복막염으로 세상을 떠났다.

1904년 어머니 유언대로 공부하기 위해 서울로 온 김마리아는 세브란스병원에 다니는 삼촌 김필순의 집에서 지내며 정신여학교를 다녔으며, 삼촌 집에 드나들던 안창호, 김규식, 이동휘 같은 애국지사들을 만나게 되었다. 정신여학교를 졸업한 후 그는 큰언니 함라가 재직 중인 광주 수피아여학교에서 교직생활을 하다, 둘째 언니 미염과 모교인 정신여학교 교사로 부임해 3년간 학생들에게 독립정신을 고취하는 교육을 했다. 학생 교육뿐만 아니라 자신의 학업에도 큰 열정을 가진 김마리아는 1914년 정신여학교 교장 마르고 루이스Margo L. Lewis의 도움으로 일본으로 유학을 떠났다.

일본에서의 2·8독립선언

일본에 도착한 김마리아는 히로시마고등학교를 거쳐 도쿄여자학원 대학부에서 공부하였다. 그는 일본으로 유학 온 춘원 이광수, 김도연, 백관수, 서춘, 최팔영, 송계백, 이종근과 수시로 만나 독립운동에 관한 구체적인 움직임을 논하였다. 특히 당시 미국 대통령 윌슨의 '민족자결주의론'은 일본 한인유학생들을 더욱 고무시켰고, 이들은 조선청년독립단을 조직해 활동하면서 잡지를 발행하고, 민족의식을 고취하는 토론회를 개최하면서 사회의식과 민족의식을 높여나갔다.

이들의 주된 관심은 고국을 비롯하여 상하이, 하와이, 노령, 유럽 같은 해외에서 전개되고 있는 독립운동 상황이었다. 김마리아는 일제의 침략적 마수로부터 벗어나기 위해서는 우리 청년 남녀 학생이 선두에 서서 행동해야 하며, 고국의 동포들과 연락해서 국내외적으로 적극 호응 궐기해야 한다는 점을 호소했다. 또한, 구체적인 실천운동으로 회원을 포섭하고, 군자금을 모집하는 일이 필요하다고 강조했다.

조선기독교청년회관

1918년 12월 18일 도쿄의 조선기독교청년회관에서는 400여 명이 모여 독립선언을 감행하자는 결의를 하였는데, 1919년 1월 22일에는 고종의 독살 소식이 전해지자 격앙되고 과격한 토론이 이어졌다. 이 과정에서 몇몇 한국인 유학생이 일본 경찰에 연행되었고, 김마리아도 연행되어 8시간이나 고초를 당한 후 요시찰인으로 낙인 찍혔다.

하지만 2월 8일 조선기독교청년회관에서 500여 명의 한국인 남녀 유학생이 참석한 가운데 백관수가 독립선언문 전문을 낭독했다. 장내는 진동과 박수, 그리고 아우성으로 요란해졌다. 동시에 결의문을 낭독하고 일본의회에 보낼 한국독립청원서를 가결시킨 뒤 학생대표 언실이 있었다. 김마리아는 황에스더와 여학생 대표로 일제의 식민정책을 규탄하고 최후의 순간까지 강도와 도둑 같은 일제와 투쟁할 것을 눈물로 호소했다.

만세를 외친 후 누가 먼저라 할 것도 없이 애국가를 합창했다. 소식을 들은 일본 경찰은 주모자인 김마리아와 황에스터를 비롯해 70여 명을 연행하여 배후를 추궁하며 고문했다. 며칠 후 출감한 김마리아는 2·8독립선언문을 복사해 한국으로 전달하는 임무를 맡아, 졸업을 앞둔 상황에서도 일본인으로 변장하고 독립선언서 사본을 옷 속에 숨겨 한국으로 돌아왔다.

"지독한 계집", 일본에서 2·8독립선언문을 품고 오다

김마리아는 2·8독립선언문 10여 장을 미농지에 복사하여 옷 속에 감추고는 1919년 2월 15일 부산에 도착하였다. 그리고 그곳에서 상하이 신한청년당에서 국내의 독립운동을 촉구하기 위해 밀사로 파견한 큰 고모부 서병호와 셋째 고모 김순애를 만났다. 이들은 안희제가 경영하던 백산상회로 가서 활동계획을 논의하였다. 이후 김마리아는 대구로 가서 기독교계 사람들을 만나 2·8독립선언서를 보이고 독립운동을 촉구하였다. 그리고 대전을 거쳐 큰언니 김함라와 막내 고모인 김필례가 교사로 있는 광주 수피아여학교의 교직자와 간호원들을 초대하여 여성 독립운동의 필요성을 강조하면서 동참할 것을 권유하였다.

2·8독립선언문

그녀는 2월 21일, 서울에 도착해 황애덕을 다시 만나 함께 이화학당 교사인 박인덕과 신준려와 회동하여 도쿄 2·8독립선언의 소식을 전하면서 여성 독립운동에 대한 논의를 했다. 이어 교육계, 기독교계, 천도교계의 지도자들을 만나 재일 도쿄 남녀 유학생들의 독립운동에 대해 보고하면서 국내에서의 거족적인 독립운동을 촉구하였다. 김마리아는 이처럼 20대 후반의 젊은 여성으로서 상상할 수 없을 정도의 기개와 담력을 가지고 돌아다녔다.

김마리아는 민족대표 33인 가운데 한 사람이자 보성사 사장으로 독립선언서 인쇄와 배포 책임을 맡겼던 이종일을 찾아갔다. 이종일이 "거국 운동을 해야 할 것 아니냐"고 묻자, 김마리아는 대답했다. "우리는 이미 계획을 실천하고 있으며, 이미 1914년 이래 계속 민중 봉기 운동을 암중모색하여 일제 쇠사슬에 얽매여 있던 신음에서 벗어날 기운이 약동하고 있습니다."

3·1만세운동이 발발한 당일에도 김마리아는 황해도 봉산과 신천 지역을

돌며, 지방 여성들에게 독립운동 참여를 촉구하고, 3·1만세운동 소식을 듣고는 지속적인 독립운동을 모색하고자 서둘러 서울로 돌아와 모교인 정신여학교로 달려갔다. 이 날은 서울의 학생들이 남대문역, 지금의 서울역 앞에서 격렬한 만세시위를 전개한 3월 5일이었다. 이 날 만세시위에 정신여학교의 학생들도 대다수 참여하였고, 김마리아는 그 배후 지도자로 지목되어 학생들과 함께 체포되었다.

김마리아는 경무총감부에서 일경의 혹독한 고문과 조사를 받은 뒤, 3월 27일 보안법 위반 혐의로 기소되어 서대문형무소로 이감되었다. 연루자를 대라는 갖은 악형과 고문을 받았지만, 그는 전혀 굽히지 않아 '지독한 계집'이라는 소리까지 들었다. 그녀는 오히려 재판관 앞에서 "독립운동이 어째서 죄가 되느냐."하고 호령하였다. 독립정신으로 감옥생활을 이겨낸 그녀는 8월 5일에 증거 불충분을 이유로 석방되었다. 하지만 당시 고문으로 위턱뼈 축농증과 귀 뒷뼈 속에 고름이 끼는 매스토이라는 불치의 병에 걸려서 이후 평생을 질병과 싸우며 살아갔다.

독립운동을 위한 대한민국애국부인회 활동

대한민국애국부인회는 정신여학교의 졸업생과 교사들이 3·1만세운동으로 투옥된 애국지사들을 옥바라지 하고 그 가족들을 보호하기 위해 결성한 혈성부인회와 기독교 계통의 여성들이 임시정부 후원 활동을 위해 결성한 대조선독립애국부인회가 임시정부의 지시를 받아 조국 독립이라는 공통의 목표를 가지면서 만들어진 단체였다. 감옥에서 나온 김마리아는 자주 만나던 황애덕과 상의하여 침체기를 맞고 있던 이 단체를 전국적인 규모의 조직으로 확대하여 여성 독립운동에

대한민국애국부인회

활력을 불어넣고자 하였다.

이 같은 목적을 수행하기 위해 김마리아와 주요 임원들은 조직 확대 작업에 들어가 서울과 대구를 비롯하여 15개 지방에 지부를 설치하였고, 2,000여 명의 회원을 확보하였다. 그리고 비밀리에 독립운동 자금 모금 활동을 벌여 그해 11월까지 6,000원의 군자금을 모아 임시정부에 전달하였다. 그러던 중 조직원의 배신으로 11월 28일 김마리아를 비롯한 임원진 52명이 일경에게 붙잡혀 대구에 있던 경상북도 경찰국으로 압송되었다. 대구지방법원과 복심법원에서 황애덕과 함께 3년 형을 받고 상고하였으나, 1921년 6월 21일 경성고등법원에서 기각되어 형이 확정되었다. 김마리아는 일제의 고문과 악형 속에서 병보석으로 1920년 5월 22일 출감한 뒤, 1921년 8월 초 중국 상하이로 망명하였다.

미국 유학과 근화회 활동 그 후

김마리아는 상하이에서의 독립운동의 난맥상亂脈相과 파벌싸움에 식상해 하면서 못다 한 공부를 마치기로 결심하였다. 그리고 그해 6월 21일 미국 유학을 결정해서, 로스앤젤레스에서 안창호의 부인 이혜련의 도움으로 생활의 안정을 찾았다. 1924년 9월 미국 미

마르다윌슨신학교 재직 시절

주리주 파크빌Parkville에 있는 파크대학Park University에 입학해 2년간 공부하고, 1928년 시카고대학The University of Chicago 사회학과에 진학하였다. 여기에서 김마리아는 대학 도서관에 근무하며 학부과정과 연구 과정을 마친 끝에 1929년 사회학 석사학위를 받았다.

김마리아는 조국 독립을 위해 1928년 2월 12일 황애덕, 박인덕과 같이 미국에 유학 중인 여학생들을 중심으로 여성 독립운동 단체인 근화회를 조

직해 회장을 맡아 조국 광복을 위하여 재미 한인사회의 운동을 적극 후원하였다. 1930년에는 뉴욕의 비블리컬 신학교Biblical Seminary에서 신학 교육을 받았다.

1933년 늦은 봄 13년 동안의 망명 생활을 청산하고 귀국한 김마리아는 일제의 감시와 압박으로 서울에서 활동하지 못하고 원산의 마르다윌슨신학교에 부임해 신학을 가르쳤다. 그는 각종 기독교관련 모임과 강론을 통해 민족의식을 고취하고, 신사참배를 거부하면서 여전히 변함없는 항일투쟁을 전개하였다.

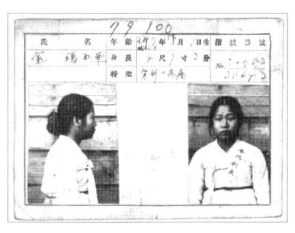

김마리아의 일제 감시대상 카드

그러던 중 고문 후유증이 재발함에 따라 평양기독병원에 입원하여 치료를 받던 중, 조국 광복을 눈앞에 둔 1944년 3월 13일 순국하고 말았다.

정부는 그녀의 공훈을 기리어 1962년 건국훈장 독립장을 추서하였다.

유기점 사환에서
민족사학 오산학교의 지도자로
우뚝 선 이승훈 1864-1930

여러분이 아시는 대로 나는 원래 배우지도 못했고, 아는 것도 없습니다. 나는 이 뒤에 선 동상과 같은 사람입니다. 아무것도 아는 것이 없었으나 하나님이 나를 이렇게 이끌어서 오늘까지 왔습니다.

근면과 정직으로 일군 평민의 성공

남강 이승훈은 1864년 평안북도 정주의 가난한 집안에서 태어났다. 그는 어린 나이에 부모를 모두 여의고 정주에서 조금 떨어진 납청정納淸亭이란 곳에 있는 유기점에서 사환으로 일하였다. 이승훈의 근면 성실한 모습을 눈여겨 본 주인은 그에게 자신의 공장과 상점을 맡기려 했지만, 24살의 청년 이승훈은 독립을 선언하고 자신의 사업을 일으키고자 보부상으로 평안도 일대의 장을 전전하면서 자본을 모아 납청정에 자신의 유기점을 차리고 사업을 확장해 나갔다.

자신의 유기점을 차린 이승훈은 이미 젊은 시기부터 민족기업가로서의 면모를 보여주었는데, 노동환경을 바꾸고 노동자의 근로조건 개선에 힘써서 사업이 날로 번창하였다.

그런데 1894년 청일전쟁이 발발해 그동안 일구어 온 상점과 공장이 잿더미로 변했다. 그는 일전에 자본을 빌렸던 철산의 오희순을 찾아갔다. 대부분 사람들이 전쟁을 이용해 돈을 갚지 않으려고 자취를 감추었지만, 이승훈은 자신이 당한 처지를 솔직히 고백하고 자본을 다시 빌려주면 다시 힘써 갚겠다고 약속하였다. 그러자 오희순은 "내게 돈을 가져간 사람이 수없이 많

보부상 시절의 이승훈

았는데 전쟁 후에 내게 와서 이렇단 말 한마디 하는 사람이 없었네. 이제 자네가 와서 자세히 말해주니 참 고맙네. 나는 이 돈 없어도 괜찮네."라고

하며 빚 문서에 줄을 죽 긋고 빚을 탕감해주고 이승훈에게 또다시 돈을 빌려주었다. 정직함이라는 자산으로 기회와 재정을 또다시 마련한 이승훈은 이렇게 다시 일어났고, 머지않아 오희순에게 빌린 자본도 이자까지 모두 갚을 수 있었다.

돈은 많이 벌었지만, 그다지 배움이 많지 않았던 이승훈은 돈으로 수릉참봉이라는 벼슬을 샀다. 평민출신으로 벼슬과 위상을 부러워하던 그는 오산 용동에 터를 잡고 서당을 설립한 후 문중을 모아들였다. 당시 자수성가한 이승훈의 위세는 평안감사도 함부로 할 수 없을 정도였다. 평안감사 민영철이 평양에 서관을 짓고 그 비용을 백성에게 거둬들이려고 했으나 이승훈이 반대하자 사업은 중지되어 버렸다. 한번은 민영철이 평양 시내의 유서 깊은 건물인 애련당을 헐고 자신의 첩에게 집을 지어주려 했지만, 이 역시 이승훈의 반대로 일이 흐지부지하게 되었다.

상인에서 민족운동가로, 나라와 시대의 인물을 키우다

30대 중반을 넘어선 이승훈은 1901년부터는 무역업까지 사업을 확장해 전국을 오가며 사업에 성공해 국내 굴지의 부호가 되었다. 그러나 시대의 상황 때문에 뜻하지 않게 사업이 연이어 실패하며 하늘의 부름이 이승훈을 찾아오기 시작했다.

조선 말기에는 지역에 따라 화폐 가치의 변동이 심했다. 1902년 서울에서 1량의 엽전(상평통보)이 부산에서는 2량의 가치를 갖게 되자 이승훈은 서울에서 엽전 1만 냥을 모아 배에 싣고 부산으로 보냈다. 그런데 부산으로 가던 배가 목포 앞바다에서 일본 영사관 소속의 배와 충돌해 싣고 있던 엽전과 함께 침몰해 버렸다. 이승훈은 일본 영사관에 2만 냥의 배상을 요구했으나 질질 끌던 소송은 결국 본전만 받기로 하고 끝이 났다.

국력이 약하면 국민도 힘을 낼 수 없다는 사실을 가슴 깊이 느끼며 이승훈은 점차 '민족'에 눈을 떠갔다.

1904년에는 러일전쟁이 일어나자 군수품의 수요가 폭증할 것을 예상하고 소가죽 2만 장을 사들이기도 했지만, 전쟁이 예상보다 빨리 끝나는 바람에 또다시 큰 손해를 보았다.

고향으로 낙향한 이승훈은 경서를 배우기도 하고 서울로부터 신문을 주문해 읽으며 새로운 길을 모색하던 중 교육을 통한 구국운동에 참여하기로 결심했다. 그는 1907년 2월에 서우학회에 입회했는데, 이는 민중들의 힘을 키우고 양성해 국권을 회복하는 것을 목표로 기존의 대한자강회, 기독교청년회, 국민교육회를 기반으로 황해도와 평안도 출신의 인사들이 조직한 애국계몽단체였다.

1907년 안창호가 미국에서 돌아와 교육과 실업을 내세운 비밀결사인 신민회를 결성하자 당대 서북지방의 대표적인 실업가 이승훈도 신민회에 입회하고 평북지회 책임자가 되었다. 실천하는 행동가 이승훈은 1908년 평북 용천과 평양에 각각 주식회사 형태의 상무동사와 자기회사를 세우고 민족자본을 육성하는 한편, 신민회의 재정후원을 돕고 민족 교육 사업을 추진하기 위해 평북 정주에 오산학교를 설립하였다. 오산학교는 사업가 이승훈의 교육을 통한 구국운동이라는 철학이 구체적으로 드러난 예이다. 이후 오산학교는 류영모, 이광수, 조만식 같은 탁월한 민족지도자들이 교편을 잡았고, 주기철과 함석헌 같은 인물을 배출한 민족교육운동의 요람이 되었다.

오산학교

오산학교 2회 졸업식(1911)

강철같이 굳어진 신앙

교육사업에 헌신하면서 구국운동에 힘을 쏟던 이승훈은 서간도 무관학교 설립과 관련해 일명 '안악사건'에 연루되어 제주도에서 유배생활을 하였다. 그리고 1911년 가을에 일제가 날조한 105인 사건이 일어나자 주모자로 서울에 압송되어 징역 10년을 선고받았다. 어떤 일이라도 걸면 걸리는 시절에 이승훈이 혹독하게 당한 것이다.

1908년경 감옥에 갇히기 전 유영모의 권유로 기독교를 받아들인 이승훈은 학습을 받은 초신자였다. 40대 중반에 접어들던 이승훈은 옥중에서 신앙생활에 전심하며 기독교에 깊이 몰두하게 되었다. 이승훈은 감옥에서 신약전서를 백 번 이상 탐독하였고 기도와 금식으로 그의 영혼이 새롭게 태어났다. 감옥은 현실적으로는 감당하기 힘든 경우가 많지만, 당시에는 애국지사들이 하나님을 깊이 만나게 되는 영적인 학교 역할을 하는 경우가 많았다.

> 감옥이란 이상한 곳인걸. 강철같이 굳어서 나오는 사람도 있고, 썩은 겨릅대같이 흩어져서 나오는 사람도 있거든……. 감옥에서 어찌 그리 기쁜지 몰라. 하나님이 내 머리 위에 계신 것 같았어. 수감자 중에 나는 학습만 받은 제일 초신자였는데 제일 위로를 받은 모양이야. 전에는 믿는다는 것이 밤알을 통째로 물고 어물거리는 것 같았는데 이제는 그것을 발가 먹는 것 같아.

감옥에서 이승훈은 성경을 통해 의로 사는 삶에는 두려움이 없다는 것을 깨닫고, 의를 위하여 싸우다 죽기를 결심하였다. "의를 위하다가 죽는 것처럼 더 기쁨이 어디 있어. 의를 위하여 목을 내놓으라고 하면 나는 조금도 사양치 않을 테야."

1915년 출옥한 이승훈은 이기정 목사에게 세례를 받고 이후 평양신학교에 들어가 늦은 나이에 신학 공부를 시작했다.

"이제 죽을 자리를 얻었네."
최후의 일인, 최후의 일각까지 3·1독립만세를 외치자

1918년 9월 상하이에서 활동하던 여운형이 이승훈을 찾아와 국제정세와 독립운동의 방향을 논의하였다. 이어 여운형과 함께 신한청년당에서 활동하던 선우혁이 이승훈을 찾아와 파리강화회의와 미국 윌슨 대통령에게 독립청원을 할 것과 국내에서 이에 호응하는 독립운동을 전개해 줄 것을 요청하였다. 이승훈은 "내가 해 놓은 일이 없이 죽을 줄 알았더니 이제 죽을 자리를 얻었다. 됐다."라고 하며 기뻐하였다. 그리고 눈보라에 묻힌 길 위에서 선우혁의 두 손을 붙잡고 기도를 올렸다.

> 어떻게 하시렵니까? 이 불쌍한 백성에게 독립을 허하시렵니까, 안 허하시렵니까. 이번 기회에 어떻게 하시렵니까.

한편 손병희를 비롯한 천도교 측에서도 독립만세운동을 계획하였는데, 이 과정에서 이승훈이 기독교 측 대표로 나서서 종교계의 연합을 이끌어 냈다. 심지어 정치문제에 관여하기를 꺼리던 목사들에게 이승훈은 "나라가 망하는데 당신들은 천당 가 있을 터이오?"라고 호통을 쳤다. 3·1만세운동을 준비하느라 정동교회에서 기독교 측 최종 회합에서 선언서에 서명할 순서를 두고 서로가 옥신각신 다툼을 하고 있었다. 이번에는 이승훈이 한마디 했다. "순서가 무슨 순서야. 이거 죽는 순서야. 누굴 먼저 쓰면 어때. 손병희를 먼저 써." 50대 중반을 넘긴 이승훈은 이미 수많은 기독교 지도자들, 그리고 한국의 어른이 되어 있었다.

1919년 3월 1일, 민족대표 33인의 한 사람으로 태화관에서 독립을 선포한 후 구속되어 징역 3년 형을 선고받고 서대문형무소에서 복역하였다.

이승훈은 공판진술에서 자신의 확고한 민족의식을 여실히 드러냈다.

> 나는 하나님을 믿는 사람이다. 하나님이 인류를 내실 때 각각 자유를 주었는데, 우리는 이 존귀한 자유를 남에게 빼앗겼다. 자유를 빼앗긴 지 10년 동안 고난과 굴욕이 우리를 죽음의 골짜기로 이끌었다. 우리는 최후의 일인, 최후의 일각까지 적의 칼 아래 쓰러질지언정 부자유 불평등 속에서 남에게 이끌리는 짐승이 되기를 원치 않는다. 이번 일은 스스로 자유를 지키면서 남의 자유를 존중하라는 하나님의 뜻을 받드는 일에 지나지 않는다. 한국의 독립은 한국의 영광뿐 아니라 튼튼한 이웃을 갖는 일본 자신의 행복도 되는 것이다.

"나는 동상과 같은 사람입니다."

1922년 환갑을 바라보는 나이에 출옥한 이승훈은 교육과 독립운동에 남은 인생을 바쳤다. 그는 먼저 한복을 벗고 실용적인 양복을 입기 시작했다. 그리고 오산학교를 고등보통학교로 승격시키고 농장을 갖춘 농과대학을 신설해 교육과 산업이 연계된 종합교육 계획을 추진해 나갔다. 여기에는 유치원과 여학교 설립도 포함되어 있었다. 이 일을 위해서는 일본의 도움이 필요했고 그가 관청을 드나드는 모습에 주변 사람들이 "남강이 변했다."고 수군거리기도 했다. 그러나 이승훈은 일제에 타협하거나 협력한 것이 아니었다. 오히려 그동안 자신이 쌓아왔던 민족운동가라는 명예에 흠집을 내면서도 학생들에게 실제로 필요한 고등보통학교 졸업장과 교육여건을 마련해 주기 원했던 것이다.

이승훈은 일본에 건너가 대학과 각 종 교육시설을 돌아보는 한편 이상재와 함께 민립대학 설립운동을 추진하였다. 1924년 김성수의 간청으로 〈동아일보〉 사장에 취임해 1년간 경영을 맡기도 했으며, 이 밖에도 물산장려운동과 조선교육협회에 가담하여 활동하였다.

정주 오산학교 교정에 세워진 이승훈의 동상 / 서울 어린이대공원 내에 이승훈 동상

그의 나이가 60대 후반에 이른 1930년 5월 3일 오산학교 뜰에서 이승훈의 동상 제막식이 열렸다.

> 내가 오늘날까지 온 것은 내가 한 것은 조금도 없습니다. 모두 하나님이 나를 그렇게 만들었습니다. 여러분이 아시는 대로 나는 원래 배우지도 못했고, 아는 것도 없습니다. 나는 이 뒤에 선 동상과 같은 사람입니다. 아무것도 아는 것이 없었으나 하나님이 나를 이렇게 이끌어서 오늘까지 왔습니다.

닷새 후인 5월 8일 이승훈은 자기의 유골을 해부해 생리학 표본으로 만들어 학생들의 학습에 이용하라는 유언을 남기고 생을 마감했다. 죽은 이승훈의 뼈마저 두려워하였던 일제는 이를 금지시켜 이 유언은 실행되지 못하고 이승훈의 유해는 오산에 안장되었다. 오늘날 어버이날에 해당하는 5월 8일에 민족의 큰 어른 이승훈이 하늘의 부름을 받았다.

정부에서는 이승훈의 공훈을 기리기 위하여 1962년 건국훈장 대한민국장을 추서하였다.

"만입을 한 말로" 독립의 대의를 위해
한반도 역사를 서술한 **김병조** 1877-1950

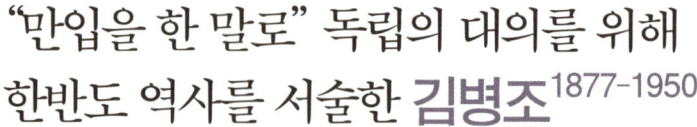

어른은 독립을 위해 피를 바쳐 죽는 것이 옳으며,
늙은이는 독립가를 함께 부르며,
부녀자들은 독립심에 목숨을 맹세하며
만입을 한 말로 개가를 소리 높여 부를지어다.

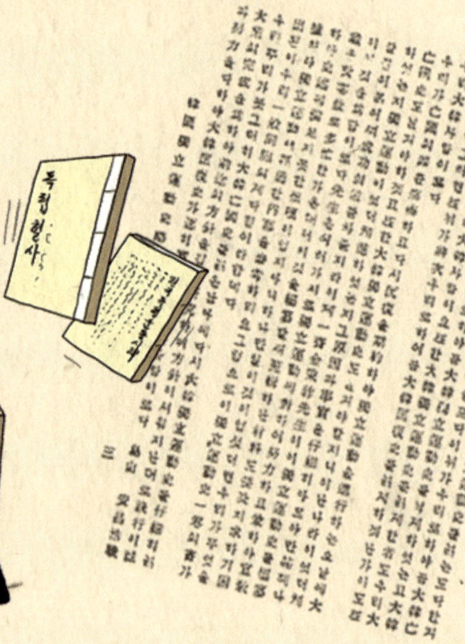

근대식 민족교육가이자 신앙인인 된 서당 훈장

일재―齋 김병조는 1877년 1월 10일 평북 정주군에서 태어났다. 넉넉지 않은 농가에서 태어났으나 명석했던 김병조는 6세에 고향에 있는 서당에서 한학을 익혔다. 그리하여 20세가 되던 해부터는 자신이 직접 구성군 관서면 조악동에 서당을 열고 학생들을 가르쳤다.

김병조

김병조의 고향 정주는 중국을 거쳐 서구 문물이 유입되는 위치에 있었고, 그런 이유로 다른 지방보다 앞서 기독교가 유입되어 교회나 신식학교가 들어설 수 있었다. 개항 이후 외세의 침략과 침탈이 급속하게 일어나고 있는 때에 김병조는 자신이 서 있는 그 자리에서 외세를 막고, 민족의 발전을 위한 근대화의 필요성을 절감하였다.

20대 후반에 이른 김병조는 1903년 평안북도 구성군 방현면 삼희재의 서당을 인수하여 변산학교로 개편하고 근대식 민족교육을 하였다. 그즈음 김병조의 친척이자 양전백에게도 복음을 전했던 김이련, 김관근 부자가 구성군에 남시교회를 설립하고 김병조에게도 복음을 전하였다. 그러나 한학을 공부한 그는 기독교에는 별로 관심을 두지 않았고, 오히려 삼강오륜을 강조하는 유교가 월등하다고 주장하였다.

그러던 중 김병조의 심경에 변화가 생겼다. 1907년 남시에 대화재가 발생하여 마을 80여 채의 초가가 전부 불에 타 버렸다. 마을 사람들은 동리

김관근

에 교회가 세워져 귀신이 노하여 벌을 받은 것이라며 한탄하였다. 이 소문을 들은 평북대리회는 산하 교회에 호소하여 이 마을의 이재민을 위해 의연금을 모금하여 보내왔다. 마을은 곧 복구되었고, 교회를 탓하던 원성도 사라졌으며, 이러한 기독교의 인도주의에 감동하여 오히려 예수를 믿는 가정이 늘어났다. 이를 계기로 김병조도 예전과 달리 기독교의 진리에 귀를 기울였고, 얼마 안 있어 김관근의 방문을 받았다. 김관근은 "네가 예수를 믿고 지도자가 된다면 그동안 배운 지식이 큰 도움이 될 것이다."라고 김병조를 설득했다. 당시 구성군에는 12개의 학교가 세워졌는데 기독교 학교가 4개의 면에 하나씩 세워져 고을에서 큰 역할을 했다. 김병조는 이 시대와 이 나라를 구할 종교가 기독교가 아닐까 하는 생각을 하며, 기독교를 받아들이기로 결단했다. 그리고 남시교회에서 북장로회 선교사 스테이시 로버츠Stacy L. Roberts, 나부열로부터 세례를 받았다. 그 후 자신이 세운 변산학교를 기독교학교로 바꾸고 김병조는 종교와 교육을 통한 민족 계몽운동을 본격적으로 계획하였다.

"만입을 한 말로 독립을 선포하라", 평북 지역 3·1만세운동

김병조는 1913년 3월 평양신학교에 입학하였다. 이 학교는 기독교계 3·1만세운동 추진의 중추적 역할을 수행한 이승훈을 비롯해 민족대표로 활약한 길선주, 유여대, 양전백, 그리고 임시의정원 의장을 역임한 송병조, 김인전 같은 수많은 민족 지도자를 배출한 서북지역 독립운동의 요람이었다. 사실 평양신학교는 기독교 목회자를 길러내는 교육기관이었지만, 당대 수많은 시대적 인물을 배출한 모판이 된 것이다. 김병조는 평양신학교에서 수학하면서 민족독립 의지를 더욱 굳건히 했을 뿐만 아니라 이승훈, 송병조, 김인전, 김승만, 장덕로와 교분을 쌓아 독립운동의 동지가 되었다.

1917년 6월 평양신학교를 졸업한 김병조는 그해 8월 목사 안수를 받고, 의주군 관리교회에서 목회를 시작했다. 그러던 중 김병조는 1919년 2월 12일 평북노회 모임과 선천남교회당에서 사경회가 있어 의산노회 소속 유여대, 장덕로, 김승만 목사와 함께 선천에 갔다. 이들은 집회에 참석한 후 양전백의 집에 들렀는데, 그곳에서 3·1만세운동을 계획하고 참여를 권유하러 온 남강 이승훈을 만났다. 이틀 후 김병조는 양전백의 집에 다시 와 독립선언서에 서명하기 위해 이명룡에게 자신의 도장을 맡기고, 서울로 상경은 하지 않고 의주의 3·1만세운동을 맡기로 하였다. 의주 지역의 책임자가 된 김병조는 평북 도내 각처를 돌아다니며 〈격고아한동포문〉檄告我韓同胞文을 전달하여 3·1만세운동을 확산시켰다.

> 슬프다. 우리 팔도의 동포여! 깊은 잠에 빠져 있음을 크게 뉘우칠 것이다. 하늘의 모습을 우러러보아라. 동방의 밝은 별이 이미 밝았고 시국의 형편을 두루 살펴보아라. 많은 백성이 세상을 경계하는 말이 저절로 소리가 들리니, 자태를 뽐내며 휘날리는 태극기는 제군들의 조국 정신이 활발한 때문이고, 열렬한 만세 소리는 제군들의 일체 생명의 맥박이 진동하는도다. …… 어른은 독립을 위해 피를 바쳐 죽는 것이 옳으며, 늙은 이는 독립가를 함께 부르며, 부녀자들은 독립심에 목숨을 맹세하며 만입을 한 말로 개가를 소리 높여 부를지어다.

　또한 3월 7일에는 일제에 협력하는 무리인 부일배들의 각성을 촉구하는 〈경고관헌문〉警告官憲文을 발포하였다.

> 이르노니 너희 조선인으로 왜놈의 관리된 자야 양심에 따라 스스로 반성하라. …… 의를 의지하고 일어선 2천만 민족이 모두 너희를 쳐죽일 생

각임을 모르는가. 아니면 절개를 지키며 숨겨간 30만 충령忠靈이 이미 너희를 죽이기로 한 결정을 모르는가. 위로는 하늘이 두렵지 않고 아래로는 사람이 부끄럽지 않으냐. 너희 할애비, 너희 애비의 피가 과연 네 골수에 흐르고, 충이니 의이니 하는 마음이 아직도 네 마음속에 남았거든 북을 치고 공격할 때를 기다리지 말고 힘을 내어 무기를 거꾸로 들고 돌이켜 길을 바꿈으로써 크게 후회하는데 이르지 않도록 하여라.

이후 김병조는 상하이로 망명하여 독립운동 비밀결사의 조직책임을 맡고, 국내와의 연락을 위해 중국 안동현에 안동교통사무소를 설립하였다. 이는 일제의 감시를 피해 그해 5월 임시정부에 파견된 선우혁에 의해 임시정부 산하 교통지부로 개편되었다. 이후 김병조는 대한민국임시정부에서 임시의정원 의원, 사료편찬위원, 선전위원회 이사로 활약하였다.

임시정부 사료편찬위원회

"대한독립의 대의를 위해"
-대한민국임시정부의 사료편찬위원회와 선전위원회

《한국독립운동사략》

대한민국임시정부에서 김병조의 주요활동은 사료 편찬과 외교 선전 활동이었다. 그는 1919년 7월 임시정부에서 시행하는 역사편찬사업에 참여했다. 임시정부 사료조사 편찬부의 목적은 조선 역사의 독립 및 실력과 한일관계를 명확히 정리하고 편찬하여 국제연맹에 제출하는 것이었다. 안창호는 사료편찬회 총재로서 《한일관계사료집》 편찬사업을 총괄했고, 김병조를 비롯하여 이원익, 김두봉, 김여제가 사료편찬위원으로 참여했다. 7월 초순부터 시작한 편찬작업은 9월 23일에 마무리되어 《한일관계

사료집》 전4권이 편찬되었다.

　사료편찬회의 《한일관계사료집》의 편찬에서 독립운동사료를 담당했던 김병조는 사료집 편찬 후 이곳에서 수집한 사료를 기초로 《한국독립운동사략》을 저술하였다. 이 책은 1894년 동학농민운동에서부터 1920년까지의 한국 근대사를 "외세의 침략과 이에 대항한 한국 민족의 독립투쟁"이라는 시각에서 저술했다. 총 17장으로 구성된 《한국독립운동사략》은 18종의 독립선언서를 비롯해 각종 중요 사료들을 담았다. 또한, 당시 국제정세의 동향과 해외 한인들의 활동상황을 소개하여 정확한 세계 흐름의 인식과 독립운동 방향을 제시하였다. 그는 "역사가로서의 소양은 없으나, 민족독립의 대의를 위해 이 책을 저술하였다."고 밝혔다. 이 밖에도 김병조는 《독립혈사》와 《대동역사》를 저술하였다.

　또한, 김병조는 임시정부의 지방선전부 이사로 선임되어 국내외 선전 활동에 참여하였다. 안창호의 주관 하에 설치된 지방선전부는 국내외 한국민에 대한 선전 사무를 강구하고 집행하는 비밀기관이었다. 지방선전부 총판 안창호의 추천으로 이사가 된 김병조는 안창호를 도와 지방 선전대원들을 국내에 파견해 임시정부의 활약상을 동포들에게 알리고, 국내 통치 자료와 독립운동 정보를 수집하였다.

　1923년 5월 만주로 활동 근거지를 옮길 때까지 김병조는 임시정부의 외곽단체인 상하이 대한교민단과 대한적십자회의 간부로 활동하고, 한인 자제의 교육기관인 인성학교 교사로서 민족교육을 시행하였다. 또한, 상하이 한인교회의 목사로서 활동하면서 한인 동포들의 종교적, 민족적 단결을 이루어 가도록 힘썼다. 나아가 1921년 4월 신익희 등과 함께 한중호조사韓中互助社를 창립해 한중 양민 관계 증진을 도모하고, 한중 합작으로 항일운동을 전개할 수 있는 기틀을 마련하기도 하였다.

서간도 목회활동과 신사참배 거부

상하이에서 임시정부를 중심으로 활동하던 김병조는 1923년 5월 국민대표회의가 결렬되자 만주 서간도로 옮겨가 집안현 화전자교회와 패왕조교회를 담임하였다. 또한, 그곳에 삼성소학교와 광명보통학교를 설립해 교장으로 취임하고 민족교육에 지속적으로 관심을 가졌다. 김병조는 재만 한인 기독교인의 정신적 지주로 1926년에 남만노회장, 1932년 북만노회장으로 선출되어 한인교회를 이끌어 갔다. 하지만 1931년 9월 일제의 만주침략과 함께 민족운동과 목회 활동에 어려움을 겪던 김병조는 1933년 4월 귀국하였다.

그런데 귀국하는 길에 신의주역에서 일제에 연행되어 앞으로 독립운동을 하지 않고 일본에 협력하겠다는 자술서를 작성하도록 강요를 받았다. 하지만 이를 끝내 거절한 김병조는 '요시찰인'으로 지목되어 일제의 감시와 탄압을 받았다. 평북 용천군 양서면 일대 30리로 활동 지역을 제한을 받은 김병조는 양서면 일대에서 지속적으로 목회를 계속했고 경신학교를 운영하였다. 신사참배의 강요가 더욱더 심해졌지만, 평생을 지켜온 종교적인 양심 때문에 일제에 굴종하는 것을 거부하고 1941년에는 3·1독립만세 민족대표의 한 사람인 이명룡의 소개로 평북 정주군 덕언면 덕흥동 묘두산 아래에서 은둔생활을 하였다.

광복단 조직 후 반소·반공·반탁운동

김병조는 은둔지에서 감격적인 8·15 광복을 맞이하였다. 그러나 이어 3·8선을 경계로 남과 북에 미군과 소련군이 진주하자 1945년 9월 조만식과 함께 조선민주당을 창당해 민족독립국가 건설운동에 나섰다. 특히 소련군의 북한 공산화 조치에 반대하여 청년들을 모아 11월 광복단을 조직하고 반소·반공·반탁운동을 전개하였다. 그러던 중 1946년 12월 24일 정주에서 체포되어 신의주의 소련군 특무사령부로 이송된 김병조는 1947년 2월 20일 시베리아 강제노동수용소로 옮겨졌다. 그리고 1950년에 시베리아에서 순국하였다. 그의 나이 만 73세였다.

조선민주당 제1차 전국도당위원장회의

정부는 그의 공훈을 기려 1990년 건국훈장 대통령장을 추서하였다.

선천을 예수교의 도시로 만든 장로교 최초 7인 목사, 양전백 1869-1933

좋은 기회만 있다면 언제든지 독립운동을 할 것이다.
이 같은 당당함과 담대함은 믿음에서 나온 것이다.

기독교에 입교한 한학자

양전백은 1869년 평북 의주군 고관면 상고리에서 출생하여 전통적인 한문 교육을 받았다. 그의 삶을 변화시킨 기독교와의 만남은 1892년 의주에 사는 친구 김관근의 전도로 시작되었다. 민족 지도자 김병조를 회심시키는 데 결정적인 영향을 미친 김관근과 그의 아버지 김이련은 1889년 한국 내 기독교 포교가 금지되었을 당시 압록강을 건너 중국 땅에서 이곳을 방문한 호레이스 언더우드 선교사에게 세례를 받을 정도로 신앙심이 깊은 신자였다.

양전백

양전백 가족(1904)

중국 국경과 맞닿아 있던 의주에는 개신교 선교사들이 한국에 들어오기 이전부터 복음을 받아들인 신자들이 공동체를 이루고 있었다. 중국 선양에서 존 로스John Ross 선교사가 한국인과 접촉하며 복음을 전했고, 의주 출신 백홍준과 서상륜이 로스를 도와 성경을 번역하고, 성경을 국내로 들여와 보급하는 권서로 활발히 활동하고 있었다.

양전백은 이런 김관근의 권유로 서울 정동교회에서 열린 전국 도사경회에 참석해 기독교 신앙을 받아들였다. 기독교 신앙에 대한 관심과 열정이 컸기에 사무엘 마펫Samuel A. Moffet, 마포삼열이 선천에 온다는 소식을 듣고 24km 길을 걸어가 그를 만나기도 하였다. 이러한 양전백의 열심을 본 마펫은 북장로회 선교본부에 "학식이 있어서 아는 것이 많고, 누구도 추종하기 어려울 정도로 으뜸이 될 것이다. 그는 이미 성경을 많이 읽고 신앙심이 깊다."고 보고하고, 1893년 양전백에게 세례를 주었다.

김이련이 고향에 학당을 세우자 한학에 능한 양전백이 훈장이 되어 학생들을 가르치는 한편, 학당에서 시작한 예배가 후에 의주 신시교회로 발전했다. 1894년 청일전쟁으로 교회가 전소되자 사라진 교회를 다시 세우기 위해 양전백은 집을 팔아 '400냥'을 헌금하기도 했다.

평안북도 선교의 아버지

양전백은 마펫의 권유로 미북장로회 권서로 임명되어 선교사들과 함께 평안북도 전역을 돌며 복음을 전하고 교회를 세워나갔다. 그 결과 삭주군 읍내교회(1896), 철산 읍내교회(1897), 철산 학암교회(1897), 철산

휘트모어·맥큔·샤록스

평서교회(1898), 선천 동림교회(1901), 정주 청정교회(1901)가 세워졌다. 특별히 미북장로회는 선천을 평안도 지역 선교활동의 중심지로 삼고자 평안북도와 만주에서 활동하던 휘트모어Norman C. Whittemore, 위대모 선교사와 양전백을 선천에 파송하였다.

1897년 양전백은 노효준과 나병규와 함께 선천읍교회를 세웠고, 1901년에는 북장로회 선천선교지부가 세워졌다. 1905년 의료선교사 알프레드 샤록스Alfred M. Sharrocks, 사락수가 미동병원을 개원하였고, 1906년에는 신성학교가, 이듬해 1907년에는 보성여학교가 각각 설립될 정도로 기독교 복음이 왕성하게 전해졌다.

선천은 원래 인구가 3천 명을 넘지 않는 작은 도시였지만, 미국 북장로회

선교사들이 병원과 학교를 열고 1905년부터는 철도가 연결되면서 크게 발전하였다. 이후 선천은 인구 2만여 명 중 60%의 주민이 기독교인일 정도로 복음의 열정이 대단한 곳이 되었고, 미국 북장로회에서 북방지역인 강계와 만주지역에 복음을 전하는 중심 기착지가 되었다. 이는 선교사 휘트모어, 샤록스, 맥쿤George S. McCune, 윤산온과 함께 양전백과 같은 한국 기독교 지도자들의 협력이 만들어낸 결과였다.

1902년 2월에 남자 사경회를 개최하면서 휘트모어는 양전백을 장로로 장립하였다. 1903년 1월 양전백은 평양공의회에서 김중섭, 방기한, 길선주, 이기풍, 송인서와 함께 추천을 받아 정식으로 평양신학교에 입학하였고, 1907년 9월 17일 평양 장대현교회에서 목사 안수를 받았다. 이로써 한국교회 역사상 최초로 목사 7인이 배출되었다.

최초의 목사 7인(오른쪽 끝이 양전백)

3·1만세운동과 양전백의 민족운동

양전백은 신학교를 다니면서 후진교육에 관심을 갖게 되었다. 학교 교육에 지속적이고 커다란 관심을 갖고 있던 양전백은 선천에 신성학교와 보성여학교를 설립하는 과정에 적극 기여했고, 이를 통해 민족교육을 시행하게 되었다. 그리고 이 두 학교는 3·1만세운동 때 주도적인 역할을 했다.

한국부인회 회장으로 활동하던 차미리사는 1908년 11월 민족적 애국사업으로서 평안북도 선천에 대동고아원을 설립하고 주로 미주에 있는 교포들로부터 성금을 거두어 운영했다. 이때 대동고아원을 선천북교회 담임목사로 있던 양전백이 맡았고, 고아원의 주된 업무도 선천지역의 목사들이 맡았다. 양전백은 대동고아원을 통해 자선사업을 병행하면서 민족의식과 민족정신을 높였던 것이다.

양전백은 1911년 소위 '105인 사건'에 연루되어 체포되었다. 이 사건은 일본이 국내 반일민족세력, 특히 한국 사회 영향력을 발휘할지도 모르는 서북지역의 기독교 지도자들을 사전에 제거하기 위해 조작한 사건이었다. 일제는 사건 조작을 위해 피의자를 체포하기 시작하였고, 양전백 역시 선천에서 체포되어 서울로 압송되었다. 그리고 일제는 짜놓은 각본에 따라 피고인들의 자백을 받기 위해 무차별적인 고문을 자행하였다.

이 일로 양전백은 제1심에서 6년 형을 선고받았으나, 제2심에서 무죄를 선고받고 1913년 3월 석방되어 선천으로 돌아왔다. 3년 만에 다시 강단에 선 양전백은 설교에 앞서 먼저 "나는 이제 교직을 사하여야 되겠습니다. 연약한 육신을 가진 나는 감옥에 있던 중에 아프고 괴로움을 이기지 못하여 하지 않은 일을 하였다고 이 입으로 거짓말을 하였으니, 주의 교단에 설 수 없는 자가 되었습니다."라며 자신의 죄를 고백하였다. 이 고백을 듣는 성도들이 모두 다 눈물을 흘리며 통곡하기 시작하였다. 이렇게 선천으로 돌아온 양전백은 1914년 장로교회 평북노회장, 1916년 장로교회 총회장을 역임하며 여전히 교계를 이끌어 나갔다.

1919년 2월 양전백은 이승훈으로부터 3·1만세운동에 관한 이야기를 듣고 적극 가담했는데 양전백은 평안남도와 평안북도에 이르는 관서지방의 총책 역할을 맡았다. 양전백은 2월에 열린 평북노회 때 이승훈, 이명룡, 유여대, 김병조와 독립에 대한 구체적인 논의를 하였으며, 집회 때문에 평양으로 돌아가야 했던 양전백은 함태영에게 민족대표로 서명할 수 있도록 도장을 건네주었다. 그리고 이승훈으로부터 "3월 1일 독립청원을 하게 되어 있으므로 상경하라."는 통보를 받고 선천을 출발하였다.

3월 1일 명월관에 도착한 양전백은 그곳에 모인 29인과 함께 총독부 총감부로 연행되었으며, 3·1만세운동으로 1920년 10월 12일 경성복심법원

형사부에서 징역 2년형을 구형받고, 1920년 10월 30일 결심공판에서 징역 2년 형을 선고 받았다. 105인 사건에 이어 두 번째 장기간 감옥생활이었다.

선천 3·1만세운동

선천의 3·1만세운동은 신성중학교 학생들로 처음 시작되었다. 이 학교는 평양의 숭실학교와 같이 미국 북장로회에서 설립해 경영했다. 이승훈은 선천의 중대성을 생각해 평남에서는 평양, 평북에서는 선천을 중심으로 만세운동을 조직했는데 선천에는 민족대표 33인 중 한 명인 양전백이 당시 선천북교회를 담임하고 있었다.

당시 신성학교 성경교사였던 홍성익은 4학년 학생이던 장일현과 고병간, 3학년 박찬빈과 김봉성을 불러 도쿄 유학생들의 2·8독립선언서를 나누어 주고 태극기를 마련하도록 하였다. 3월 1일이 되자 신성학교를 비롯한 보성여학교 학생들 60여 명도 합류해 거리로 나갔다. 그러는 동안 집집마다 사람들이 나누어 준 태극기를 흔들며 가담하였고, 천남동 시장에 이르자 학생들뿐만 아니라 일반 시민들까지 합하여 1천여 명이 넘는 사람들이 함께 만세 시위에 동참하였다. 신성학교 교사 김지웅의 독립선언서 낭독이 있은 후 시가행진이 시작되었다. 1시간 정도 지난 후 일본군 선천수비대가 기마경찰대와 함께 출동하여 행진을 저지하며 군중을 해산시키려 하였고, 이에 저항하는 학생들을 향해 발포를 시작했다.

선천의 만세대열은 아수라장이 되었고, 학생들과 교사들은 부상을 당했다. 일본 측은 군중이 흩어지기 시작하자 검거에 착수해 50-60여 명을 현장에서 검거했고, 신성학교 기숙사와 교회 목사관 및 학교 교직원 사택을 수색해 총 1백여 명

양전백의 일제 감시대상 카드

의 사람들을 체포했다. 그리고 이날 검거된 사람들 대부분은 징역선고를 받았다.

그러나 선천의 만세운동은 이로써 끝나지 않고, 고종의 국장일인 3월 3일, 선천의 장날이던 3월 4일에도 계속되었다. 이는 서울에서의 만세운동과 같이 천도교인과 개신교인 구분 없이 선천의 거의 모든 사람이 참여하는 대규모 만세시위였다.

눈물로 쓴 《조선장로교회사기》, 3·1독립운동 후의 양전백

3·1만세운동으로 약 3년간의 옥고를 치르고 1922년 1월 선천북교회 담임으로 돌아온 양전백은 3·1만세운동으로 폐허가 되다시피 한 명신학교를 재건하고, 1926년 이 학교의 교사를 새로 지어서 재단법인으로 인가를 받았다.

이 무렵 장로교회의 역사를 편찬하는 책임을 진 양전백은 교회사 자료를 수집하며 집필을 시작했고, 서울의 피어선성경학원에 머물면서 한국교회의 주요한 보배인 《조선장로교회사기》를 썼다.

그러던 중 병을 얻은 양전백은 선천으로 돌아와 선천북교회를 섬기다가 1933년 1월 17일 하

《조선장로교회사기》

늘의 부름을 받았다. 양전백의 죽음을 애도하면서 〈신학지남〉에는 다음과 같은 추모의 글이 실렸다.

> 선생은 웅변의 인ㅅ도 아니오, 문장의 인도 아니며 여러 사람과 다양하게 사귀는 인도 아니오, 기묘한 꾀가 자유자재로 나오는 지략의 사도 아니다. 다만 강직한 의의 인이며, 자애 깊은 정열의 인이다. 비리와 불의 앞

에는 추호도 굴치 않는 마음, 빈천과 약자를 보고는 동정의 눈물을 흘리는 마음, 그는 참으로 하나님의 사람이었다.

정부에서는 양전백의 공훈을 기리기 위해서 1962년에 건국훈장 대통령장을 추서하였다.

"예수를 잘 믿고
민족의 독립을 위해 최선을 다하라"
청주의 양심, 감리교 목사 **신홍식** 1872-1939

하늘이 조선을 독립시켜 줄 것이며 또한 우리는 정의를 주장하고 있으므로 일본은 당연히 조선을 독립시켜야 할 의무가 있다. 일본은 동양의 평화를 역설하고 있으나 동양의 평화를 보장하려면 조선의 독립이 필요한 것이다.

"예수교회가 권세가 있어서……"

신홍식

신홍식은 1872년 3월 1일 충청북도 청주군 문의면 문산리에서 부친 신기우와 모친 최살랍 사이에서 서출이며 차남으로 태어났다. 여성들은 이름이 없던 조선 시대에 신홍식의 어머니는 교회에 출석하면서 '사라'라는 이름을 얻었는데, 사라의 한문 음역이 '살랍'이었다.

어린 시절 사람들로부터 '신동' 또는 '천재'라는 칭찬을 들을 정도로 총명하고 재능이 뛰어났던 신홍식은 13세 때 시율詩律을 저작했으며, 16세 때는 사서삼경을 독파할 정도로 한문 수학에 남다른 탁월성을 드러냈다.

1887년 부친이 별세하자 가정적으로 어려운 처지에 놓였지만, 신홍식은 경제적 어려움 속에서도 어머니를 모시며 25세까지 당시 전통적인 유교사회에서 유일한 사회적 출세의 통로였던 과거 공부에 매달렸다.

그러나 과거제가 1894년 갑오개혁으로 폐지되고, 더 이상 사회진출의 통로가 보이지 않자 그는 현실의 목표와 꿈을 잃어버린 채 방황했다. 생계를 위해 장사를 시작했으나 실패하여 궁핍과 빚 독촉에 시달렸고, 현실을 잊고자 주막과 도박장을 배회하다 결국 아내와 이혼하는 지경에 이르렀다.

그러다 "예수교회가 권세가 있어서 토색 하기에 기탄이 없다."는 이야기를 주변에서 전해 듣고 1904년 청주읍교회에 나가기 시작했다. 여느 민족 지도자들과는 다르게 신홍식은 기독교를 통해 재물을 얻으려는 불순한 의

도로 교회를 찾은 것이다. 그러나 오래지 않아 성경을 통해 진리의 빛이 신홍식을 비추기 시작했다.

> 성경을 상고하여 본 결과 하나님의 존재도 거기서 찾아냈고, 인도 人道도 거기서 찾아냈고, 정의도 거기서 깨달았다. 그러므로 목적을 변하여 참 신자가 되었다. 이것이 하나님께서 당신의 독생자로 하여금 나를 불의에서 정의로 불러 주시고 죽음에서 살길로 인도하여 주신 줄 확신한다.

신홍식은 성경을 통해 "나는 가치 없는 물건이다. 나는 인류를 멸상滅相한 놈이다. 나는 가문을 더럽힌 놈이다. 나는 사회에 해독을 끼친 놈이다."라고 자신의 죄를 회개한 후, 즉시 주초를 단절하고 창기의 문과 도박장에 발길을 끊고 새사람이 되었다.

선비의 고장, 충청도의 복음전파

1906년 신홍식은 충청도 지역 담당목사였던 감리회 윌버 스웨어러Wilbur C. Swearer, 서원보 선교사에게 세례를 받고 1917년 평양의 남산현교회로 파송되기까지 충청도 지방을 중심으로 목회 활동을 하였다.

경기도, 경상도, 전라도에 둘러싸여 있던 충청도 지역은 남북을 잇는 길목을 따라 복음이 전파되었다. 과거 서울에서 남도 땅을 가려면 세 갈래 길로 충청도를 지나야 했는데, 경기도 과천-시흥-수원을 거쳐 충청도 천안-공주-은진을 지나는 길과 경기도 광주-이천을 거쳐 충청도 충주에 이르는 길, 그리고 경기도 판교-용인을 거쳐 충청도 진천-청주-보은을 지나는 길이 있었다. 경부선 철도가 놓이기 전 복

공주제일감리교회

음도 이 길을 따라 남쪽으로 확산되어 갔고, 세 갈래 길로 남도와 서울을 오가던 전도인과 선교사들에 의해 '선비들의 고장' 충청도에도 복음이 전파되었던 것이다.

미감리회는 노량나루를 건너 수원과 공주에 이르는 길을 따라 윌리엄 스크랜튼William B. Scranton, 시란돈, 윌리엄 맥길William B. McGill, 맥우원, 스웨어러와 같은 선교사들이 활발히 선교사업을 전개해 나갔고, 송파나루를 건너 광주, 이천을 거쳐 충주로 이어지는 길도 개척하여 교회를 확장해 나갔다. 신홍식도 입교 후 스웨어러 선교사의 전도인으로 발탁되어 충청도 지역을 돌며 복음을 전하였고, 1906년부터는 충청북도 보은과 천안 직산에서 기독교를 전파하였다.

1910년 강제병탄을 전후로 신홍식은 감리교 협성신학교에 입학해 본격적인 신학수업을 받았고 1913년 6월 제2회 졸업식에서는 졸업생 중 대표로 연설하여 신학수업 과정에서 이미 그의 뛰어난 리더십을 발휘하기 시작했다.

3·1만세운동, 장로교와 감리교를 잇다

1917년부터 평양지역의 남산현교회를 담임하던 신홍식은 1919년 2월 중순경 손정도 목사를 통해 전부터 알고 있던 이승훈과 만나 3·1만세운동에 참여하였다. 손정도로부터 이승훈이 독립운동을 위해 분주히 움직이고 있다는 소식을 전해 들은 신홍식은 평양지역에 독립운동 동조자를 얻기 위해 온 이승훈이 평양 기홀병원에 잠시 입원하게 되었다는 소식을 들었다. 그리고 2월 15일 기홀병원에 있던 이승훈을 병문안 구실로 찾아가 독립운동에 관해 상의하였다. 하나님의 섭리로밖에 볼 수 없는 기가 막힌 시점이었다.

신홍식은 2월 19일 평양에서 서울로 올라온 후 서북지역의 장로교 대표로 서울에 와 있던 이승훈을 감리교 인사들과 연결해 주는 다리 역할을 감당했다. 먼저 학생들을 중심으로 만세운동을 계획하고 있던 YMCA 간사 박희도에게 이승훈을 만나볼 것을 권하였다. 그 결과 다음 날인 2월 20일에 박희도의 집에서 신홍식을 비롯한 감리교 목사 정춘수, 오화영, 박희도, 오기선이 회합한 가운데 이승훈이 참여하여 천도교와의 공동 연대 문제를 논의하였고, 평화적 방법으로 만세운동을 전개할 것을 결의하였다. 장로교와 감리교의 연대와 함께 구체적인 운동 방향에 관한 논의가 시작된 것이다.

독립운동 준비를 위한 이날 모임에서 평안남도 지역 동지 모집을 담당한 신홍식은 평양으로 돌아와 감리교회 목회자들을 접촉하기 시작했다. 그들이 바로 이향리 아펜젤러기념교회 김찬홍 목사, 이문리교회 주기원 목사, 신양리교회 김홍식 목사였다. 이후 이들은 3·1만세운동 민족대표로 참가하기보다는 독립만세 시위 기간 동안 평양지역의 만세운동을 주도적으로 이끄는 역할을 담당했다. 3·1 독립선언서에 서명한 사람들 말고도 위대한 사람들이 현장을 지켜준 것이다.

이렇게 평양지역의 독립만세 시위 준비를 마친 신홍식은 2월 28일 "민족의 자유와 독립을 위하여 생명을 걸기 위해" 기차를 타고 서울에 도착했다. 3월 1일 명월관 지점인 태화관에 가서 2시경 한용운의 연설을 듣고 '만세삼창'을 힘차게 부른 후, 음식을 먹는 도중에 현장에서 다른 민족대표와 함께 일제에 체포되어 연행되었다.

일제의 조사과정에서 독립운동에 참가하려고 평양에서 온 것임을 분명히 밝힌 신홍식은 3월 14일 구속 기소되어 서대문형무소에 투옥되었다. 재판 심문과정에서 신

신홍식의 일제 감시대상 카드

홍식은 자신이 3·1만세운동에 민족대표로 참여한 이유가 일본 정부의 참혹한 비인도적 태도와 총독 정치의 압박과 핍박 때문이었음을 아래와 같이

당당하게 밝혔다.

> 문: 일한합병에 대한 피고의 의견이 어떠한가?
> 답: 물을 것도 없는 것이오. 처음에는 하나님의 뜻으로 되는 것이니 어찌하나 하고 참고 있었으나, 차차 일본 정부의 참혹한 비인도적 태도와 총독 정치의 압박과 핍박이 시시각각으로 더 고통을 주어 견디지 못하게 절박하여짐으로써 거저 있지를 못함에 이르렀소. 그에 따라서 조선독립의 사상이 날로 더 가슴이 부글부글 끓게 되었습니다.
> - 〈동아일보〉1920.09.24

신홍식의 3·1만세운동 참여에는 그의 독특한 기독교적 신념이 담겨 있었다. 그는 일제에 의해 강요된 당시의 불의한 상황 가운데서 기독교 신앙을 통해 정의가 무엇인지를 분명하게 인식하였고, 당시 민족이 겪고 있는 불의한 현실 속에서 정의를 실천하는 것이 기독교인의 당연한 권리이자 의무라 여겼다.

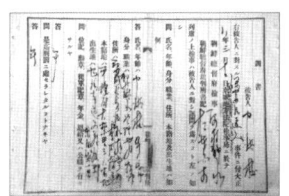

신홍식의 3·1만세운동 재판기록

신홍식은 징역 2년 형을 언도 받고, 서대문형무소와 경성감옥에서 수감 생활을 하였다. 그런데 그는 그곳에서 육적 재판만 받은 것이 아니라 영적 재판을 받는 신비로운 종교체험을 하였다. 이러한 영적인 재판은 1925년 〈기독신보〉에 8회에 걸쳐 기사로 연재되었다.

"이론과 실행이 같은 기독청년이 되라"

수감생활을 마치고 만기 출옥한 신홍식은 1922년 초 인천 내리교회에 제9대 담임목사로 부임해 목회를 다시 시작하였다. 청년운동에 관심이 많았던 신홍식은 1897년 한국 최초로 설립된 내리교회 엡윗청년회를 더욱 발전시켜 청년회가 단순히 교회 안에 머물지 않고 사회를 향해 활동하도록 도왔다. 이로써 사회 현안에 대한 토론회 및 강연회, 웅변대회가 활발히 열렸고, 동화회, 축구회, 음악회, 연극과 같은 다양한 활동이 일어났다.

신홍식은 한국의 미래가 청년들에게 달렸다고 보고 강연을 통해 그들에게 신앙과 실력을 갖춘 기독청년이 될 것을 당부했다.

> 청년들아, 이 민족을 영육적으로 구원하려거든 이론과 실행이 같은 기독청년들이 되어보자. 기독청년들아 의의 기도로서 죽은 영혼과 고갈한 인간들을 구원하여 보자. 조선 민중을 위하여 구원의 비를 가져오는 구름이 되어라.

신홍식은 1923년 9월 15일 내리교회 예배당에서 본보기 소년회를 조직하여 어린 소년·소녀를 일깨우고 회지 편찬, 토론회를 비롯한 동화극과 운동회를 개최하여 일제 시기 아이들의 꿈을 마음껏 펼칠 수 있는 장을 마련해 주었다. 1927년 강원도 횡성구역에 부임

인천 내리교회

한 직후에도 가장 먼저 엡윗청년회를 조직한 신홍식의 모습을 통해 그의 청년 사랑의 깊이를 짐작할 수 있다.

한편 이전부터 역사 편찬에 관심이 많았던 신홍식은 친필로《인천내리교회의 역사》를 서술해 편찬하였는데, 이 책은 그가 얼마나 확고한 역사의식을 지니고 있었는지를 잘 보여준다.

흥업구락부와 민족운동

신홍식은 목회활동을 하면서도 민족이 처한 현실에 지속적인 관심을 두

고 민족운동에 적극 참여하였다. 그중 하나가 흥업구락부 가입이었다.

흥업구락부는 1920년대 기독교를 주요배경으로 하여 조직되어 1930년대 후반까지 명맥을 유지하며 민족주의 계열의 주요 부분을 이루었다. 이는 이승만이 미국에서 조직한 동지회의 자매단체로서, YMCA 지도자들과 기독교계 지식인, 언론인, 자산가들이 중심이 되어 실력양성을 추구하였다. 여기에는 1925년 3월 23일 이상재, 신흥우, 구자옥, 유억겸, 이갑성, 안재홍, 윤치호, 박동완, 오화영, 유성준, 홍종숙, 장두현이 참여하였고, 임원으로는 부장에 이상재, 회계에 윤치호, 장두현, 간사에 이갑성, 구자옥이 선임되었다.

지식인층과 자산가층으로 구성된 흥업구락부원은 고학력에 기독교를 정신적 배경으로 하는 사람들로서 개화운동의 맥을 이었고, 3·1만세운동을 주도하는 등 민족운동에 조직적이고 밀접하게 참여하였다.

1930년대에 들어 건강상의 문제로 목회 현장에서 은퇴한 신홍식은 청주로 낙향하였다. 그러나 1930년대 초부터 여러 병이 들어서 낙향해서도 병마와 싸우던 중이었지만, 흥업구락부 사건의 연루자라는 이유에서 경찰에 불려다니거나 형사가 매일 찾아와 심문하고 돌아가는 등 일제는 그를 편안히 놔두지 않고 괴롭혔다. 결국, 말년에 겪은 흥업구락부 사건이 일단락된 다음 해인 1939년 3월 18일, 그는 자녀들에게 다음과 같은 유언을 남기고 일생을 마쳤다.

청주 삼일공원에 있는 신홍식의 동상

하나님을 잘 믿고 충성하며 민족의 독립을 위해 최선을 다하라.

그의 유해는 고향에 안장되었으며, 정부에서는 그의 공을 기리어 1962년에 건국훈장 대통령장을 추서하였다.

독립과 통일을 거두는 것이 아니라
심기 위해 나선 신석구 1875-1950

만일 내가 국가 독립을 위하여 죽으면 나의 친구들 수천, 혹 수백의 마음속에 민족정신을 심을 것이다. 설혹 친구들 마음에 못 심는다 할지라도 내 자식 삼 남매 마음속에는 내 아버지가 독립을 위하여 죽었다는 기억을 끼쳐 주리니 이만하여도 만족한다고 생각하였다.

"나라를 구원하려면 예수를 믿어야겠다"

신석구는 1875년 5월 3일 충북 청원군 미원면에서 유학자 신재기의 둘째 아들로 태어났다. 그는 10살 때 사서삼경을 읽고, 11살에 마을의 서당 훈장이 되어 가르칠 정도로 똑똑했다. 그런데 어린 시절 어머니를 여의고, 15세에 아버지를 잃으면서 자신의 인생에 대한 고민과 방황을 시작했다. 20대 초반 서울에서 군수 자제를 가르치기도 하고, 이후 농업에 종사하기도 하였다. 그러나 개항 이후 외세의 침략과 침탈 앞에서 나라의 운명을 보면서 신석구는 국민의 한 사람으로서 의무를 자각하였다. 10여 년간 방황생활을 한 후 그는 경기도 고랑포에서 친구 김진우의 전도로 기독교로 개종했는데, 그의 나이 33세인 1907년 7월 14일이었다.

신석구

신석구는 자서전에서 자신의 신앙과 민족구원에 대한 생각을 다음과 같이 밝혔다.

> 참으로 나라를 구원하려면 예수를 믿어야겠다. 나라를 구원하려면 잃어버린 국민을 찾아야겠다. 나 하나 회개하면 잃어버린 국민 하나를 찾는 것이다. 내가 믿고 전도하여 한 사람이 회개하면 또 하나를 찾는 것이다. 그리하여 잃어버린 국민을 다 찾으면 나라는 자연히 구원할 것이다.

신석구는 기독교를 받아들인 후 개성으로 옮겨 위트모 리드Wightmau T. Reid 선교사의 어학 선생이 되었다. 그리고 1908년 34살의 나이에 개성 남부교회에서 알프레드 왓슨Alfred W. Wasson 선교사에게 세례를 받았는데, 그에게는 세례 역시 민족의 구원과 깊이 연결되어 있었다. 이후 그는 협성신학교에 입학해 학업과 복음

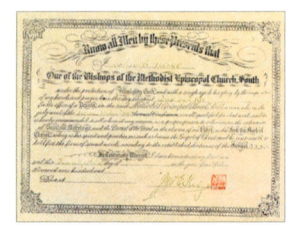

신석구 목사 안수 증명서(1917)

을 전하는 일에 힘썼다. 개성 사역과 함께 강원도 홍천, 가평, 춘천에서 활동했고, 1917년 목사가 되어 1918년에는 수표교교회에서 사역했다.

복음주의 신앙에 기초한 민족독립운동, 마지막 독립선언서 서명자

민족대표 33인 중 한 사람인 신석구는 1919년 2월 같은 감리교 목사 오화영의 권유로 3·1만세운동에 참여하였다. 오화영은 2월 16일 주일 저녁, 자신이 담임한 종교교회에서 정춘수를 만나 독립운동을 논의했으며, 남감리회 소속 목회자 중에서 권위와 영향력 있는 신석구를 포섭하기로 작정했다. 이들 신석구, 오화영, 정춘수는 개성에서 함께 활동한 목회 동역자였다. 신석구는 피어선성경학교에서 오화영에게 민족대표로 참여할 것을 권유받았을 때 바로 답하지 않았다. 신석구는 3·1만세운동이 정치운동이라 생각했고, 기독교·천도교·불교 대표자들의 회합으로 이루어진다는 사실에 잠시 번민했다.

'내 생각에 두 가지 어려운 것은 첫째 교역자로서 정치운동에 참가하는 것이 하나님의 뜻에 합한가, 둘째 천도교는 교리상으로 보아 서로 용납하기 어려운데 그들과 합작하는 것이 하나님의 뜻에 합한가.'

그에게 민족의 독립은 중요한 문제였다. 하지만 민족이 중요한 만큼 기독교 신앙 또한 중요했다. 오화영에게 권유를 받고, 매일 새벽마다 하나님 앞

에 기도한 끝에 2월 27일 새벽 그는 다음과 같은 하나님의 음성을 들었다.

> 4천 년 전하여 내려오던 강토를 네 대에 와서 잃어버린 것이 죄인데 찾을 기회에 찾아보려고 힘쓰지 않으면 더욱 죄가 아니냐.

그는 그날 아침 오화영에게 참가의 뜻을 밝히고, 오후 1시 정동교회 이필주 목사 집에서 모인 기독교 대표자 회합에 참가하였다. 그 모임에서 그는 함태영이 가지고 온 '독립선언서' 초안과 일본 정부와 조선 총독부에 보낼 '독립청원서' 초안을 볼 수 있었다. 민족대표 33인의 서명이 끝났다. 이로써 신석구는 '독립선언서'에 서명한 마지막 민족대표가 되었다.

가장 늦게 참여했지만 독립운동 참여 의지와 열심만큼은 누구보다 강했다. 그가 서명하는 것을 만류하며, 시기상조라고 말하는 한 형제에게 그는 말했다. "나도 이른 줄 안다. 그러므로 나는 지금 독립을 거두려 함이 아니요 독립을 심으러 들어가노라." 독립에 대한 그의 신념에는 이처럼 깊은 기독교적인 통찰력이 담겨 있었다.

> 그러나 곧 독립이 되리라고는 믿지 않았다. 예수님 말씀하시기를 밀알 하나가 이 땅에 떨어져 죽지 아니하면 그냥 한 알 그대로 있고 죽으면 열매가 많이 맺을 터이라 하셨으니 만일 내가 국가 독립을 위하여 죽으면 나의 친구들 수천, 혹 수백의 마음속에 민족정신을 심을 것이다. 설혹 친구들 마음에 못 심는다 할지라도 내 자식 삼 남매 마음속에는 내 아버지가 독립을 위하여 죽었다는 기억을 끼쳐 주리니 이만하여도 만족한다고 생각하였다.

1919년 3월 1일 태화관에서 민족대표들과 함께 독립선언식에 참여한 신석구는 곧바로 일경에 체포되어 경무총감부에 구류되었다가 서대문형무소로 이감되어 2년 6개월간의 옥고를 치렀다. 그는 재판과정에서 당당하게 "조선은 조선민족이 통치해야 하며, 장래에도 독립이 될 때까지 독립운동을 할 생각이다."라고 거침없이 말했다. 신석구는 1921년 11월 4일 만기 출옥하였다.

신석구의 정치범 카드

신사참배 거부를 통한 항일운동

한복을 입고 설교한 신석구

신석구는 옷과 언어에도 민족의 혼이 담겨있다고 생각했기 때문에 민족문화를 중시하였다. 그래서 일본 옷과 신발을 착용하고 주례를 부탁하러 온 조카를 호통치며 거절하기도 했다. "잃어버린 나라를 되찾으려면 잃어버린 국민을 되찾아야 한다."는 신념을 갖고, 늘 한복을 입고 설교를 했던 신석구는 출옥 후에 목회활동을 꾸준히 하여 강원도, 경기도의 지역 구역장이나 감리사로 사역하였고, 서울지역에서 부흥사업에 힘썼다.

또한 항일운동에도 앞장서 1938년 7월에는 충남 천안구역 담임 겸 천안지방 감리사로서 활동하면서 신사참배를 반대하다 천안경찰서에 체포되었다. 당시 감리교단의 결정에 따라 많은 목회자가 신사참배를 하던 분위기였다. 수시로 천안 경찰들이 방문하였고 급기야 천안경찰서장까지 신석구를 찾았다. "신사참배는 종교의식이 아닌 국민의례일 뿐이다."는 논리로 신사참배 수용을 회유했지만, 신석구는 단호하게 거절하며 끝까지 민족적이고 종교적인 양심을 지켜나갔다. 신석구는 1938년 7월 천안경찰서에 구금되어 2개월간 갖은 악형과 고문으로 중병이 들어서야 석방되었다.

그럼에도 불구하고 신석구는 "사람의 행위가 하나님을 기쁘시게 하면 그 원수까지라도 화목하게 하신다."는 성경 말씀을 일본 사람들에게 적용했다. 그래서 일본 경찰의 감시와 박해를 받았지만, 그들을 미워하거나 저주하지 않고 '원수 사랑'의 본을 보였다. 간혹 목회자들 모임에서 목사들이 "일본 놈"이라는 소리를 하면, 그는 점잖게 "일본 놈이라고 하지 말고 일본 사람이라고 하시오."라고 훈계하였다. 그리고 일본 경찰의 감시와 통제에도 그들에게 싫은 낯을 보이지 않았다.

일제에 협력한 정춘수, 끊임없이 일제에 항거한 신석구

신석구는 1938년 9월 석방 후에도 계속 신사참배문제로 시달렸지만 끝내 굴복하지 않고 1939년 5월 신사가 없는 평남 용강군 신유리교회의 담임으로 가서 항일운동을 계속하였다. 그 와중에 가슴 아픈 일도 당하였다.

당시 감리교 정춘수 감독이 지휘하는 총리원

정춘수

친일행각이 알려진 후 좌대만 남은 정춘수의 동상

은 1940년 10월 한국 감리교회의 일본화 작업을 적극 추진하여 '일본과 조선은 하나'라는 내선일체內鮮一體를 선전하고, 신학교육을 군사훈련으로 전환하고, 신사참배 및 국민정신총동맹에 적극 참여하는 내용의 '감리교 혁신안'까지 발표할 정도로 일본에 협력을 아끼지 않았다. 정춘수가 이끄는 혁신교단은 1943년 체제혁신을 단행하여 한국 감리교회를 일본 기독교단의 하부조직으로 축소해 그 명칭을 아예 '일본기독교조선감리교단'으로 바꾸었다.

신석구를 더 가슴 아프게 하는 것은 친구이자 자신을 교회로 이끈 인도자였으며, 3·1만세운동의 서명자였던 정춘수가 이러한 감리교 친일행위 중심에 있었다는 것이다. 1907년 개종한 신석구는 '3년간 상복을 벗지 않는 효심'으로 이름이 나 있던 같은 고향 출신 정춘수를 고랑포에서 만나 그의 인도로 전도자가 되었다. 정춘수는 개성에서 1년 동안 자신의 집에 신석구를 묵게 하면서 선교사 어학 선생 자리를 주선해 주었고, 3·1만세운동 때 '민족대표'로 같이 참여하였다.

부일 협력에 앞장선 정춘수를 설득하기 위해 신석구는 몸소 그의 집에 찾아갔다. 동행했던 손자 신성균 장로의 증언에 의하면 정춘수 집에 한참 머물다 나온 후 신석구는 혼잣말로 '허, 이 친구 이렇게까지 해서는 안 되는데, 그러면 정말 안 되는데……' 하고 깊은 한숨을 내쉬었다고 한다.

신석구는 1941년 12월 일제의 태평양전쟁에는 일경의 민족운동자 예비 검속 조치에 의해 1개월 이상 구금되는 고초를 겪었다. 또한 1945년 5월에는 대동아전쟁 전승기원 예배와 일장기 게양을 거부하다가 평안남도 용강경찰서에 다시 구금되는 등 일제에 항쟁하였다.

"자나 깨나 주님께서 늘 내 우편에"

신석구 목사는 해방 이후의 삶도 평탄하지만은 않았다. 광복 후 그는 북한에 남아 반공 운동을 전개하였다. 그는 북한이 교회와 기독교인을 회유하고 억압하려고 만든 기독교도연맹에 가입하기를 강요받았으나 자신의 신앙적 결심을 끝까지 굽히지 않았다. 1946년에는 3·1절 김일성 추앙행사를 반대해 정치보위부에 체포를 당해 고난을 겪었고, 1949년에는 반동결사죄라는 명목으로 평안남도에 위치한 진남포교회 사택에서 체포되어 고문을 당했다. 일제와 공산당의 억압 속에서 굴하지 않았던 신석구 목사는 감옥에서 오히려 참된 평안을 느낄 수 있었다.

세간의 모든 복잡한 사념을 다 포기하고 다만 기도하는 중에 영혼을 예배하고 앉아 있으니까 감방이 나에게는 천당같이 아름다우며 자나 깨나 주님께서 늘 내 우편에 계심을 든든히 믿으며 말할 수 없는 환희 중에 잠겨 있었다.

그러던 신석구 목사는 6·25전쟁이 한창 진행 중이던 1950년 10월 10일 76세에 평양인민교화소 복역 중에 공산군에 의해 순국하였다.

정부는 신석구의 공훈을 기려 1963년 건국훈장 대통령장을 수여하였다. 감리교신학대학은 1978년에 5명의 '감신 출신 민족 대표상' 중의 한 명으로 신석구를 선정하였고, 1980년에는 청주 3·1공원에 충북도민의 성금으로 그의 동상이 건립되었다.

청주 삼일공원의 신석구 동상

기독교민족대표 16명을 확정하도록 자신의 집을 내 준
호랑이 목사 이필주 1869-1942

허리는 굽힐지언정 마음만은 굽히지 맙시다.

무관 이필주, 자녀들의 죽음 후 얻은 신앙

이필주

이필주는 1869년 11월 몰락 유생이었던 이윤영의 5남매 중 장남으로 서울 정동에서 태어났다. 빈궁한 가정의 장남으로 8살부터 5년 동안 서당에서 한문 공부를 하다가 부친의 생업을 돕기 위해 고치나 솜으로 실을 만드는 제사공업製絲工業을 배우기 시작했다. 그의 나이 18세에 부친이 세상을 떠난 후 어머니는 남의 집 품팔이와 바느질을 하였고, 이필주는 제사製絲 일과 막노동으로 생계를 꾸려나갔다.

고된 노동자의 삶을 4년간 계속하다 지친 그는 잠시 주색잡기에 빠져 방탕한 생활을 하기도 하였다. 그런데 집안 살림이 파탄이 나자, 곧 정신을 차리고 1890년 정부가 신체 건강한 청년들을 군대에 모집할 때 이에 응시하여 입대했다. 4-5년간 졸병으로 있으면서 "군규를 잘 지키고 기예 운동을 주야로 자습"하며 군대생활을 충실히 하면서 점차 생활도 안정되었다.

이필주는 1894년 전봉준, 김도삼이 이끄는 동학농민운동을 진압하러 전라도 전주와 완주에 파병되기도 하였다. 그는 군대에 있으면서 동학군 진압을 목적으로 한 일본 교관의 훈련과 1896년 아관파천 후 들어온 러시아 교관의 신식 훈련을 차례로 받으면서 참교에서 부교

동학군을 진압한 신식군대

까지 승진하며 군 생활을 잘해냈다. 그리고 1899년에는 당시로써는 늦은 나이인 31세에 김인숙과 결혼하여 남매를 낳아 단란한 가정을 꾸리고 살았다.

그러나 1902년 이필주는 두 자녀를 콜레라로 잃게 되었다. 마음 둘 곳이 없던 이필주는 그 일로 기독교에 입교했는데, 당시의 심정을 다음과 같이 기록하였다.

> 늦게 장가들어 얻은 남매 자식을 우연히 한꺼번에 잃어버리고 생각하기를 이게 필연 나의 죄값인가보다 하며 마음 붙일 곳이 없어서 섭섭하기 짝이 없고 심란함을 견딜 수 없이 되어 예수를 믿으면 무슨 고난을 겪든지 위로를 받고 안심이 된다는 전도를 듣고 믿기를 작정하였다.

전화위복이라 했던가? 1903년 4월 이필주는 상동교회 윌리암 스크랜튼 목사에게 세례를 받고, 집안 식구가 모두 예수를 믿게 되었다. 그즈음 이필주는 13년간의 군대생활도 청산하였다. 이유인즉 "그 나라와 그 의를 구하라"는 마태복음을 읽고 깨달은 바가 있었기 때문이다.

> 들에 나는 풀 한 가지라든지 공중에 나는 새 한 마리일지라도 하나님이 입히고 먹여 기르시는데 어찌하여 나는 의식을 위하여 이같이 악한 일을 경영하는고! 군대에 다니며 동학군 진압 등 동족상잔의 비극을 범하지 않고는 살길이 없단 말인가······.

이필주는 고민하던 끝에 그가 생명처럼 여기던 군기와 군복을 헌신짝같이 벗어 던지고 집으로 돌아왔다.

"행보가"를 통해 민족의식을 고취시킨 체육교사

군대를 그만둔 이필주는 추수 품팔이나 막노동을 하며 가족을 부양했다. 그의 사연을 들은 상동교회에서는 그에게 교회당 청소 일을 맡겼다. 이필주는 남다른 열성과 깊은 신앙심으로 열심히 성경을 배웠고, 사경회에도 빠짐없이 참석해 상동교회 스크랜튼과 전덕기 목사에게 신임을 받았다. 특히 전덕기와의 만남을 통해 이필주는 상동청년회에 가입했고, 신민회 활동 등 민족의식을 형성하는데 큰 영향을 받았다.

그 무렵 상동교회에 청년 교육을 위해 청년학원이 설립되었는데 이필주는 청년학원의 체육교사가 되었고 공옥소학교에서도 가르쳤다. 이곳에서 그는 체조와 기초적인 군사훈련과 같은 군사병식교련을 가르치고 열을 지어 행진하며 "행보가"를 부르게 했는데, 그 "행보가"를 통해 민족의식과 사명감을 고취하고자 했던 것이다.

상동청년학원 졸업사진

> 지식을 넓히고 신체를 강케 해
> 부강흥성하는 모든 학문을
> 주야 바삐 촌음 다투어가면서
> 풀무 속에 백련 강철이 되게
> 양육강식 험한 오늘 당한 세계
> 열심하는 의기 우리 갑줄세
> 사면 열강들은 호랑들 같으나
> 무릅쓰고 마구 몰아나가세

그는 또한 1907년에 일제가 침탈해 간 철도 이권을 회수하기 위해 조직한 광무사光武社 발기인으로 참여했고, 1908년 6월에는 대한협회 교육부 간사원을 맡았다. 애국계몽단체인 대한협회는 국권회복을 위한 실력양성을 위해 교육을 보급하고 산업을 개발하는 일과 행정제도를 개선하고 관료와 백성들의 잘못된 관습官民弊習을 교정하자는 강령을 내세워 강력한 계몽운동을 벌였다. 이처럼 다양한 활동을 하면서도 교회개척과 전도에 힘쓴 이필주는 협성신학교에서 신학을 공부하여 목사가 되었다. 그리고 1913년 왕십리교회를 거쳐 1918년 정동교회로 옮겼다.

"그동안 왜놈 밑에서 자유 없이 살아왔는데······"
감리교 대표로 3·1만세운동 민족대표 33인이 되어

1918년 9월 이필주는 민족운동을 위해 사임한 손정도의 후임으로 정동교회에 부임해 왔다. 제1차 세계대전 이후 미국 대통령 윌슨은 민족자결주의를 발표했고, 이로 인해 국내외에서 민족독립운동이 활발히 이루어졌다. 1919년 1월 하순부터 기독교와 천도교에서도 각각 독립운동의 준비에 들어갔다. 이필주는 1919년 2월 26일 상동교회 삼총사(이필주, 최성모, 김진호)인 최성모 목사와 기독교청년회 간사 박희도로부터 독립운동 계획을 들었다. 이필주는 즉시 찬성하고, 위험을 무릅쓰고 자신의 집을 2월 27일 기독교계 예비모임 장소로 제공하였다. 바로 이 모임에는 박희도, 김창준, 함태영, 이갑성, 이승훈, 신석구, 오화영, 최성모, 박동완과 같은 기독교계의 대표들이 참여하여 독립선언서를 배포할 지역 책임자를 선정하고 16명의 기독교계 민족대표 명단을 확정하였다. 그러나 박희도는 3·1만세운동으로 투옥됐다가 풀려난 이후 민족개량주의 노선으로 기울었다가, 1934년을 전후로 친일파로 변절하였다.

이필주는 2월 28일 밤 손병희 집에서 가진 마지막 모임을 마치고, 집으로 돌아와 가족들에게 자신이 3·1독립운동에 민족대표로 참여함을 알렸다.

나는 내일부터 나라를 위해 내 몸을 다 바친 것이니, 가족들이 거기에 대해 왈가왈부할 것은 아니다. 지금으로써는 나라를 찾는 게 급선무가 아니겠는가? 그동안 왜놈 밑에서 자유 없이 살아왔는데 우리가 그걸 찾기 위해 운동하는 것이다.

3월 1일 오후 2시 태화관에서 길선주, 김병조, 정춘수, 유여대 4명을 제외한 29인의 대표자가 모여 독립선언서를 낭독했다. 이들은 독립선언식 후 일제 경찰에 체포되어 투옥되었다. 그가 체포될 당시 가족으로 모친, 아내 그리고 14살도 안 된 3명의 아이가 있었다. 감옥생활을 하면서 이필주는 깊은 신앙체험

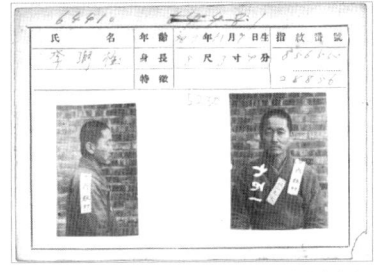

이필주의 일제 감시대상 카드

을 하고, 민족 구원에 대한 소명감을 가졌다. 이필주는 당시의 심정을 출감 후 그가 남긴 글에서 이렇게 회고하였다.

나는 나의 민족을 위해 내가 할 수 있는 가장 좋은 것이 무엇인지 걱정해 왔다. 내가 그들을 도울 수만 있다면 나는 수백 번이라도 기꺼이 죽고자 했다. 그럼에도 불구하고 우리 민족이 아무리 위대한 일을 하거나 내가 그들을 위해 한다고 하더라도 우리가 먼저 하나님을 찾지 않으면 모든 것이 쓸모없다는 것이 나에게 분명해졌다. 우리 민족에게 가장 큰 축복을 얻게 하려는 우리는 먼저 하나님을 찾아야 하고, 그리고 나서 우리 민족이 그분을 알도록 인도해야 하며, 그래야만 진정한 축복이 우리나라에

흘러든다는 사실을 더 깊이 깨달았다.

1921년 11월 4일 출감 후 목회에만 몰두한 이필주는 이후 독립운동 전면에 직접 나서진 않았지만, 독립운동을 여전히 지원하였다. 1922년 12월 의열단원으로 일제 총독과 고관을 암살하고 주요 관공서를 폭파할 목적으로 국내에 잠입한 김상옥을 거사 전 1주일간 자신의 집에서 숙식하며 거사 준비를 도왔다. 김상옥은 바로 이필주가 상동청년학원 체육교사로 있을 때 가르친 제자였다. 일경에 쫓기며 시가전을 벌이다가 결국 스스로 목숨을 끊었던 김상옥의 유해는 제기동 공동묘지에 안장되었는데, 이필주는 그의 묘를 종종 찾곤 했다.

3·1만세운동의 성지, 화성 남양감리교회 사역

평생 목회활동을 해온 이필주는 1934년 3월 연회에서 66세로 정년 은퇴를 하였다. 그러나 수원 감리사로 있던 윌리암 노블William A. Noble 선교사는 아직도 건강하고 목회에 대한 열정이 있는 이필주가 수원지방 남양구역 교회를 맡아 목회하도록 권고했다. 지금의 화성시에 위치한 당시 남양구역 교회들은 모두 침체되어 자립하지 못하고 있었다. 그런데 이필주가 부임해 열정적으로 활동하면서 교회는 큰 부흥을 가져왔다. 1939년 5월 수원지방 감리사는 이필주의 목회활동을 다음과 같이 보고했다.

> 노당익장에 활동으로 전 구역적으로 은혜를 받게 되었습니다. 다른 구역에서는 청년 목사를 원하지마는 이 구역에서 노인 목사를 더 사랑하여서 이 세상 떠나실 때까지 일 보시기를 원하고 장비까지 저축하였습니다.

이필주는 일본 경찰의 감시대상이었지만, 그는 일본 경찰을 전혀 두려워하지 않고 길에서 만날 때는 꾸짖기도 했다. 특히 눈이 무서워서 이필주의 부인조차 "목사님이 다 회개를 했는데, 눈만은 회개를 못 했다."고 할 정도였다. 남양에 사는 불량배들도 지나다가 이필주를 만나면 길을 비켜 주며 인사를 하였다고 한다. 그래서 '호랑이 목사'라는 별명이 생길 정도였다. 일제가 신사참배를 억지로 강요하던 당시, 이필주는 어쩔 수 없이 신사참배하는 교인들에게 단호한 목소리로 "허리는 굽힐지언정 마음만은 굽히지 맙시다."하며 격려했다. 이렇듯 90세가 넘도록 장수 목회 활동을 하던 이필주는 1942년 4월 94세에 하늘의 부름을 받았다.

남양감리교회에 있는 이필주목사 기념비

정부는 1962년 그에게 대한민국 건국훈장 대통령장을 추서했다.

독립과 통일을 쟁취한 나라의 보배로운 한줌 흙이 되기를 소망한 노동자들의 친구 김창준 1889-1959

가정보다 조국이다. 내 사랑하는 조국,
하나님의 유업이신 내 조국,
내 조국의 자유를 얻는데 내 살과 피가
한 점의 보토가 될진대 이에서
더 큰 기쁨은 없을 것이다.

"내 살과 내 피가 한 점의 보토가 된다면……", 최연소 독립선언서 서명자

김창준

1889년 5월 평안남도 강서군에서 태어난 김창준은 1906년 12월 강서군에 있는 야소교 학교를 졸업하고 18세 때 강서군 일상리교회에서 존 무어John Z. Moore, 文要澤 선교사로부터 세례를 받았다. 기독교 정신과 민족정신이 남달리 강했던 숭실중학교와 숭실대학을 거쳐 일본 도쿄 아오야마가쿠인靑山學院에서 1년간 수학하였고, 1917년 3월 서울 감리교 협성신학교를 졸업하였다.

감리회 서울중앙교회의 전도사로 부임한 김창준은 1919년 숭실중학교 동창이자 서울중앙교회에서 함께 전도사로 활동하던 박희도의 권유로 만 30세의 나이에 민족대표 33인의 대열에 동참하게 되었다. 박희도

평양의 숭실학교

는 1919년 2월 26일 밤 김창준에게 "조선 독립을 위해 오화영, 이필주, 길선주, 양전백이 운동을 하니 찬성하겠느냐?"고 물었고, 김창준은 이에 찬성 의사를 표했다. 그리고 2월 27일 이필주의 집에서 이갑성, 박희도, 박동완, 이승훈, 최성모, 함태영을 포함한 지도자들을 만나 독립선언서에 서명했다.

당시 김창준은 결혼한 지 1년밖에 되지 않았고, 선언서에 서명한다는 것은 죽음을 각오하는 것을 뜻했기에 처자와 연로한 양친을 염려하지 않을 수 없었다. 그러나 그는 다음과 같이 결심을 하고 독립선언에서 가장 젊은 나이로 서명했다.

가정보다 먼저 조국이다. 내 사랑하는 조국, 하나님의 유업이신 내 조국, 내 조국의 자유를 얻는 데 내 살과 피가 한 점의 보토補土가 될진대 이에서 더 큰 기쁨은 없을 것이다.

김창준은 2월 28일 민족대표와 함께 손병희의 집에서 최후의 집회를 갖고 각기 지방의 책임을 맡은 대로 고종의 국장國葬에 왔다 돌아가는 친구들에게 밤새껏 독립선언서를 배포하였다. 김창준은 평안남도를 맡아 선언서를 배포하였고, 그 밤에 중앙교회당에 집합한

시청 앞 3·1만세운동 장면

경성중학생 400여 명과 경기여중 200여 명에게 선언서 내용과 선전방법을 지시하였다. 김창준은 3월 1일 서울 인사동 태화관 본점에서 33인의 한 사람으로 독립선언식에 참석한 뒤 일경에 체포되었다.

김창준은 지방법원 예심에서 "독립운동에 참가한 것이 천의天意라고 생각하며, 기회만 있으면 언제든지 다시 독립운동을 하겠다."는 의지를 당당하게 밝혔다. 김창준은 1920년 10월 30일 경성복심법원에서 보안법과 출판법 위반으로 2년 6개월의 징역을 선고받았는데, 이에 대해 김창준은 그의 회고록 《기미운동 후 금일까지의 경위》에서 본인이 과도한 형을 받게 된 것은 고등법원에서 심문할 때 고등재판관들을 힐책하며 충고한 까닭이라고 밝혔다. 그는 법정에서 "우리는 천부의 자유를 찾기 위하여 본능적으로 폭발하여 나누는 독립운동인데, 너희가 양심이 있으면 우리들의 운동을 찬성할 것인데도 우리를 죄로 얽어매려고 애쓰는 것은 심히 부당하다." 라고 말하며 법관들을 질책했다.

김창준은 서울 서대문형무소에서 2년 6개월간 감옥생활을 하고 1921년 12월에 출감하였다.

감옥의 계시와 만주 생활

김창준은 1921년 12월 출옥 후 중앙교회로 돌아와 활동하였고, 1922년 9월 제15차 미국 감리교 조선연회에서 목사 안수를 받았다. 이후 1923년 후반기에 미국에 유학하여 시카고한인교회를 담임하면서 1926년에 일리노이주 에반스톤Evanston 게렛신학교Garrett Theological Seminary에서 신학사 학위를 받고 같은 해 8월에 에반스톤 노스웨스턴대학Northwestern University에서 문학사 학위를 받았다. 김창준이 시카고에 도착했을 때 교포사회는 분열되어 있었는데, 한인사회가 불과 2백여 명에 불과했지만, 정치단체는 6백여 개에 달했다. 그렇지만 그의 노력을 통해 국민단과 동지회를 제외한 모든 단체가 통합되었다. 그리고 남은 두 단체까지 통합하고자 이승만과 안창호를 만나려 했으나 이승만이 하와이에 있어 뜻을 이루지 못했다.

김창준은 1926년 12월 미국에서 귀국한 뒤 다시 중앙교회 목사로 시무했다. 이후 1933년 4월에는 서울 냉천동에 있던 감리교신학교 교수가 되어 만 6년간 교수생활을 했는데, 바로 이때 기독교와 민족과 사회주의를 접목하는 사상을 다듬게 되었다.

김창준은 1935년 자원해 신징교회로 파송되어 만주에 갔으며, 얼마 되지 않아 아들의 중병 소식을 듣고 일시 귀국했다. 그러나 이후 중일전쟁이 터지자 장기적으로 머물 것을 계획하고 1939년에 다시 만주 신징으로 들어갔다. 김창준이 만주에 간 이유는 신앙의 자유를 얻고, 과거 감옥생활에서 받은 묵시의 뜻을 따르기 위함이었다.

김창준은 3·1만세운동으로 옥중에 있을 때 요한계시록을 7백 번, 산상보훈을 3백 번이나 읽고 구약과 신약 전체를 다섯 차례나 통독했다. 또 성경을 제목별로 나누어 연구하는 중에 7백여 페이지의 주석을 기록할 정도로 성경공부에 열중하였다. 김창준은 조국의 자유를 묵상하는 중에 심지어 음식 먹는 것도 잊어버릴 때가 많았다. 그러던 중에 하루는 조국에 대하여 고민하던 중 하늘의 묵시를 받았다. 비몽사몽 간에 하나님의 음성이 들려 "이것이 네 조국의 땅이다. 네게 주노니 받으라."고 했는데 그 나라의 국경을 그려보니 북으로 만주 흑룡강, 남으로 부산, 서로 요하, 동으로 동해였던 것이다.

김창준은 정치운동이나 종교운동이 경제운동의 토대에서 시작한다고 생각했기 때문에 신징新京에서 재단을 만들고 동아공사라는 가구제조 회사, 북만산업개척 주식회사를 설립하였다. 그는 또한 만주의 조선인 사회에 모범적 단체를 만들어 국민정신을 양성하고 만주인과 우호 관계를 도모하려고 했다. 신징에 간 지 3년 후에는 목단강, 하얼빈 사이에 있는 오지 주허珠河에 들어가 농장을 구입하고 전분 공장을 세웠다. 김창준은 공장시설을 갖추어 한인의 경제적 토대를 닦고 실업중학교를 설립해 학생들을 교육하고자 했지만, 소련군이 진주해 뜻을 이루지 못하고 귀국하였다. 김창준은 1945년 8월 귀국해 경기도 양주에서 해방을 맞이하였다.

"노동자들에게 더 가까운 친구가 되고자……", 민족주의민족전선 참여와 월북

김창준은 해방 후 기독교를 통한 민족운동을 전개하다 1947년 좌파계열의 연합단체인 민주주의민족전선(민전)의 중앙위원이 되어 좌익운동에 가담하였다. 김창준은 1947년 2월 4일에 민전에 참가하는 나의 이유라는 요지의 성명을 아래와 같이 발표했다.

> 첫째로 나는 기독교 목사로서 특권계급의 편에 서는 것보다 예수의 정신에 따라 노동자들에게 더 가까운 친구가 되고자 근로 인민을 기초로 한 민전에 참가한 것이다. 둘째로, 십자가 사랑은 경제적 공평의 제도까지 병행해

야 하며, 지금 세계의 무산대중은 기아선상에서 굶어 죽어감으로 형제애를 달성키 위하여 경제적 공평을 주장하는 민전에 참가한 것이다.

1948년 3월 김창준은 김일성과 김두봉의 명의로 된 "남조선 단독정부 수립을 반대하는 남조선 정당단체에게 고함"이라는 문건과 초청장을 받고, 4월 평양에서 열린 전조선 정당사회단체 대표자연석회의, 일명 남북연석회의에 김구, 김규식, 조소앙 외 13명과 함께 참석했다가 그대로 북에 잔류하였다. 그는 북한 최고인민회의 부의장까지 지내다가 1959년 만 70세의 나이로 세상을 떠났다.

노년의 김창준

6남매의 이름에 담긴 독립의 뜻

김창준은 옥중에서 "만일 내가 죽지 않고 살아서 자손을 낳게 되면 전부 조국의 자유독립을 위해 바치겠다."고 결심하였다. 그리고 출옥 후 5녀 1남을 두고 모두 조선의 '조'朝자를 항렬로 해서 이름을 지었다. 장녀는 '조선의 빛'이 되라는 뜻의 광조光朝라 지었고, 2녀는 '조선을 사랑으로 화하라'는 뜻의 인조仁朝, 3녀는 '조선을 정의의 나라로 화하라'는 뜻에서 의조義朝라 지었다. 아들은 '조선을 일으키는 건국의 남아가 되라'는 뜻에서 기조起朝라 지었고, 4녀는 '조선을 영광스럽게 하라'는 뜻의 영조榮朝, 5녀는 '조선을 드러내라'는 뜻에서 현조現朝라 지었다.

북에서 세상을 마감한 김창준에 대한 지난 세월의 평가는 시대와 당파성에 따라 달라지기도 했지만, 예수의 심장으로 노동자들과 약자들을 편들고자 했던 그의 마음은 여전히 같을 것이다.

3·1만세운동을 전세계에 알린
34번째 독립지사, 세계적인 수의학자인
캐나다 선교사 **스코필드** 1889-1970

국민의 정신을 바르게 길러야 한다.
부패와 싸울 줄 아는 국민이 되어야 한다.
풍요의 사회나 복지국가에 앞서
정의의 사회부터 이룩해야 한다.

아직 잠에서 깨어나지 못한 한국을……

스코필드

프랭크 스코필드는 1889년 영국 워릭셔주Warwickshire에서 4남매의 막내로 태어났다. 19살에 캐나다에 이민을 온 그는 농장에서 가축을 돌보며 수의학에 관심을 갖게 되었고, 1908년 토론토대학교 온타리오 수의과대학Ontario Veterinary College에 입학하였다. 학업과 일을 병행하며 무리한 나머지 21살에 소아마비를 앓아 왼쪽 팔과 오른쪽 다리가 불편했지만, 토론토대학에서 박사 학위를 받고 모교에서 세균학 강사로 활동하였다.

그러던 어느 날, 한국에서 의료선교사로 활동하던 올리버 에비슨Oliver R. Avison, 어비신에게 한 통의 편지가 전달되었다. 그는 세브란스 의학전문학교에서 세균학을 가르칠 교수를 찾고 있다고 하면서 스코필드에게 한국에 와 줄 것을 부탁했다.

> 이곳에서 교편을 잡는다는 것은 어려운 환경을 극복할 수 있는 강한 인내심과 기독교 정신이 투철한 사람이어야 합니다. 토론토대학의 여러 친구에게 들은 바로는 박사님이 저희가 찾고 있는 바로 그분이라고 생각합니다. 저를 도와준다고 생각하지 마시고, 아직 잠에서 깨어나지 못한 한국을 도와준다는 생각으로 이곳에 와 주셨으면 합니다…….

스코필드에게 한국은 낯선 곳이 아니었다. 이미 여덟 살 때, 아버지가 근무하는 영국 클리프 대학^{Cliffe College}에서 한국에서 온 유학생 여병현을 만나 한국이라는 이름을 접했던 것이다. 오래 전부터 에비슨을 존경해 오던 스코필드는 이번 기회가 약하고 어려운 사람을 돕겠다는 평소 자신의 신념을 하나님이 시험하는 것이라 믿고 한국행을 결심하였다.

세브란스의학교에서 강의 중인 스코필드

1916년 한국에 온 스코필드는 세브란스 의학교에서 세균학과 위생학을 가르쳤고, 영어성경반을 조직해 학생들에게 틈틈이 성경을 가르쳤다.

민족대표 34인

세브란스 의학교 사무원으로 근무하며 평소 가깝게 지내던 이갑성이 스코필드를 찾아왔다. 이갑성은 서울 지역 학생들을 중심으로 만세운동을 준비하고 있었는데, 정확한 국제사정을 파악하고 도움을 얻고자 스코필드를 찾은 것이다. 스코필드는 한국을 위해 일할 때가 왔음을 느끼고, 이갑성을 적극 돕기 시작했다. 그는 외국 신문과 잡지에서 도움이 될만한 기사를 찾아 설명까지 붙여 소식을 알리는 한편 미국이나 영국에서 들어오는 외국인들을 찾아가 국외 소식을 자세히 물어 전달해 주었다.

스코필드가 찍은 3·1만세운동 사진

마침내 1919년 3월 1일, 결전의 날이 다가오자 스코필드는 사진기를 어깨에 메고 탑골공원으로 향했다. 그는 생생한 현장의 모습을 사진에 담기 위해 시위 군중을 보다 잘 내다볼 수 있는 곳을 물색하였다. 그러던 중 일본인 구역의 상점을 발견하고 2층 베란다로 올라가 사진을 찍었다. 이러한 사정을 알지 못한 일본인 여주인이 낯선 침입자가 들어온 것을 알고, 빗자루를 들고 그를 막무가내로 때렸다. 스코필드는 안 통하는 언어와 몸짓으로 이리저리 변명하다 카메라를 들고 줄행랑을 쳤다. 스코필드의 용맹스런 활동을 이갑성은 이후 이렇게 술회했다.

> 그 당시 외국인 선교사들 거의 전부가 우리에게 적극적으로 협력하기를 꺼린 것은 사실이오. 그런데 박사는 처음부터 달랐지. 나이도 그때 불과 서른하나 밖에 안 된 그가 어떻게 그렇게 용감하고도 침착하게 우리 편을 들 수 있었는지 모를 일이었소. 아무튼, 다른 외국인은 흉내도 못 낼 노릇이거든. 나는 늘 박사가 우리 민족의 독립운동을 위해 하늘에서 보내준 천사인 것 같이 느껴왔소. 박사는 참으로 우리를 위한 천사였소.

3·1만세운동에 대한 일본의 비인도적인 만행을 세계에 알리고 조선의 독립운동을 적극적으로 도운 스코필드는 이후 '민족대표 34인'으로 불렸다. 스코필드는 이후 당시의 3·1만세운동을 다음과 같이 회고했다.

> 위대한 자유의 대가는 감옥이 아니면 폐허, 또는 죽음이었다. 그러나 비록 겉으로는 실패했지만, 국민은 정신적인 승리를 쟁취했다.

고난의 현장을 카메라에 담다

3·1만세운동 시위가 시간이 흐르면서 몇몇 지역에서 과격하게 전개되었고, 일부 일본인 순사들이 죽거나 다치는 일이 생기자 일본은 시위 마을들을 폭력적으로 진압하기 시작했다. 특별히 일제는 경기도 화성 제암리와 수촌리 지역에서 무차별적인 살육과 방화를 자행했다.

1919년 4월 5일 새벽 3시, 일본군 1개 소대가 수촌리를 포위하고 집집마

수촌리

다 불을 놓으면서 집에서 빠져나온 사람에게는 총을 난사했다. 4월 13일에는 일본군 제20사단 보병 제79연대가 제암리를 포위하고 15세 이상의 남자들을 교회에 소집한 후 사살 방화하여 23명을 죽였다. 일제의 고의적인 방화로 마을의 가옥도 33채 중 31채가 전소되었다.

일본은 이 야만적 행동을 은폐하려 했지만, 스코필드를 비롯한 선교사들이 자신들의 목숨을 걸고 폭로해 세계에 알려지게 되었다. 감리회의 윌리엄 노블William A. Noble과 장로회의 호레이스 언더우드Horace H. Underwood가 화성을 답사해 보고서를 영사관에 제출했고, 스코필드도 학살 소식을 듣고 사건 현장에 내려가 현장을 사진으로 담아 캐나다 선교부에 "제암리 학살 만행 보고서"와 "수촌리 학살 만행 보고서"를 제출했다.

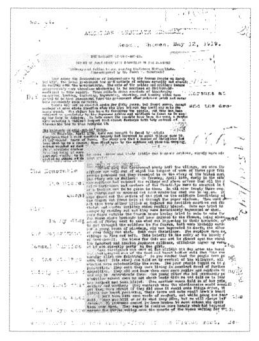
스코필드가 작성한 3·1만세운동 관련 각종 보고서

나는 기차를 타고 수원까지 가서 거기서부터 마을의 몇 킬로미터 안까지는 자전거를 타고 들어갔다. 일본 당국이 현장 방문을 완강히 반대할 것을 예상한 나는 그 마을 가까이에 있을지 모를 경찰서와 헌병대를 피해 산길을 넘어 몇 킬로미터를 돌아가는 방법으로 파괴된 마을 안에 도착할 수 있었다.

그 마을은 완전히 파괴되어 있었다. 모든 곳에서 마음을 찢게 만드는 광경들을 볼 수 있었다. 그들이 무엇을 했기에 이처럼 잔인한 심판이 그들에게 닥친 것일까? 그들은 왜 갑자기 고아가 되어야 하는가? 분명 무언가 잘못되었다.

"제암리 학살 만행 보고서"

하지만 어느 국가에서도 일제의 이러한 만행에 대하여 외교적 조치를 진지하게 취하지 않았고, 일본은 오히려 이 배후에 선교사들이 있다고 판단하여 그들을 조사하고 체포하였다.

제암리와 수촌리를 방문한 후 수원에서 서울로 오는 기차 안에서 스코필드는 허기를 채우기 위해 식당칸을 찾았다. 그곳에는 호위 경찰을 대동한 노신사가 있었는데, 그는 바로 매국의 원흉인 이완용이었다. 스코필드는 먼저 자신을 소개하며 이완용에게 인사를 했는데, 이완용은 뜻밖에도 "내가 예수를 믿으려면 어떻게 하면 되오?"라고 질문을 하였다. 그러자 스코필드는 "이천만 국민에게 사죄한 후에야 하나님을 믿을 수 있습니다."라고 대답하며 국가를 팔아넘긴 이완용의 잘못을 질책했다. 만 서른 살의 스코필드가 보여준 기개였다.

"가장 과격한 선동가", 독립운동 수감자들에게 고약까지 넣어주다

스코필드는 1919년 5월 11일 자 〈서울프레스〉The Seoul Press에 '서대문감옥'을 두고 '서대문요양소', 혹은 '서대문직업학교'라고 쓴 일본 측의 기사를 보고 분노를 참을 수 없어 그 다음 날 기고문을 작성해 일본의 야만적인 처우와 감방의 상황을 비판하였다. 이 때문에 스코필드는 역설적으로 서대문감옥을 방문하여 야만적 처우의 진실성을 확인하는 계기를 만들었다. 특히 그는 서대문 감옥에서 '여자 감방 8호실'을 심방하고 노순경, 유관순, 어윤희, 이애주 같은 여성 지도자들을

일제의 고문에 대한 스코필드의 기고글

만나 심한 고문과 야만적인 매질이 있었음을 확인하고 그들을 위로했다. 스코필드는 또한 하세가와長谷川好道 총독과 야마가타山縣伊三郎 정무총감을 찾아가 이에 강력하게 항의하기도 했다.

1919년 11월에는 '대한민국애국부인회' 사건이 일어나 회장 김마리아를 비롯한 여성들이 대구 감옥에 수감되었다. 이때에도 스코필드는 직접 그곳을 방문하여 성경 말씀을 전하고, 고문당한 이들에게 미국제 고약을 넣어주며 그들을 위로하였다. 감히 다른 선교사들이 따라올 수 없는 용맹스런 행동이었다. 일본에 의해 "가장 과격한 선동가"Arch Agitator로 낙인 찍힌 스코필드는 1920년 한국에서 강제로 출국을 당했다.

와파린을 발견한 세계적인 수의학자

스코필드는 캐나다로 귀국한 뒤에도 캐나다와 미국에 한국을 소개하며 독립운동을 적극적으로 후원했다. 심지어 이승만이 머물던 미국의 수도 워싱턴에 찾아가 자신의 3·1만세운동 견문록인 "꺼지지 않는 불꽃"The Unquenchable Fire을 출판하려 했지만, 재정적인 문제로 실패했다. 이 책은 스코필드가 3·1만세운동 때 직접 보고 느낀 것을 자세히 기록한 것으로, 민족운동가인 어윤희의 꺼지지 않는 열정에 감동을 받아 원고의 제목을 "끌 수 없는 불꽃"이라 지었다.

한편 스코필드는 모교인 토론토대학에 봉직하며 연구에 몰두해 세계적인 수의학자로 명성을 떨쳤다. 스코필드는 평생 140여 편이 넘는 논문과 저술을 발표하였다. 수의병리학, 수의세균학 관계 문헌 여러 곳에서 스코필드의 이름을 발견할 수 있고, 미국 수의학회에서 열두 번째로 '국제수의학회상'을 받는 영예를 차지하기도 했다. 특히 스코필드는 온타리오주 농장에서 자란 소의 질병의 원인을 입증하는데 큰 공헌을 했는데, 이 연구는 수의학을 넘어 의학 분야까지 영향을 끼쳤다. 그 연구 덕분에 수백만 명의 생명을 구할 수 있었으며, 그 결과 질병 치료에 요즘도 사용되는 중요한 약품인 와파린Warfarin이 만들어졌다.

한국의 현대사의 와중에 3·1만세운동 정신을 일깨우다

캐나다 토론토에서 세계적인 수의학자로 우뚝 선 스코필드는 은퇴한 후에도 한국을 잊을 수 없어 1958년 다시 한국을 찾았다. 그는 '스코필드 기금'을 마련해 많은 고아를 돌보았고, 어윤희가 세운 유린보육원을 비롯한 여러 고아원을 지원하였다. 또한, 영어 성경반을 만들어 학생들을 가르쳤는데, 이후 국무총리가 된 고학생 정운찬 어린이도 성경공부반에서 스코필드의 후원과 가르침을 받으며 신앙과 베풂의 삶을 배워나갔다.

3·1정신을 강조하는 스코필드의 기고글

이제 나이가 들었지만, 스코필드는 언론 활동을 통해 한국의 민주화 운동에 앞장섰고, 불의와 부패를 지적하고 정의를 추구하는 삶의 자세만은 여전히 지켜나갔다. 할아버지 스코필드는 이승만 정권의 부패와 독재를 신랄하게 비판했고 4·19혁명 속에서 1919년 3·1독립만세의 기개를 확인했다. 한국사회의 혼란과 부패 가운데 박정희의 쿠데타를 옹호했지만, 그가 민선 이양 약속을 어기자 호랑이 스코필드의 펜은 이내 무서워졌다.

여느 한국인보다 한국인의 기개와 정신을 더 사랑한 스코필드는 1970년 4월 12일 소천했으며, 외국인 최초로 한국 국립묘지에 안장되었다. 1960년 대한민국 문화훈장을, 1968년에는 건국공로훈장 독립장을 받았다.

서울학생들의 3·1만세운동과
병촌만세운동의 주역,
작은 거인 10대 소녀 **유관순** 1902-1920

나라에 바칠 목숨이
오직 하나밖에 없는 것만이
이 소녀의 유일한 슬픔입니다.

신앙의 집안에서 자라난 소녀

유관순

유관순은 1902년 12월 16일 충남 천안시 지령리(현 용두리)에서 유중권과 이소제의 5남매 중 둘째 딸로 태어났다. 할아버지와 작은아버지가 기독교를 받아들이면서 유관순의 온 집안은 신앙을 갖게 되었다. 선비 가문에 속해있던 아버지 유중권은 인근 지역에서 가장 먼저 개화사상을 받아들여 흥호학교를 세워 교육을 통한 구국운동에 깊은 관심을 나타냈다. 그러나 학교 부채와 이에 따른 고리대금업자들의 행패로 그 뜻을 이루지 못하자, 교육을 통한 계몽과 구국의 길이 기독교에 있음을 자각하고 감리교회에 입교하여 민중계몽운동을 지속하였다. 그리고 그에게 복음을 전했던 친척 유빈기와 조인원(소병옥 박사의 부친) 같은 향리들과 함께 1908년 지령리교회(현 매봉교회)를 세웠다. 계몽과 구국의 방법으로 기독교를 받아들인 유중권의 모습은 당대 여러 기독교 지도자들의 신앙수용 모습과도 비슷했다.

매봉교회

이화학당

교육과 교회를 귀하게 대하는 아버지의 태도는 어린 유관순에게도 깊은 영향을 미쳤다. 고향에서 보통학교인 공주 영명학교를 마친 유관순은 가사와 교회봉사를 하고있던 중 이 지역의 순회 선교사 앨리스 샤프Alice H. Sharp, 샤애리시의 소개와 이화학당 교장 룰루 프라이Lulu E. Frey, 부라이의 도움으로 이화학당 보통과 3학년에 편입해 2년을 수료한 뒤, 이어서 고등과 1학년에 진학했다.

10대 소녀의 작지만 큰 움직임

유관순은 어려서부터 의협심이 강하고 매사에 적극적이었다. 거기에 이화학당에서 만난 정동교회 손정도 목사와 이화학당의 박인덕 선생은 유관순에게 깊은 영향력을 끼쳤다. 유관순은 손정도를 통해 하나님 사랑이 곧 나라 사랑임을 배웠으며, 박인덕 선생을 통해서는 신앙의 힘을 나라 사랑의 실천으로 승화시킬 것을 배웠다.

3·1만세운동 사진

이처럼 이화학당에서 길러진 신앙심과 애국심은 유관순이 이화여자고등보통학교 2학년 초에 일어난 3·1만세운동 때 그 영향력을 발휘하였다.

1919년 3·1만세운동이 일어나자 유관순은 만 17세 소녀의 몸으로 독립만세운동에 적극적으로 참여하였다. 당장 '이문회' 학생들과 함께 이화학당 담을 넘어 탑골공원으로 달려가 시위에 참여했다. 이문회는 1907년 이화학당 내에 최초로 조직된 학생단체로 처음에는 교사인 이성회, 하란사가 도움을 주었다. 이문회는 매주 금요일 오후에 집회를 갖고 교과 시간에 배운 것을 실제로 운용하는 토론, 연설, 음악, 연극, 재담, 창작발표를 주로 했는데, 이러한 활동은 학생들의 자치능력이나 과외활동을 크게 진작시켰다. 또한, 사회 저명인사들을 초청해 시국 강연회를 열고 학생들의 애국, 애족 정신을 고취했다.

유관순은 3월 5일에도 서울지역 학생연합시위에 참석하여 경무총감부에 잡혀있다가 풀려나기도 했다. 걷잡을 수 없는 만세운동으로 3월 10일 총독부가 휴교령을 내리자 유관순은 3월 13일 고향으로 내려와 자신이 신앙생활을 했던 매봉교회 교인들과 함께 만세시위를 준비했다. 10대 학생으로는 상상할 수 없을 정도의 담력과 결단력을 지닌 작은 거인이었다.

천안에서는 시위 일자를 아우내 장날이 서는 4월 1일로 정하고, 유관순은 사촌 언니 유예도와 함께 고향 일대와 충청도 연기, 청주, 진천까지 머리에 수건을 쓰고 돌면서 동지들을 모으고 만세운동에 참여할 것을 독려했다. 그리고 3월 31일 유관순은 매봉산에 올라 기도를 드리고 봉화를 올렸다.

> 오오, 하나님이시여 이제 시간이 임박하였습니다.
> 원수 왜(倭)를 물리쳐 주시고 이 땅에 자유와 독립을 주소서.
> 내일 거사할 각 대표에게 더욱 용기와 힘을 주시고,
> 이 민족의 행복한 땅이 되게 하소서.
> 주여 같이 하시고, 이 소녀에게 용기와 힘을 주옵소서.
> 대한 독립만세, 대한 독립만세!

10대 소녀의 기도문이라고 보기 힘들 정도의 간절함이 묻어있는 기도였다. 만세운동이 예정된 4월 1일 당일에는 3천 명이 모여들어 병천만세운동을 진개했다.

아우내에 울려 퍼진 대한독립만세

충청도 천안 지역은 애국애족의 기운이 매우 강한 지역이었다. 실제로 이 지역에는 한말 애국의병이 장렬하게 싸운 전적지가 많이 있다. 3·1만세운동이 일어났을 때도 이 지역에서는 산발적인 만세 시위운동이 전개되었다.

특히 병천만세운동은 호서지방을 대표하는 3·1만세운동이자, 충청남도에서 가장 규모가 크고 격렬한 운동이었을 뿐만 아니라 전국적으로도 가장

격렬한 독립만세 시위운동의 하나였다.

병천만세운동은 오후 1시경 조인원이 군중 앞에서 독립선언서를 낭독하면서 절정에 달하였다. 간단한 독립선언식을 마친 군중은 대오를 형성하여 만세시위 행진에 나섰는데, 대오 맨 앞에는 큰 깃발을 든 조인원이 서고, 바로 뒤에 유중권, 김구응, 김상헌, 김교선, 조병호가 뒤를 따랐다. 이때 시위대는 일제 측 헌병대와 충돌을 일으켰으며, 헌병이 내리친 칼에 김상헌이 가슴을 찔린 것을 시작으로 많은 사상자가 발생하였다. 이에 군중들이 격분하여 시신을 떠메고 헌병주재소를 습격하는 일이 벌어지기도 하였다. 이 가운데 일부는 천안-병천간 전선을 절단하는 한편, 면사무소와 우편소를 점거하여 만세시위의 타당성을 천명하기도 하였다.

끝나지 않는 만세운동

10대 소녀 유관순은 병천만세운동의 주모자 가운데 한 사람으로 체포되어 천안 헌병부대 유치장에 10여일 동안 구금되었다가 공주법원 검사국으로 송치되었다. 유관순은 공주검사국에서 공주지역 만세시위운동으로 체포, 투옥된 오빠 유관옥을 만나기도 하였다. 유관순은 1차로 공주법원에서 5년 형을, 이어 항소를 통해 경성복심법원에서 3년 형을 받았고, 서대문형무소에 수감되었다.

당시 서대문형무소에는 독립운동에 참여한 우국지사들이 상당수 수감되어 있었다. 특히 여성 지도자들은 여성 수감자들을 위해 새로 만들어진 8호 감방에 갇혀 있었다. 유관순은 개성 북부교회 전도부인으로 개성 만세운동을 이끌어낸 민족지도자 어윤희와 그의 동료 여전도사 신관빈, 일본은 망하고 대

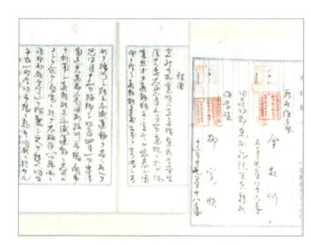

유관순의 서울복심법원 판결문

한은 당당한 독립국임을 외친 이순화, 유관순의 이화학당 스승인 박인덕, 고종의 아들 의친왕 이강의 상하이 탈출시도 사건인 일명 대동단 사건의 주모급 항일여투사인 이신애와 함께 수감생활을 하게 되었다.

유관순은 서대문형무소에서 어윤희, 박인덕과 함께 병천에서 다하지 못한 옥중 만세운동을 전개하였다. 옥중만세운동은 1920년 3월 1일, 3·1만세운동 1주년을 기념하여 더욱 뜨겁게 전개되었다. 여기에는 절도, 강도, 사기 등으로 수감되어 있던 이들까지 합세하여 서대문형무소 안에서 상당한 반향을 불러일으켰다.

박인덕·어윤희

옥중 만세운동에 참여한 많은 이들이 심한 고문을 당하였으며, 유관순 역시 모진 고문을 피할 수 없었다. 유관순과 함께 옥중 만세운동을 전개했던 이신애는 훗날 당시를 이렇게 회고했다.

몇 시간이 지났는지 놈들은 둘·셋씩 몰려와서 여자들의 머리끄덩이를 끌고 나가 왕모래 깔린 마당에 꿇어 앉히고 분풀이를 했으며, 오로지 유관순 열사만이 공매를 맞지 않고 끝까지 대들다가 의식을 잃고 말았다. 그 날부터 유관순 열사는 방광의 파열상을 냈으며 나는 유방이 파열되어 광목 흰 이불을 덮고 죽음을 기다렸던 것이다. 간호원이 옆에 지키고 앉아 있었으며 간호원이 없을 때 몰래 소식을 전해주려는 여자 죄수가 있었으니 그는 '감배후'라고 하였다. '감배후'는 유관순 열사를 지키고 있는 간호원이 하도 지독하여 그에 관해서는 아무것도 알아올 수가 없었다. 봄도 다 가고 달 수가 어찌 되었는지도 모르는 어느 날 유관순 열사의 방에선 널 뚜껑에 못 박는 소리가 들려왔으며 여러 감방에서 흐느껴 우는 소리가 구슬프게 들렸다.

당시 유관순은 이화학당 교사였던 박인덕 선생에게 보낸 옥중편지에서 자신의 결의를 다음과 같이 표현하였다.

> 선생님! 저는 나라를 위해 몸을 바칠 각오를 했습니다. 2천만 동포의 십 분의 일만 순국할 결심을 하면 독립은 반드시 이루어질 것입니다…….

순국의 꽃이 된 작은 거인

계속되는 유관순의 독립투쟁과 잔혹한 일제의 고문 끝에 유관순의 건강은 날로 악화되어 갔으며, 1920년 9월 28일 유관순은 감옥 안에서 순국했다.

유관순의 일차적인 사인은 일본 경찰의 모진 고문에 의한 방광파열이었다. 유관순의 사망소식을 들은 이화학당 학당장 프라이와 교사 알씨아 월터Althea J. Walter는 그녀의 시신을 수습하기 위해 일제에 공식적인 요청 절차를 밟았다. 처음에 시신 인도를 거부했던 일제는 외국 여론에 이 사실을 알리겠다는 프라이의 항의에 못 이겨 어쩔 수 없이 유관순의 시신을 인도하였다. 이때 유관순의 친척인 유빈기와 유중영 부자가 참관하였다.

이화학당 측은 10월 12일 그녀의 시신을 인수하여 14일 정동교회에서 담임목사 김종우의 주례로 정성껏 장례식을 치렀다. 유관순의 삶은 "순국자가 나라의 초석이 된다."는 사실을 가르쳐 주었다. 후일에 홍창석 목사는 유관순의 신앙에 대하여 이렇게 말을 했다.

> 유관순은 교회를 사랑하다가 교회를 위해서 그의 생애를 제물로 바쳤다. 유관순은 요람에서부터 무덤까지 교회를 떠나본 일이 없었다. 유관순은 교회에서 나서 교회에서 자랐고, 교회에서 배웠으며 만세운동을 하다가 죽어 교회가 그녀를 장사해 주었기 때문이다.

3·1만세운동 이후 일제의 폭압적인 식민통치가 계속되는 동안 유관순의 3·1만세운동은 세간에서 잊힌 채 세월이 흘러갔다. 그러나 해방을 맞이하면서 유관순을 가르쳤고, 서대문형무소에서 같이 수감생활을 했던 박인덕에 의해 유관순에 대한 사실이 알려지기 시작하였다.

유관순 열사기념관에 세워진 동상

그리고 이화학당을 중심으로 1947년 8월 '순국처녀 유관순 기념사업회'가 발족되어 유관순의 신앙과 민족 사랑을 기리게 되었다.

정부는 1962년에 유관순에게 건국훈장 국민장을 추서하였다.

캐나다 선교사 스코필드의
《꺼지지 않는 불꽃》의 여주인공,
고아와 민족을 사랑한 개성의 청상과부
어윤희 1881-1961

어떤 고난과 죽음이 닥쳐오더라도
독립정신 하나만은 잃지 말고
남북이 통일된 완전한 독립국가를 만들어야 합니다.

청상과부 기독교를 만나다

어윤희는 1881년 6월 20일 충북 충주군 소태면 덕은리 산골에서 어현중의 무남독녀로 태어났다. 어려서부터 아버지에게 한문을 배워 양반과 평민 간의 차별뿐만 아니라 남녀의 차이가 심했던 시대에 여인의 몸으로 《대학》까지 공부하였다. 그런데 어윤희는 12살의 어린 나이에 어머니를 여의는 슬픔을 당하였다. 그리고 1895

어윤희

년 15살의 나이에 결혼하였지만, 그녀의 남편은 당시 동학군이 되어 결혼한지 3일 만에 집을 나서서 이내 전사했다. 이후 어윤희는 시댁을 떠나 본가로 돌아와 아버지와 살던 중 1897년 아버지마저 세상을 떠나자 고향을 떠나 황해도 평산과 해주 등지를 떠돌다가 1909년 무렵에 개성에 정착하였다. 12살 때 어머니를 잃은 이후 참으로 처참한 삶의 연속이었다.

1909년 우연히 개성 북부교회 예배에 참석한 어윤희는 나중에 민족대표 33인에 속했던 정춘수 전도사의 설교를 듣고 감명을 받아 기독교에 입문하고, 같은 해 6월 미국 남감리회 포스터 갬블Foster K. Gamble 선교사에게 세례를 받았다. 갬블 선교사는 1908년에 내한하여 개성 북부교회 사역과 춘천지방 전도사업에 헌신하였던 남감리회 선교사로 어윤희에게 배움의 길을 열어준 장본인이었다.

"내 맘은 못 묶어 가리라," 여성들의 개성 3·1만세운동

어윤희는 갬블 선교사의 추천으로 1915년에 개성의 미리흠^{美理欽}여학교를 거쳐 1년 뒤인 1916년에 호수돈여숙을 졸업했는데, 이 학교는 이후 호수돈여자보통학교와 호수돈여자고등보통학교로 분리되었다. 어윤희는 졸업 후 전도부인이 되어 개성 동부교회에서 목회를 시작하였다. 1917년부터 토산지역에 파송되어 주로 농어촌, 산간지역의 교회를 순회하며 전도활동을 벌였다. 1919년에는 개성에 있는 여자성경학원 사감으로 임명되어 일하던 중 3·1만세운동을 겪게 되었다.

개성은 서울에서 멀지 않은 도시로 배일사상이 강한 지역이었다. 특히 개성의 3·1만세운동은 여성들이 주도적 역할을 하여 벌인 시위였다. 당시 민족대표 33인 중 한 사람인 오화영 목사는 개성지역 연락을 책임지고 2월 중순부터 적임자를 물색하며 아우 오은영과 실행계획을 세웠다. 시간이 촉박해지자, 1919년 2월 28일 개성에 급파된 오은영은 독립선언서 100매를 개성 북부교회 강조원 목사에게 전달하였다. 그러나 강조원은 소극적인 자세를 취했고 독립선언서를 배포할 용기도 없었고, 설상가상으로 이 일을 수행할 마땅한 인물을 찾을 수도 없었다.

이러한 사실을 알게 된 사람이 개성 호수돈여자고등보통학교 유치원 교사 권애라였다. 권애라는 어윤희와 함께 개성의 만세운동을 주동한 인물로 만세시위 과정에서 일제에 잡혀 경성지방법원에서 보안법 위반으로 9개월간의 옥고를 치렀다. 권애라는 학교 교정에서 신공량을 만나 독립선언서를 배부할 사람이 없음을 알고 어윤희에게 의논하였다. 사정을 들은 어윤희는 "그처럼 선언서를 배부할 사람이 없으면 자기는 독립선언에 찬성하므로 이를 배부하는 역할을 맡겠다."고 나섰다. 권애라는 어윤희라면 독립선언서 배포와 같은 중요한 일을 해낼 수 있다고 믿었고, 그 결과 어윤희를 통해서

3월 3일 오후 2시부터 개성의 만세시위운동이 비로소 개시될 수 있었다. 어윤희는 3월 1일 독립선언서를 받은 뒤 집집마다 돌렸고, 그 모습을 본 호수돈여고 교사와 상급생들이 그녀와 함께하였다.

어윤희는 3월 2일 예배를 마치고 귀가한 후 곧 체포되어 헌병대로 끌려가 심문을 받고 서울로 이송되었다. 어윤희는 자신을 연행하러 온 형사에게 "당신들이 내 몸을 묶어 갈망정 내 마음은 못 묶어 가리라."하며 순순히 따라나섰다. 경찰서에서의 고문과 악형은 상상을 초월했다. 검찰에서도 마찬가지였다.

그러나 어떤 고문과 악형도 어윤희의 기개를 꺾을 수는 없었다. 경성지방법원 검사국에서 "저 앙큼한 년 봐라. 다 아는 거짓말을 하는구나. 저년 발가벗겨라."하고 호통을 치는 검사에게 어윤희는 "내 몸에 누가 손을 대. 발가벗은 내 몸뚱이 보기가 그렇게 소원이거든 내 손으로 옷을 벗으리라." 하면서 옷을 훌훌 벗어 버렸다. 그러고 나서 어윤희는 소리를 질렀다. "자, 실컷 보시오. 당신 어머니도 나 같을 게고, 당신 부인도 나 같을 게고, 당신 누이도 나 같을 거요." 이에 오히려 당황한 검사가 똑바로 바라보지도 못하고 "어서 옷을 입혀 데리고 나가라."고 간수에게 명하였다.

서대문형무소 8호 감방

그 후 어윤희는 2년 징역형을 언도받고, 서대문형무소 그 유명한 8호 감방에 수감되었다.

감옥에서 만난 인연

불혹의 나이가 넘어 서대문형무소 8호 감방에 수감된 어윤희는 같은 방에서 이화학당 학생 10대 소녀 유관순을 만나 나이 어린 유관순을 돌보았다. 뿐만 아니라 비록 몸은 감옥에 수감되어 있었지만, 어윤희의 투쟁은 감옥 안에서도 계속되었다. 밥을 나르면서 일본인 간수의 앞잡이 노릇을 하던 한 죄수를 혼내주고 오히려 독립투사들의 비밀 연락원으로 전향시켰다. 그녀는 옥중에서 지속적으로 전도를 했을 뿐만 아니라, 1919년 12월 크리스마스 전날에 옥중 만세시위 투쟁을 전개했다. 특히 1920년 3월 1일, 3·1만세운동 1주년을 기념해 감행한 옥중 만세시위는 어윤희의 불굴의 의지를 증명하는 것들이었다.

스코필드

이렇듯 옥중에서도 투쟁하는 어윤희의 모습은 캐나다 출신 의료선교사 프랭크 스코필드에게 깊은 감명을 주었고, 이후 평생 스코필드와 의남매 관계를 맺게 되었다. 스코필드는 1916년 의료선교사로 아내와 함께 한국에 들어와 세브란스 의학전문학교 세균학 교수로 일했던 한국에 대한 남다른 애정을 가지고 있던 사람이었다. 고난과 역경 속에서도 꺼지지 않는 불꽃같은 삶을 산 어윤희의 모습에 감명을 받은 스코필드는 자신이 쓴 3·1만세운동 견문록의 제목을《꺼지지 않는 불꽃》The Unquenchable Fire이라 명명했다. 그러나 여러 가지 사정으로 스코필드가 떠나간 아직까지도 책은 출간되지 못하고 있다.

출옥 후에도 계속되는 민족운동

출옥 후 어윤희는 보다 조직적인 항일 민족운동을 전개하고자 했다. 교회 여성들을 조직화하여 이를 통한 민족계몽과 교육을 추진하였다. 어윤희는 1920년 12월 서울에서 개최된 제1회 남감리회 여선교대회에서 부회장으로 피선될 정도로 주요인사로 부상하였고, 이를 통해 전국 규모의 여성집회가 가능하게 되어 민중계몽과 해외 선교와 같은 다양한 사업을 추진하였다.

제1회 남감리회 여선교회(1920)

또한, 어윤희는 해외에서 자신의 집을 무장독립운동가들의 은신처 겸 연락처로 사용하게 하였다. 한번은 개성 경찰서 폭파를 목적으로 들어온 세 청년을 집에 숨겨주었다가 발각되어 경찰에 잡혀가 곤욕을 치르기도 하였다.

이 밖에도 어윤희는 1927년 5월에 조직되어 1931년에 해산된 항일여성운동 단체인 근우회 개성지회 총무를 맡아 활동했다. 근우회는 1927년 신간회가 조직된 직후 자매단체의 성격을 띠고 같은 해 5월 조직된 단체로 여성의 대동단결을 꾀하고 독립운동을 효율화하여 새로운 여성운동을 전개하려는 취지로 창립하였다.

뿐만 아니라 1920년대 여성교육운동의 확산 움직임에 따라 1920년 7월 15일 개성여자교육회를 창립했는데, 어윤희도 여기에 동참하였다. 그녀는 1929년에는 개성여자교육회의 회장을 맡아 개성지역 여성계몽운동에 일익을 담당하기도 하였다.

1931년 5월 신간회가 해체되자, 어윤희는 민족운동 일선에서 물러나 아동복지활동에 헌신하였다. 1937년 개성에 유린보육원을 설립하여 고아들을 돌보았으며, 해방 후 월남하여 서울 마포에 이를 재건해서 복지활동으로 남은 생을 보냈다. 이때 유린보육원을 위해 서대문감옥에서 인연을 맺은 스코필드 선교사의 도움을 받기도 하였다. 심지어 의남매를 맺은 어윤희의 유린보육원의 아이들을 위해 스코필드는 전 세계 지인들에게 편지를 써서 후원금을 받아 유린보육원에 보내주기도 했다.

유린보육원 어린이들과 어윤희

민족을 사랑했던 당찬 과부 어윤희는 1961년 11월 18일 유린보육원에서 별세하였다. 정부는 어윤희의 공훈을 기려서 1995년 건국훈장 애족장을 추서하였다.

두팔이 잘리더라도 붉은 피로
대한민국에 음조陰助하기를 소원한
군산의 **문용기** 1878-1919

남전교회를 일으킨 군산의 예수 바람

전라도의 기독교 선교는 윌리엄 레이놀즈William D. Reynolds, 이눌서, 윌리엄 전킨 William M. Junckin, 전위렴을 비롯한 미국 남장로회의 7인 선발대가 1892년 한국 땅을 밟으며 본격적으로 시작되었다. 남장로회 소속 선교사들은 초기에 군산과 전주를 중심 사역지로 삼아 의료, 교육, 전도활동을 펼쳐 나갔다. 의료선교사 애더머 드루Adamer D. Drew의 경우는 배 한 척을 구입해 금강과 만경강을 오르내리며 충청도와 전라도 북서부에 복음과 사랑의 씨를 뿌렸다.

문용기

전킨 선교사의 집

한반도의 하늘은 구름이 잔뜩 끼었지만 이제 막 생명의 복음이 들어오던 시대인 1878년 문용기는 군산과 전주 사이에 위치한 익산에서 출생했다. 20살이 되던 1897년에 익산지역 최초의 교회인 남전교회가 설립되었다. 익산에서 50리 떨어진 군산의 윌리엄 전킨 선교사의 집을 왕래하면서 복음을 수용한 7명의 익산 사람들이 이윤국의 집에 모여 1897년 10월 15일 남전교회를 시작한 것이다. 선교사들은 남전교회를 남차문교회라 불렀다. 이후 1899년 12명의 남전교회 성도들이 세례를 받았고,

남전교회

1901년 최초의 예배당을 세웠으며, 1910년 도남학교를 설립하고, 이후 미성학교라는 여학교를 세웠다. 문용기는 익산 최초의 교회 남전교회 출신으로 전킨이 1902년에 세운 군산 영명학교 교사로 활동하기도 했다.

4·4 솜리 만세운동

1899년 5월 군산항이 개항되고, 일본의 지배가 시작된 이래 '옥익구뜰'이라 불릴 정도로 비옥한 서해안 지역을 침탈하기 위해 일제의 관기관인 군청과 헌병분대, 우편소가 익산 솜리에 새로 자리잡으면서 솜리가 인근 지역의 중심 역할을 하게 되었다.

1919년 전국적인 3·1만세운동이 일어나자 군산에서는 박연세, 이두열을 비롯한 영명학교 교사와 학생들, 그리고 군산 구암교회 성도들이 3월 5일 일명 3·5만세운동을 일으켰고, 호남교통의 요지인 이리 지역에서도 3월 26일 이후로 격렬한 만세시위운동을 전개했다. 이에 일본의 보병중대가 주둔해 전주, 군산, 익산 방면으로 통행하는 자들을 일일이 검색하기 시작하자 만세운동을 또다시 계획하기가 어려웠다. 그러나 문용기는 박도현, 장경춘 같은 기독교계통의 인사들과 몰래 만나 이리 장날인 4월 4일에 다시 거사를 일으키기로 상의하고 계획을 수립하였다.

4·4 솜리 만세운동은 남전교회 관계자 150여 명이 치밀하게 주도한 만세운동으로, 심지어 남전교회가 설립한 도남학교 어린 학생들까지 참여했다. 이 운동은 많은 주민이 참여한 대규모의 성공적인 만세운동이었는데, 남전교회가 중심 터였다.

4월 4일 아침 하얀 한복으로 차려입은 교인들이 남전교회 안마당으로 속속 모여들었다. 교인들이 교회 가까이에 사는 마을 사람들에게도 만세운동에 동참할 것을 권해 많은 사람들이 호응해 교회로 모여들었다. 문용기는

150여 명의 사람에게 태극기와 독립선언서를 나눠 주었다. 여자들은 허리춤에 남자들은 바짓가랑이 속에 태극기를 넣어 대님으로 묶고 솜리 장터로 향했다.

정오가 되자 이리역 앞 광장에는 '대한 독립만세'라고 빨갛게 적힌 커다란 깃발이 높은 대나무 장대 위에 나부꼈다. 문용기를 비롯해 박영문, 장경춘, 박도현이 그 아래 섰다. 남전교인들과 도남학교 학생들은 장꾼들에게 태극기와 독립선언서를 나눠주었다. 이미 아침부터 장터 곳곳에서 도남학교 학생들이 장터를 돌아다니면서 정오에 있을 역 앞 만세운동에 동참할 것을 권해왔던 터였다. 역 앞에 운집한 시위군중은 금방 1천여 명을 넘어섰다.

마흔한 살의 애국 열사 문용기는 '대한독립선언서'를 낭독했다. 뒤를 이어 "대한 독립만세! 대한 독립만세!" 라는 우렁찬 함성이 솜리 장터를 흔들었고 손에 들린 태극기가 물결쳤다. 군중들의 외침에 삽시간에 1만여 명이 모여들었다. 결코 적지 않은 인원이 민족의 독립과 자유를 갈구하며 모여든 것이다.

시위대는 일제의 본거지인 대교농장 앞으로 달려갔다. 놀란 일본군은 군중들을 향해 실탄을 사격하고 곤봉과 총검으로 닥치는 대로 폭력을 행사했다. 결국, 한국사람들의 희생도 적지 않게 발생했다.

4·4 만세운동으로 남전교회의 문용기, 박영문, 장경춘, 박도현이 희생을 당했고, 서공유, 이충규를 포함해 모두 6명이 순교를 당했다. 화성의 제암리교회나 천안 매봉교회에 결코 뒤지지 않는 민족 사랑의 만세운동이었다.

일제에 두 팔이 잘려 순국한 문용기

4·4 솜리 만세운동을 주도한 사람은 남전교회 부설 도남학교의 교사였던

문용기이다. 전북 익산 출신인 그는 이리 역 앞에서 개최된 군민대회에서 연설을 하고 만세시위에 나설 것을 역설했다. 예기치 못한 1만여 명에 이르는 대규모 만세시위가 시작되자 일본 경찰은 긴급하게 출동해 강압적인 방법으로 시위를 진압했다.

두려움과 잔혹함을 느낀 일본 경찰들은 오른손으로 태극기를 들고 만세를 부르던 문용기의 팔을 내리쳤다. 이에 전혀 굴하지 않고 문용기가 남은 왼손으로 태극기를 집어 들자 일본 경찰은 왼손마저 내리쳤다. 그러나 문용기는 마지막까지 "대한 독립만세"를 부르다 순국했다. "여러분, 여러분, 이 붉은 피로 우리 대한 독립에 음조陰助하겠소!" 신앙인 애국지사 문용기가 남긴 마지막 나라 사랑의 표현이었다.

그때로부터 한 달 여 전에 문용기의 순교와 꼭 닮은 사건이 광주에서도 일어났다. 1919년 3월 10일 광주에서 숭일학교 교사 최병준과 수피아여학교 교사 박애순이 만세운동을 주도했는데, 이때 수피아여학교 학생이던 윤형숙도 동교 학생들과 함께 시위대열에 참가해 군중의 선두에 서서 태극기를 높이 들고 독립만세를 부르며 행진을 했다. 그런데 일본 헌병대의 해산 명령에도 시위대가 해산하지 않자, 그들은 시위 군중을 무자비하게 탄압하면서 선두에 있던 윤형숙의 오른팔을 군도로 내리쳤다. 제암리에서 광주에 이르기까지 일제의 잔인성은 이처럼 여전했다. 오른팔이 잘린 윤형숙은 잠시 땅에 쓰러졌다가 꺾이지 않는 의지로 일어나 왼팔로 태극기를 집어 들고 독립만세를 더욱 크게 불렀다. 그녀는 중상을 당한 채 일경에 체포되어 1919년 4월 30일 광주지방법원에서 소위 보안법 위반으로 징역 4개월을 받고 옥고를 치렀다. 일본이 두려워한 것은 맹목적 굴복과 핏빛 죽음이 아니라, 죽음까지 불사한 애국지사들, 특히 기독교 신앙이라는

윤형숙과 그의 묘

당당한 토대와 신념을 가진 이들의 저항이었다.

문용기의 혈의

잔인한 일제는 문용기의 시신을 거두는 것마저 방해했다. 문용기의 부인 최정자는 야밤에 사람들과 그의 시신을 수습해 고향 뒷산 공동묘지에 안장하고, 남편의 피 묻은 한복 저고리와 두루마기를 개서 땅속 항아리에 오랫동안 보관했다. 그녀는 긴 세월이 지나고 1945년 해방이 되고서야 그 옷을 멍석 위에 펴 놓고 통곡할 수 있었다. 조국을 잃어버린 민초

문용기 혈의

들은 마음껏 울 수 있는 자유마저 오랫동안 감금당한 것이다. 지금은 그의 피 묻은 옷이 천안 독립기념관에 소장되어 있다.

1946년 전라북도 익산시 오산면에서 순국열사 문용기, 박영문, 장경춘 충혼비를 오산리 면사무소 뜰 안에 세웠다. 1949년에는 이승만 대통령이 순국선열비문을 친필로 하사하고, 이리 주민들이 세운 순국열사비가 만세 시위 현장인 솜리 장터에 세워졌다. 2015년 4월 4일에는 익산시 3·1독립운동 기념공원에서 문용기 열사 동상 제막식이 열렸다.

정부는 1977년 그에게 건국훈장 애국장을 수여했다. 그리고 한국기독교장로회는 2000년 9월 25일 순교라는 피의 반석 위에 세워진 남전교회를 역사유적지 제1호로 지정했다.

일제와 선교사들에 대하여
한국인의 자치를 강조한
대구 경북의 선각자 **이만집** 1876-1944

지금이야말로 한국이 독립할 시기인데 각자가
그 독립을 희망하고 부르짖는 것은 독립을 위해
당연한 일이므로 만세를 고창해야 합니다.

객사에서 만난 아담스를 통해 기독교를 만나다

1876년 경북 월성군에서 출생한 이만집은 이른 나이부터 각종 경서를 읽고 한학을 두루 섭렵한 후 경주에서 살고 있었다. 그즈음 이만집은 대구에서 처음으로 교인이 된 서자명 조사와 경주 지방을 순행하며 복음을 전하던 선교사 제임스 아담스James E. Adams를 만났다. 처음 본 서양 사람의 진귀한 모습에 호기심을 가진 이만집은 그들이 전하는 야소교耶蘇教에 대해 듣게 되었다.

이만집

당시 이만집은 25세의 청년이었고, 아담스는 33세였다. 유교의 영향을 받았던 이만집은 아담스가 소개하는 야소교에 대한 궁금증이 많았다. 그는 우선 '제사' 문제에 대한 질문을 했다.

> 조상에게 제사를 드리는 것은 인륜 가운데 대표적인 일이며, 인간의 기본적인 도리인데 야소교에서는 이를 금지한다고 하니 이런 일이 있을 수 있는가?

이런 이만집의 질문에 아담스는 다음과 같이 대답했다.

> 야소교에서는 부모에게 효도하라고 가르친다. 효도가 계명 중 제일 되는 것이다. 그러나 죽은 부모에게 하는 것이 아니라 살아계신 부모에게 산

제사를 드리는 것이다.

이만집이 다시 "부모 제사를 멀리하라는 야소교에서 인간의 도리는 무엇인가?"라고 묻자, 아담스는 "인간의 도리란 창조주 하나님을 섬기고 부모를 공경하며 아래로 형제와 이웃들과 우애를 하는 것이다."라고 대답하였다.

아담스

경주 어느 객사에서 만난 두 사람의 인연은 계속 이어졌다. 아담스는 이만집에게 성경을 주었고, 이만집은 밤늦도록 성경이라는 신기한 책을 읽은 후 다음 날 다시 아담스를 만나 야소교의 도(道)에 대해서 묻다가 결국 "예수 그리스도를 믿으면 영원한 생명을 얻는다."는 말에 호흡을 멈추었다. 그는 예수님을 믿기로 작정한 후 기독교 진리를 계속하여 연구하기로 결단했다.

계성학교 교사에서 남성정교회 목사로

계성학교 아담스관

대구·경북 지역은 미국 북장로교의 선교구역이었다. 1891년부터 부산에서 활동하던 윌리엄 베어드 William M. Baird, 배위량가 경남뿐만 아니라 대구, 상주, 안동, 의성, 영천, 경주를 순회하면서 복음을 전했다. 마침내 베어드는 1899년 5월 대구에 북장로회 선교지부를 개설하였고, 그 뒤를 이어 제임스 아담스 James E. Adams, 안의와, 우드브릿지 존슨 Woodbridge O. Johnson, 장인거, 헨리 브루엔 Henry M. Bruen, 부해리이 순차적으로 대구 선교지부에 합류했다. 존슨은 1899년 대구 선교지부에 현재의 동산의료원인 제중원을 설립하였고, 아담스는 1906년 계성학교를 설립해 선교활동을 확장해 갔다.

아담스는 경주에서 만나 전도한 한학에 능한 이만집을 계성학교 한문 선생으로 초빙했다. 이를 수락한 이만집은 계성학교 교사가 되었는데, 당시 계성학교의 첫 입학생은 27명이었다. 교장 아담스에 교사는 이만집 혼자였는데, 아담스는 여러 지방을 순회하며 전도를 하고 주일마다 설교를 해야 했으므로 학생들의 생활지도는 물론이고, 성경을 가르치는 것과 학교 행정은 모두 이만집의 몫이 되었다.

이만집은 계성학교 교사로 재직하면서 현재의 대구 제일교회인 대구 남성정교회에 출석하였고, 1909년 7월 34세에 장로가 되었다. 전도대회와 남녀 학생들을 위한 부흥회를 준비하면서 하나님의 교회를 위해서 일할 결심을 하고, 1912년에 선교사 헨리 브루엔의 조사로서 선교활동에 참여하였다. 그 해 이만집은 37세의 늦은 나이에 평양신학교에 입학해 공부하던 중, 1914년 12월 브루엔 선교사와 현재의 대구 남산교회인 대구 남산정교회를 설립하였다. 이만집은 1917년 6월 19일 제2회 경북노회에서 42세의 나이로 목사 안수를 받은 후 자신이 브루엔 선교사와 함께 설립한 남산정교회의 목사로 취임하여 사역하였다. 그 이듬해에는 남성정교회로 옮겨 사역하면서 1918년 9월엔 교남YMCA를 조직하고, 사무실을 남성정교회 내에 두어 대구·경북 지역 청년운동의 요람으로 만들었다.

교남YMCA는 대구 3·1독립만세운동, 물산장려운동, 기독교 농촌운동, 신간회 운동을 주도했고, 그 중심에는 목사 이만집이 있었다.

"지금이야말로 한국이 독립할 시기인데", 대구 만세운동

대구의 만세운동은 1919년 3월 8일 대구 서문 장날에 이루어졌다. 앞서 2월 중순 때마침 상하이에서 돌아온 김규식의 아내 김순애와 백남규는 이만집 목사와 백남채, 천도교 경북 교구장 홍주일과 함께 파리강화회의와 일본 유학생들의 2·8 독립선언에 대하여 논의하였다. 또한 2월 24일에는 33인 민족대표 중 한 사람인 이갑성이 이만집을 찾아와 대구 대표가 될 것을 권유하며 일본 정부에 보낼 독립청원서에 대구 대표로서 서명해 줄 것을 부탁하였다. 25일 서울로 돌아간

대구 만세운동이 일어난 서문시장

이갑성은 26일 세브란스의전 학생 김대진을 통해 재차 이만집의 결심을 촉구하였고, 3월 1일 서울에서 의거가 시작되자 세브란스 의전 학생 이용상으로 하여금 독립선언서 200매를 3월 4일 이만집에게 전달하게 하였다.

이만집은 조사 김태련과 논의하여 자신은 시위 권유를 책임지고, 김태련에게는 선언서를 등사하는 일을 맡겼다. 3월 8일 만세시위 장소를 서문밖 시장으로 정한 이만집은 당시 미국 북장로회 선교사들에 의해 세워진 계성학교와 신명여학교 소속 교사들을 독려하여 학생 동원을 주도하게 하였다.

3월 8일 오후 3시경, 수업을 마치고 시장으로 몰려온 학생들과 일반인 800여 명 앞에서 김태련이 독립선언문을 낭독하고 이어서 이만집이 다음과 같은 말로 연설을 마쳤다.

> 지금이야말로 한국이 독립할 시기인데 각자가 그 독립을 희망하고 부르짖는 것은 독립을 위해 당연한 일이므로 만세를 고창해야 합니다.

연설을 마친 이만집은 "대한 독립만세"를 선창하고 독립의 열망을 담은 깃발을 흔들며 시가행진을 주도했다. 학생들은 찬송가 384장 "내 주는 강한 성이요 방패와 병기되시니……"를 목이 터지라 부르며 따랐다.

시위대는 대구시 종로를 거쳐 달성군청까지 전진하며 조국의 독립을 외쳤지만, 기관총을 앞세운 일본 경찰이 출동하여 시위대를 구타하고 체포하였다. 이날 체포된 인원은 157명이나 되었고, 주동자 이만집은 징역 3년,

김태련은 징역 2년 6개월을 언도 받았다.

교회 자치운동

1920년대 초반 한국교회는 보편적으로 청년과 노장, 진보와 보수 사이에 갈등을 겪고 있었다. 이만집이 담임하였던 대구 남성정교회도 그러한 갈등 요인이 내재해 있었는데, 1921년 그가 출옥한 이후에 여러 문제가 불거졌다. 특별히 이만집은 계성학교 운영과 관련해 선교사들과 의견 대립이 발생하여 친 선교사측 회원과 신명여학교장을 맡고 있던 김의균을 권고 사직시켰다. 그런데 이것이 교회에 큰 충격을 주어 직원 일동이 이만집의 결정에 불만을 품고 사직을 결행해 버렸다.

청년과 진보 측에 호의를 갖고 있던 이만집은 계성학교 학생들의 동맹휴학사건이 터졌을 때 학교 운영권자인 선교사 측보다는 학생 측을 동정했다. 선교부가 종교교육을 우선하는 정책을 고수하면서 계성학교는 고등보통학교 인가를 받지 못했는데, 학교 측에서 민족교육을 시키던 교사를 내보내고 선교사들이 지지하는 평양 출신 교사들이 부임하자 학생들의 불만이 터져 나왔던 것이다. 계성학교를 상급학교 진학이 가능한 지정학교로 전환해달라는 학생들의 요구에 교장 해롤드 핸더슨Harold H. Henderson, 현거선은 학교설립은 "전도가 제일의 목적, 교육은 둘째"라고 거부하며 지정학교가 아닌 인정학교로 남고자 했다. 사실 지정학교가 되면 미션스쿨의 핵심사항인 종교교육을 할 수 없기 때문이었다.

그런데 이 문제가 결국은 남성정-남산정교회와 경북노회, 한국인과 선교사, 교회 안의 진보와 보수의 갈등으로 확대되었다. 선교사들이 장악하고 있던 경북노회는 이만집을 정직 처분하고 4명의 장로와 1명의 집사를 면직시키는 중징계를 내렸다. 이에 1923년 3월 18일 이만집은 남산정교회의 박영조 목사와 자신의 지지자들과 함께 예수교장로회 경북노회에서 탈퇴하고 자치를 선언하였다.

> 우리가 믿음으로 살려면 진리에 속하자. 교회는 신성한 것인데 불의의 구속을 어찌 당하리요, 금아^{今我} 대구교회는 저 권리를 지배하는 선교사의 정신 지배를 받는 경북노회를 탈퇴하고 자치를 선언함.

이렇게 시작된 자치교회는 대구·경북지역에서 상당한 호응을 받아 1928년에는 교회 수가 14개, 교인 수가 많게는 1,300명에 이르렀다. 〈동아일보〉에서도 이를 '조선적 기독교'로 소개했다.

교회 자치운동 신문기사

경북노회는 목사 이만집과 박영조를 노회 명단에서 제명하고 자치선언에 동참한 10명 또한 세례교인 명부에서 제명해 버렸다. 그리고 남성정교회에는 새로운 당회를 조직하였다. 나라는 주권을 잃고, 백성들은 지도자를 잃어버린 안타까운 시절에 일어난 사건이라 더욱 가슴 아픈 논쟁이었다.

사면에서 복권으로 이만집 재조명

노회에서 제명된 이만집은 그를 지지하던 800명의 성도와 함께 조선예수교 봉산교회를 설립하여 목회를 이어갔다. 그는 1934년까지 봉산교회에서 시무하다 금강산으로 올라가 수양관을 건립하고 그곳에서 신사참배의 강요를 피하여 숨어든 사람들을 보호하면서 함께 예배를 드리다가 1944년 7월 해방을 한 달 앞두고 69세의 나이로 소천했다.

42년간 대구에서 선교한 헨리 브루엔의 부인 클라라 브루엔^{Clara H. Bruen}은 브루엔 선교사의 선교보고서 및 편지 등을 모아 《한국에서의 40년》^{40 Years in}

Korea이란 책을 펴냈다. 그 책에 의하면 브루엔 선교사는 자치를 선언한 이만집 일파를 "자치파"the Independents로, 그리고 노회와 선교사를 지지한 사람들을 "충성파"the Loyalists로 칭하였다. 그리고 이만집의 자치운동을 "난폭하게 날뛰는 자치"Independence Run Amuck라 비판하며, 이만집을 "마치 자기를 반대하는 사람의 목을 치는 조선의 옛 관료들처럼 당회의 권력을 마음대로 행사하였다."라고 기술하였다. 그리고 "푸른 월계수는 넘어지게 되어 있다. 하나님은 그가 스스로 목을 매도록 허락함으로써 그를 심판할 것이다."라고 저주스런 평가를 했다. 어느 한 쪽을 편들기에는 너무나 암담한 한국사회와 교회의 현실이었지만 클라라 브루엔의 평가는 너무 과한 측면이 있다.

1932년 남성정교회 약사에서 담임목사 최재화는 자치운동을 마귀의 운동으로 정의하였으며, 경북노회사에서 자치교회 선언의 원인을 이만집 목사 개인이 노회에 소속된 학교의 권리와 당회장의 권한을 남용한 데서 비롯되었다고 기술했다. 그러나 경북노회는 이만집 목사를 제명한 지 82년만인 2005년 4월 12일 그를 복권시켰다. 이만집의 교회 자치운동을 자주적이고, 민족적인 신앙으로 재조명한 것이다.

이만집 목사와 교회 분쟁 신문기사

정부에서는 이만집의 3·1만세운동 공훈을 기리어 1999년에 건국훈장 애국장을 추서하였다.

"전라도 만세운동의 배후세력"
노병회^{勞兵會}로 독립운동을 벌인
군산의 **김인전** 1876-1923

이제 올 것이 왔구나. 일어나 일제를 몰아버자.

구원과 민족의 살길은 예수, 서천의 김규배와 김인전 부자

김인전은 1876년 10월 7일 충남 서천군에서 김규배의 장남으로 태어났다. 개화 지식인 김규배는 서울을 오가며 같은 고향 출신인 월남 이상재를 통해 기독교를 접하게 되었고, 한문성경을 읽고 숙고한 끝에 기독교를 받아들였다. 김규배는 1903년 친척들을 집에 불러 이렇게 말했다.

김인전

> 이제부터는 예수 그리스도를 믿어야 한다. 구원과 영생의 도리와 민족의 살길이 예수 그리스도 안에 있기 때문이다. 그동안 성현들의 경전을 살피고 연구하였으나 예수 안에서만 구원과 영생의 길이 있음을 깨닫게 되었다. 그래서 내가 먼저 예수를 믿기로 결심을 하였고, 오늘부터는 우리 온 가문에서 기독교의 성경 말씀의 가르침을 따라서 예수 믿기를 권면하니 따라 주기를 바란다.

김규배는 수원군수를 제수받아 임지로 가던 중 "나라의 의가 바로 서지 못하고 국정이 혼란케 되니 군수직임을 받지 말라."는 음성을 듣고, 이후부터 관직에 나서지 않고 오직 학문연구와 전도, 민족운동에 헌신하였다. 그는 자신의 고향인 서천 한산면에 다리목교회를 직접 설립하였고, 1910년 전라대리회 서기로, 1912년 전라노회 부서기에 선출되어 전라도 지역의 교회를 섬기는 데 앞장섰다. 또한, 이상재와 함께 황성기독청년회의 계몽운동에 참여하는 한편 교회와 사회활동에 뜻을 두고 서울로 올라가 서울 새문안교회를 다니며 경신학교의 한문 교사로 후진들을 교육시켰다.

그런데 1914년 10월 초 추석을 앞두고 가족들과 명절을 보내려 고향으로 오는 도중 심한 복통을 느꼈다. 급성맹장염이었다. 힘겹게 군산까지 와서 구암동 기독병원에 입원했는데, 끝내 회복하지 못하고 별세했다. 한창 일할 나이 48세였다.

한영학교 설립과 교육계몽운동

개화 지식인이었던 아버지 김규배의 영향을 받아 김인전은 나이 서른이 넘은 1906년 11월 자기 재산을 내놓고 충남 서천군 화양면에 중등과정인 한영학교를 설립해 교육계몽운동에 본격적으로 뛰어들었다. 김인전은 일제에 빼앗긴 국권을 회복하는 길이 민족의 실력을 키우는 데 있음을 깨닫고, 학생들에게 신학문을 교육하고 민족의식을 고취시켰다. 1919년 서천 일대의 3·1만세운동의 지도자 상당수가 한영학교 출신이었다는 점은 우연이 아니었다. 한영학교 출신인 성낙철은 김인전과 함께 군자금을 모아 상하이의 임시정부에 전달하는 역할을 하였고, 장로교회 합동 측 총회장을 역임한 이수현은 한영학교 졸업 후 신흥무관학교에 입학하여 독립운동에 헌신하였다. 한국전쟁 당시 전남 소록도에서 시무하였던 김정복 목사, 전남 영광의 염산교회에서 시무하였던 김방호 목사도 모두 한영학교의 인재들이었다.

1910년 강압적인 한일병탄이 이루어져 나라가 망하자 30대 중반에 이른 김인전은 한영학교 운영을 작은아버지에게 맡기고 자신은 평양신학교에 입학했다.

"일어나 일제를 몰아내자.", 군산과 전주의 3·1만세운동 지도자

김인전은 평양신학교에서 공부하는 중 방학을 이용해 전북 군산의 영명학교의 임시 교사로 학생들에게 민족교육을 실시하고 산속에 위치한 교회들을 순회하면서 애국심을 고취하였다. 김인전의 지도를 받은 영명학교 교사와 학생들은 이후 1919년 3월 5일 군산 만세운동의 주축이 되어 활동하였다.

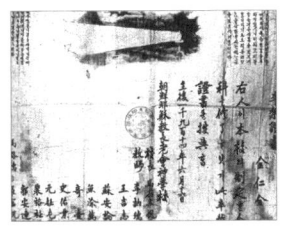

김인전의 평양 장로회 신학교 졸업장 (1914)

1914년 평양신학교를 졸업하자마자 전주 서문외교회 목사로 활동하며 남감리회 선교사들이 세운 신흥학교와 기전여학교의 초청을 받아 학생들에게 기독교 사상과 민족의식을 가르쳤다.

서문외교회(1925)

기전여학교 교사와 학생들이 송죽형제회松竹兄弟會라는 독립운동단체를 조직한 것도 김인전의 영향 때문이었다. 비밀결사 송죽형제회는 평양의 숭의여학교 출신 졸업생들이 주축이 된 최초의 여성단체로 주로 군자금을 모금하고 전달하는 일을 했으며, 남성 독립지사들의 연락망으로 활약하였다. 후에 조직이 확대됨에 따라 전국 각 지역에 지회를 두게 되었다. 이 단체에서 활동하던 박현숙이 졸업 후에 기전여학교 교사로 부임한 후 임영신, 오자현, 유현정과 같은 학생들을 모아 구국기도회를 열고 운동을 이어갔다.

1910년대 일제의 무단통치에 대항해 김인전이 북돋아온 독립운동의 역량은 3·1만세운동을 통해 유감없이 표출되었다. 먼저 기전여학교를 졸업하고 충남 천안에서 교사로 재직하고 있던 임영신이 함태영에게 독립선언서 200매를 전달받고 곧바로 김인전 목사에게 달려왔다. 이에 김인전은 "이제 올 것이 왔구나. 일어나 일제를 몰아내자."고 하며 전주의 만세운동을 진두

지휘하였다.

3월 13일 전주에서는 김인전의 지도로 신흥학교와 기전여학교의 학생 및 교사, 기독교인들이 천도교 측과 함께 사람들을 이끌고 항일독립의지를 불태우며 만세운동을 했다. 전주 시내에서는 3월 13일부터 5월까지 총 21회의 만세시위가 일어났고, 만세시위에 참여한 인원이 5만여 명에 달하였는데, 그중 434명이 체포되었다. 이 때문에 김인전은 전라도 지방 만세시위운동의 배후 지도자로 지목되어 일본 경찰의 표적이 되었다. 국내 3·1만세운동의 진상을 세계에 알리고 독립운동을 지속하기 위해 김인전은 중국 상하이로 망명해 대한민국임시정부에 참여하였다.

대한민국임시정부와 김인전

3·1만세운동이 실제적인 독립으로 이어지지 않고 끝이 나자 민족지도자들은 독립운동을 총괄하고 국제사회에 목소리를 낼 수 있는 정부의 필요를 느끼기 시작했다. 이러한 필요에 따라 상하이의 대한민국임시정부, 러시아 블라디보스토크의 대한국민의회, 서울의 한성정부와 같은 국내외에 7개 이상의 임시정부가 일시에 성립되었다. 각각의 정부는 각기 독특한 정강과 헌법을 선포하였지만, 민주주의 이념에 바탕을 둔 민주 공화제를 지향했다는 점에서 공통점을 가지고 있었다. 왕이 다스리는 나라가 아닌 백성이 주인인 나라를 모두가 꿈꾼 것이다. 그리고 마침내 1919년 9월 11일 기존 임시정부를 이어 단일통합정부인 대한민국임시정부가 상하이에 수립되어 1910년 나라를 빼앗긴 후 10여 년 만에 한국인들의 국민국가가 성립되었다. 대한민국 기관지 〈독립신문〉은 대한민국임시정부를 다음과 같이 평가하였다.

한일병탄 이후 10여 년을 일제의 악법과 학정 하에 신음하던 우리 배달

민족이 애국의 끓는 피로 국치를 씻어 내고 애국지사의 머리로 우리나라의 역사를 이어가려고 독립을 선언하고 정부를 건립하였다. 국토는 아직 광복되지 못하였으나 민족정신은 이미 독립정부 아래에 집중된 지라. 하늘의 밝은 명령으로 성립된 신정부요 민족의 성충으로 출현된 최고의 기관이다.

중국 상하이로 망명한 김인전은 대한민국임시정부가 수립되자 임시정부의 의회에 해당하는 임시의정원에 전라도 대표로 참여하였고, 임시정부 재무부 비서국장을 담당하면서 공채를 발행해 독립운동 자금 조달에 힘썼다. 임시정부는 상하이에 거주하는 동포에게 인구세를 부과하고 국내외에서 군자금을 모아 독립운동 자금을 충당했지만, 예산이 부족하여 독립공채를 발행한 것이다. 공채의 본금은 나라가 독립한 뒤 5개년부터 30년 이내에 상환하기로 하고 금액을 1,000원, 500원, 100원 세 종류로 발행하였다.

김인전은 1921년 워싱턴의 태평양회의에서 외교 독립운동이 성과가 없이 끝나자 무장 독립투쟁의 필요성을 인식하고, 이듬해인 1922년 10월 1일 상하이에서 김구, 손정도와 함께 한국노병회韓國勞兵會 조직을 추진하고, 이사 겸 경리부원으로 선임되었다. 한국노병회는 국민 모두가 노동하며 군인이 되는 '노병일치'勞兵一致의 독립군 양성을 표방하였다. 조국 광복에

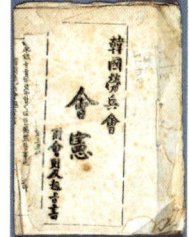

한국노병회 회헌

공헌하기 위해 향후 10년 이내에 1만 명 이상의 노병을 양성해 100만 원 이상의 전비를 조성할 것을 염두에 두었다. 한국노병회에서 중추적 역할을 담당한 김인전은 한국 청년들을 선발해 중국 군사교육기관에 유학시켜 독립군을 양성하고 군자금을 마련하기 위해 혼신의 노력을 다했다.

김인전은 이 밖에도 상하이 지역에서 유일하게 한인 교육을 담당하였던 인성학교에서 교과서 편찬을 추진하며 교사와 교장으로 학생들을 가르쳤

고, 임시정부 산하의 독립운동단체인 한중호조사韓中互助社에서 중국인들과의 교류를 통한 교민보호와 중국과의 독립운동 연합을 모색하였다.

임시의정원 의장과 국민대표회의

임시정부의 대통령으로 추대된 이승만은 한국을 국제연맹의 위임통치 아래 둘 것을 청원하는 독립청원서를 미국 정부에 제출하였는데, 이를 계기로 강경파와 갈등이 일어나자 하와이로 돌아갔다. 국무총리 이동휘도 레닌의 독립자금을 유용했다는 의혹을 받고 사퇴하여 임시정부의 기능이 약화되어 갔다. 한편 신채호를 비롯한 중국 동북 삼성의 독립운동단체들이 효과적인 독립전쟁 수행을 위해 베이징에서 군사통일촉성회를 결성하고, 대한민국임시정부의 개조와 해산을 요구하며 국민대표를 모아 새로운 정부를 수집하자고 주장했다. 이로써 임시정부를 독립운동의 최고 통솔기관으로 재편하기 위한 국민대표회의 소집 문제가 독립운동계의 초미의 관심거리로 등장하였다.

김인전의 장례식

1922년 임시정부가 국민대표회의 소집 문제로 혼란스러운 시기에 이동녕, 손정도, 홍진의 뒤를 이어 김인전이 임시의정원 의원으로 선출되었다. 그는 "우리는 임시정부를 나라의 정통으로 알고 고수하며 광복을 속히 달성해야 합니다."라고 하며 대한민국임시정부의 법통성을 고수해야 함을 역설하였다. 임시정부 내에서도 안창호와 여운형이 국민대표회의 소집을 요구하자 1922년 4월 14일 국민대표회의 소집 문제를 과감히 통과시키고 의정원의 기능을 국민대표회의에 넘겨 버렸다. 또한, 같은 해 7월 안창호, 김구를 비롯한 50여 명과 함께 임시정부 내부의 대립을 해결하기 위해 시사책진회를 조직하여 국민대표회의가 원만히 개최될 수 있도록 제반 여건을 조성하는데 힘썼다.

1923년 1월 2일 100여 개 단체의 각 대표 100여 명이 참석한 가운데 국민대표회의가 상하이 프랑스조계租界: 거류지에서 개최되었고, 김인전도 전라북도 대표로 대회에 참가하였다. 연일 계속된 회의에서 그는 각 지역 및 단체 대표들과 조국 광복의 새로운 방략을 모색하고, 독립운동세력을 통합하여 임시정부를 명실상부한 독립운동의 최고 기관으로 개편하기 위해 열띤 토론을 벌여나갔다.

　그러던 중 김인전은 심신의 피로가 겹쳐 5월 3일 마침내 쓰러지고 말았다. 김인전은 이후 상하이 동인병원에서 입원치료를 받다가 5월 12일, 48세의 나이로 순국했다. 국민대표회의 또한 임시정부 개조를 둘러싼 논의에서 합의를 보지 못하고 끝나고 말았다.

　김인전의 장례식은 5월 14일 임시정부 주관으로 거행되었고, 상하이 프랑스 조계내 외인묘지에 그의 유해가 안장되었다. 그 후 김인전의 유해는 중국 정부에서 이장하여 상하이 송경령능원 내에 안치했다가 1993년 8월 박은식, 신규식, 노백린, 안태국 선생과 함께 고국으로 모셔와 국립묘지에 안장되었다. 정부에서는 김인전의 공훈을 기리어 1980년 건국훈장 독립장을 추서하였다.

김인전 기념비

　2004년 3월 김인전선생 추모사업추진위원회에서 선생의 나라 사랑 정신을 후세에 계승해 발전시키고자 흉상을 건립하였다. 지금도 충남 서천군 화양면 와초리 51번지 김인전 선생의 생가터 뒤에는 옛 한영학교 터가 있다. 학교 터 뒤에는 김인전선생의 추모비가 서 있다.

평생 "내 소원은 대한의 독립이요"를 외친 통일 조국의 문지기
김구 1876-1949

나는 통일된 조국을 건설하려다가 38선을 베고 쓰러질지언정 일신에 구차한 안일을 취하여 단독정부를 세우는 데는 협력하지 아니하겠습니다.

불 같은 20대에 동학과 불교를 거쳐 기독교로

백범 김구는 '강화도조약'으로 조선이 개항을 시작한 1876년 황해도 해주에서 농부인 아버지 김순영과 어머니 곽낙원의 외아들로 출생하였다. 평민 출신으로 가문을 일으키고자 서당에서 한학을 배운 김구는 1894년 갑오개혁으로 과거제가 폐지되기 전에 과거시험에 응했으나 낙방하고 말았다. 아무리 출중한 실력을 갖췄다 한들 대필과 뇌물로 얼룩진 시험에서 합격할 리가 없었다.

김구

1894년 동학농민운동이 일어나기 한 해 전인 1893년 김구는 상놈 된 한을 품고 새로운 나라를 세운다는 동학의 평등주의에 이끌려 동학에 입도했다. 동학농민운동이 일어나자 팔봉접주八峰接主: 팔봉산 밑에 있는 동학 교단의 접의 책임자가 되어 700명의 동학농민군을 편성해 선봉대가 되어 황해도의 수도이자 자신의 고향인 해주를 공략했으나 관군에게 패했다. 썩어빠진 나라였지만, 조직이 가진 힘은 전문적으로 무장되지 못한 농민군에겐 아직은 강했다. 김구는 1895년에 남만주로 넘어가 김이언이 이끄는 의병단에 들어가 활동했으나, 강계성 전투에서 관군과 일본군에게 참패해 다시 고향으로 돌아왔다. 강렬한 의지가 있다고 해서 세상을 바꿀 수는 없었다.

20대에 접어든 김구는 1896년 황해도 안악군 치하포에서 한복을 입고 첩보활동을 하던 일본인 쓰치다土田讓亮가 명성황후 시해사건과 관련되었다고 확신하고 처단하였다. 그리고 "국모의 원수를 갚으려고 이 왜놈을 죽였노라. 해주 백운방 기동 김창수."라고 쓴 포고문을 길거리에 크게 써 붙였다. 이후 체포된 김구는 사형 판결을 받았지만, 고종의 특명으로 사형 직전에 집행 정지령이 내려져 생명을 건질 수 있었다.

김구는 1898년 감옥에서 도망 나와 전국을 방랑하다 공주 마곡사에 들어가 한때 중이 되었다. 그러나 1903년 28세의 나이에 세례를 받고 기독교에 입교하였다. 부패와 무능한 지도자들과 답답한 현실을 넘어선 대답을 찾고자 방황한 20대의 김구였다. 구한말 갈 길을 잃은 백성이 기독교에서 희망을 찾았던 것처럼 20대 후반 김구도 황해도 지역에서 전도와 신교육 운동을 전개하며 잃어버린 길을 찾아 나선 것이다.

불굴의 의지로 신민회 활동과 105인 사건에 참여하다

1905년 불평등조약인 을사늑약이 일제에 의해 강제로 체결되자 김구는 평안남도 진남포교회의 청년회 대표로 서울 상동교회에서 열린 전국대회에 참석하고, 전덕기와 이준이 주도한 을사늑약 반대 상소운동에 참여했다. 그러나 일제의 탄압으로 이 운동은 머지않아 해산되었다. 김구는 을사늑약에 항의해 자결한 민영환의 집에 들러 문상하고, 고향으로 돌아오는 길에 피 묻은 흰 명주 저고리를 입고 인력거에 실려 큰 소리로 울고 있는 이상설을 보았다. 1907년 헤이그 만국평화회의에 참석하는 이상설도 나라를 잃은 분에 못 이겨 자결을 시도하다 발견되어 의원으로 호송되는 중이었다.

망국의 한을 품고 고향인 해주로 돌아온 김구는 이후 교육운동에 힘썼고, 1907년 안창호와 전덕기를 중심으로 비밀결사 신민회가 결성되자 황해도 총감으로 선임되어 활동하였다. 1910년 국권이 침탈되자 신민회 간부들과 함께 양기탁의 집에 모여 중국 남만주에 독립을 위한 전초기지를 마련하기로 하고 기부금 모집의 책임을 맡아 동분서주하였다.

　1909년 안중근이 만주 하얼빈에서 이토 히로부미를 살해하고 난 직후 김구는 공모의 혐의를 받아 잠시 투옥되었으며, 1911년 일제가 안명근 검거를 계기로 황해도 일대의 민족주의자들을 모두 검거할 때에 또다시 체포되었다. 김구는 일제가 조작한 105인 사건과 연루되어 총 17년 형을 언도받았지만, 그 후 몇 차례의 감형으로 5년 후인 1915년에 출옥할 수 있었다. 불같은 열정으로 20대를 보낸 김구는 30대 인생도 독립운동과 체포와 투옥으로 험난한 시절을 보냈다.

임시정부 문지기로 시작해 임시정부 주석이 되어

　1919년 3·1만세운동이 일어나자 상하이로 망명한 김구는 내무총장 안창호에게 임시정부 문지기를 맡게 해 달라고 청원해 내무부 경무국장에 임명되었다. 남은 일생을 함께할 임시정부와 김구의 인연은 이렇게 시작되었다. 그는 국무총리 대리에 이어 1926년에 임시정부의 원수인 국무령에 취임하였고,

상해임시정부 청사(1919)

국무령제가 주석제로 바뀐 이후에는 1940년부터 해방이 되기까지 임시정부 최고 수반인 주석으로 임시정부를 이끌었다.

　김구는 임시정부에서 여러 단체를 만들어 독립운동을 전개했다. 1931년 만주사변을 기점으로 일제의 만주침략이 본격화되던 해에 김구는 한인애국단을 조직해 단장으로 취임했는데, 이 단체는 의열투쟁을 전개했던 대표적인 단체였다. 이듬해에 독립운동에 투신하기 위해 중국 상하이에 온 이봉창이 도쿄로 건너가 일본 황제를 저격하려 했으나 실패하여 33살의 나이에 일제에 의해 처형을 당했다.

　그 뒤 한인애국단원 윤봉길이 상하이 홍구공원에서 일본의 천황 생일을

경축하기 위한 기념식장에 폭탄을 던져 시라카와白川義則 대장을 즉사시켜서 일제의 간담을 서늘하게 하였다. 충청남도 예산 출신의 윤봉길은 3·1만세운동이 일어나자 식민지 교육을 거부하고 자퇴하여 농촌자활 운동을 펼치다가 조국을 위해 목숨을 바쳐 큰일을 해야겠다는 결심으로 1931년 상하이의 임시정부를 찾아와 김구를 만나고 거사를 계획한 것이다.

윤봉길의 의거는 전 세계 이목을 집중시켰는데, 특히 중국의 장제스蔣介石 총통은 "중국의 백만 대군도 못한 일을 일개 조선 청년이 해냈다."고 감격하면서 그동안 무관심하던 대한민국임시정부에 대한 전폭적인 지원을 약속했다. 이에 중국 육군중앙군관학교에 한인 특별반을 설치하고 한국의 독립운동을 적극적으로 지원하게 되었다. 김구는 중국 각지에서 약 100명의 한국 청년들을 모집해 이 군관학교에 입교시키고, 신흥무관학교 교관 출신으로 북로군정서에서 활동하였던 독립군 이청천과 이범석을 교관으로 세워 학생들을 중심으로 독립군 양성에 힘썼다.

윤봉길

한편 윤봉길의 의거는 한동안 침체에 빠져 있던 임시정부가 다시 독립운동의 구심체 역할을 하는 계기를 마련해 주었다. 그러나 일제에 붙잡힌 윤봉길 의사는 사형을 선고받고 1932년 25세의 나이로 짧은 생을 마감했다. 이처럼 이봉창과 윤봉길을 비롯한 수많은 사람이 한국의 독립과 자유를 위해 생명을 바쳤다.

김구는 한국독립당을 창단하는 등 임시정부 수반으로 정당간의 통합을 위해 노력했고, 1941년 독립운동 세력을 통일시키고 일제 패망 후의 국가 건설을 논의하기 위해 총 22개 항으로 구성된 '대한민국건국강령'을 발표하였다. 대한민국건국강령이란 개인·민족·국가 간의 균등과 정치·경제·교육의 균등을 실현하여 이상 사회를 건설한다는 조소앙의 삼균주의三均主義를 바탕으로 정치와 교육의 균등은 자유민주주의에 의거하고 경제적 균등을 위해서 사회민주주의적 요소를 포함하고 있었다.

한편 장제스 총통의 협조로 독립군을 양성하던 김구는 1940년 중국에서 활동하던 독립군을 모아 한국광복군을 창설하였고, 1941년 12월 태평양 전쟁이 일어나자 일본에 선전 포고를 하고 중국 각지에서 중국군과 협력해 일본군과 싸웠다. 한국 광복군은 미국 OSS^{Office of Strategic Services}의 특별 훈련을 받으며 국내 상륙 작전을 준비했으나 일본의 항복으로 실행하지는 못하였다.

광복군 창설의 주역 김구

"경찰서 열을 세우는 대신 예배당 하나를 세우려는 것입니다."

1945년 11월 23일 해방의 감격과 함께 김구와 임시정부 요인들이 귀국하였다. 11월 28일 정동교회에서 임시정부 요인과 미군환영회식이 거행되었는데 이 자리에서 김구는 "반석 위에 새 나라를 세우겠다."고 연설하였다.

> 나는 건국대업을 앞두고 두 가지 방침을 세웠습니다. 첫째로 건국建國이요, 둘째로 건교建敎입니다. 종교 교화한 나라는 어떠한 강국이라 할지라도 감히 손을 대지 못하는 것입니다. 그래서 경찰서 열을 세우는 대신 예배당 하나를 세우려는 것입니다. 여러분이 주신 오직 이 성경 말씀에 의지해서 삼천만 동포가 살아야만 할 것입니다. 우리는 대한이니 무엇이니 보다 먼저 모두 천국백성이 되어야 할 것입니다. 사랑하는 여러분들은 십자가의 정병들입니다. 이 땅의 천국을 건설하는 천국백성이 되어야 할 것입니다.

해방된 조국에서 김구가 꿈꾸었던 나라는 오직 완전히 독립된 국가요 높은 문화의 힘을 가진 민족국가였다.

> 네 소원이 무엇이냐 하고 하나님이 물으시면 나는 서슴지 않고, '내 소원은 대한 독립이오.' 하고 대답할 것입니다. 그다음 소원이 무엇이냐 하면 나는 또, '우리나라의 독립이오.' 할 것이요, 또 그다음 소원이 무엇이냐 하는 셋째 번 물음에도 나는 더욱 소리 높여서 '나의 소원은 우리나라 대한의 완전한 자주독립이오.' 하고 대답할 것입니다.
> 나는 우리나라가 세계에서 가장 아름다운 나라가 되기를 원합니다. 가장 부강한 나라가 되기를 원하는 것이 아닙니다. 우리의 부력富力은 우리의 생활을 풍족히 할 만하고 우리의 강력强力은 남의 침략을 막을 만하면 족합니다. 오직 한없이 가지고 싶은 것은 높은 문화의 힘입니다. 문화의 힘은 우리 자신을 행복하게 하고 나아가 남에게 행복을 주겠기 때문입니다. 인류가 현재 불행한 근본은 인의仁義가 부족하고 사랑이 부족한 때문입니다. 인류의 이 정신을 배양하는 것은 오직 문화입니다.

"38선을 베고 쓰러질지언정"

해방은 되었으나 미군과 소련군은 일본군을 해산한다는 명목으로 38선을 경계로 한반도에 진주하였다. 급기야 1945년 12월 모스크바 3상회의에서 한반도 신탁통치안이 결정되자 신탁통치를 둘러싼 좌우익 간의 대립이 격렬하게 진행되었고, 남북한에서 각각 단독정부 수립을 위한 움직임이 구체화되었다.

《백범일지》

"38선을 베고 쓰러질지언정 단독정부를 세울 수 없다."고 주장하던 김구는 남북분단이 고착화되던 1948년 4월 김규식과 함께 남북협상을 위해 평양에 건너가 분단을 막아보려 했으나 별 효과를 얻지 못하고 돌아왔다. 1948년 결국 남한과 북한에 각각 단독정부가 수립되었고, 이것은 돌이킬 수 없는 동족상잔의 씨앗이 되어버렸다.

김구는 1949년 6월 26일 경교장에서 하수인 안두희의 흉탄에 맞아 서거하였다. 안두희는 백범을 암살하여 종신형을 선고받았으나 감형되어 출옥한 뒤에는 은신 생활을 하다가 그 역시 1996년에 박기서에게 피살되었다.

김구의 장례식 행렬

분단 70주년, 김구의 목소리는 지금도 살아서 우리 귀에 들리는 듯하다. 정부에서는 김구의 공훈을 기리기 위하여 1962년에 건국훈장 대한민국장을 추서하였다.

> 마음속의 38선이 무너지고야 땅 위의 38선도 철폐될 수 있습니다. 현시現時에 있어서 나의 단일한 염원은 삼천만 동포와 손을 잡고 통일된 조국 독립의 달성을 위하여 공동 분투하는 것뿐입니다. 이 육신을 조국이 수요한다면 당장에라도 제단에 바치겠습니다. 나는 통일된 조국을 건설하려다가 3·8선을 베고 쓰러질지언정 일신에 구차한 안일을 취하여 단독정부를 세우는 데는 협력하지 아니하겠습니다.

〈신앙생활〉과 함께 '조선산'을 강조한 함경남도 회령의 애국지사
김인서 1894-1964

조선은 조선 사람의 조선이니 조선 사람이 통치하여야 하겠소. 보시오. 일본의 통치 아래 있는 우리에게는 모든 것을 빼앗기고 말았으니 무슨 행복이 있겠소? 우리는 우리의 행복스러운 생활을 위하여 독립을 요구하는 것이오.

이동휘의 설교로 신앙을 접하고 맥래에게 세례를 받아

김인서

유촌 김인서는 1894년 함경남도 정평에서 자작농의 아들로 출생하였다. 거기서 약 20여 킬로미터 떨어진 곳에 함경남도 도청 소재지자 관북지역 최대 도시 함흥이 자리했는데, 이곳이 바로 캐나다 선교사들의 중요한 선교 거점 중 하나였다.

함경도의 기독교 선교는 캐나다장로회의 파송을 받은 윌리엄 푸트William R. Foote, 로버트 그리어슨Robert G. Grierson, 던칸 맥래Duncan M. McRae 선교사가 1898년부터 시작했다. 원산을 중심으로 활동을 시작한 이들은 1900년 성진, 1903년 함흥, 1912년 회령에 각각 선교지부를 건설하고, 교회, 병원, 학교를 세워나갔다.

한국이 일본에 강제병탄 된 1910년, 김인서는 17세의 젊은 나이에 이동휘의 '죄값은 사망'이라는 주제의 설교를 듣고 신앙을 가졌다. 애국 운동가요 교육가인 이동휘는 함경남도 단천 출생으로 강화에서 교육과 민족운동

이동휘·맥래부부

을 전개하던 중 1908년부터 고향 함경도로 돌아와 전도와 교육운동을 진행하고 있었다. 이때 신앙을 받아들인 김인서는 1911년 캐나다 선교사 맥래에게 세례를 받았다.

김인서는 1914년에 경신학교를 졸업하고, 경신학교 기독학생회의 파

송을 받아 경기도 파주 문발리에서 개척전도사로 잠시 사역을 했다. 이후 1915년 함경북도 회령에 캐나다 선교부가 운영하는 보통학교 교사로 부임했다.

함경북도 회령에 울려 퍼진 만세운동

회령학교 교사로 가르치던 김인서는 1919년 3·1만세운동이 일어나자 학생들을 이끌고 시위에 참여했다. 회령의 만세운동은 간도와 연해주 교포들과 긴밀히 연결되어 일어났다. 시위의 낌새를 알아차린 일제는 3월 11일부터 회령농업학교와 회령보통학교에 휴교령을 내렸다. 학생들은 이에 굴하지 않고 격문을 인쇄해 야간에 배포했는데 19일부터 격문이 시내 도처에 살포되었다. 점차 '격문'檄文이란 이름도 '독립선언서'로 바뀌었다.

회령 최초요 가장 큰 규모의 만세 시위는 3월 25일 벌어졌다. 기독교인사들이 시위를 계획하고 실질적으로 준비를 책임졌다. 회령보통학교 졸업식이 있던 이날 아침 11시에 30여 명이 우편국 앞에 집합해 독립만세를 부르고 시가행진을 시작했다. 학

회령

교로 가던 학생들, 특히 휴교 조치로 아직도 울분을 가슴에 안고 있던 500여 학생들이 순식간에 시위대로 돌변했다. 보통학교 교사들, 학부형, 그리고 주민들도 이에 합류했다. 거의 1천여 명에 육박한 사람들은 교회 측이 미리 준비한 태극기를 나누어 들고 만세를 외쳤다. 놀란 군수, 군 직원들, 심지어 기마대가 출동하고야 시위대는 가까스로 해산되었다.

다음날 3월 26일 기독교인들과 보통학교 교사와 학생들은 헌병에게 잡혀간 사람들의 석방을 요구하며 다시 시위를 벌였다. 오전 10시에 회령보통학교 학생들이 교정에 모여 만세를 부르며 시위를 시작했다. 회령의 교

회 성도들, 신흥남학교, 보흥여학교 학생 40여 명이 태극기를 들고 시위에 합류해 시위대는 금세 500-600명 규모로 커졌다. 상인들도 일본에 항의표시로 시장 문을 닫았고, 헌병대가 출동해 지도자 12명을 현장에서 체포하고 시위대를 해산했다. 체포된 사람 12명은 모두 기독교인이었다.

회령지역 연통제 책임자, 조선산을 강조하다

3·1만세운동의 가장 큰 수확으로 1919년 4월 13일 상하이에 대한민국임시정부가 수립되었다. 그리고 국내 연락, 군자금 모집, 항일투쟁 격려를 위해 연통제聯通制라는 조직을 만들었다. 연통제는 군자금 기부금을 모집하고, 군사적인 일에 경험이 있는 자들을 조사해 정부에 알리고, 독립 시위운동을 조장하고, 관청이나 각 지역 군대 상황과 병기와 탄약에 관한 상황을 조사해 알려주고, 3·1만세운동 이후 피해들을 조사하는 데 주요 목적이 있었다.

김인서는 1919년 9월 초 서울의 명제세를 통해 연통제에 대한 내용을 담은 임시정부의 '목록견서'目錄見書 한 장을 우편으로 받아 들고 회령 이남식의 집에서 박원혁, 박관훈과 함께 모였다. 그들은 각 도에 감독부, 군에 통감부, 면에 사감부를 설치하는 방침을 논하고, 김인서 자신은 그해 11월에 임시정부 소속의 감독부 회령군부총감으로 임명되어 활동했다. 이때 강준규는 회령감독부 감독, 박원혁은 서기, 박관훈은 재무부원이 되었다. 김인서는 1920년 1월에 함북 회령군 참사參事가 되어 함경북도의 지식계급과 연대해 군자금을 모으고 조직을 확대하는데 매진했다.

그런데 김인서는 1920년 8월 10일 함경북도 연통제 사건의 주동자로 지목되어 47명과 함께 경찰에 체포되어, 8월 함흥지방법원 청진지청에서 공판을 받았다. 자신은 한일병탄 시기부터 조선독립을 생각했다고 당당하게 대답한 김인서는 말을 이어갔다.

> 조선은 조선 사람의 조선이니 조선 사람이 통치하여야 하겠소. 보시오. 일본의 통치 아래 있는 우리에게는 모든 것을 빼앗기고 말았으니 무슨 행복이 있겠소? 우리는 우리의 행복스러운 생활을 위하여 독립을 요구하는 것이오.

그러나 연통제 조직 주동자로 낙인 찍힌 김인서는 1921년 징역 4년형을 받고 청진, 서울 서대문, 함경에서 4년간 감옥 생활을 했다. 연통제의 배후를 공개적으로 진술할 경우 수백 명의 희생자가 생길 것을 예상한 그는 홀로 모든 책임을 감당하기로 했다. 5년형을 구형받고, 기나긴 재판과정을 마무리하면서 김인서는 다음과 같이 기도했다.

> 내가 죽을지언정 내 입으로 다른 사람이 희생되지 않게 거짓말을 하겠사오니 용서하여 주소서.
> 나의 형은 백 명의 형刑을 인수한 것이라고 생각되어 5년 형이 도리어 감사하였다.

감옥과 고향에서 들은 하늘의 음성, "가서 외쳐라!"

감옥생활을 시작한 청진에서 김인서는 절망과 고민으로 호흡이 막히는 병까지 겪었다. 그런데 놀랍게도 이때 십자가를 바라보라는 영음靈音, 즉 영적인 소리를 듣게 되었다. 이 영적인 소리가 독립운동가 김인서를 바꾸어버렸다. 그리고 출옥하면 복음전도에 힘쓰겠다고 하나님 앞에 약속했다.

1923년 4월 17일 함흥감옥에서 출옥한 김인서는 곧바로 고향 정평 인흥리로 갔다. 그런데 마을 전체가 군용지로 묶여 자신의 가산을 일제에 다 빼앗긴 것을 안 김인서는 고향 집에 배나무를 붙들고 석양을 뒤로하며 눈물을 흘렸다. 놀랍게도 이때 다시 하늘의 음성, 즉 영음을 듣게 되었다.

> 조선 사람이 그 죄를 회개하지 아니하면 삼천리 강산이 폐허가 되리라.
> 외쳐라! 가서 외쳐라! 네 백성이 그 죄에서 떠나지 아니하면 조선이 네
> 집과 같이 폐허가 된다고 조선 사람에게 가서 말하여라.

일제의 잔악성만 생각하고 있던 김인서에게 하늘의 섬뜩한 경고성 음성이었다. 종성에서 2년간 몸을 챙긴 후 그는 장례식을 치를 때나 입는 상복을 입고 고향 정평에 나타나 외치기 시작했다.

> 회개하라, 술 먹는 죄, 음란한 죄, 우상 섬기는 죄, 거짓말하는 죄를 회개
> 하라. 당파 짓고 싸우는 죄를 회개하라. 그렇지 않으면 여기도 내 집처럼
> 폐허가 된다.

심지어 십자가 기를 들고 평양의 모란봉에 올라가 외치기도 했다. 서글픈 민족의 현실에서 혹독한 20대를 보낸 김인서 자신과 민족에 대한 절규였는지 모른다.

> 조선 사람아 그 죄를 회개하라. 곁길로 가는 조선교회부터 회개하라.

개인이 만든 가장 오래된 잡지, 〈신앙생활〉

1926년 32세의 나이로 평양장로회신학교에 입학한 김인서는 문필활동에 두각을 나타냈다. 한국교회 최초의 신학박사 남궁혁의 권고로 〈신학지남〉 편집을 맡은 김인서는 윌리암 푸트 선교사의 추도문을 잡지에 싣기도 했다.

김인서는 나이 30에 들어 발견한 자신의 문학적인 재능을 〈신앙생활〉이란 잡지로 집대성했다. 이는 김인서의 평생의 업적인

〈신앙생활〉

데 매년 산에 들어가 기도로 글쓰기를 준비했다. 국판 40면 내외의 〈신앙생활〉은 월간지로 총 129권이 간행되었는데 한국 개신교 역사에서 개인잡지로는 가장 오래된 간행물이다. 〈신앙생활〉 창간호에 실린 "선언"에 김인서의 편집 방향과 원칙이 잘 드러나 있다.

> 그리스도의 내재를 체體하고 그리스도화化를 용用으로 하는 신앙생활의 반석은 우리 주 예수 그리스도이시니, 우리를 죄악과 사망과 사탄에서 구원하심을 복음이라 이르고, 이 신앙생활을 완성함은 그리스도로 말미암아 강림하신 성령의 위화爲化에 있나니 이를 영화榮華라 이르고, 신앙생활을 사람과 사람끼리 서로 실행함은 '너희가 서로 사랑하기를 내가 너희를 사랑하듯 하라' 하신 예수의 새 계명을 준행함에 있나니, 이를 인화人和라 일러, 복음신앙, 영화운동, 인화주의, 이 셋을 신앙생활의 삼대강령이라 하노라.
> 이 신앙생활의 삼대강령을 스스로 체험하고 이를 이웃에게 증거하여 왔다. 우리는 신앙생활의 철저를 기하기 위하여 형식주의를 초월하고 그리스도의 실체에 직속하여 생명의 약동에 진출하며, 신학적임보다 성령의 지시에 직접하며, 진리 자체를 내세우며, 번잡하고 자질구레한 이론을 버리고 십자가 아래에 정립하여 신앙의 사실에 출동할 것을 약속하노라.

〈신앙생활〉은 일반적으로 권두언, 기도문, 논설과 주석, 연구와 설교, 사기와 예화, 당시 상황을 반영하는 시보時報를 담았다. 김인서는 잡지를 통해 기존의 교권주의, 종파주의, 분열주의를 비판하고, 그리스도 중심의 일치된 교회론을 주장했다. 〈신앙생활〉은 동시에 민족복음화라는 사명과 함께 민족단합을 강조한 민족주의 교회론을 주장했다. 1941년 6월에 폐간을 당한 이 잡지는 1952년 부산에서 다시 속간해 1956년까지 발행되었다. 시간이 흘러 1973년에 정인영이 총 6권으로 묶어 〈김인서 저작 전집〉으로 다시 묶어 냈는데 이 간행물이 한국교회에 대한 김인서의 두드러진 공헌 중 하나였다.

1948년 월남한 김인서는 부산 북성교회를 섬기면서, 《주기철 목사의 순교사와 그 설교집》,《사도행전 강의》,《계시록 강의》,《한국목회 순교사와 그 설교집》,《한국교회는 왜 싸우는가》,《이승만 박사를 변호함》같은 저술을 남겼다. 김인서는 부산신학교에서 교편을 잡아 후진 양성에 주력하다가 1964년 4월 2일 그가 목회하던 부산 대성교회에서 하나님의 부르심을 받았다.

정부에서는 김인서의 공훈을 기리기 위하여 1977년 건국포장, 1990년에 건국훈장 애국장을 추서하였다.

철원애국단의 조종대 1873-1922

나는 조선의 독립을 언제나 희망하였소.

상동교회와의 인연

조종대

조종대는 1873년 1월 20일 강원도 철원군에서 5형제의 막내로 출생하였다. 어려서 한학을 수업한 후 서울에 올라가 한의학을 공부하고 한약종상을 경영하였다. 서울에 살던 친구 나병규의 권고로 상동교회 내 애국지사들이 모이는 모임에 참석하여 전덕기, 이상재, 남궁억과 교제를 하고 시대에 대한 인식을 깊게 하기 시작했다. 조종대는 전덕기 목사에게 감화를 받고 기독교에 입교한 후 신앙을 통한 구국운동을 결심하고 고향 철원으로 내려왔다.

철원 지역은 경기도 북부지역 매서인들의 전도로 교인이 생겨났고 1900년에 철원읍교회가 처음으로 설립되었다. 초기에는 장로회 선교사 아더 웰본 Arthur G. Welbon이 교회를 담당하다가 1907년 장로교와 감리교의 선교지 분할 때 남감리교 지역으로 편입되어 1909년 용정에서 활동하던 이화춘 전도사가 철원에 오게 되었다. 조종대는 이화춘 전도사와 함께 자신의 약방 마루방에서 예배를 드리며 철원지역 전도에 힘을 쏟는 한편 자신의 집에 각종 신문과 서적을 비치하고, 이승만, 서재필, 이상재, 남궁억, 전덕기에게 배운 사상을 전파하였다. 이 밖에도 그는 미신을 타파하고 과부의 재가를 권장하는 민중계몽과 인권운동을 전개하였고, 목수조합을 조직하여 근로자의 권익을 직접 보호하였다.

당시 철원교회의 모습

교육입국의 뜻을 갖고

그에게 영향을 준 전덕기와 남궁억과 같이 교육사업에 뜻을 둔 조종대는 신앙적인 애국 운동의 하나로 1908년 철원에 봉명의숙을 세워 교장으로 활동했다. 그리고 이듬해에 김철회와 함께 철원 근교에 배영학교를 설립하여 자신이 정동교회에서 배운 민족사상을 교수하였다. 학교 설립은 자신의 전 재산과 성의를 다 바친 사업으로 독지가 이아내, 교사 박병권의 도움을 크게 받았다. 배영학교는 이후 경영난으로 운영에 어려움을 겪자 철원읍교회가 인수하여 경영하다가 애국 사상을 고취한다는 이유로 일제로부터 폐쇄를 당하였다.

결국, 조종대는 가족을 이끌고 서울로 이주했다가 남감리회 선교사 윌라드 크램Willard G. Cram의 후원으로 매서인이 되어 황해도 금천 일대를 순회하며 전도사업에 힘썼다.

철원의 3·1만세운동

교육을 통한 민족의식 고취와 계몽을 강조하던 조종대는 3·1만세운동 당시 고향으로 돌아와 철원읍교회와 더불어 만세시위운동을 주도하며 철원읍 만세운동을 추진하는 데 큰 역할을 하였다. 그가 출석하던 철원읍교회는 담임목사 박연서를 중심으로 교회의 성도들과 청년들이

철원애국단 결성지였던 도피안사

만세운동에 적극 참여하였고, 조종대가 설립하였던 봉명의숙과 배영학교의 학생들 또한 만세운동의 주요한 역할을 감당하였다.

3월 10일부터 시작된 철원의 만세운동은 강원도에서 가장 먼저 일어난 만세운동이었다. 철원의 만세운동 열기는 원산으로 이어진 길을 따라 11, 12일에 금화와 회양으로 이어졌고, 23일에는 화천, 춘천, 홍천으로, 27일에는 횡성과 원주로 퍼져 나갔다.

일본에 대한 실질적인 저항방법을 찾아

조종대는 항일운동의 방법으로 조선인 관리들이 그 직에서 물러나 조선총독부의 운영에 지장을 초래하게 하는 계획을 세우고 '조선인 관리 퇴직동맹'을 추진했다. 그리고 이에 필요한 재정자금을 모집하던 중 1919년 8월 21일 배영학교 시절부터 알고 지내온 강대려로부터 대한독립애국단의 설치 사정을 접하고 이 단체에 가입하게 되었다.

대한독립애국단은 1919년 4월 신현구가 3·1만세운동의 열망을 지속적인 독립운동으로 이어가기 위해 조직한 전국 규모의 조직이었다. 그런데 대한독립애국단 활동을 강원도 지역에 접목시킨 인물이 연희전문학교의 김상덕이었다. 그는 대한독립애국단에 가입한 후 친지인 권인채의 권고를 받고 강원도에 애국단 지부를 설립하기 위해 파견되었다. 그리하여 8월 11일 철원군의 도피안사라는 절에서 김상덕, 이봉하, 박연서, 강대여, 김철회가 모여 애국단철원군단을 조직하고 군단장에 이봉하를 추대하였다. 3·1만세운동을 경험하면서 조직적인 독립운동의 필요를 절감했던 이들은 이러한 상황에서 대한민국임시정부를 지원하는 대한독립애국단의 소식을 접하고 철원군단을 결성했던 것이다.

이후 통신을 담당했던 박연서 목사가 서울에 올라가 신현구를 만나고 그의 권고에 따라 철원군단을 애국단강원도단으로 승격하고 본격적인 활동에 나섰다. 이 단체는 대한민국임시정부를 지원하는 단체로 임시정부의 선전과 자금의 조달과 함께 국내 조직망을 연결하는 임시정부의 연통부 역할을 수행하였다.

대한독립애국단의 지단 가운데 조직과 활동면에서 규모가 가장 크고 활발했던 것이 바로 강원도단이었다. 그리고 철원군단에 참가한 인사들은 대부분 철원읍교회 교인들로 철원에서 사립학교를 세우거나 교원으로 활동하며 항일의식으로 가득 차 있던 사람들이었다.

철원애국단이 조직된 이후에 합류한 조종대는 특별히 평소 강원도 전역의 기독교 인사들과 지면이 넓은 것을 활용하여 원주, 횡성, 강릉, 양양, 금화, 평창, 평해, 삼척 등지를 순회하며 동단의 조직확대를 위해 힘을 쏟았고, 그 결과 강원도에 강릉군단, 양양군단, 평창군단이 설치되는 성과를 거두었다.

"물론 희망하였소." 마지막까지 신앙적 옥중 투쟁을 벌이다가

하지만 결국 이 운동으로 인해 일본 경찰에게 체포된 조종대는 서울로 이송되어 5년의 실형을 선고받았다. 1921년 2월 28일 경성복심법원 제7호 법정에서 개시된 철원애국단 공판 내용이 〈동아일보〉에 게재되었는데, 조종대는 조선독립을 희망하느냐는 재판장의 질문에 목소리를 높여 "물론 희망하였소."라고 대답하여 재판장의 졸음을 깨웠다고 보도하고 있다.

재판 이후 조종대는 함흥으로 이감되어 옥고를 치르다가 1922년 7월 25일 옥사하였다. 그는 옥중에서도 주일에 노역하는 것을 거부하고, 연초생산 작업을 거부하는 신앙적인 투쟁을 벌였다. 옥사 당한 조종대의 시신을 김철회가 비밀리에 인수하여 안장했다. 그 같은 친구를 가졌다는 것이 조종대의 행복이었다. 김철회는 조종대와 함께 애국단에서 활동하다 체포되어 3년 형을 선고받고 복역한 인물로 만기 출옥하여 조종대의 시체를 비밀리에 인수하고 안장하였다가 다시 체포되어 모진 고문을 받았다.

조종대의 맏딸 조숙경은 1919년 만세운동 당시에 호수돈여자고등보통학교 재학생으로서 만세시위에 가담하여 크게 활약하여 옥고를 치르기도

했다.

  1963년 3월 1일 대한민국 정부는 조종대에게 건국훈장 독립장을 추서하였고 그의 유해를 국군묘지 독립유공자 묘지에 모셨다.

1. 신한청년당

창립목적

1918년 제1차 세계대전의 종식을 앞두고, 한국의 독립을 준비하기 위해 중국 상하이에서 여운형을 당수로 창립한 청년 항일독립운동 단체이다. 신한청년당의 창립목적은 다음과 같았다. "독립을 완성하고 독립을 회복한 다음에는 문화적 도덕적으로 민족을 개혁하여 신대한 민족을 만들며 학술과 산업을 일으켜 실력을 양성해서 대한민족의 신문화가 전 인류에게 위대한 행복을 주도록 한다."

여운형

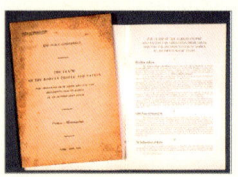
대한민국임시정부 명의로 파리강화회의에 제출한 독립요구서

활동

신한청년당은 일본에서 열린 2·8독립선언과 국내의 3·1만세운동, 이후 임시정부 수립에 많은 영향을 끼쳤다. 국내와 상하이 사이의 연락망이 된 이광수를 통해 당의 활동을 유학생들이 듣게 되면서 2·8독립운동에 촉진제 역할을 하였고, 당원을 국내뿐 아니라 만주와 연해주로 파견하여 전국적인 만세운동을 촉발하는 진원지 역할을 하였다. 한편 3·1만세운동을 전후로 각지로부터 유력한 인사들을 상하이로 불러들여 대한민국임시정부 수립의 모체가 된 독립임시사무소를 유지한 것이 바로 신한청년당이었다.

파리강화회의

1919년 제1차 세계대전 후 연합국을 비롯한 승전국들이 유럽 각국의 영토를 조정하고 전후 평화를 협의하기 위해 개최한 국제적인 회의이다. 여기서 미국 윌슨 대통령은 국제 문제를 해결할 원칙으로 14개 조항을 제시했는데, 그 핵심은 민족자결주의와 집단 안전보장이었다. 민족자결주의란 각 민족이 자기 나라의 정치적 운명을 스스로 결정할 권리를 가지며, 다른 민족의 간섭을 받을 수 없다는 주장이었다. 이 민족자결주의 원칙을 듣게 된 약소국가들과 한국의 독립운동가들은 자신들 스스로가 독립 의지를 보이면 국제 사회가 호응할 것이라 생각하여 이를 기회로 삼아 독립운동을 일으키고자 했다. 이에 신한청년당은 파리강화회의에 한국 대표로 김규식을 파견해 일제 식민지 통치의 실상을 폭로하고 한국의 독립을 호소하고자 했다. 그러나 열강들의 비협조로 한국 문제는 상정 자체가 되지 못했다.

파리강화회의에 참석한 김규식과 한국대표단

신한청년당 주요 인물		
이름	종교	출생지
장덕수	기독교	황해 재령
김구	기독교	황해 해주
서병호	기독교	황해 장연
김순애	기독교	황해 장연
손정도	기독교	평남 강서
도인권	기독교	평남 평양
한진교	기독교	평남 중화
김병조	기독교	평북 정주
이광수	기독교	평북 정주
이유필	기독교	평북 의주
송병조	기독교	평북 용천
선우혁	기독교	평북 정주
조상섭	기독교	평북 의주

신한청년당 주요 인물		
이름	종교	출생지
여운형	기독교	경기 양평
장붕	기독교	서울
김규식	기독교	경남 동래
김인전	기독교	충남 서천
안정근	가톨릭	황해 해주
김철		전남 함평
조동호		충북 옥천

2. 무오독립선언, 2·8독립선언

"육탄혈전으로 독립을 완성하자", 무오독립선언

대한독립선언이라 불리는 무오독립선언은 일본에서 열린 2·8독립선언, 국내의 3·1독립선언과 함께 3대 독립선언서 중 하나로 우리나라 최초의 독립선언서다.

1919년 2월 1일에 만주와 연해주, 중국과 미국에서 활동 중인 독립 운동가 39명의 이름으로 발표된 무오독립선언서는 〈대동단결선언〉에 기초해 조소앙이 작성했다.

다른 선언서와 달리 무오독립선언서는 우리나라가 타민족이 아닌 '우리 민족의 대한'으로 완전한 자주독립국이며 자립국임을 밝혔다. 또한, 사기와 강박과 무력폭행으로 이루어진 한일강제병탄은 무효라 선언하고, 독립운동의 방향을 "육탄혈전으로 독립을 완성한다."는 취지로 무력사용을 포함해 적극적 방법을 지지했다.

2·8 독립선언

조선청년독립선언이라고도 하는 2·8독립선언은 1919년 2월 8일 일본 도쿄에서 유학 중이던 조선의 남녀학생들이 조선의 독립을 요구하는 선언서와 결의문을 선포한 사건이다.

미국 대통령 윌슨의 민족자결주의에 자극을 받아 도쿄 조선기독교청년회관에 600여 명의 한국 유학생들이 모여 독립선언을 거행했다. 이광수의 기초로 작성된 2·8독립선언서를 백관수가 낭독하

2·8 독립선언을 이끌어낸 동경의 유학생

였다. 낭독 후에 만장일치로 가결하여 일본 의회에 청원서를 제출하려고 할 때 일본 경찰이 들이닥쳐 해산을 명하였다. 이때 60명의 학생이 검거되었고, 8명의 학생은 기소되었다.

2·8독립선언은 3·1만세운동 직전 일본 유학생들이 일본의 적지에서 독립을 선언하고 국내와의 연계를 도모했다는 것과 본격적인 국내 3·1만세운동의 시발점이 되었다는 점에서 중요한 의미를 지닌다.

3. 3·1만세운동

덕수궁 앞 만세운동

일제 강점기인 1919년 3월 1일, 한국인들이 일제의 억압적 식민지배에 저항하여 "만세!"를 외치며 한국의 독립을 선언한 사건이다.

민족대표들은 서울 종로 태화관에 모여 독립선언서를 낭독하였고, 서울 탑골공원에서는 학생들이 중심이 되어 독립선언서를 낭독한 후 일제히 "대한독립만세!"를 외치며 거리를 행진했다. 3월 1일에는 서울뿐만 아니라 평양을 비롯한 전국 10여 개 도시에서 독립선언식이 열렸다.

이틀 후인 3월 3일에 고종 황제의 장례식이 예정되어 있었기 때문에 상경한 20여 만의 지방인들이 만세운동에 동참하였고, 이후 고향으로 돌아가 독립의 소식을 전하며 만세운동은 전국적으로 급속히 확산되었다.

만세운동은 갈수록 커져 3월 10일경에는 소규모 도시와 농촌 지역을 포함한 전국적인 만세운동으로 확장되었다. 국내뿐만 아니라 서간도와 북간도, 블라디보스토크의 신한촌에도 태극기를 앞세우고 조선의 독립을 요구하는 만세운동이 도도하게 일어났다.

3·1만세운동과 기독교

당시 기독교인은 전체 인구 약 1,700만명 중 1.5%에 해당하는 30만 명에 불과했지만, 3·1만세운동에서 결정적인 역할을 감당했다. 33인의 민족대표 중 16인이 기독교인이었고, 1919년 6월 30일 체포자 약 9,000명 중 2,000여 명(22%)이 기독교인으로 조사되었다. 전국에 세워진 교회와 기독교 계열 학교 또한 각 지역의 만세운동을 주도하고 확산하는 데에 역할이 컸다.

흥인지문 앞 만세운동

일제의 진압과 제암리학살

대규모 만세운동이 일어나자 일제는 경찰과 군인을 동원하여 평화적인 시위대에 무자비한 폭력을 행사하며 잔인하고 잔혹한 방식으로 운동을 진압하였다.

제암리 학살사건은 일제의 잔혹한 보복 사건 중 하나였다. 1919년 4월 13일 일본군 제20사단 보병 제79연대 중위 아리타 중위는 삼괴지역 독립운동의 주요인이 제암리의 천도교인과 기독교인이라 확신하고, 4월 15일 오후 3시 제암리를 포위했다. 15세 이상 남자들을 교회에 소집한 후 사살하고 불을 질러 23명이 죽었고, 마을 가옥 33채 중 31채를 불태워버렸다. 프랭크 스코필드는 당시 제암리 교회와 희생자 가족의 모습을 사진과 기록으로 정리하여 미국과 캐나다를 비롯한 세계에 폭로하였다.

민족대표 독립선언

〈민족대표 33인 중 기독교인 16인〉

이름	교단	신분	출신지역	재판 결과
이승훈	장로교	장로교 장로	평북 정주	징역 3년형
이갑성		세브란스의전 부설병원 사무원 (장로교)	경북 대구	징역 2년 6개월형
양전백		장로교 목사	평북 선천	징역 2년형
이명룡		장로교 장로	평북 철산	징역 2년형
길선주		장로교 목사	평남 안주	무죄
유여대			평북 의주	징역 2년형
김병조			평북 정주	체포되지 않음
박희도	북감리회	중앙기독교청년회 간사 (북감리교)	황해 해주	징역 2년형
최성모		북감리교 목사	황해 해주	징역 2년형
이필주			서울	징역 2년형
김창준		북감리교 전도사	평남 강서	징역 2년 6개월형
박동완		기독교보사 서기 (북감리교)	경기 포천	징역 2년형
신홍식		북감리교 목사	충북 청주	징역 2년형
오화영	남감리회	남감리교 목사	황해 평산	징역 2년 6개월형
신석구		남감리교 목사	충북 청원	징역 2년형
정춘수		남감리교 목사	충북 청원	징역 1년 6개월형

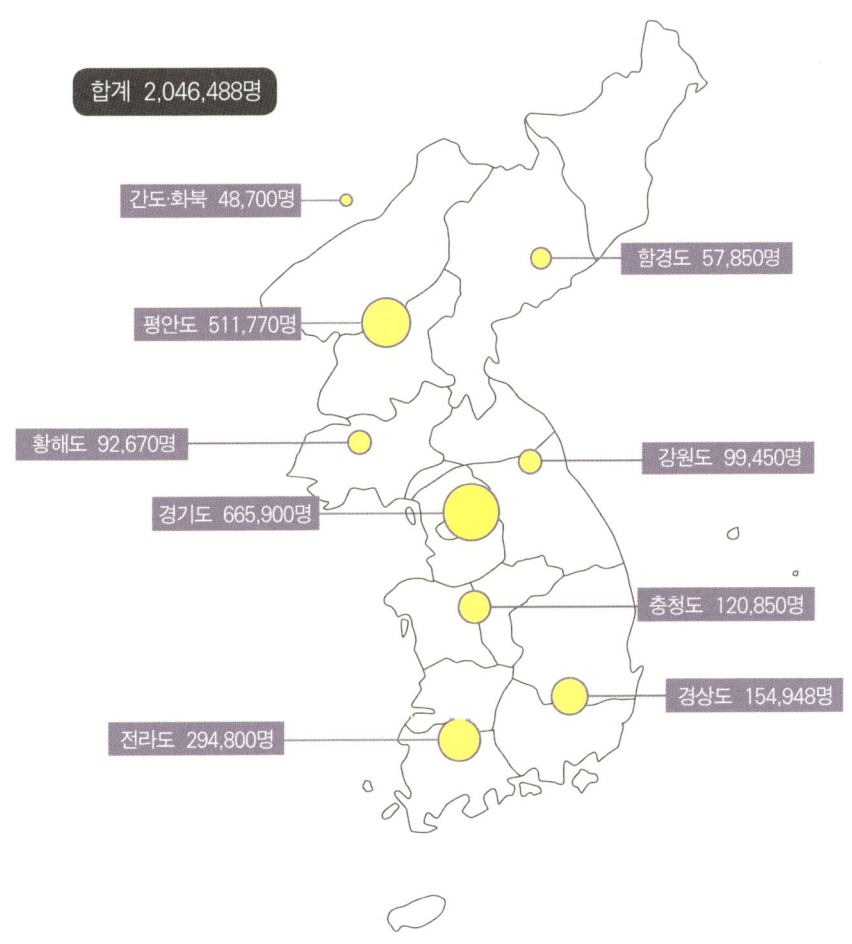

〈3·1만세운동 시기 시위가 일어난 지역〉

4. 임시정부-연통제

대한민국임시정부
◇ 임시정부 설립

1919년 3월 1일 서울에서 시작해 전국적으로 확대된 만세운동 이후 일제의 침탈과 식민통치를 거부하고, 독립운동을 체계적이고 조직적으로 진행하기 위해 정부수립의 필요성이 증대되었다. 그래서 임시정부가 여러 곳에서 세워졌는데, 예를 들어 1919년 4월 중국 상하이에서는 대한민국임시정부, 서울에서는 한성정부, 연해주에서는 대한민국의회가 조직되었다. 그러나 하나의 통합된 정부를 운영하는 것이 독립운동에 더 효과적이라고 판단하여 같은 해 9월 11일 각지에 설립된 여러 임시정부를 흡수 통합하여 상하이에 통합임시정부를 수립하였다.

〈대한민국 임시정부 중요 인물〉

김구   이승만   안창호   여운형

임시정부 주요활동
◇ 연통제

대한민국임시정부와 국내와의 비밀연락을 담당했던 임시정부의 조직이다. 임시정부는 해외독립운동의 상황을 국내에 전달하고, 국내에서 독립자금을 모집하기 위해 연통제를 설치하고, 당시 행정조직에 따라 각 도에 감독부, 각 군에 총감부, 각 면에 사감부를 설치하였다.

◇ 한국노병회

1922년 10월 1일 상하이에서 김인전, 김구, 여운형, 손정도가 조직한 독립운동 단체이다. 한국노병회는 국민 모두가 노동하며 군인이 되는 '노병일치'勞兵一致의 독립군 양성을 표방하였다. 조국 광복에 공헌하기 위해 향후 10년 이내에 1만 명 이상의 노병을 양성하고, 100만원 이상의 전비를 조성할 것을 목표로 활동하였다.

◇ 한인애국단

1931년 만주사변을 기점으로 일제의 만주침략이 본격화되던 해에 김구가 주요인물의 암살을 목적으로 설립한 항일단체이다.

1932년 한인애국단원 윤봉길이 상하이 홍구공원에서 일본의 천황 생일을 경축하기 위한 기념식장에 폭탄을 던져 시라카와(白川義則) 대장을 즉사시켰다. 윤봉길의 의거는 전 세계 이목을 집중시켰는데, 특히 이 사건으로 중국의 장제스 총통은 중국 육군중앙군관학교에 한인 특별반을 설치하고 한국의 독립운동을 적극적으로 지원하였다. 김구는 중국 각지에서 약 100명의 한국 청년들을 모집해 군관학교에 입교시키고, 독립군 양성에 힘썼다.

◇ 광복군

1940년 중국 충칭에 조직된 항일군대이다. 독립군을 양성하던 김구는 중국에서 활동하던 독립군을 모아 한국광복군을 창설하였고, 총사령관에 지청천, 참모장에 이범석이 취임했다. 1941년 12월 태평양 전쟁이 일어나자 일본에 선전 포고를 하고 중국 각지에서 중국군과 협력해 일본군과 싸웠다. 한국 광복군은 미국 OSS의 특별 훈련을 받으며 국내 상륙작전을 준비했으나 일본의 항복으로 실행하지 못하였다.

〈대한민국임시정부 역대 수반〉

대	이름	임기	대	이름	임기
1	이승만	1919년 4월 10일 ~ 9월 10일 (국무총리)	9	김구	1926년 12월 14일 ~ 1927년 3월
		1919년 9월 11일 ~ 1925년 3월 21일 (대통령)	10	김구	1927년 3월 ~ 1927년 8월
(권한대행)	이동녕	1924년 6월 16일 ~ 1924년 12월 11일	11	이동녕	1927년 8월 ~ 1930년 10월
(권한대행)	박은식	1924년 12월 11일 ~ 1925년 3월 24일	12	이동녕	1930년 10월 ~ 1933년 3월 5일
			13	송병조	1933년 3월 6일 ~ 1933년 6월 24일
2	박은식	1925년 3월 24일 ~ 1925년 9월	14	송병조	1933년 6월 24일 ~ 1933년 10월
3	이상룡	1925년 9월 ~ 1926년 1월	15	이동녕	1933년 10월 ~ 1935년 10월
4	양기탁	1926년 1월 ~ 1926년 4월 29일	16	이동녕	1935년 10월 ~ 1939년 10월
5	이동녕	1926년 4월 29일 ~ 1926년 5월 3일	17	이동녕	1939년 10월 ~ 1940년 3월 13일
6	안창호	1926년 5월 3일 ~ 1926년 5월 16일	18	김구	1940년 3월 13일 ~ 1940년 10월 8일
7	이동녕	1926년 5월 16일 ~ 1926년 7월 7일	19	김구	1940년 10월 8일 ~ 1944년 4월 6일
8	홍진	1926년 7월 7일 ~ 1926년 12월 14일	20	김구	1944년 4월 6일 ~ 1947년 3월 3일

강우규
조신성
김상옥
조만식
배민수
이동휘
박차정
차미리사
하란사
남궁억
최흥종
김교신
김선두
이원영

3부

다양한 항일-구국운동으로
깊은 어둠의 골짜기를
힘겹게 걷던 시대

다양한 항일-구국운동으로 깊은 어둠의 골짜기를 힘겹게 걷던 시대

칠흑같이 어두운 밤에 새벽을 기대할 수 있을까?

1919년 3·1만세운동은 비폭력 만세운동이었지만, 일제의 폭압적 무단정치를 문화정치로 바꾸었고 대한민국임시정부를 태동한 역사적인 혁명이었다. 일제는 1920년대 잠시 신문과 잡지의 발행을 허락하고 한국인들의 다양한 활동들을 용인했다. 그러나 한국인들은 1931년 만주침략에서 급기야 진주만공격을 넘어서 해방의 직전까지 칠흑 같은 어둠의 시간을 보내야 했다. 남성들은 강제노동이나 징용으로 끌려가고, 여성들은 군위안부로 내몰리고, 소록도 주민들까지 식량공출과 심지어 생체실험의 위협 속에 하루하루 살아야 했다.

그 동안 민족과 교회를 이끌었던 지도자들이 하나둘씩 민초들의 곁을 떠난 것은 크나큰 비극이었다. 영원한 청년 이상재는 1927년에, 한국기독교의 거두 길선주는 1935년에, 겨레의 스승 안창호는 1938년에, 불심지로 성고문을 당하면서까지 무궁화 예수정신을 강조한 남궁억은 1939년에 한해 한해 하늘의 부름을 받았다. 해방을 몇 달 앞두고 일본에서 순국한 윤동주까지 줄을 이었다.

예전 젊은 날에 개화와 독립을 위해 애쓴 사람들도 하나둘씩 일본에 고개를 숙였다. 윤치호가 그랬고, 기독교인 대표로 독립선언서에 서명한 박희도와 정춘수가 그랬다. 끝까지 감리교와 한국기독교의 자존심을 지킨 같은 감리교 신석구는 "그 친구 그러면 안 되는데……"를 연발했지만, 시대는 애국지사들의 편을 들어주지 않았다. 어느덧 정춘수와 김활란을 비롯한 친일협력자들이 소중한 이 땅의 아들딸들을 일본 군대와 위안부로 내몰고, 교회를 팔아 일본군을 위해 비행기 헌금을 바쳤다.

암살, 농촌운동, 여성, 교육

중국과 남지나 해역을 지나 사이판과 심지어 진주만을 기습 공격한 일제가 이 작은 한반도에 눈곱만치의 자비를 베풀었겠는가? 한국인들은 예전에 비해 싸울 공간과 재력과 여건이 훨씬 더 줄어들었고, 일제의 폭압과 현실적인 생존을 이유로 협력하는 사람들이 늘어만 갔다.

그렇지만, 하나님이 바알에게 무릎을 꿇지 않는 7천 명을 여전히 남겨주신 것과 같이 독립과 해방을 기대하는 수많은 사람들이 국내외에 남아 있었다. 강우규는 노인의 몸으로 서울로 돌아와 새로 부임하는 총독 사이토를 향해 폭탄을 던졌고, 조신성은 여성의 몸으로 맹산호굴단을 조직해 총을 들었다. 가난한 집안 사정으로 공부를 하진 못했지만 나라를 사랑하는 마음만큼은 누구보다 컸던 김상옥은 종로경찰서에 폭탄을 던져 서울 시내 일본 경찰들을 바짝 긴장시켰다.

지금 당장 독립이 오지 않을 것이란 것을 느낀 지도자들은 국민을 계몽시켜 독립과 해방을 준비하는데 헌신했다. 신석구는 "독립을 거두려 함이 하니라 독립을 심으려" 했고, 남궁억은 모곡학교의 학생들에게 "독립 이후의 일을 계획하라."고 가르쳤다. 조만식과 배민수는 우리 국민의 80%를 차지하는 농촌을 계몽하는 일이 나라를 구하는 일이라 생각했으며, 차미리사와 하란사 등은 여성들이 계몽될 때 한국이 다시 일어설 것이라 믿었다. 남궁억이 그리 강조한 "교육입국, 종교구국", 즉 계몽과 각종 운동을 포함한 교육으로 나라를 세우고 기독교신앙으로 나라를 구한다는 신념이 이 시대 기독교지도자들

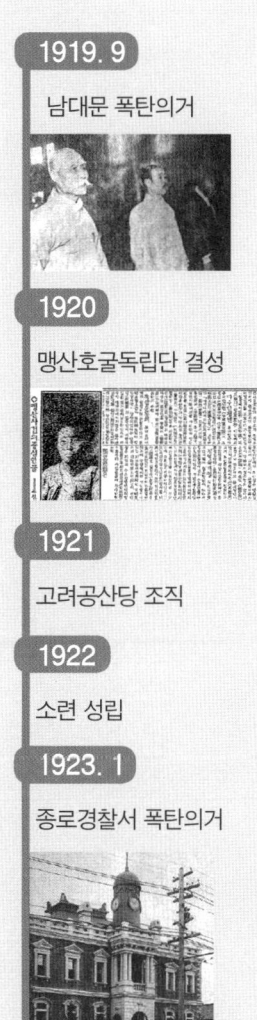

1919. 9
남대문 폭탄의거

1920
맹산호굴독립단 결성

1921
고려공산당 조직

1922
소련 성립

1923. 1
종로경찰서 폭탄의거

의 한결 같은 마음이었을 것이다.

'전통적 제도권' 기독교 뒷방으로 물러나고

1934년 일명 킹제임스 성경번역과 표준성경번역사건은 1884년 알렌 입국 이후 50년간 유지되던 한국기독교를 두동강냈다. 물론 사이사이 진보와 보수, 교단 간의 차이 때문에 논쟁과 싸움이 있기도 했지만, 초기 50년간 한국 개신교는 비교적 보수적인 단일 흐름을 형성해 왔다. 그런데 1920년대 문화통치 시대를 지내면서 신비주의적이고 보수화된 기독교와 진보적인 기독교 사이에 갈등과 분열의 골이 깊어져 1930년대 중반 보수와 진보로 더 깊이 나뉘게 되었다.

신학적 갈등의 골이 깊어지던 시대에 일제에 의한 신사참배 강요는 한국개신교를 선택의 막다른 구석으로 몰아넣었다. 감리교의 양주삼은 1936년 1월 29일 총독부에 신사참배에 응할 것을 천명했고, 1937년 윤치호, 박희도, 정춘수 등이 순회시국강연회에 나섰다. 장로회 역시 1938년 연초부터 노회 별로 신사참배결의에 나서고 전국 23개 노회 중 17개 노회가 신사참배 안을 통과시켰고, 그해 9월 대한예수교장로회 총회가 신사참배를 공식적으로 가결했다. 1939년에는 "국민정신 총동원 조선예수교장로회 연맹"을 만들고, 1943년 5월에는 "일본기독교장로교단"으로 자신들의 교단을 재편했다. 많은 교회에서 신사참배와 동방요배는 애국행위가 되었고, 심지어 성경을 지우고 일본노래에 맞추어 찬송가를 부르고, 교회 청년들을 독려해 징용을 보내고, 교회와 교회부지를 팔아 애국헌금을 내기도 했다.

주기철과 손양원 목사를 비롯한 소수의 기독교인들은 끝까지 신사참배를 반대하다 감옥에 갇혀 옥고를 치렀다. 1900년 전후 개혁과 독립을 외치던 작지만 강한 한국교회가 어디로 가 버렸는가를 사람들은 물을수 밖에 없었다. 독립선언서에 서명한 박희도와 정춘수, 한국개신교의 젊은 지도자 윤치호는 어쩌다 저리 변절했는가를 사람들은 질문했다. 이들은 "일제에 갖다 바친 '화인' 맞은 양심"의 본보기를 잘 보여주었다.

해방 한 달 전인 1945년 7월 19일 내로라 하는 한국의 기독교지도자들이 모여 자신들의 목숨과도 같은 교단을 스스로 해체시키고 일본기독교회에 굴종선언을 했다. 새벽, 동터옴을 기대하는 것은 정말 사치처럼 보인 시대를 뚜벅뚜벅 걷던 아골 골짜기였다.

우치무라 간조의 영향을 받은 김교신과 그의 친구들이 〈성서조선〉을 발간하며, 참된 '그리스도'^{Christ}와 '조선'^{Chosun}을 찾고자 한 것은 많은 사람의 반향을 얻었다. 나병 환자를 돌본 포사이드 선교사를 보고 충격을 받은 최흥종은 끝까지 변절하지 않고 자신만의 '오방'五放사상을 발전시켜 이세종과 함께 호남 영성의 태두가 되었다. 예나 지금이나 시대를 읽고 민초를 섬기지 않는 주류기독교, 정통 기독교는 의미가 없고 껍데기에 불과한지 모른다.

기독교지도자들은 스스로 교단을 해체해 일본에 바치고, 적지 않은 똑똑한 사람들은 일본에 협력하고, 시대의 영웅들은 감옥에 갇히거나 일찍 하늘의 부름을 받고, 어디를 둘러보아도 도움의 손길 하나 기대할 수 없던 수많은 민초들의 모습. 그 눈물겨운 상황을 보고 하나님이 벌떡 일어나서 아무것도 묻지 않고 우리 민족에 해방을 선물로 주시지 않았을까?

1925
조선공산당 조직

1926
6.10 만세운동

1929
광주학생운동

1931. 9
만주사변

1938. 9
대한예수교장로회 총회 신사참배 가결

남대문에서 신임 사이토총독에게
폭발물을 던진 **강우규** 1859-1920

단두대 위에 올라서니 오히려 봄바람이 감도는 구나.
몸은 있으나 나라가 없으니 어찌 감회가 없으리오.

기독교에 입교한 홍원 장사꾼

강우규

훗날 노인 혁명가로 이름을 떨친 강우규는 1859년 6월 2일 평안남도 덕천군의 가난한 농가에서 태어났다. 어린 시절 한문과 한의술을 배운 강우규는 고향에서 한의업에 종사하였다. 부모님을 일찍 여의고 누이의 집에서 어린 시절을 보낸 뒤 강우규는 20대 중반이던 1885년 멀리 함경남도 홍원군으로 이사했다. 이 지역에서 강우규는 이주 당시 가지고 온 돈으로 홍원의 중심가인 남문거리에서 물감, 면사, 포목을 파는 잡화상을 운영하였다.

강우규가 기독교에 입교하게 된 이유나 그에게 세례를 베푼 사람에 대해서는 확실히 알 수 없다. 그러나 홍원에서 장사하던 시절에 국권회복운동과 선교를 목적으로 함경도 지역을 방문한 이동휘를 만나게 되면서 영향을 받은 것으로 보인다. 이동휘는
이동휘
1908년 9월부터 1909년 5월까지 신민회 간부로 함경도의 모금위원이 되어 교육진흥과 학교 설립의 목적으로 함경도 일대를 순회하고 있었다. 강우규의 손녀 강영재는 이동휘가 홍원에 나타나면 온 마을이 들떠서 그를 접대하려고 하였으며, 자신의 집 역시 몇 차례나 이동휘를 모셔 음식을 대접했다고 회고했다.

홍원 잡화상의 장사꾼에서 기독교인이 된 강우규는 중국으로 망명해 한인 마을로 의료 행상을 다닐 때면 성경을 꼭 가지고 다녔다. 그리고 학교를 설립해 청년 교육에 힘쓸 때에도 기독교를 바탕으로 신식학문을 알리고자 했다.

청년교육의 기지, 길림성 신흥촌

1910년 국권을 일제에 빼앗긴 후에 큰아들 가족을 먼저 연해주 하바로브스크로 이주시킨 뒤, 1911년 강우규 자신은 어머니와 손녀를 데리고 북간도 터우다오거우頭道溝로 건너갔다. 그곳에서 한약방을 경영하며 지내다가, 1915년 떨어졌던 큰아들 가족과 하바로브스크에서 상봉하였다. 이후 1917년 북만주 길림성 요하현으로 이주하여 신흥동이란 마을을 개척하고 동네를 건설했다. 새롭게 흥한다는 뜻의 신흥新興동은 강우규의 가족이 이주할 당시 한인 가구는 단 세 가구밖에 되지 않은 아주 작은 마을이었지만, 인근 지역에서 정착하지 못하고 유랑하던 교포들을 모아 신흥동을 개척하자 한두 해 만에 백 여 가구의 한인들이 모여 살게 되었다. 북만주 동북지역에 있는 신흥동은 러시아 연해주와 인접해 있다는 지리적 이점으로 이후 러시아와 북만주에서 활동하는 독립군의 주요 기지가 되었다.

블라디보스토크의 한인들

신흥동이란 마을이 형성된 뒤 강우규는 본격적으로 조선인 청년들을 교육하기 시작했다. 그는 먼저 1917년 라오허현에 사립 광동학교를 설립해 자신이 교장이 되어 학생들과 주민들에게 기독교를 전하며 동시에 대한지리, 역사, 체조, 한문, 창가, 산술, 물리 같은 신식학문을 가르쳤다. 또한 그들에게 민족의식과 배일사상을 고취하기 위해 야만적인 일본의 침략주의가 저지른 잘못도 가르쳤다.

1919년 3월 1일 한반도 전역에서 일어난 만세운동의 소식을 접한 뒤에,

강우규는 300-400명의 한인 동포를 모아 직접 만세운동을 전개하였다. 그는 이미 60대에 접어든 노인이었지만, 머나먼 고국 땅을 향한 마음만큼은 청년들에 못지않았다.

블라디보스토크의 노인동맹단은 강우규가 유일하게 참여했던 독립운동 단체였다. 국내 3·1만세운동 직후인 1919년 3월 26일 블라디보스토크에 있는 김치보의 집에서 조직된 이 단체는 남녀 누구나 가입할 수 있었지만, 이름에 걸맞게 '46세 이상'이라는 나이 제한을 둔 단체였다. 강우규가 참여한 노인동맹단은 항일 투쟁 단체로서 독립운동을 위해 청년들을 지원하고 한국의 독립 의지를 해외에 알리는 외교활동에 역점을 두었다.

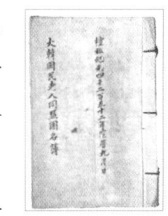
대한노인동맹단 명부

남대문 역에 새로 온 사이토를 향한 60대 노인의 폭발물 투척사건

1919년 3·1만세운동의 책임을 지고 하세가와 요시미치長谷川好道 총독이 물러난 직후, 사이토 마코토齋藤實 총독이 한국에 새로운 식민통치 책임자로 임명됐다. 사이토 총독 일행은 8월 29일 도쿄에서 출발해 9월 1일 부산항에 도착하여 마중 나온 인사들의 영접을 받았다. 부산에서 하루를 보낸 이들은 이튿날 서울로 출발하

사이토 총독

였는데, 9월 2일 오후 5시 총독을 태운 임시 특별열차가 남대문에 도착했다. 열차에서 내린 사이토 총독은 마중 나온 사람들과 인사를 나누고 남대문역 광장에 이르러 대기하고 있던 마차에 탑승했다.

그런데 마차가 출발한 그 때, 갑작스러운 폭발 소리와 함께 역 주변은 순식간에 아수라장이 되었다. 몇 사람들은 허벅지와 가슴에 중상을 입은 채 쓰러졌으며 모여있던 군중들은 흩어져 피신하기 시작했

〈매일신보〉에 실린 강우규 의거 기사(1919)

다양한 항일-구국운동으로 힘겹게 걷던 시대

다. 이 폭발물은 원래 사이토 총독을 겨냥했지만 마차 때문에 제대로 터지지 못하고, 신문기자, 경찰, 철도와 차량 관계자 37명에게 크고 작은 피해를 입혔다.

일제는 사건이 발생한 지 한 달 만에 가까스로 범인을 체포했는데, 그는 다름 아닌 백발의 노인 강우규였다. 일제는 노인인 그가 자신의 이름을 세상에 알리기 위해 거사를 결행했다고 둘러댔지만, 이것은 거짓 선전에 불과했다. 강우규는 자기 일에 대해 일본 제국주의뿐만 아니라 한국에서 식민통치를 책임지고 있는 자들도 사실은 "이웃을 사랑하라는 계명을 범한 자이며, 또는 남의 것을 탐내지 말라는 계명을 범한 자이며, 또는 민족자결주의를 멸시 위배하는 자이며, 세계 여론을 경멸이 하는 자"라고 혹평했다. 나아가 "어찌 그런 자를 용서할 수는 없는 것인고로 살해할 뜻을 둔 것이외다."라고 자신의 폭발물투척 동기를 공판 과정에서 거침없이 대답하였다.

재판받는 강우규의 모습

"하늘이 명령하는 바에 의지하여"

재판장이 강우규에게 "총독 하나를 죽이면 조선이 독립될 줄 알았냐."고 물었다. 이에 강우규는 "나는 오직 마음이 명령하는 바, 곧 하늘이 명령하는 바에 의지하여 나의 할 일을 할 뿐이다."라고 침착하게 대답했다. 사형이 확정된 후에도 강우규는 옥중에서 매일 성경책을 읽으며 아침저녁으로 담담하게 기도를 하면서, 자신의 목숨보다 한국의 청년의 교육을 걱정할 정도였다. 이런 강우규의 마음은 아들에게 남긴 유언에서도 절절히 느낄 수 있다.

내가 죽는다고 조금도 슬퍼하지 마라. 만일 네가 나 사형받는 것을 싫어하는 어리석은 사람이면 나의 자식이 아니다. 내가 평생에 세상에 대하여 너무 한 일이 없음이 도리어 부끄럽다. 내가 이때까지 우리 민족을 위하여 자나 깨나 잊지 못하는 것은 우리나라 청년의 교육이다. 내가 돌아다니면서 아무리 애를 쓴대야 내가 죽느니만 같지 못할 것 같다. 즉 내가 이번에 죽으면 내가 살아서 돌아다니면서 가르치는 것보다 나 죽는 것이 조선 청년의 가슴에 적으나마 무슨 이상한 느낌을 줄 것 같으면 그 느낌이 무엇보다도 귀중한 것이다. 이제 내가 이만큼 애쓰다가 죽는 것은 당연한 일이 아니냐. 조선 청년들의 가슴에 인상만 박힌다면 그만이다. 내가 죽을지라도 나의 가슴에 한되는 것은 나 죽은 후에 조선 청년들의 교육이다. 지금은 조선 사람들 중에 매우 사람 같은 사람이 많아서 청년의 교육을 소홀히 하지 않겠지만 그저 그래도 눈을 감고 앉았으면 쾌활하고 용감히 살라고 하는 13도에 널려있는 조선 청년들이 보고 싶다. 아, 보고 싶다 일러주소. 네가 과연 나의 자식이거든 이 유언을 13도에 널려 있는 학교와 교회에 통지하여 달라.

강우규는 1920년 11월 29일 마지막까지 기개를 굽히지 않고 다음과 같은 말을 남기고 서대문형무소에서 형장의 이슬로 사라졌다.

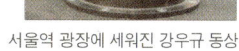

서울역 광장에 세워진 강우규 동상

단두대 위에 올라서니 오히려 봄바람이 감도는구나. 斷頭臺上 猶在春風
몸은 있으나 나라가 없으니 어찌 감회가 없으리오. 有身無國 豈無感想

정부에서는 강우규의 공훈을 기리어 1962년에 건국훈장 대한민국장을 추서하였다.

무력투쟁과 여성운동을 통해 나라의 독립을 꿈꾼 맹산독립단의 조신성 1874-1953

일하세 일하세 젊어서 일하세,
늙기 전에 빨리 일하세 하는 정신으로
우리 민족이 합심해 나아가야 우리 소원이 성취됩니다.

22살에 홀로된 의주의 한 여성, 하나님을 만나다

조신성

1874년 평북 의주에서 무남독녀로 태어난 조신성의 삶은 처음부터 고난의 연속이었다. 아버지는 조신성이 어머니 배 속에 있을 때 가출해 버렸고, 어머니마저 조신성이 9살 되던 해에 세상을 떠났다. 갈 곳이 없던 그녀는 고모와 함께 살다 16세에 결혼을 했지만 22세가 되도록 자녀가 생기지 않았고, 남편마저 사업으로 가산을 탕진하고 아편을 먹고 자살해 버렸다. 비극적인 영화 속에나 나올 이야기를 조신성은 젊어서 경험하였다.

그러나 조신성의 비극적인 삶에도 새로운 소망이 서서히 다가오고 있었다. 그녀가 태어나고 자란 의주지역에는 서양 선교사들이 한국에 들어오기 전부터 기독교 복음이 선해졌다. 1872년 스코틀랜드 연합장로회 소속 선교사 존 로스John Ross가 만주지역에서 활동하며 의주 출신 백홍준, 서상륜과 성경을 국문으로 번역하였고, 이들은 이후 고향 의주에 기독교를 전파하고 읍내에 예배처소를 마련하였다. 이후 1897년 북장로회 소속 선교사 윌리엄 베어드가 의주를 방문하면서 의주읍교회는 활기를 띠었다. 이때 어디에도 의지할 곳 없던 조신성이 기독교에 관심을 갖고, 의주읍교회를 찾아왔다. 당시 인간대접을 받지 못하던 과부요 여성이었지만 그녀는 교회를 통해 복음의 기쁜 소식을 듣고 여성 또한 하나님이 창조한 소중한 존재임을 배워나갔다. 조신성은 더 넓은 세상에 나가 교육을 받겠다고 결심하고 24세에 고향을 떠났다.

민족운동의 요람 상동으로

24살의 나이에 서울에 온 조신성은 친척 집에 머물면서 상동교회학교를 다녔는데, 어느 날 학교에 신고 갈 신이 없어 왼쪽은 빨간색, 오른쪽은 노란색으로 된 친척 아저씨의 첩이 신던 신발을 얻어 신고 갔다. 이를 안타깝게 여긴 감리회선교사 메어리 스크랜튼Mary F. Scranton이 그녀의 학비를 내주면서 이화학당에 입학할 수 있게 도움을 주었다.

조신성은 이화학당을 졸업하고 상동교회 내의 교원양성소를 거쳐 이화학당 기숙사 사감으로 학생들을 돌보았다. 그리고 이 시기 상동교회 담임목사 전덕기를 비롯해 소위 '상동파'로 불리던 안창호, 양기탁, 이시영, 이동휘, 이준, 이상설 같은 독립운동가들과 교류하며 민족의식을 키워나갔다.

1905년 일제에 의해 을사늑약이 강제로 체결되자, 정동교회 전덕기 목사를 중심으로 을사늑약 반대 상소운동이 전개되었다. 이에 조신성은 학교에서 구국기도회를 주관하는 한편 이화학당의 교사들과 학생 88명을 인솔해 대한문 앞에서 을사늑약 체결을 반대하였다. 30대 초반의 나이에 민족구국운동의 첫 발을 본격적으로 내디딘 것이다. 그녀는 1907년 6월에는 학생들과 함께 국채보상의연금을 내기도 했다.

대한문에서 을사늑약을 항의하는 민중

기생까지 받아들여 안창호가 세운 평양 진명여학교 교장으로

조신성은 1908년 일본 도쿄로 유학을 떠났다. 그녀는 도쿄 간다神田성경학교에서 일본어 공부를 마친 후 요코하마橫浜여자신학교에 진학하였다. 그러나 4학년 고등과 졸업을 눈앞에 두고 심한 신경쇠약으로 귀국할 수밖에 없었다. 고학으로 어려운 생활을 한 결과였다.

1910년 한국에 돌아온 조신성은 약 1년간 부산 규범학교에서 교사로 재직하다가 학교가 문을 닫자 평양 진명여학교 교장으로 자리를 옮겼다. 평양 진명학교는 안창호가 평양 최초의 민족교육기관인 대성학교를 설립한 후 여성들에게도 교육의 기회를 제공하고자 1907년에 설립한 학교였다. 안창호는 학생들을 모집하기 위해 평양의 기생들을 대동강 놀잇배에 태우고 웅변을 하였는데, 이때 연설을 듣고 감동한 기생 10여 명이 진명학교 최초의 학생이 되었다. 메어리 스크랜튼의 양녀이자 서울 진명학교의 총교사였던 여메례가 초대 교장을 맡고, 여기에 황실의 적극적인 관심과 보조를 받으며 학생들이 늘어갔다. 그러나 1910년 국권이 상실되자 평양 진명여학교도 폐교의 위기에 처했다. 안창호가 해외로 망명하고 학교의 운영 자금을 지원하던 평양부인회가 일제의 탄압으로 활동이 위축되었기 때문이다. 이때 여메례의 요청으로 조신성이 평양진명여학교 교장으로 오게 된 것이다.

진명여학교 1주년 기념사진

조신성은 평양부인회를 활성화하면서 학교 교재도 직접 마련했다. 조신성의 열심으로 학생 수가 계속 늘자 교사가 부족할 정도였다. 〈매일신보〉는 1912년 3월 19일자에서 "조부인의 열심"이란 제목으로 진명여학교의 발전을 보도했다.

> 조부인은 작년(1911) 4월부터 자기의 일신을 진명여학교에 드리기로 결심한 후 학생 모집을 광고하여 삼사십 명의 학생을 모집하고 열심히 주야 교육하여 그 학생의 학문이 진보됨과 교사가 학생에게 친절 교수함을 보는 학부형은 진명여학교로 입학하게 하여 십여칸 학교에 학생이 가득 차서 능히 어려운 경우를 당했는데 진명여학교를 설립한 후 육년 간에 처음으로 학생이 백여 명에 달했다고 사람마다 조부인의 열심을 칭찬하더라.

6년 여간 헌신적으로 여성교육사업에 매진한 조신성은 항일운동을 위해 1918년 잠시 교장직을 내려놓고 베이징으로 떠났다.

독립군 자금 모집을 위한 맹산호굴독립단 활동

1919년 거족적인 만세운동이 한반도를 휩쓸고, 바로 이어 상하이에 임시정부가 세워졌다. 베이징에서 돌아온 조신성은 평양에서 군자금을 모아 임시정부에 전달하고, 상하이의 독립군들이 비밀작전을 할 때마다 무기를 치마 속에 감춰 날라주며 남자 이상으로 독립운동을 지원했다.

1920년에 조신성은 중국 남만주에서 활동하던 대한독립단과 평안도 지역의 대한독립연합청년단과 관계를 맺으며 독립전쟁을 수행하기 위해 평안남도 영원, 덕천, 맹산 지방의 청년들을 모아 맹산호굴독립단을 결성했다. 맹산호굴독립단은 다이너마이트와 권총, 그리고 인쇄기와 활자를 사들여 맹산 선유봉 호굴에 감추어 두고 군자금을 모집하는 한편 사방으로 경고문과 협박장을 배포하여 일제 식민기관 담당자들을 쩔쩔매게 했다. 또한 독립운동을 억압하는 순사를 총살하고 경찰서를 습격하여 무기를 탈취하기도 하였다. 남성들도 쉽게 생각할 수 없는 일을 40대 중반이 넘은 여성 조신성이 감당했다.

그러나 1920년 11월 6일 조신성은 영변 서창으로 가는 도중 일본 경찰에 체포되고 말았다. 그녀는 이동 중에 영월 경찰서 순사 세 명을 만나게 되었는데, 함께 가던 단원이 도망을 가기 시작하자 총을 드는 순사에게 같은 조선 동포를 총으로 쏠 수 없다며 순사를 제지하다가 영원경찰서에 구류된 것이다.

구류상태에서도 조신성은 항일의 자세

맹산호굴독립단 사건 공판기사

를 버리지 않고 오히려 순사 나신택과 이원서에게 독립운동에 나설 것을 권유하다가 공무집행 방해죄로 징역 6개월을 선고받았다. 그러나 놀랍게도 나신택은 이후 맹산호굴독립단에 가담해 독립운동에 나서게 되었다.

1921년 6월 초순에 맹산독립단원 80여 명이 체포되면서 조신성의 독립단 활동 사실이 밝혀졌고, 이로써 조신성은 형기를 마치고 출옥한 날에 다시 평양 지방법원에서 재판을 받고 2년 6개월 형을 선고받았다.

이 사건이 일어나고 한참이 지난 1934년 〈신가정〉 기자와의 인터뷰에서 조신성은 맹산호굴독립단 활동을 다음과 같이 회상했다.

> 가슴에다 육혈포, 탄환, 다이너마이트를 품고 시시로 변장을 하여 가며 깊은 산 속을 며칠씩 헤매고 생식을 하여 가면서 고생을 하던 때, 또는 주막에서 순검에게 잡혀 격투하던 때, 그리고 오도 가도 못하고 끼니를 굶어가며 산속에서 며칠씩 숨어 있던 때, 이루 말할 수 있습니까!

1925년 출옥한 조신성은 평안남도 대동군 취명학교를 인수하고 교육사업에 매진하였다.

평양에서 조선 여성의 경제자립을 꿈꾸다

1928년 1월 30일 장대현교회에서 여성운동 단체인 근우회의 평양지회가 설립되었다. 평양 근우회 설립에 중심 역할을 하였던 조신성이 강단에 올라와 개회사에서 다음과 같이 말했다.

> 노세노세 젊어서 노세가 우리나라를 요모양 요꼴로 만들어 놓았습니다. 일하세 일하세 젊어서 일하세, 늙기 전에 빨리 일하세 하는 정신으로 우리 민족이 합심해 나아가야 우리 소원이 성취됩니다.

근우회 평양지회는 교육과 실업을 비롯해 다방면에서 사업을 추진해 나갔다. 수익사업을 벌여 부인야학회를 열고, 전 회원이 1천여 원을 기부해 재정이 어려운 숭현여학교를 도왔다. 또한 실제적인 생활 개선을 위해서도 노력하여, 여성실업장려회를 조직하고 메리야스 공장 설립을 계획하였다. 또한 공창폐지, 미신타파, 부인교양 양성과 같이 여성의 의식을 깨우는 역할을 감당하였다.

근우회 창립총회(1927)

1930년 60평의 2층 벽돌 집의 근우회 평양지회 회관이 건립되자 〈동아일보〉는 "평양의 여성운동이야말로 가장 장족의 진보와 최대의 수확이 있으며, 이 회관이야말로 조선에 있어서 백여 근우지회 중에 효시"라고 칭찬하였다. 또한 아래와 같은 기사를 통해 조신성의 숨은 노력을 치하했다.

> 이 집이 생기기까지 조신성 여사의 피와 기름이 얼마나 흘렀으며 여사는 의로써 발한 격분과 노호가 한 두 번이었으냐? 선생에게는 여전히 그 가슴 속에 끓는 사업열과 어느 남자가 따르지 못할 웅도雄圖가 경륜되고 있나니

평양에서 지도력을 인정받은 조신성은 1930년 근우회 전국대회에서 위원장으로 선출되었다. 1931년 일제의 탄압으로 근우회 중앙본부는 해체되었지만 평양지회만큼은 여전히 활동을 이어갔는데, 이는 물론 조신성의 지도력과 열정 때문이었다.

여성 독립운동가의 쓸쓸한 죽음

조신성은 이후 안창호가 중심이 된 흥사단을 후원하면서 수양동우회란 비밀 민족운동 조직을 만들었지만, 1937년 일명 수양동우회사건으로 안창호를 비롯한 180여 명의 회원이 체포되고 말았다. 안창호 사망 후 해방 전까지 7년 동안 조신성은 평안 근교의 대성산 광법사라는 절에 들어가 정신이 나간 사람처럼 행세하면서 숨어 지내야 했다. 참으로 모진 세월이었다.

해방된 후 공산주의자들이 그녀에게 정권수립에 참여할 것을 강요했지만, 그녀는 공산주의자들과의 연대를 단호히 거절했다. 1945년 11월 27일에 남쪽으로 내려온 그녀는 한형세 장로가 운영하던 부산 초읍동 신망애양로원에서 1년 9개월의 험난한 세월을 겪다가 한국 전쟁이 막바지에 달한 1953년 5월 5일 80여 년의 삶을 마감하였다.

정부에서는 조신성의 공훈을 기리어 1990년에 건국훈장 애국장을 추서하였다.

암살단을 조직해
종로경찰들의 간담을 싸늘하게 한
대장장이 출신 독립투사 **김상옥** 1890-1923

> 나는 자결하여 뜻을 지킬지언정
> 적의 포로가 되지는 않겠소.

채워지지 않은 배움에 대한 열정을 지닌 김상옥, YMCA 초대 청년부장이 되다

김상옥은 1890년 서울 동대문 어의동, 현재의 종로구 효제동에서 출생하였다. 그의 아버지 김귀현은 구한말 영문포수를 지낸 군관 출신으로 1882년 임오군란이 일어나자 억울하게 퇴역을 당했다. 이 때문에 그의 가정은 겨우 끼니를 이어갈 정도로 가난한 생활을 했다.

김상옥

배움에 대한 갈망이 컸던 김상옥은 어머니에게 삼년만 공부를 시켜 달라고 했지만, 생계에 대한 걱정이 없이 편히 공부할 형편이 못 되었다. 어린 시절부터 일을 시작한 김상옥은 14살부터는 말발굽을 제조하는 일을 했다. 어려운 가정 형편에도 불구하고 그는 야학을 통해 학업을 이어갔고, 러일전쟁과 을사늑약으로 국가의 운명이 기울어가자 16세의 어린 나이에 동대문감리교회를 찾아갔다. 이 시기 적지 않은 청년들과 식자층들이 교회에서 암울한 국가와 민족의 희망을 찾고자 했던 것과 비슷하다.

동대문교회에서 개설한 신군야학교에 들어간 김상옥은 주경야독하며 점차 세상에 눈을 뜨게 되었다. 동시에 같은 교회에서 활동하며 구국운동에 앞장섰던 호머 헐버트 선교사와 손정도 목사와 관계를 맺으며 독립운동 투사로 변모해 갔다.

그런데 머지않아 신군야학교가 재정난으로 문을 닫자 김상옥은 나이 스물에 주변의 도움을 얻어 아예 동흥야학교를 세워버렸다. 그리고 자신과 같이 학교에 갈 수 없는 처지의 불우한 청소년들을 모아 배움의 길을 열어주고, 낮에는 대장간에서 망치질하던 자신도 학업을 계속 이어갔다. 가난 때문에 펼치지 못한 공부에 대한 열정이 이렇게 남들에 대한 배려로 커진 것이다.

김상옥은 1910년에는 미국 유학을 계획하고 서울YMCA의 영어학교에 지원해 우수한 성적으로 합격했다. 그러나 여전히 학비를 조달하는 데 어려움을 겪자 채 1년도 되지 않아서 학업을 중단해야 했다. 마치 갈길 잃은 나라의 운명과 같이 그 자신의 꿈 또한 좌절되었던 것이다.

그렇지만 이를 계기로 김상옥은 1911년 YMCA의 초대 청년부장으로 선발되었다. 김상옥의 신앙과 지도력을 눈여겨본 YMCA의 체육교사 이필주가 추천한 것이다. 지식인들과 상류계층 인사들이 YMCA에 몰려들고 있던 당시 중학교에도 가보지 못한 김상옥이 청년부장으로 선임된 것은 그의 탁월한 지도력 때문이었다.

영덕철문점과 말총모자를 통해 항일운동을 실천하다

김상옥은 대장장이 기술이 숙련되자 동대문 앞 창신동에 직접 영덕철문점을 열었다. 이후 생계가 안정되자 1913년 동대문에 이층집을 새로 짓고 독립운동 단체인 대동단의 주역이자 동대문교회 장로인 정희종의 장녀 정진수와 결혼하였다. 주례는 손정도 목사가 맡았다.

한일병탄 이후 일제가 한국인의 자본육성과 사업을 방해하고 결과적으로 일본인이 생산한 상품이 국내 시장을 독점하게 되었다. 이에 김상옥은 일본상품을 배척하고 국산품 사용을 장려하는 물산장려운동 차원에서 자신이 경영하던 영덕철물점 2층에 공장을 차리고 장갑, 양말, 수건, 농기구

같은 국산품을 생산해 보급하는 데에 힘썼다.

특히 단발령이 공포된 이후 상투를 자르고 모자를 쓰는 사람들이 늘어났는데 약삭빠른 일본인들이 비싼 가격으로 모자 시장을 독점해 버렸다. 이에 김상옥은 말총모자를 발명해 저렴한 가격에 판매하여 큰 환영을 받았다. 비록 대단한 것을 발명한 것은 아니었지만, 자기가 할 수 있는 영역에서 최선을 다해 일본의 술책에 대항한 것이었다.

경제적 성공을 바탕으로 철물점은 수십 명의 공인을 고용하는 철공소로 발전하였고, 이곳은 독립항쟁의 비밀거점으로 활용되었다. 김상옥은 공인조합을 만들어 50여 명으로 늘어난 근로자들의 권익을 보호하는 한편 직원들에게 야학을 권면하고 동지를 모아 항일투쟁의식을 고취했다. 그는 직공들과 함께 일본말과 일본 물품을 쓰지 말고, 나아가 일본 물건을 사용함으로 생기는 해독을 널리 알리고자 결의를 하기도 했다.

"나 같은 일개 철공업 대장장이도……", 광복단에서 암살단까지

어렵게 학업과 생계를 이어가며 마침내 철물점 사장으로 안정을 이룬 김상옥은 여기에 멈추지 않고 더욱 뜨겁게 항일의식과 독립의지를 불태웠다. 1913년에 그는 경상북도 풍기에서 의병 출신들을 주축으로 발족한 비밀결사조직인 광복단에 들어가 전라도 지역에 거주하는 악질 친일 부호 여러 명을 사살하고 일본 헌병대 분소를 습격하여 장총 2정과 군도 1개 및 권총 1정을 탈취하는 전과를 올리기도 했다.

1919년 3·1만세운동이 일어나자 남산과 인왕산에 일본 경찰이 모르게 태극기를 꽂고, 고무판을 구해 태극기를 조각한 후 대량으로 제작해 독립만세 시위대에 배포하였다. 자신도 직공 50여 명을 이끌고 직접 만세시위에 참여하였고, 만세시위에 참여한 여학생을 위협하는 일본 경찰에 반격하여 장검 1개와 단검 2개를 탈취하기도 하였다.

특별히 일제가 잔악한 제암리 학살사건을 저지르자 김상옥은 항일 비밀결사인 혁신단을 조직하고, 〈혁신공보〉라는 기관지를 발간하여 항일 독립운동 소식을 알리고 독립정신을 고취하는 논설을 게재하였다. 이 신문을 반포하는 총책임을 맡은 김상옥은 일제의 감시를 피해 채소장사로 가장하고 광주리 밑에 신문을 숨겨 배포하였다. 그러나 결국 일제에 의해 동지들이 구속되고 신문을 찍어내는 등사판도 압수를 당했다. 김상옥도 체포되어 종로경찰서로 끌려갔으나 묵비권을 행사하고, 결국 증거불충분으로 풀려나올 수 있었다.

〈혁신공보〉

1920년 1월 어려움에 부닥친 혁신단의 앞길을 고민하던 중 김상옥은 김좌진 장군이 밀파한 길림군정서 소속의 김동순을 만나 구체적인 무력투쟁 방안을 논의하고 혁신단을 새롭게 규합해 암살단을 조직하였다. 이 암살단은 일제의 고관을 암살하고 총독부와 각 관서를 폭파하여 국제 여론을 환기하고 한국의 독립을 달성한다는 목표를 세우고 당시 민족을 반역하고 일제에 협력하는 자들에게도 통고문을 보내 경고하였다.

김상옥은 김동순이 만주로 돌아갈 때 군자금 5천 원을 주선하여 그중 일부를 전달토록 하였고, 이후에도 유지들을 찾아다니며 독립운동 자금 모집에 앞장섰다. 한번은 변호사 박승빈이 난색을 표하며 모금에 협조하지 않자 "이 수전노야, 나 같은 일개 철공업 대장장이도 전 재산을 바쳐 조국 광복에 제공했다!"고 호령하여 1천 원의 수표를 끝내 받아 내었다.

김상옥은 8월에 미국의회의 의원단 일행이 한국을 방문한다는 보고를 접하고 이 기회에 사이토 총독을 처단하고, 총독부를 폭발할 것을 계획하였다. 이와 함께 암살단을 만든 취의서를 뿌려 민중시위를 주도하려 하였지만 거사 하루 전날인 8월 23일 일경에 탄로되어 거사는 좌절되었다. 이에 김상옥은 난관에 봉착한 독립운동을 재정비하고자 중국 상하이로 망명하였다.

종로경찰서 투탄 및 효제동의거

김상옥은 궐석재판에서 사형을 선고받고 지명수배 중이었지만, 1921년 위험을 무릅쓰고 국내로 잠입해 임시정부의 군자금을 모집하였다. 그리고 1922년에 일제의 총독을 처단하고 주요 관공서를 파괴하기 위해 다시 국내로 숨어들어왔다. 이때 김상옥은 임시정부 요인들과 작별하면서 다음과 같이 말하며 비장한 각오를 남겼다.

> 나의 생사가 이번 거사에 달렸소. 만약 실패하면 내세에서 만납시다. 나는 자결하여 뜻을 지킬지언정 적의 포로가 되지는 않겠소.

서울에 도착한 김상옥은 매재 고봉근의 집을 은신처로 삼고, 총독이 일본 도쿄에서 열리는 제국회의에 참석하러 출타하는 때에 맞추어 암살 계획을 세웠다. 그러나 김상옥의 국내 잠입 사실이 일본 경찰에 의해 탐지되면서 거사 계획은 난관에 부딪혔다.

서울종로경찰서

김상옥은 목표를 바꾸어 독립운동 탄압의 상징이자 가장 악독하기로 소문난 종로경찰서를 거사 대상으로 삼고, 1923년 1월 12일 밤 한적한 틈을 타 종로경찰서에 폭탄을 투척해 일경과 일본인 〈매일신보〉 사원 10여 명을 사상케 했다. 이 사건은 독립만세운동 이후 위축된 분위기에서 한국 민중의 기개가 살아있음을 만천하에 알린 쾌거였다.

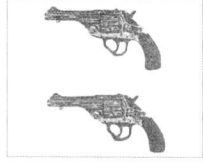

김상옥의 권총

얼마 지나지 않아 일경은 김상옥을 범인으로 지목하고, 1월 17일 새벽 고봉근의 집에 피신해 있던 김상옥을 습격했다. 그는 두 손에 권총을 들고 쏜살같이 뛰쳐나와 종로경찰서 유도사범 두라梅田를 사살하고, 지휘자인 이마세今瀨金太郎와 우메다梅田新太에게 중상을 입혔다. 김상옥은 날렵하게 남산으로 피신한 뒤 승복을 빌려 변장을 하고 일경에 혼란을 초래하기 위해 짚신을 거꾸로 신은 채 하산하였다. 그리고 자신의 생가가 있는 효제동에 거주하는 동지 이혜수의 집으로 피신하였다.

김상옥 의거 보도 신문(1923)

그러나 김상옥의 은신처는 이내 발각되었고 일경은 1923년 1월 22일 5시경 우마노 경기도 경찰부장의 지휘 아래 시내 4곳의 경찰서 무장경관과 기마대 수백 명을 동원하여 효제동 일대를 완전히 포위해 버렸다. 김상옥이 보통사람이 아니라는 것을 그들도 알았던 것이다. 이런 상황에서 김상옥은 양손에 권총을 들고 3시간 동안이나 일본경찰들과 맞섰다. 그는 구리다栗田淸造 경부를 비롯해 16명 이상의 일경을 처단하고 대한독립만세를 부른 후 마지막 탄환으로 자결하였다.

김상옥과 일경 사이에 벌어진 서울 시가전은 경무국의 보도 금지로 사건 발생 후 두 달여가 지난 3월 15일에야 〈동일일보〉 호외로 그 전모가 세상에 밝혀졌다. 해당 호회에는 김상옥의 출생과 생애는 물론, 삼판통에서 효제동 총격전에 이르기까지 상황이 상세히 보도되었다. 그러나 일제는 김상옥의 자결에 의한 순국을 일경이 총살한 것으로 날조하여 보도하였다.

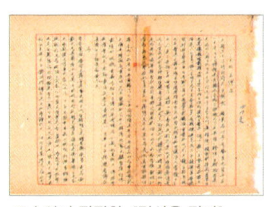

조소앙이 집필한 《김상옥 전기》

오랜 시간이 흘러 일제치하에서 해방을 맞은 1949년 김구와 이시영을 고문으로 김상옥열사사업기념협회가 발족하였다. 현재 종로구 종로2가 장안빌딩 앞에 김상옥 의사 터를 알리는 기념비가 있고, 종로구 대학로 마로니에 공원에 김상옥 열사의 동상이 세워져 있다. 독립기념관에는 김상옥 의사가 노획한 일본도와 〈혁신공보〉 34호가 보존되어 있다.
　정부는 김상옥의 공훈을 기리어 1962년에 건국훈장 대통령장을 추서하였다.

마로니에공원의 김상옥 동상

이승훈과 주기철과 함께
민족의 실력양성과 신앙의 지조를 강조한
조만식 1883-1950

우리는 조선물산을 먹고, 입고, 팔고, 사고, 씁시다.
싸든지 비싸든지, 곱든지 밉든지, 어떻든지
우리의 물산으로 살겠다는 각성이 있어야 하겠습니다.

방황하던 양반, 하나님을 믿고 간디의 무저항주의를 배우다

조만식

1883년 평북 강서에서 태어난 고당 조만식은 7세부터 15세까지 서당에서 한학을 배웠다. 그는 훗날 민족적 고뇌가 있을 때마다 한시를 지을 만큼 높은 한학 실력을 갖추었다. 부친 조경학은 양반이었지만 농사를 직접 짓고 객주를 운영하였다. 조만식도 일찍이 결혼하여 아버지 권유로 포목상점을 열어 운영하였고, 뛰어난 장사 수완으로 사업은 금방 확장되었다. 안정적인 생활 속에 그는 술과 담배를 하며, 기생집까지 드나드는 방탕한 생활을 했다. 그런데 문란한 생활 때문에 사업은 점차 불안정하게 되었고, 부인 박씨와 아들을 잃는 아픔까지 겪으며 방황하게 되었다. 이때 어린 시절 서당에서 함께 공부한 친구이자 동업자인 한정교의 선도로 22세의 나이에 소만식은 기독교를 받아들였다.

그리고 신학문을 배워보라는 주변 사람들의 권고에 마음이 끌려 숭실학당에 입학하기로 결심했다. 입학을 앞둔 그는 친구들을 불러 이별주를 밤새워 마셨다. 다음 날, 비틀거리는 몸을 이끌고 숭실학당의 교장 윌리엄 베어드William M. Baird, 배위량를 찾아가 입학을 시켜달라고 간청했다. "공부는 무엇하러 하시오?" 베어드가 물었다. 이에 "공부해서 하나님의 일을 하겠소."하고 조만식은 대답했다. 평양의 이름난 한량이요, 술꾼 조만식의 대답이었다. 그 후 그는 술과 담배를 단

베어드와 숭실학당

칼에 끊고, 베어드에게 자신이 대답한 것처럼 심기일전하여 평생 하나님과 민족을 위해 하나님의 일을 하게 되었다.

조만식은 26세의 나이인 1908년 일본 도쿄로 유학, 세이소쿠영어학교^{正則英語學校}를 거쳐 1910년 메이지대학^{明治大學} 법학부에 입학하였다. 유학 중에 백남훈, 김정식과 함께 장로교·감리교연합회 조선인교회를 설립하는데 참여하였다. 이 무렵 조만식은 인도의 지도자 간디^{Mohandas K. Gandhi}의 무저항주의에 심취해 훗날 민족운동의 거울로 삼았다.

오산학교에서 시작한 민족교육가로서의 삶

일본에서 공부를 마친 조만식은 남강 이승훈이 설립한 오산학교의 교사로 초빙되었다. 처음에 석 달만 있기로 약속하고 온 것이 세 차례에 걸쳐 9년 어간을 선생과 교장으로 섬기게 되었다. 그는 사감, 사환, 교목의 역할까지 도맡아 하며 학생들에게 신앙훈련과 인격훈련을 강조했다. 학생들과 장작을 같이 패며 눈을 쓸었고, 기도회와 설교를 통해 그들에게 경건한 신앙, 높은 이상, 민족을 위한 헌신을 가르쳤다. 남강 이승훈과 흡사한 조만식의 헌신이 있었기에 오산학교는 수많은 민족지도자를 배출할 수 있었다.

한경직 목사는 조만식의 교육방침을 "철저한 신앙으로써 새로운 사람이 되게 하며 학문과 지식을 배워서 민족중흥에 투신할 수 있는 애국자를 양성하는 데 있었다."고 술회하였다. 또한 조만식은 보통 학생들이 하찮게 생각하는 생활 습관까지 지적했다고 한다. 어느 날은 한경직이 졸려 하품을 하고 있었는데 문밖에서 지나가던 조만식이 그 소리를 듣고 "거기서 누가 하품했노." 엄숙히 물으셔서 자백했더니, "피곤할 때에 누구나 하품은 할 수 있으나 그 소리가 문밖에까지 들리게 하는 것은 합당치 아니하다."고 책망하셨다. 그 후 한경직은 하품할 때마다 손을 가렸고, 특히 소리가 나지 않게 했다.

조만식은 학생들에게 먼저 새사람이 될 것을 강조하면서, 동시에 예수를 믿고 나라를 사랑하는 애국자가 될 것을 가르쳤다. 그는 자신이 먼저 무명 두루마기와 갓신을 신었으며 양복을 입거나 외국 제품을 쓰지 않았다. 조만식은 〈조선일보〉 사장과 오산학교 교장을 비롯해 다양한 사회활동을 했지만 어디서건 월급 받는 일을 사양했고, 음식 그릇엔 밥알 한 톨 남기는 일이 없었다. 그는 "좋은 신앙이 좋은 인격을 낳는다."라는 신념을 지니고, 본인이 신앙의 모범을 보이려고 했다. 이승훈이 출옥 후 조만식은 그와 힘을 합쳐 오산학교의 황금시대를 열었다. 이들의 인격적인 삶에서 주기철, 함석헌, 한경직, 백병원의 설립자 백인제, 독립운동가 김홍일을 포함한 많은 인물이 배출되었다는 것은 당연한 일이었다.

조만식은 1922년에는 이상재를 대표로 하는 조선민립대학기성회 설립에 참여하였다. 당시 조선교육령 개정으로 식민지 한국에도 대학을 설치할 수 있게 되자, 교육의 중요성을 인지해 온 민족 대표자들이 모여 조선인 민립대학을 세우자는 운동을 벌였다. 조선민립대학기성회를

조선민립대학기성회 창립총회 기념(1923)

중심으로 전국적으로 1천만 원의 기금을 모집하였고, 재단을 구성해 민립종합대학을 설립하기로 했다. 조만식은 중앙집행위원으로 선출되어 활동하였다. 그러나 일제의 방해와 모금의 어려움으로 민립종합대학 설립은 어려움을 겪었고, 심지어 오산학교나 연희전문 같은 기존의 학교를 대학으로 승격시키려 노력했지만 간교한 일본은 가만있지 않았다.

조선물산장려운동의 기초를 다진 사회운동가

조만식은 한국사람의 생활이 궁핍해진 것은 스스로 깨닫지 못해 제 것을 천시하고 사랑하지 않기 때문이라 생각하였다. 이에 조만식은 1920년 8월 평양에서 '조선물산장려회'를 발기하고, 스스로 만들어 스스로 사용하는 '자작자급'自作自給을 목표로 조

평양 물산장려운동 신문기사와 포스터

선물산의 장려 운동을 펼칠 것을 주장하였다. 평양 조선물산장려회는 실천 과제로 경제계의 진흥, 사회의 발전, 실업자의 구제책, 국산품 애용, 그리고 근검한 생활을 제시했다. 그는 이 운동을 민중 속으로 확산시키기 위해 몇 차례의 강연회를 펼치고, 일간지를 통해 조선물산장려 표어를 모집했다. 국산품 애용을 강조한 조만식이 〈조선일보〉에 "우리는 조선물산을 먹고, 입고, 팔고, 사고, 씁시다. 싸든지 비싸든지, 곱든지 밉든지, 어떻든지 우리의 물산으로 살겠다는 각성이 있어야 하겠습니다."라고 썼듯이, 생존의식이 있다면 자작자급의 깊은 뜻을 철저히 실행하여야 한다고 항상 강조했다.

1922년 6월 드디어 조선물산장려회가 창립되고, 평양기독교청년회가 이에 열성적으로 동참했다. 서울에서는 〈동아일보〉가 적극적으로 지지하고 홍보해 이 운동은 서울과 지방으로 빠르게 확대되었다. 1923년에는 서울 중앙에서 조선물산장려회가 창립되었고, 각 지방에 지회를 설치하여 전국적인 물산장려운동으로 전개되었다.

경제운동을 강조한 조만식은 그 목적으로 농촌사업에도 참여하여 농촌운동가 배민수와 전국을 순회하며 강연회를 개최하고 언론에 글을 기고하였다. 당시 한국 인구의 80%가 농민이었다. 조만식은 한국의 운명과 생활이 농촌에 달려 있으니, 청년들은 자기의 향촌인 농촌을 지키고 살리기를

권면했다. 당시 조만식과 배민수를 비롯한 수많은 사람이 농촌운동에 투신한 것도 이 때문이었다.

산정현교회 임원진

주기철과 조만식

일제의 신사참배 강요가 본격화되던 1936년 7월 평양 산정현교회 장로 조만식은 오산학교 교장 시절 제자였던 주기철 목사를 담임목사로 초빙했다. 당시 평양은 기독교학교에 대한 일제의 신사참배 강요로 기독교 학교들이 폐교위기에 있었다. 이때 주기철 목사도 신사참배 거부 문제와 관련하여 일제 경찰의 감시를 받기 시작했다. 1938년 9월 9일 제27회 대한 예수교 장로회 총회에서 신사참배를 결의하고 시행할 때에도 주기철 목사와 조만식 장로가 있던 산정현교회는 이를 끝내 부인하였다. 이후 주기철 목사는 신사참배 반대로 수차례 검속되는 수난을 당했다.

일제 말기 대표적인 민족지사로 자리매김한 조만식에게도 일본의 협박과 억압이 지속하였다. 그러나 그는 창씨개명을 끝까지 거부하고 조선인의 학병을 독려하는 강연요청도 단호히 거부했다. 한편 감옥에서 신앙의 순결과 민족의 정조를 지키는 주기철 목사를 격려하고 교회 사찰의 생활비를 지원하며 감옥 밖에서 옥중의 순교자들과 같이 신앙의 절개를 지키며 교회와 민족의 버팀목이 되어주었다.

이처럼 두 사람은 강압적인 일본의 식민통치하에서 신앙의 절개를 지키며 민족정신을 지킨 지도자의 본을 보였다.

조선민주당과 신탁통치 반대운동

1945년 8·15 광복 후 조만식은 평양 건국준비위원장과 인민정치위원장을 역임하며 오랜 세월 일제 치하에 있던 국가를 재건하기 위해 노력했다. 당시 조만식은 평양 건국준비위원회 위원장으로 〈평양매일신문〉 호외에 "과거의 소사小事는 청산하고 동포여 건국에 돌진하자"는 제목의 기사를 썼다. 기사

평양군중대회에 참가한 조만식

에서 조만식은 건국준비위원회의 역할과 동포들이 건국을 위해 해야 할 일에 대해 논평하며 동포들이 36년간 억눌렸던 감정 폭발로 생길 혼란을 미리 방지하려 하였고, 새 나라 건설에 힘을 쏟자고 독려했다.

> 36년간의 일본 통치관계가 마침내 오늘에 와서 불리하게 되었고, 또 소련과 미·영군이 상륙하는 동시에 해외 정부가 들어오게 된 바, 유사 이래 이런 큰일이 전개되는 이때에 가장 크게 문제될 점은 서로 마찰 충돌할 위험성이 가장 많게 되었다는 것이다. 그러므로 이때에 건국준비위원회가 생긴 것은 치안유지를 주안적 사명으로 하려는 것이다. …… 단체적 또는 개인적으로 쌓인 원한을 이 해방이 된 시기에 보복하겠다는 심리가 생기기 쉬우나, 전 동포가 힘을 합하여 손을 맞잡고 큰일을 달성하여야 될 이때에 동포가 서로 해하는 일이 일어서는 안되겠다. 자유와 광명이 스스로 우리에게 오는 때 무슨 까닭으로 그런 소소한 일에 매이어 큰일을 잊어 좋으랴. …… 독립국인으로서의 자랑스러운 모습을 뵈이고, 오로지 광명과 희망에 찬 나라를 건설하자.

1945년 11월에는 조선민주당을 창당하고, 반공 노선에 서서 신탁통치 반대운동을 전개하다 소련군에 의해 평양 고려호텔에 연금되었다. 해방 이후

북한에 진주하기 시작한 소련군은 신탁통치만 찬성해 주면 대통령이라도 시켜준다고 조만식을 꾀었지만, 조만식은 이를 단호하게 거부했다. 감금당해 있는 조만식을 구출하여 남한으로 모시려는 비밀공작이 평양과 서울에서 수차례 추진되었지만, 조만식은 "어찌 나 혼자만 살기 위해 이곳에서 고생하는 동포들을 버리고 떠날 수 있겠는가?"라며 거절했다.

조만식은 홀로 그곳에서 민족 분단의 십자가를 쥐고 있었다. 무력을 앞세운 소련과 북한군에 맞서 조만식이 취할 방법은 무저항 불복종 운동밖에 없었다. 이것은 조만식이 20대에 일본에서 공부하면서 배운 간디의 무저항 운동이었다. 한국전쟁 직전 서울에서 남로당 지하조직에 몰두하다 붙잡힌 남로당 거물 김삼룡과 조만식을 교환하자고 북한이 제안했지만, 계획된 전쟁이 시작되자 북한은 1950년 10월 조만식을 학살했다. 정부는 그의 공훈을 기리어 1970년에 건국훈장 대한민국장을 추서하였다.

평생 민족과 교회를 사랑하고 자랑스러워했던 조만식은 다음과 같은 찬송을 늘 즐겨 했다.

> 내가 걱정하는 일이 세상에 많은 중,
> 속에 근심 밖에 걱정 늘 시험하여도
> 예수 보배로운 피 모든 것을 이기니,
> 예수 공로 의지하여 항상 이기리로다.

일제의 억압과 공산당의 핍박에서도 민족을 지켜낼 수 있었던 것은 "예수의 보배로운 피"라고 조만식은 생각했던 것이다.

농촌을 통해
독립된 미래 한국을 꿈꾼
'설송' 배민수 1897-1968

우리는 항상 눈물로 기도하였다. 어떻게 조국을 해방시킬 것인가 하는 것만이 우리의 관심이자 희망이었다. 우리의 삶에서 애국심 외에는 어떠한 가치도 존재하지 않았다.

"아들아, 네가 진정한 기독교인이라면"

배민수

배민수는 1897년 충청북도 청주에서 의병 배창근의 아들로 태어났다. 부친 배창근은 청주감영 진위대의 부교副校였는데, 1907년 7월 일제에 의해 조선군대가 해산되자 뜻을 나눈 부하들을 모아 결사대를 만들고 의병운동에 투신했다. 배창근은 의병을 탄압하던 일본군 낙오병 2명을 충북 진천군 초평면으로 유인해 동료들과 함께 총살해 버렸다.

밀러

군대 해산 후 배창근의 가정 형편은 어려워져서, 결국 의병 운동을 하는 동안 집마저 매각하고 이사를 갈 수밖에 없었다. 그런데 이사한 곳이 기독교인 김웅삼의 집이요 바로 옆에 사는 류문달도 기독교인이었는데, 이는 예기치 못한 하나님의 은혜였다. 이웃들은 배창근과 그의 아내를 프레데릭 밀러Frederick S. Miller, 민로아 선교사가 시무하는 지금의 청주제일교회로 데리고 갔다. 여기서 배창근은 신앙을 갖고 성경공부를 하면서 기독교 안에서 자신의 영혼뿐 아니라 민족 구원의 길을 발견하였다.

그러나 배창근은 의병시절 일본군 2명을 사살한 죄로 체포되어 남대문 경찰서에 갇혔다. 그는 자신을 찾아온 아들 배민수에게 튼튼한 신체가 가장 큰 재산이니 자신을 잘 돌볼 것과 어머니를 잘 모실 것을 당부하고, 나라를 잘 지킬 것을 다음과 같은 유언으로 남겼다.

내가 구하지 못한 조국을 구하고 보살피는 것은 아들인 네가 해야 할 일
이다. 네가 내 아들이라면, 그리고 진정한 기독교인이라면 우리의 조국
을 잊어서는 안 된다. 조국이 독립되지 못하는 한 우리에게 자유는 없는
거야. 예수님도 네가 나라를 사랑하기를 원하실 거다. 너는 내 아들이니
까 너 한 몸의 부귀영화만 생각해서는 안 된다. 지금은 개인적인 모든 이
익을 덮어두고 나라의 주권을 찾기 위해 싸워야 할 때이다.

배민수의 아버지 배창근은 1909년 6월 7일 대심원에서 교수형
을 선고받고 순국해 41세에 생을 마감하였고, 정부에서는 1993
년에 건국훈장 애국장을 추서하였다.

배민수의 아버지 배창근

"애국심 외에는 어떠한 가치도 없다."

아버지의 죽음 이후 배민수의 가족들은 선교사들의 도움으로 어렵게 생
활을 꾸려나갔다. 배민수는 선교사 밀러가 경영하고, 선교사 에드윈 카긴
Edwin H. Kagin, 계군이 교장으로 있는 청주의 청남소학교에서 공부한 후 엘리
모으리Eli M. Mowry, 모의리 선교사의 도움으로 평양 숭실중학교에 입학해 그곳
에서 항일 의식을 키워나갔다. 또한 이때 김일성의 부친 김형직을 만나 같
이 나라의 앞날을 위해 기도하며 항일 활동을 모색하였다. 당시 배민수의
심정은 그의 자서전에 여실히 나타나 있다.

> 우리는 항상 눈물로 기도하였다. 어떻게 조국을 해방시킬 것인가 하는
> 것만이 우리의 관심이자 희망이었다. 우리의 삶에서 애국심 외에는 어떠
> 한 가치도 존재하지 않았다.

1915년 배민수는 숭실학교 출신들과 함께 비밀조직인 대한국민회 조선

지부를 결성하였다. 이때 주도적인 역할을 했던 인물이 장일환이었다. 장일환은 1914년 하와이로 건너가 항일무장 독립운동단체인 대조선국민군단을 조직해 독립전쟁을 준비하던 박용만을 만나 국내와 미주 및 만주를 연결하는 국내 조직을 만들기로 합의하고 귀국하여 숭실학교 재학생과 졸업생을 동지로 포섭해 조선지부를 설립하였다. 장일환이 회장이 되었고 배민수는 서기와 통신부장을 겸했다.

배민수는 동지들과 함께 검지손가락을 잘라 피로 '대한독립'이란 글을 쓰며 대한국민회의 단결과 장래의 활동방침을 맹약하였다. 이들은 일본이 소련과 미국과 전쟁을 벌일 것을 예상하고 전쟁이 벌어지면 국내에서 파업을 선동하고 철도와 군대 시설을 일제히 파괴할 계획을 세웠다. 또한 해외 독립운동 단체들과 긴밀한 연락을 취하며 무장투쟁과 독립군 기지건설을 추진하였다.

이 조직에 가담한 30여 명은 대부분 기독교인들이었는데, 배민수는 "우리 중 많은 수가 기독교인이었지만 자유를 위한 투쟁에 가능한 모든 수단을 다 동원할 작정이었다."고 당시를 회고하였다. 배민수와 동료들은 비밀리에 무기를 모아들였고, 하와이의 동지들이 보내오는 신문과 비밀편지, 사진들을 토대로 전단을 작성에 전국에 배포했다. 또한 다양한 암호를 만들어 공유하였는데, 배민수의 암호는 어떠한 역경에도 변하지 않는 눈 속의 소나무란 뜻의 '설송'이었다.

대한국민회 조선지부는 청년 학생들만으로 구성된 단체로 105인 사건 이후 민족 지도자들이 해외로 망명하거나 수감되어 국내의 독립운동이 소멸해 가는 시점에 밝게 빛나는 별과 같이 등장하였다. 그러나 1918년 2월 조직이 일본 경찰에 발각되면서 조직이 와해되었고 배민수 또한 회원 24명과 함께 체포되었다.

모진 고문을 당한 배민수는 1918년 3월 16일 평양지방법원에서 소위 보안법 위반으로 징역 1년을 선고받아 옥고를 치렀다. 그의 나이 겨우 만 21세였다. 그는 법정에서 조선 독립의 당위성을 주장하며 검찰관의 구형에 다음과 같이 항거하였다.

> 1910년 합방 이후 일본 정부는 한국을 파괴하는 정책을 시행해 왔습니다. 우리는 그러한 잘못된 정책과 폭력적인 지배에 대항할 수밖에 없습니다. 일본의 입장에서는 그것을 반란이라고 하겠지만 우리 입장에서는 너무도 당연한 것입니다. 나는 일본제국의 국왕이라도 저와 같은 처지라면 같은 생각을 하리라 확신합니다. 따라서 우리는 검찰관의 구형에 동의할 수 없습니다.

"자유를 즐기며 배고프게 지내는 것이," 함경도 성진의 3·10 만세운동

1919년 2월 8일 평양형무소에서 나온 배민수는 그의 누나와 평소 절친했던 여자선교사 그레이스 데이비스Grace L. Davis를 따라 터전을 옮긴 가족이 있는 함경도 성진으로 이사하였다.

배민수가 출감한지 한 달 뒤에 서울에서 3·1만세운동이 일어났다. 그는 1919년 3월 초순 10여 명의 지방 기독교 지도자들과 함께 로버트 그리어슨Robert G. Grierson, 구례선선교사 집에서 비밀리에 회합하여 함경도 성진에서도 독립만세운동을 추진키로 하였다.

성진 제동병원

아버지부터 내려온 민족 사랑의 마음을 어쩔 수는 없었다. 3월 10일로 거사 날짜를 정해 만반의 준비를 하고, 당일 오전 10시에 그리어슨이 경영하는 제동병원 앞 광장에 5천여 명의 주민이 집결해 선언문과 궐기사를 낭독하고 만세를 부른 다음 시가행진에 들어갔다.

일본 경찰은 이들을 강제로 해산시키려 했으나 오히려 투석전으로 맞서는 시위대의 기세에 눌려 결국 함경북도 나남에 주둔하는 일본군 기병대의 지원병력이 증파되는 사태까지 벌어졌다. 캐나다선교회의 핵심 선교지역인 성진의 독립만세시위는 함경북도 지방의 3·1독립운동을 촉발하는 뇌관 구실을 하였다. 일본검찰청이 한국인 피의자를 상대로 면담하는 자리에서 배민수는 강력히 주장했다.

> 역사적으로 볼 때 당신들은 우리에게 도움을 주기보다는 피해를 주었습니다. 우리는 당신들의 군사정치 밑에서 배불리 먹고 의미 없이 사는 것보다는 우리의 자유를 즐기며 배고프게 지내는 것이 더 기꺼울 것입니다.

함경도 성진 시위를 계획하고 주도한 혐의로 일본 경찰에 체포된 배민수는 청진지방법원과 경성복심법원에서 보안법 위반으로 1919년 10월 11일 징역 9개월 형이 확정되어 함흥감옥에서 옥고를 치렀다. 1918년에 이어 또 다른 옥중생활이었다.

일제하 농촌운동

배민수는 1920년 함흥감옥에서 출옥 한 후 독립운동 현황을 살피기 위해 4개월간 중국 여행을 떠났다. 그런데 거기서 목격한 것은 민족지도자들의 분열이었다. 이에 크게 실망한 배민수는 귀국 후 자신의 독립운동 노선에 대해 회의를 느끼며 1923년 숭실전문학교에 입학했다. 그 무렵, 그는 자신의 독립운동 성격을 재정립하는 계기를 마련하는데 바로 오산학교 교장이자 평양YMCA 총무로 실력양성운동에 앞장선 조만식과의 만남을 통해서였다. 그는 농촌운동이 효과적이고 긍정적인 독립운동임을 깨닫고 일주일에 한 번씩 조만식을 만나 농촌운동 방안을 토론하며 독립운동의 새로운 청사진을 그려나갔다.

　1920-30년대 황폐하고 빈곤한 농촌의 현실을 극복하기 위해 국내외에서 다양한 농촌운동이 전개되고 있었다. 배민수는 생산력을 향상하여 가난한 농민들의 생활 수준을 개선할 뿐만 아니라 효과적 분배를 통해 초대교회적 공동체를 지향하는, 다른 농촌운동과는 구별되는 사회운동을 꿈꾸었다. 배민수는 1926년 어간부터 조만식과 함께 평양 근교 농촌을 순회하며 계몽 강연을 하였고, 졸업 후에는 조만식을 고문으로 하는 조선기독교농촌연구회를 조직했다. 또한 유재기, 박학전을 지도하며 전국 농촌에 협동조합과 신용조합을 결성해 농촌의 생활환경을 개선하고 농민의 의식화를 추진하려고 했다.

조만식

　1931년, 그는 농촌운동의 신학적 정립을 공고화하기 위해 자신의 은사 사무엘 마펫이 졸업한 미국 시카고의 맥코믹신학교McCormick Theological Seminary로 유학길에 올랐다. 1933년 귀국한 배민수는 예수교장로회 총회의 농촌부 상설총무가 되어 꿈꾸던 농촌활동을 본격적으로 시행했고, 기독교농촌연구회도 재건하였다.

숭실전문학교 농장에서 추수하는 학생들 (1934)

　그러나 배민수의 농촌활동은 1937년에 일제 총독부의 탄압과 지도부의 분열로 중단되었다. 특히, 평양신학교 학생들로 구성된 농민계몽운동단체 농우회가 일제의 탄압으로 지도자들이 대거 체포, 감금되면서 일본 경찰의 체포령이 좁혀오자 그는 미국으로 망명하였다. 미국에서 배민수는 28개 주의 440여 처의 교회를 순회하며 일제로부터 불의한 탄압을 받는 한국의 정치상황과 기독교 박해상을 교민들에게 소개했다. 비록 일제의 탄압으로 잠시 미국으로 망명했지만, 배민수의 열정만큼은 여전했다.

농촌운동의 선구자

1945년 광복 후 한국으로 돌아온 배민수는 미군정에서 근무하다 1948년 미군 철수와 함께 다시 미국으로 건너가 미네소타주에 있는 매컬레스터대학Macalester College에서 명예 신학박사 학위를 받았다. 1951년 6·25 전쟁 중에 귀국해 대전에 기독교연합봉사회, 기독교농민학원, 대전기독교여자농민학원을 창설하고, 고양군 일산에 삼애농업기술학원을 세워 농민운동에 온 힘을 다했다. 평생을 민족을 위해 헌신한 배민수는 1968년 대전의 자택에서 소천하였다.

저서로는 《그 나라와 한국 농촌》이 있다. 배민수는 한말의병으로 활동하던 아버지를 따라 자신의 젊은 시절을 독립투사로, 후반기에는 농촌운동 지도자로 인생을 불살랐다.

정부는 그의 공훈을 기려 1993년 건국훈장 애국장을 추서하였다.

보창학교와 무관학교를 세워
나라를 구하려 했던 강화의 바울,
함경도의 매서인 **이동휘** 1873-1935

무너져가는 조국을 일으키려면 예수를 믿으라. 예배당을 세워라. 삼천리 강산 1리에 교회와 학교를 세워 3천 개의 교회와 학교가 세워지는 날이 독립이 되는 날이다.

애국지사 아버지를 둔 강화도 진위대장

이동휘

이동휘는 1873년 함경남도 단천에서 하급 관리인 아전 이승교의 아들로 태어났다. 그의 아버지 이승교는 신지식층을 대상으로 서적을 발행하며 애국출판운동의 근거지가 되었던 보성관과 우리나라 최초의 일간신문 〈매일신문〉을 발행하던 매일신문사에서 근무하였다. 또한, 1910년 일제가 한국을 강제로 식민지를 만들자 만주 노령으로 망명해 항일 독립운동을 전개하였으며, 1919년 북간도에서 46세 이상의 남녀 노인을 대상으로 노인단이라는 항일 단체를 조직하였다.

아버지의 개화사상과 항일의식을 이어받은 이동휘는 1895년 한성 무관학교에 입학하여 수학한 뒤 왕권 호위를 맡은 궁전진위대의 근위장교로 임명되어 창덕궁과 경복궁의 수비를 맡았다. 이후 고종의 신임을 얻어 지방 군대의 재정을 검사하는 검사관으로 삼남지방의 군수 14명을 파직하고 50만 냥의 엽전을 압수하는 청렴 강직한 모습으로 백성의 칭송을 받기도 했다.

이동휘 가족사진

한편 이동휘는 강화도 진위대장으로 임명되기까지 독립협회의 일원으로 활동하였다. 또한 상동청년회와 관계를 맺으며 이상재, 민영환, 양기탁, 이갑, 이준, 이상설이 활동하던 비밀 결사인 개혁당에 가입해 활동하였다.

강화의 바울, 이동휘의 회심과 학교 설립 운동

서른의 나이인 1903년 진위대장으로 강화도에 부임한 이동휘는 전임 진위대장과의 마찰로 곤란을 겪다가 끝내 1905년에 사임하였다. 이 무렵 이동휘는 개종하여 기독교를 받아들였는데, 감리회 선교사 엘머 케이블Elmer M. Cable은 정부의 고위 관리였던 이동휘가 강화도의 잠두교회 담임 목사인 김우제를 찾아가 자기

강화진위대 장교들(앞 줄 중앙이 이동휘)

죄를 고백하고 즉시 술과 담배를 끊었다고 기록하였다. 그는 개종 직후 사당과 우상들을 파괴한 이동휘를 '강화의 바울'이라 불렀다. 심지어 이동휘는 잠두교회 예배당 건축을 위해 재산을 헌납하기도 하였다.

이동휘는 보창학교 설립을 시작으로 본격적인 학교설립 운동을 전개해 나갔다. 기독교 교육을 통한 구국계몽운동이야말로 쓰러져가는 조국을 일으키는 등불이라 확신한 이동휘는 "무너져가는 조국을 일으키려면 예수를 믿으라. 예배당을 세워라. 삼천리 강산 1리에 교회와 학교를 세워 3천 개의 교회와 학교가 세워지는 날이 독립이 되는 날이다."라는 호소력 있는 연설로 학생들을 끌어모았다.

보창학교는 한국에서 가장 큰 매일학교 중 하나였고, 영친왕이 직접 보창학교라는 이름과 함께 왕실 보조금 600원을 하사하기도 하였다. 학생들은 단발을 하고 교복을 입었으며, 교과 과목으로 한문, 한글, 일본어, 영어, 산수, 한국사, 한국지리, 기초과학 및 웅변술을 가르쳤다. 그리고 수업이 끝나면 매일 한 시간씩 군사 훈련을 받았는데, 여기에는 바로 무관출신 이동휘의 생각이 담겨있었다.

보창학교는 갈수록 학생 수가 늘어났고, 1907년에는 강화 내에 14개의 보창학교가 설립되어 학생 수가 800여 명에 이르렀다. 보창학교 설립 노력

은 전국적으로 확대되어 개성 보창학교를 시작으로 황해도의 금천, 장단, 풍덕, 안악, 충북의 충주, 함남의 함흥에 이르기까지 전국적으로 90여 개의 학교가 세워졌다. 이처럼 이동휘는 교육을 통해 나라를 구하고 국민을 계몽하고자 한 것이다.

이동휘는 인재양성을 통한 국권 회복을 목적으로 하는 서우학회에 가입해 활동하였다. 그리고 함경도 전 지역을 순회하며 눈물로 구국교육을 역설하였는데, 영흥에서는 감동을 한 군민들이 70여 학교를 세우기도 하였다.

"매서인이 되어서라도," 함경도의 북간도의 교육·전도사업

이동휘의 나이 30대 중반이던 1907년 정미 7조약이 강제로 체결되자 안창호와 함께 비밀결사 신민회를 조직하였고, 같은 해 군대가 강제로 해산되자 해산된 군인 400여 명을 모아 대규모 반일 집회를 개최하였다. 이 일로 이동휘의 집이 일본군의 보복으로 불타버리기도 했다.

결국, 이동휘는 1907년 8월 헤이그밀사 사건과 강화봉기의 배후자로 일제에 체포되었다가 달지엘 벙커 선교사의 주선으로 그해 10월 석방되었다. 그는 이후에도 여러 차례 일제에 의해 체포되었다. 예를 들어, 1909년에는 군대 동지인 연기익, 김동수와 강화도 전등사에서 의병 조직을 모의하다가 체포되었고 1910년에는 한일 강제병탄 반대 혐의로 체포되었다가 또다시 선교사 벙커의 도움으로 석방되었다.

1908년부터 서북학회를 창립하고 함경도 모금위원으로 고향 함경도를 수차례 방문하였던 이동휘는 1910년 연이은 검거와 석방 이후 함경북도 성진의 선교사 로버트 그리어슨을 찾아갔다. 그는 그리어슨에게 자신을 캐나다 선교구역 내에 설교자로써 달라고 부탁했는데, 일할 사람들의 월급을 일 년 전에 책정하

그리어슨

던 선교부에는 성경을 나누어주는 매서인 외에는 자리가 남아있지 않았다. 그리어슨은 당시 위대한 애국자로 알려진 그에게 이 일은 보잘것없는 일이라 말했다. 그러나 이동휘는 기꺼이 매서인이 되어 곧 허름한 옷과 짚신을 신고 성경 보따리를 등에 짊어진 채 길을 떠났다. 선교사들의 도움으로 이동휘는 사실 교육 및 전도사업뿐만 아니라 외국선교사 밑에서 신변 보호를 받으며 구국 운동을 전개해 나갔다. 전국적으로 유명 인사였던 이동휘가 가는 곳마다 사람들이 몰렸고, 그의 영향을 받아 함경도에 많은 교회와 학교들이 세워졌다.

연해주에서의 민족운동

이 시기 이동휘는 간도를 오가며 안창호, 이갑 같은 신민회 간부들과 해외망명을 계획하였다. 그리고 이상설과 이종환과 함께 1911년에는 러시아 블라디보스토크 신한촌에 항일독립운동 단체인 권업회를 결성하였다. '권업회'란 한국인에게 실업을 장려한다는 뜻이지만, 실제로는 항일 구국을 목적으로 21세 이상의 남녀를 회원으로 받아 활동했는데 1914년 강제 해산될 때까지 회원이 8,000여 명에 이르렀다. 권업회는 효과적인 조직활동과 민족정신을 고양시킬 목적으로 1912년 신채호와 김하구를 주필로 한 기관지 〈권업신문〉을 창간하였다.

러시아 지역에서 간행된 유일한 한인 신문 〈권업신문〉

대중 연설가이기도 했던 이동휘는 신문과 잡지를 발간하며 독립운동으로 흩어져 있는 수많은 동포를 향해 위로의 메시지를 전하였다.

시베리아 차고 찬 바람 눈에 남과 같이 먹지 못하고 남과 같이 입지 못하고 조국강산을 바라보면서 주야로 가슴을 두드리고 뜨거운 눈물로 비참한 생활을 하는 나의 동지시여, 나는 매임을 당하나 놓임을 당하나 내지에 있으나 외지에 나오나 항상 조국을 향하여 스스로 위로를 받고 스스로 희망을 붙이고 날마다 여러분을 위하여 신체 건강을 기도하였노라, 범사의 화평을 기도하였노라, 사업의 성취를 기도하였노라.
- 〈권업신문〉1913. 7. 21

이는 국내에서 이미 일제에 의하여 여러 번 갇히고, 해외에 나가서도 일제의 추격을 받아 여러 번의 체포 위기를 넘기며 일제의 고문과 악행을 견뎌낸 이동휘의 고백이었다. 삶으로 민족 사랑과 독립을 증명한 그의 말은 동포들에게 큰 위안이 되었다.

사회주의 운동을 초월한 독립운동

1914년 제1차 세계대전의 발발과 함께 제정 러시아가 시베리아 일대인 노령지역에 거주하는 한인들의 민족운동을 탄압하자, 이동휘는 중국 왕청현 라자우거의 한인촌으로 거점을 옮겨 대전무관학교를 설립하고 독립군 양성에 힘을 기울였다. 그러나 이듬해 일제의 사주를 받은 중국 관헌의 탄압으로 무관학교는 해체되었다.

1917년 러시아 볼셰비키혁명이 일어나자 이동휘는 러시아 볼셰비키 세력과 연대하여 효과적인 항일투쟁을 전개하기 위해 한인사회당과 고려공산당을 조직하였고, 모스크바의 레닌을 만나 독립운동자금을 지원받았다. 사회주의 혁명 노선에 입각한 무장투쟁을 전개하던 이동휘는 1935년 1월 31일 블라디보스토크 신한촌에서 서거하였다.

정부는 이동휘의 공훈을 기려 1995년 건국훈장 대통령장을 추서하였다.

"일제의 모든 것을 파괴시키고
신 사회를 조직할 때까지",
여성 항일투사, 문학소녀 **박차정** 1910-1944

모든 것을 파괴하고 광명한 신 사회를 조직할 때까지
전 세계의 폭군들을 향해 싸워보자.

항일의식이 강했던 박차정의 가족

박차정은 한국이 일제에게 나라를 빼앗긴 1910년 경상남도 동래에서 박용한과 김맹연의 넷째로 출생했다. 그녀의 아버지는 동래지방의 신식학교인 개양학교와 서울의 보성전문학교에서 수학하고 탁지부 주사와 측량기사를 지낸 신지식인이었다. 의기가 충만했던 그는 을사조약 이후 조국의 비참한 참상과 일제의 무단통치에 비분강개하여 한 장의 유서를 남기고 자결하였다.

박차정

김두봉과 김두전

박차정의 어머니 김맹연 또한 투철한 항일의식의 소유자였다. 그녀는 한글학자요 대한민국임시정부에서 활동하였던 김두봉과 사촌지간이었고, 우리나라 최초의 노동운동단체인 조선노동공제회를 창설한 김두전과는 육촌 사이였다. 또한 동래청년동맹의 집행위원장으로 사회주의운동을 주도하였던 박일형이 고종사촌이었다.

남편의 자결로 홀로 살림과 교육을 감당했던 김맹연은 동래 성결교회에 출석하면서 신앙으로 다섯 남매를 훌륭히 키워냈다. 첫째 아들 박문희와 둘째 박문호는 신간회 동래지회 결성에 주도적인 역할을 하였고, 고관암살과 관공서 폭파를 주도하였던 무력독립운동 단체인 의열단의 단원으로 활동하였다. 첫째 딸 박수정은 부산진 일신여학교를 졸업 후 양산 보육원과 산청, 옥천에서 교편을 잡았고, 셋째 아들 박문하는 부산상업고등학교를 졸업하고 의료사업에 종사하며 집안의 살림을 뒷바라지 했다.

힘써 싸워보자, 광명한 신사회를 조직할 때까지

항일의식이 투철한 기독교 가정에서 성장한 박차정은 1925년에 동래일신여학교 고등과에 입학하였다. 현재 동래여자고등학교의 전신인 동래일신여학교는 1895년 호주장로회 여선교부 소속 이사벨라 멘지스Isabella B. Menzies가 설립한 학교로 호주장로교 선교부의 첫 교육기관이자, 부산과 경남지역 최초의 여성 교육기관이었다. 그뿐만 아니라 일신여학교 학생들은 1919년 부산지역 최초의 만세운동을 이끈 주역이었다. 일신여학교 교사 박신영과 주경애 선생을 필두로 한 고등과 학생 11명은 태극기 50여 장을 만들어 3월 11일 밤 9시에 좌천동 거리에서 태극기를 흔들며 독립만세를 외쳤다.

일신여학교

박차정은 부산지역 항일여성운동의 구심체인 동래일신여학교에서 수학하며 항일의식을 발전시켜 나갔고, 우리 민족의 비극을 극복하는 길은 독립이고 독립을 위해서는 애국지사들이 벌이고 있는 독립운동에 동참해야 함을 분명히 인식하였다.

1926년 6월 10일 순종의 인산일因山日을 기해 서울지역 학생들을 중심으로 만세운동이 일어났는데, 이 사실이 전국으로 퍼져나가면서 전국의 학생들이 동맹휴학으로 일제에 항거하기 시작했다. 일신여학교에서도 동맹휴학으로 저항의 목소리를 높였는데, 언제나 박차정이 주도적인 역할을 하였다. 그녀는 일본 형사의 눈을 피하고자 노파의 차림을 하고 8살 아래의 막내 동생의 손을 잡고 늦은 밤 여학생들의 집을 찾아다니며 비밀 연락을 취했다. 그리고 일신여학교의 동맹휴교가 발생할 때면 박차정은 자기 집에 출입하던 학생들과 함께 주모자로 지목을 받아 유치장 신세를 졌다.

박차정은 항일 학생운동에 열을 올리는 한편 문학소녀로서도 상당한 재질을 발휘하였다. 그녀는 동래여고 교우지 〈일신〉에 '철야'^{徹夜}라는 단편소설을 발표한 바도 있다.

6·10 만세운동

> 내가 이왕 죽을 바에야 어머니 유언과 같이 힘써 싸워볼 것이지 세기^{世紀}로 내려오는 압박의 흑암을 헤쳐버리며 악마의 얼굴에서 거짓의 탈을 벗기고 서슴없이 전 세계의 폭군들을 향하여 싸워보자. 그리하여 모든 것을 파괴시키고 광명한 신 사회를 조직할 때까지…….

'철야'는 우리 민족이 일제로부터 겪는 고난을 상징적으로 드러내며 사회를 고발하는 글이었다. 그녀의 소질을 알아본 담임선생은 자기의 박봉을 털어 박차정이 일신여학교를 졸업할 때까지 2년 동안 학비를 대주었다고 한다. 또한, 동래에 거주하던 여류화가이며 문사인 나혜석이 박차정의 소설을 읽고 감격하여 그녀의 집을 방문해 문단에 진출하기를 권할 정도였다.

근우회 중앙집행위원, 서울지역 학생시위 주도

1929년 박차정은 일신여학교를 졸업하자마자 본격적으로 근우회 활동에 뛰어들었다. 1920년대에 사회주의 사상이 유입되면서 독립운동의 노선도 민족주의 계열과 사회주의 계열로 분화되었는데, 이때 좌우익 세력의 연합을 통한 항일운동을 위해 신간회와 자매단체의 성격을 띠는 근우회가 설립되어 각 지역에 활발히 지회가 설립되었다. 박차정은 근우회 동래지회에 가입해 활동하던 중 1929년 7월 서울 수운회관에서 개최된 근우회 제2차 전국대회에 동래지회의 대의원으로 참석하여 근우회 중앙집행위원으로 선임되었다. 중앙집행위원회에서 선전조직과 출판부의 직책을 맡았고, 지회와 도연합회 규칙세칙 제정위원으로도 선정되어 근우회의 핵심요원으로 활동했다.

1929년 광주고등보통학교 학생들과 일본인 학교인 광주중학교 학생들의 충돌로 시작된 광주학생운동이 전국적으로 확대되면서 서울에서도 1929년 12월 2일부터 3일까지 학생들이 만세시위행진을 감행하였다. 이때 박차정은 특별히 근우회 중앙간부들과 함께 서울지역 학생시위를 지휘하는 역할을 했다. 박차정은 사건의 배후로 지목되어 일경에 체포되었다가 풀려난 후에도 여학교의 핵심인물을 모아 2차 시위를 전개하였다. 결국 박차정은 또다시 검거되어 서대문형무소에 구속되었고, 병보석으로 풀려나온 후 동래에서 재차 검거되었다.

"정의의 사事를 맹렬히 실행하라"

계속되는 구금과 고문으로 건강이 악화된 박차정은 의열단원으로 활동 중인 둘째 오빠 박문호의 연락을 받고 출옥 후 중국 베이징으로 망명하였다. 박차정은 의열단장 김원봉이 설립한 레닌주의 정치학교의 운영과 교육에 참여하였고, 1931년 김원봉과 결혼하였다.

김원봉

약산 김원봉은 1919년 만주 길림성에서 "정의의 사事를 맹렬히 실행한다."는 뜻의 의열단을 조직한 인물로 일본 고관의 암살과 관공서 폭파라는 직접적이고 적극적인 투쟁방법을 통해 독립을 이루고자 하였다.

1932년 의열단이 중국과 연합하여 항일투쟁을 전개하는 가운데 국민당

장제스蔣介石의 도움을 받아 난징에 조선혁명군사정치간부학교를 설립하자 박차정은 제1기 여자부 교관으로 선정되어 사관생도 양성을 담당하였다. 한편 1930년대에 일본의 만주침략이 본격화되자 중국지역의 민족운동이 활기를 띠면서 독립운동 세력의 연합과 통합이 이루어졌는데, 그 결과 1935년 의열단을 비롯한 9개 단체가 민족혁명당을 창당하였고, 박차정은 민족혁명당 내에 남경조선부녀회를 결성하고 여성 항일투사 양성에 힘썼다.

박차정은 1937년 11월 대일본 라디오 방송을 통해 선전활동을 전개하는 한편, 〈조선민족전선〉에 "경고, 일본의 혁명대중", "조선부녀와 부녀운동"이라는 글을 투고하여 총체적인 무장궐기를 촉구하였다.

일본에 의해 중국군이 패전을 거듭하자 김원봉은 중국 정부 당국과 협의하여 조선독립군을 전쟁에 참전시키기로 하고, 1938년 10월 조선독립군을 조선의용대로 개편하였다. 박차정은 조선의용대 부녀복무단을 조직하고 단장으로 선임되어 항일무장투쟁에 참여하다가 1939년 2월 강소성 곤륜산에서 일본군을 상대로 전투하던 중 상처를 입었다. 그 후 부상 후유증으로 고생하다가 1944년 5월 27일 중경에서 서거하였다.

조선의용대 창립식(1938)

광복 후 그녀의 유해는 경남 밀양 감천동 뒷산에 안장되었다. 정부에서는 고인의 공훈을 기리어 1995년에 건국훈장 독립장을 추서하였다.

여성과 민족교육의 선구자,
덕성학원의 설립자 '섭섭이' 차미리사 ¹⁸⁷⁹⁻¹⁹⁵⁵

동포여 내가 참으로 고하노니
나라를 위하여 피흘리는 것은 백성된 의무요,
동포를 위하여 피 흘리는 것은 사람의 직책이라

자립심 강한 여성, 귀까지 어두워진 '섭섭이' 차미리사

차미리사

차미리사는 1879년 서울 마포구 아현동에서 6남매의 막내로 태어났다. 손위 5남매가 모두 요절했기에 부모는 아들을 낳는 것을 간절히 바랐다. 그런데 그런 부모의 바람을 저버리고 태어나 이름조차 '섭섭이'라 했다. 섭섭한 마음은 있었지만, 아버지는 막내딸을 철저하게 독립심을 갖도록 교육했다. 아버지는 어릴 적부터 그녀에게 "무슨 일을 당할 때에 남의 도움으로 살아가겠거니 하는 마음을 절대 갖지 말라. 완전히 독립하여 살아갈 생각을 하여라."라고 가르쳤다. 아버지의 이런 가르침을 받은 차미리사는 자립심이 강한 여성으로 성장했다.

차미리사는 16살에 무교동의 김씨 집으로 출가했는데 3년이 채 못되어 딸 하나를 두고 남편이 중병으로 죽었다. 이후 고모의 권유로 그녀는 상동예배당에 다니면서 독실한 기독교인이 되었다. 윌리엄 스크랜튼 선교사에게 세례를 받은 그는 '미리사'^{Mellis}라는 이름을 얻었다. 그는 후일 자서전에 당시 기독교 입교에 관해 다음과 같이 회고했다.

> 한번 예배당을 가서 하나님께 단단한 맹세를 한 뒤에는 전일의 비애와 고독이 다 어디로 사라지고 앞길에 희망과 광명만 있을 뿐이다. 눈을 뜨면 천당이 황연히 보이고 귀를 들면 하나님의 말씀이 순순히 들리는 듯하였다. 더구나 동무 신자들과 같이 찬미도 하고 풍금도 치며 놀 때에는

세상의 만사를 다 잊어버리고 환락의 세계에서 사는 것 같았다. 그때에 나의 신심이야말로 참으로 철석보다도 더 굳었었다.

차미리사는 같이 교회에 다니던 조신성의 권유와 미국에서 의학을 공부해 여의사가 된 박애시덕에게 자극을 받아 미국유학을 결심하였다. 그러나 열정만으로는 갈 수 없는 상황에 애태우고 있던 차에 1900년 지인의 소개로 알게 된 호머 헐버트를 통해 중국 상하이 중서여숙中西女塾에서 신학을 공부해 1903년 졸업하였다. 이때 이역풍토에 고생한 까닭인지 격렬한 뇌신경병에 걸려 여러 달 동안 신음하여 위험한 상태에까지 이르렀다. 결국 그 후유증으로 귀가 어두워져 평생 남의 말을 알아듣는 데 어려움을 겪었다.

민족운동의 시작, 대동교육회

중서여숙을 졸업한 차미리사는 마음에 품고 있던 미국 유학을 위해 샌프란시스코로 갔다. 그곳에서 그는 교육운동, 사회봉사 활동, 언론운동에 전념했다. 우선, 장경을 비롯해 차미리사, 김우제, 변창수, 이병호의 발기로 교육구국운동 단체인 대동교육회를 창립했다.

대동교육회는 "나라를 사랑하는 일, 동족끼리 서로 돕는 일, 어려운 일을 당하면 서로 도와주는 일"을 설립 취지로 내세우고, 교육을 통해 인재를 길러 조국을 구하고자 했다. 대동교육회는 한인들에게 새로운 지식을 담은 서적을 출간하고 신문을 번역해 배포했다. 이를 통해 본국과 해외 소식을 널리 알리고 동서양의 정치 상황을 두루 볼 수 있게 하였다. 교육에 남다른 열정을 갖고 있던 차미리사에게 대동교육회 참여는 그의 민족교육운동가로서 첫 번째 활동이었다.

차미리사는 1907년 1월에 대동교육회를 개편하고 확대한 대동보국회 발기인으로 참여했다. 대동보국회는 "인민 교육의 확장, 인민 실업의 흥기, 인민 자치의 창설"을 강령으로 조직된 정치적 성격을 지닌 독립운동 단체였다. 조국이 점차 빠르게 일본에 먹혀들어가자 국내외의 뜻있는 사람들이 교육과 계몽보다는 독립운동 관련 단체들 설립에 더 많은 힘을 쏟았다. 차미리사는 대동보국회 기관지〈대동공보〉간행에도 참여하여 그 해 11월에는 "상제를 믿고 나라를 위할 일"이라는 제목으로 국권회복을 강조하는 글을 기고했다.

〈대동공보〉

> 묻노니 우리 이천만 동포는 어서 속히 정신을 차려 이 땅에 선을 행하며 실신구국實信救國하여 망한 국권을 회복하여 …… 동포여 내가 참으로 고하노니 나라를 위하여 피 흘리는 것은 백성된 의무요, 동포를 위하여 피 흘리는 것은 사람의 직책이라…… 애국하는 형제자매에게, 청컨대 우리의 붉은 피로 대한민국의 독립을 자자대대손손에 바치기를 수하여 바라나이다.

1908년에는 차미리사는 한인 부인들과 함께 한국부인회를 설립하였다. 한국부인회에서는 한인 자녀들에게 국어 교육을 장려하고, 교회사업을 후원하고, 동포 간의 친목을 도모하는 일을 주로 하였다. 11월에는 대동보국회 회장 이병준과 고국과 연계해 민족애국사업의 목적으로 평북 선천에 대동고아원을 설립해 운영하였다.

배화학당 교사로 남궁억과 무궁화를 통한 나라사랑 정신 교육

1912년 8월 미국 중부의 스캐리트신학교Scarritt College를 졸업하고, 고국에 돌아온 차미리사는 10여 년간 배화학당 사감과 교사로 있으면서 성서는 물론 애국, 애족, 독립정신을 가르쳤다. 자립심을 강조한 차미리사는 여학생들에게 "남자의 덧부치가 되지 말라 …… 기생충 노릇을 말며, 약자란 소리를 듣지 말아라."고 하며, 스스로 자기 인생에 주인의식을 갖도록 가르쳤다.

당시 한서 남궁억이 한국 역사와 지리를 담당하는 교사로 배화학당에 함께 근무했는데, 그는 무궁화 심기 운동, 무궁화 묘목 가꾸기, 무궁화 자수, 무궁화 찬가, 무궁화 시를 통해 민족교육을 하였다. 당시 두 사람은 함께 무궁화를 자수로 장식하는 일명 무궁화 수본繡本 작업을 통해 나라사랑의 정신을 고취하였다. 후일 여성강습소의 명칭을 무궁화를 뜻하는 근화 학원으로 정하게 된 것도 배화에서의 무궁화 교육을 통한 민족교육의 경험 때문이었다. 이러한 그들의 민족정신 교육은 배화학생들이 필운대에서 일으킨 3·1만세운동에 큰 역할을 하였다.

여성운동의 선구자, 조선여자교육협회 활동

배화학당 교사로 있으면서 차미리사는 3·1독립정신을 계승하여 1919년 9월 종교예배당에 부인야학강습소를 설치했다. 개강 초기 50명이던 학생은 새 학기에는 150명으로 늘어났다. 여성교육, 특히 부인교육의 시급성을 절감한 차미리사는 배화학당을

조선여자교육협회 강연단 일행

사직하고, 여성계몽운동에 온 힘을 다하기 위해 조선여자교육회를 창립하였다. 조선여자교육회의 창립 목적은 가정을 개혁하고 구식에 젖어 있는 여성을 계몽하기 위해서였는데, 이 기관은 야학강습소를 개설하고, 여자강연회, 음악회, 연극대회를 개최했으며, 여자 교육공로자에게 표창하기도 했다. 또한, 월간 〈여자시론〉을 간행해 보급하면서 여성 계몽에 힘썼다.

차미리사가 세운 조선여자교육협회에서 가장 주목할 활동은 84일간 전국 13도의 주요 도시 67개소를 순회하며, 생활개선과 여성교육에 관한 계몽 강연을 펼친 것이다. 그녀는 "사회발전의 원동력은 여자", "육아와 위생", "현시 청년남녀가 고민하는 이혼문제 해결책"을 주제로 강연을 진행했다. 이런 강연 여행의 영향으로 1921-1922년에는 지방에도 여성교육단체가 속속 조직되었다. 예를 들어 안성여자교육회는 차미리사를 초청해 강연회를 개최하였는데, 남녀 방청인이 무려 500-600명이나 모여들어 대성황을 이루었다. 이를 보고 〈동아일보〉는 사설에서 다음과 같이 평했다.

> 과연 여자는 약한 자이며 어리석은 자인가. 아니로다. 약하지 아니하고 어리석지 않을 뿐 아니라 반대로 어떤 경우에는 남자보다 강한 자도 있고 더 아는 자도 있도다. …… 과거에 있어서는 여자가 교육을 받을 기회가 남자만 못하여 이로 인하여 능력상의 차이가 정치상의 불평등을 이루었으나 현대에 이르러서는 정치상의 불평등도 차차 변하였으며 교육상의 불평등이 대부분 제거되었으니 이것이 곧 장차 사회의 만민평등을 실현할 기초이다. 이러한 의미에 있어서 조선여자의 운동이 교육회로 시작한 것은 참으로 그 건전한 발달이 있는 것을 믿고 축하해 마지않는다.

차미리사의 부단한 노력으로 조선여자교육회는 1921년 5월에 청진동에 회관을 갖게 되면서 보다 성숙한 여성교육을 추진할 수 있었다. 그녀가 지닌 부녀교육의 목표와 이념은 여성들이 자립생활을 할 수 있게 하는 것이었는데, 그런 의미로 1인 1기술의 실천교육을 하였다. 조선여자교육협회 안에 양복과와 상업과를 둔 것은 이러한 이유에서였다. 그는 이처럼 생활교육과 실용교육 활동을 발전시켜 마침내 오늘의 덕성학원의 전신인 근화여학교를 설립하게 되었다. 근화여학교의 교훈인 "살되, 네 생명을 살아라.

생각하되, 네 생각으로 하여라. 알되, 네가 깨달아 알아라."에서 자립정신을 강조하는 차미리사의 교육관을 확인할 수 있다.

덕성여자대학교

한 시대를 앞서 간 경제관념

차미리사는 당시 여성의 교육만큼 중요하고 시급한 조선사회의 문제로 경제자립을 지적했다. 1926년 12월 16일자 〈매일신보〉와의 인터뷰에서 "조선사회 무엇부터 고쳐야 하는가"라는 질문에 보통 다른 여성 지도자들이 말하는 '가정주부의 노예시하는 태도나 아들과 딸에 대한 차별'이라는 대답이 아닌 "물산장려하여 자급자족이 필요하다."고 말하였다. 그는 일본 비단이나 서양비단을 사용한 옷감이 아닌 국산 옷감을 만들어 입어야 한다고 주장했다. 재래식으로라도 옷감을 만들어 경제적 빈곤생활을 벗어나야 문화적 생활을 할 수 있다는 지론을 폈다. 그러기 위해서 부녀자들에게 '너그러운 금융 융통'이 조성되어 옷감 생산에 필요한 도구와 원자료를 살 수 있도록 소자본을 융자하는 기구와 제도를 마련하자고 주장했다. 그렇게 되면 가내공업이나 마을 여자들의 협동노동 Cottage Industry을 발전시킬 수 있다는 의견을 제시했다.

남북협상성명서에 서명한 108인 중 유일한 여성

해방 후 서울 한복판에 있던 덕성여자학교는 건국준비위원회 본부가 되었다. 당시 많은 민족교육가가 친일로 돌아서는 분위기에서도 끝까지 일제에 동조하지 않았던 차미리사는 이승만의 면담 요청을 받았다. 하지만 차미리사는 샌프란시스코에서 친일파 더램 스티븐스를 저격한 장인환 재판의 법정 통역을 거절한 이승만이 비애국적이고 비인간적이라 생각했기 때문에 그의 요구를 단호히 거절했다.

혼란한 해방정국이 단독정부 수립 쪽으로 기울어 가자, 차미라사는 한반도에 두 정부 수립을 반대하고, 김구와 김규식의 남북협상을 지지하는 성명서에 서명하였다. 그녀는 남북협상에 서명한 108인 중에 단 한 명의 여성이었다. 1952년 1월 덕성여자대학 이사장직을 사임하였고, 노후에는 제자들의 보살핌을 받다가 1955년 77세에 소천하였다.

차미리사는 광복 57주년이 되는 2002년, 독립유공자로 건국훈장 애족장에 추서되었다.

차미리사 동상

여성을 깨우쳐 민족을 구하고자 한 낸시, 하란사 1875-1919

> 서구 학교의 목적과 방향은 슬기로운 어머니, 충실한 아내 및 깨우친 가정주부가 될 수 있는 신여성을 배출하는 것이지 요리사나 간호원, 침모를 배출하는 것이 아니라는 점이다.

"내 인생이 밤중처럼 깜깜한데", 이화학당에 입학한 양반집 아내

이국적인 인상을 주는 이름, 하란사는 1875년 평남 안주의 김해 김씨 가문에 태어났다. 1890년대 인천 감리 벼슬을 지낸 하상기와 결혼해, 전처가 낳은 1남 3녀를 키우며 양반집 부인으로 평범하지만 편안한 삶을 살았다.

1894년 청일전쟁 때 청나라가 일본에 패배한 것을 보고 국민의 자각과 교육이 국가 존망에 가장 시급한 문제임을 깨달았을 정도로 시국에 관심이 많던 하란사였다. 고맙게도 남편은 아내의 관심을 계발시켜 주고자 그녀에게 서울 정동의 이화학당을 소개해 주었다.

그러나 하인을 대동하고 학교에 온 하란사에게 교장 룰루 프라이Lulu E. Frey는 다음과 같이 차갑게 물으며 입학을 거절했다. "우리는 당신 같은 사람이 왜 자신의 비용을 지불하면서까지 이곳에 오려고 하는지 모르겠네요." 이화학당은 1890년대 들어 학생 수가 늘어나면서 기혼자를 받지 않았기 때문이다.

이에 굴하지 않은 하란사는 앞에 있던 등잔불을 불어 끄면서 다음과 같이 말하였다.

"나의 인생은 이렇게 한밤중처럼 깜

하란사와 이화학당

깜합니다. 내게 빛을 찾을 수 있는 기회를 주지 않겠습니까? …… 어머니들이 무엇인가를 배우고 알아서 자식을 가르칠 수 있게 될 때까지 무엇을 어떻게 할 수 있겠습니까?"

프라이는 어쩔 수 없이 모든 경비를 자신이 부담한다는 조건으로 하란사를 입학시켰다.

학교에 있는 동안 그녀는 기독교인이 되었고 낸시Nancy라는 세례명을 받았다. 이름도 없이 살 수밖에 없던 시대에 여성이 이름을 얻는다는 것은 새로운 삶을 의미했다. 후에 낸시를 한문식으로 바꾸어서 난사蘭史라 했는데, 서양식으로 남편 하상기의 성을 따라 하란사, 혹은 김하란사라 불렸다.

미국 내 한국 최초의 여성 문학사, 신여성 하란사

이화학당을 졸업 후 하란사는 한국 여성 최초의 일본 유학생이 되어 도쿄 게이오기주쿠 대학慶應義塾에서 1년간 유학하고 돌아왔다. 이후 정동교회에서 서재필의 "미국의 남녀 평등한 활동"이란 강연을 듣고 미국으로 유학을 떠났다. 1899년경 워싱턴 D.C.에 있는 디커니스 트레이닝 스쿨Deaconess Training School에서 1년을 공부한 후, 오하이오주 웨슬리안Wesleyan 대학에 입학해 미국문학을 공부하고, 만 31세의 나이가 되던 1906년 미국에서 한국 여성으로 처음으로 문학사를 받았고, 웨슬리안 대학을 졸업한 첫 번째 동양인 여성이 되었다.

하란사는 세계복음화의 비전을 갖고 매주 1회 모임을 하며 선교사들을 초청해 강연을 듣기도 하던 해외선교학생봉사단Student Volunteer Band for Foreign Missions에 가입해 활동했다. 그런데 이때의 경험은 하란사가 졸업 후 한국에 와서도 이와 관련된 일을 할 토양을 마련해 주었다.

하란사가 죽었을 때 그 대학의 넬슨 교수는 1919년 웨슬리안대학 동창회보에 그녀의 죽음을 추모하며, 하란사의 성품은 부드럽고 겸손했으며 신앙은 독실하였고, 1904년에 일어난 러일전쟁 때는 전쟁 결과가 한국에 미칠 영향에 큰 관심을 가진 열렬한 애국자이자 한국의 독립을 위해 기도하는 학생이었다고 추억했다.

윤치호에 맞서 젊은 여성들에게 민족과 세계를 심어주다

하란사는 한국에 귀국하자마자 이화학당에서 북감리회 선교사 메어리 스크랜튼을 도와 영어와 성서를 가르치면서 여성 계몽운동에 앞장섰다. 자모회를 구성해 틈틈이 가정의학과 육아법을 지도하고, 각종 계몽강연을 통해 여성들의 자각을 촉구하기도 했다.

하란사는 1907년부터 이화학당에 학생 자치단체 '이문회'以文會를 조직해 지도하였다. 이문회의 목적은 학생들의 지와 덕을 연마시키고 발표력을 키워 조직적이고 민주적인 생각과 행동을 할 수 있는 인재를 배출하는 것이었다. 하란사는 학생들의 정서와 지도 능력을 개발하기 위해 노력했을 뿐 아니라, 이문회라는 조직을 키워 민족 현실과 세계정세를 학생들에게 깨우쳐 주고자 했다. 그녀의 영향을 받은 학생들이 이후 3·1만세운동에도 적극적으로 참여한 것은 당연한 일이었다. 학교 담장을 넘어 서울의 학생만세운동에 참여한 이들도 이문회 출신들이었으며, 천안 3·1만세운동에 적극적으로 참여한 유관순도 이문회 회원으로 하란사의 지도를 받았다.

'여성교육'을 놓고 당대 최고의 개화, 지성인 윤치호와 벌인 하란사의 논쟁은 유명하다. 윤치호는 *The Korea Mission Field* 1911년 7월호에 "기술교육의 필요성"이란 글에서 선교부가 운영하는 학교교육 과정을 비판했다. 선교사들이 실생활에 유용한 요리나 바느질과 같은 기술교육 대신 의식교육만 한다고 지적한 것이다. 이에 하란사는 *KMF*의 12월호에 "항의문"A Protest 이란 글을 기고해 여성교육에 대한 윤치호의 선입견과 그릇된

윤치호의와 여성교육문제에 대한 논쟁을 벌인 잡지
The Korea Mission Field

정보를 반박했다. 그녀는 비난의 근거를 구체적으로 들어보라고 윤치호에게 항의했다.

> 요리나 바느질 같은 가사일에 대한 불평에 설령 일리가 있다고 할지라도 다음 사실만은 꼭 알아두어야 할 것이다. 미국이나 유럽의 정규 고등학교는 졸업생들이 그저 요리나 바느질을 잘하게 되는 것에 목적을 두지 않는다는 점이다. 또 한 가지 알아 두어야 할 사실은 서구 학교의 목적과 방향은 슬기로운 어머니, 충실한 아내 및 깨우친 가정주부가 될 수 있는 신여성을 배출하는 것이지 요리사나 간호원, 침모를 배출하는 것이 아니라는 점이다.

그 어떤 여성이 당대 최고 지도자인 윤치호에게 이처럼 혹독하게 도전을 했겠는가?

전도부인 양성학교, 감리교신학대학의 토대가 되다

하란사는 이화학당과 함께 상동교회 부인영어학교에서 여성들을 가르쳤다. 1906년 11월 메리 스크랜튼이 전도부인 양성을 위해 기혼 여성들을 상대로 교육을 시작했는데, 그녀의 건강이 약해지자 1908년부터는 밀리에 앨벗슨Millie M. Albertson이 학교를 맡아 운영하였다. 앨벗슨은 하란사와 함께 본격적인 전도부인 양성을 위해 학교이름을 아예 부인성경학교로 바꾸었다. 이후 정동 이화학당 옆에 한옥을 한 채 빌려 성경과 신학 기초과목을 가르쳐, 1911년 1회 졸업생으로 양우로더, 신알베르토, 손메례를 배출했다. 이 부인성경학교는 후에 감리교 협성여자신학교가 되었고 이후 남자 협성신학교와 합동해 오늘의 감리교신학대학이 되었다.

하란사는 학생들을 교실 안에서만 가르친 것이 아니라 학생들과 함께 거리와 시골로 나가 전도하기를 즐겨 했다. 교장 앨벗슨은 1911년 보고서에 하란사가 열네 차례의 전도 행사를 하였으며 1,426회의 가정 방문을 통해 250명의 여인이 교회를 나오게 되었다고 그 활약을 묘사했다.

  1910년 9월 이화학당 내 대학과가 신설되어 여성 고등교육을 실시하자 하란사는 유일한 한국인 교수로 참여했다. 이화학당에서 교사, 기숙사사감을 거친 하란사는 오늘날 교감에 해당하는 총교사가 되어 이화학당 기숙사도 책임졌다. 1911년부터는 오라 터틀$^{Ora\ M.\ Tuttle}$과 함께 미북감리교 산하에 있는 이화학당의 분교인 일종인 보통학교를 지도하기도 했다.

한국 최초의 파이프 오르간

하란사는 1918년에 우리나라 최초의 파이프오르간을 정동교회에 설치했다. 손정도 목사 재임 시 파이프오르간 구입을 위한 준비위원회가 발족하였는데, 후임으로 이필주 목사가 부

정동교회 파이프 오르간

임한 지 얼마 안 된 시점에 하란사의 세계감리교총회 참가를 계기로 오르간 구입이 이루어진 것이다. 1917년 10월 4일 〈신한민보〉 당시 상황을 아래와 같이 기술했다.

> 경성 정동제일예배당에는 파이프 오르간이라는 큰 풍금을 전도단 위에 설치하였는데 이는 그 교회 여교우 하란사 여사가 수년 전에 평신도대표로 미국 4년 총회에 참석했을 때 재미동포 중 유지 한 사람의 기부함을 얻은 것이다. 지난 7월에 비로소 도착하였으며 동 회당 전도단 위에다 꾸며 놓았으되 조선 안에는 그만치 큰 풍금이 아직 없다.

민족주의 여성운동가로, 고종-파리강화회의-의친왕

1910년 후반 하란사는 여성교육을 넘어 민족운동으로 활동을 넓혔다. 당시 상동교회 전덕기 목사와 정동교회 손정도 목사와 긴밀한 관계를 맺으며 자연스레 민족주의적 여성운동

고종·하란사·의친왕

가로 변신했다. 젊어서부터 시대상황에 관심이 많았던 그녀에게 당연한 일이었다.

하란사는 1908년 박에스더, 윤정원과 함께 경희궁에서 고종의 훈장인 은장을 받을 만큼 황실의 신뢰를 얻고 있었다. 그녀는 달성이궁에서 궁녀들에게 영어를 가르쳤는데, 그곳에서 고종의 후궁인 엄비를 자주 만나 교제하였고, 1895년 명성황후 시해 사건 후에는 엄비의 주치의 언더우드의 부인 릴리아스Lillias H. Underwood의 통역관 역할도 했다. 또한 유학시절 로어노크대학Roanoke University에 유학 온 고종 황제의 다섯째 아들 의친왕과도 교류하며 친분을 쌓았다.

1차 세계대전 후 강화회담이 1919년 6월 파리에서 개최된다는 정보를 입수한 국내외 민족운동세력은 고종 황제의 아들 중 민족의식이 가장 뚜렷한 의친왕을 파리에 출석시켜 우리 민족의 독립의지를 표명하려는 계획을 세웠다. 이들 모두와 관련을 맺고 있던 하란사가 이 일에 가담한 것은 당연한 일이었다.

그러나 1919년 1월 21일 고종이 갑자기 승하하자 이 모든 일이 수포로 돌아갔다. 하란사는 베이징으로 망명을 감행했는데, 이때 그녀의 남편은 동행하지 않았고 하란사는 일제의 삼엄한 감시망을 뚫고 압록강과 선양을 거쳐 베이징에 도착했다. 그러나 도착 직후, 4월 10일 하란사는 병으로 베이징 협화의원 별실에서 소천했다. 하늘도 돕지 않은 참담한 결과였다.

1년 후 〈독립신문〉은 그녀의 사인을 유행성 감모, 즉 독감으로 보도했지만, 일부 자료는 그녀가 베이징에 도착한 후 교포들이 마련한 만찬회에 참석해 먹은 음식이 잘못되어 죽었다고 보도했다. 하란사의 장례식에 참석하고 온 아써 벡커Arthur L. Becker는 "그의 시체가 검게 변해 있었다."고 한 증언했고, 남편은 베이징을 다녀와 "베이징에 가는 도중 봉천에서 어떤 동지를 만나 속뜻을 이야기한 것이 오히려 그가 음해를 받은 원인이 되었다."라고 말했다. 하란사의 죽음은 단순히 병사나 자연사가 아닌 타의에 의한 독살이었을 수 있다. 그것을 밝히는 과제는 후대에 물려준 채 한 많은 삶을 정리한 것이다.

정부는 1995년 그녀에게 건국훈장 애족장을 추서하였다.

교육으로 나라를 세우고
신앙으로 나라를 구하기 힘쓴
무궁화 선비 **남궁억** 1863-1939

우리의 웃음은 따뜻한 봄바람
춘풍을 만나 무궁화 동산
우리의 눈물이 떨어질 때마다
또다시 소생하는 이천만

민족 운동에 눈 뜬 영어 통역관

한서 남궁억은 1863년 서울 정동에서 중추부사를 지낸 남궁영의 독자로 태어났다. 그는 부친을 일찍 여의고 홀어머니 밑에서 자랐다. 1874년 한문사숙에 입학해 9년 동안 수학하였으며, 16세가 되던 해에 남원 양씨와 결혼하였다. 1883년 영어를 가르치는 신식학교인 통역관양성소 동문학에 입학하였다.

남궁억

남궁억은 1886년 내부 주사로 임명되어 어전 통역을 담당하게 되었는데 이것이 관직생활의 첫 출발이었다. 1887년 정부에서는 수교한 나라에 외교사절을 파견하면서 같은 해 5월에 유럽에 파견하게 된 조민희 전권대신 통역수행을 위해 남궁억을 서기관으로 승진시키고 채현식을 번역관으로 임명하였다.

그는 1889년 1월 궁내부의 별군직에 임명되어 4년간 고종 임금을 섬겼으며 1893년에는 경상북도 칠곡부사로 임명되어 지방아전들의 부정부패를 뿌리 뽑는 데 힘을 썼다.

1895년 일본 낭인들이 주축이 되어 명성황후 시해사건이 발생하자 남궁억은 덕수궁 대한문 앞에 엎드려 통곡하며 일본인들의 만행을 규탄하였다. 이후 곧 관직을 사임하고, 서재필이 간행하던 〈독립신문〉 영문판 편집에 종사하였다. 1898년 독립협회는 만민공동회를 개최하여 외세의 침략간섭정책을 배격하고 러시아의 세력을 요동반도로 후퇴시키는 한편, 자주민권

자강운동을 전개하여 큰 성과를 거두었으며, 마침내 중추원中樞院을 개편해 한국 역사상 최초의 의회를 개설하여 전제군주제를 입헌대의군주제로 개혁하기에 이르렀다.

그러나 러시아와 친한 수구파들이 독립협회의 의회설립운동이 광무황제를 폐위시키고 공화제를 수립하려는 운동이라고 모략함으로써 이상재와 남궁억을 비롯한 독립협회 지도자 17명이 1898년 11월 체포되기에 이르렀다. 서울 시민들은 자발적으로 만민공동회를 개최하여 남궁억을 비롯한 지도자들의 석방을 요구하였다. 남궁억과 독립협회 지도자들은 정부 대신들의 건의로 풀려 나왔으나, 1898년 12월 친러수구파의 탄압때문에 독립협회는 강제로 해산을 당하였다. 참으로 숨 가쁜 역사 현장의 전면에서 남궁억은 젊은 시절을 보냈다.

언론을 통한 애국계몽운동

독립협회 활동의 막바지 단계에서 남궁억은 언론을 통한 민중의 애국계몽운동을 전개하였다. 1898년 9월 5일 서른다섯의 나이에 이른 남궁억은 나수연, 유근과 함께 〈황성신문〉을 창간하고 사장에 취임하여 국민을 계몽하고 독립협회의 활동을 적극적으로 지원하였다. 1900년 7월 30일에는 러시아가 일본에 한국을 분할 점령하자고 제의하였던 내용이 일본 신문 〈대판신보〉에 보도되자, 남궁억은 이를 〈황성신문〉에 옮겨 실어

〈황성신문〉 창간호

러시아와 일본의 한국 침략 야욕을 폭로하고, 이를 경계하는 논평을 실어 국민의 경각심을 촉구하였다가 경무청에 20일간 구금되기도 하였다.

남궁억은 1906년 2월 강원도 양양군수로 임명된 후, 양양 군청 뒷산에 현산학교를 세워 청년들에게 구국 교육을 하였다. 그뿐만 아니라 군수로

있던 시절 일본 세력을 등에 업고, 못된 짓을 일삼던 한국인 협잡배들을 일본인들이 보는 앞에서 30대씩의 태형을 가했다.

> 아무리 무지막지한 놈들이기로서니 나라를 빼앗은 놈들과 공모해서 같은 동포의 재물을 노략질 하다니! 너희는 백 번 죽어도 죄가 남을 놈들이다. 서울에서 왜놈들이 강제로 황제의 왕위를 내놓으라고 해서 장안이 들끓고 있는데, 너희 놈들은 나라도 모르느냐?

남궁억은 1907년 일제의 침략 야욕이 강화되자 관직을 사임하고 상경하였다. 양양에서의 이러한 애국계몽운동과 그의 올곧은 정치 덕분에 양양은 1919년 그의 고향 홍천과 함께 강원도를 대표하는 3·1만세운동의 중심지가 되었다.

1907년 11월 풍전등화처럼 위태로워진 국운과 난국을 수습하고자 남궁억은 권동진, 오세창, 윤효정, 장지연, 정운복과 함께 대한협회를 창립한 후 평의원으로 활동하다가 1908년 2월에 회장으로 추대되어 애국계몽운동에 헌신하였다. 대한협회는 1906년 3월에 설치되어 1907년 8월에 해산된 대한자강회의 후신으로 기본강령으로 교육의 보급, 산업의 개발, 생명재산의 보호, 행정제도의 개선, 관민폐습의 교정, 근면저축의 실행, 권리의무 책임의 복종의 사상을 고취한다는 7개 조를 내세웠다. 그리고 〈대한협회월보〉와 〈대한민보〉를 발간하여 계몽운동에 노력했다.

배화학당에서부터 모곡학교까지 민족교육운동

남궁억의 삶의 큰 궤적 중의 하나는 사회운동과 교육이었다. 1910년 나라가 일본에 병탄되자 교육을 통해 신세대들에게 민족의식과 독립사상을 각성시켜야 한다고 생각하고 새 세대 교육에 직접 뛰어들었다. 그는 11월 배화학당의 교사가 되어 영어와 붓글씨, 역사, 가정교육, 국문법을 가르치는 한편 야간에는 상동교회 안에 있는 청년학원 원장을 겸하면서 독립사상을 고취 시키고, 역사서를 보급하고, 한글 서체를 창안하고 보급하는 데 매진하였다. 특히 배화학교에서 학생들에게 창가라고 하는 애국가사를 보급하였고, 삼천리 금수강산을 상징한 무궁화 수본을 고안하여 여학생들에게 수놓게 함으로써 민족의식 고취에 큰 영향을 끼쳤다.

남궁억은 건강이 쇠약해지면서 친지들의 권유로 1918년 학교를 사임하고 선대의 고향인 강원도 홍천군 서면 모곡리, 일명 보리울로 낙향한 이후 기독교에 입교하였다. 그리고 58세라는 늦은 나이에 종교교회에서 입교세례를 받았다. "그는 천국에 가기 위해서가 아니라 세상에서 도피할 요량으로 교회에 다니기 시작했다."라고 사돈 윤치호는 남궁억의 입교를 폄하했지만, 남궁억은 오히려 기독교를 받아들인 후 더욱 힘차게 독립운동을 전개해 나갔다. 우리는 다음과 같은 남궁억의 기도문을 통해 그의 심적 변화의 실마리를 읽을 수 있다.

> 주여! 이 나이 환갑이 넘은 기물이오나 젊어서 가졌던 애국심을 변치 않게 하시니 감사 하거니와, 아무리 혹독한 왜정 하일지라도 육으로 영을 감당할 수 있게 하소서.

남궁억은 1919년 9월 보리울에 교회를 세우는 한편 모곡학교를 세워 농촌의 청소년 교육에 주력하였다. 교육비는 무료였고 학생들에게 독립정신을 심어주기 위해 학교 안에 무궁화 묘목을 심어 전국 기독교계 학교에 보급하여 무궁화 사랑 운동을 전국적으로 전개하였다. 이때부터 쏟아져 나온 '무궁화 예찬시'를 비롯해 그가 작사한 100여 곡이 넘는 노래는 한민족을 위로하고 희망을 던져주었다. 특히 그가 만든 "모곡학교가"에는 다른 어떤 노래보다 깊은 기독교 신앙 고백이 구구절절 흐르고 있다.

> 동막산과 강구비 앞뒤 둘렀고
> 모곡구역 모곡리는 우리 집이라
> 세상 영화 누릴 자는 우리들이며
> 그 가운데 뜻 부철 손 주일(모곡)학교라
> ……
> 주 예수 흘린 피로 죄 씻음 받고
> 영생 소망 그네줄로 기쁨을 삼아
> 싸워 이겨 저 언덕에 노래 부를 때
> 퍼지리라 온 세상 하나님 나라

사돈 윤치호가 일제에 협력하고 작위를 받으면서 마음 졸이고 살 때, 남궁억은 가난하고 힘들지만 호연지기와 배포를 가지고 민족계몽과 애국 운동을 그 시골벽지에서 전개하였다.

일제의 감시에도 불구하고 저작에도 힘을 써 〈교육월보〉와 《가정교육》을 간행해 배재학당에서 가르쳤으며, 역사에 남다른 관심을 가지고 《동사략》과 전 5권으로 된 《조선이야기》를 저술하였다. 그는 1925년 3월 모곡학교를 6년제 사립학교로 인가받아 유지들로부터 기부금을 얻는 한편 건물을 증축하고 역량있는 교사를 채용하여 내실을 기하였다.

남궁억이 그토록 애정을 갖고 키워 왔던 모곡학교는 일제의 탄압으로 결국 문을 닫아야 했다. 그러나 광복 이후 남궁억의 문하생들에 의해 한서 초등학교와 한서 중학교가 재건되어 그 정신이 계승되어 오늘에 이르고 있다.

무궁화 보급을 통한 나라사랑

1923년 남궁억은 무궁화 노래시를 지어 무궁화 사랑과 애국심을 높이는 데 큰 역할을 하였다. 아침에 영롱하게 피어오르는 무궁화의 꽃망울 속에서 기독교가 가지고 있는 생명과 부활을 본 남궁억은 보리울에서 무궁화 묘목을 심어 전국교회와 기관에 자신이 지은 "삼천리 반도 금수강산"의 찬송과 함께 30만 주를 보급하면서 부활과 희망을 노래했다.

한서 남궁억 기념관

> 삼천리 반도 금수강산 하나님 주신 동산
> 이 동산에 할 일 많아 사방에 일꾼을 부르네
> 곧 금일에 일 가려고 누구가 대답을 할까
> 일하러 가세 일 하러가 삼천리 강산 위해
> 하나님 명령 받았으니 반도 강산에 일하러 가세

이 무궁화의 소중함과 가치를 알고 있는 일본 경찰은 남궁억의 삶과 신앙을 뿌리째 뽑으려고 공부하고 있는 학동들까지 동원해서 무궁화 묘목 7만 주를 뽑아 불태워버렸다. 일본의 교회억압과 말살정책은 지도자들의 박해와 순교에서만 끝나지 않았다.

남궁억은 이 무렵 보리울에 조국광복기원 제단을 쌓고 그곳에서 조국의 광복을 기도하였으며 서울에 갈 때는 일제가 부설한 철도나 일인이 운영하는 버스를 타지 않고 수 백 리 길을 걸어가는 투철한 항일의식을 몸소 보이기도 하였다.

이처럼 말년에도 청소년 교육 및 무궁화와 애국가사 보급운동 등 애국계몽운동에 매진하던 선생은 만 70세가 되던 해 일찍이 학생들에게 "무궁화동산"이라는 노래를 가르쳤다는 이유로 1933년 11월 일제에 의해 소위 십자가당十字家黨 사건에 연루되어 일경에 체포되었다. 1935년 2월에 1년 형이 확정되었지만, 집행유예로 풀려 날 때까지 1년 3개월 동안 서대문형무소에서 옥고를 치뤘다. 잔인한 일제는 나이가 70이 넘었다고 해서 애국지사들을 절대 봐주지 않았다.

출옥 후 옥중 후유증으로 병고에 시달리던 남궁억은 "내가 죽거든 무덤을 만들지 말고 과일나무 밑에 묻어서 거름이나 되게 하라."는 마지막 유언을 남기고 조국광복을 보지 못한 채 1939년 4월 5일 77세로 서거하였다.

정부에서는 그의 공훈을 기리어 1977년에 건국훈장 독립장을 추서하였다.

한센인과 민족을 위해 평생을 살았던
호남 영성의 대부,
민족운동가 오방 **최흥종** 1880-1966

나는 독립이 될 것으로 믿고 있으며,
나로부터 독립사상은 사라지지 않을 것이다.

예배당 찾은 광주의 무쇠 주먹

최흥종

1880년 5월 2일 광주에서 탐진 최씨 최학신의 차남으로 태어난 최흥종의 집안은 광주에서 상당한 재산을 지닌 넉넉한 가문이었다. 5세 때 모친을 잃고 계모 슬하에서 자란 그는 청소년기에 접어들면서 광주의 '무쇠 주먹'으로 이름을 날렸다. 그러던 중 1904년 12월 25일 유진 벨Eugene Bell 선교사 사택에서 열린 광주 최초의 예배에 참석하면서 그는 기독교인이 되었다. 이처럼 광주기독교의 출범과 함께 최흥종의 신앙 또한 시작되었다. 본래 이름이 최영종이었던 그는 1907년 세례를 받으면서 흥종으로 개명했다.

1905년 최흥종은 광주군 경무청의 순검이 되었다. 그는 순검으로 있으면서 의병을 몰래 풀어주고, 수감된 의병들을 따뜻하게 돌봐줬다. 의병장 채기문을 체포하라는 명령을 받고 미리 그에게 알려줘 도망치게 했으며, 보성의 의병장 임창모의 부하 10여 명도 계책을 세워 살려줬다는 일화도 유명하다.

1907년 순검을 사직한 최흥종은 국채보상운동에 참여했으며, 광주농공은행에서 잠시 근무를 하다 1908년 3월 남장로교 의료선교사 로버트 윌슨Robert M. Wilson의 어학선생 겸 광주선교진료소 조수로 취직하고 같은 해 양림교회 집사가 되었다. 1909년 4월 남장로교 의료선교사 와일리 포사이드Wiley H. Forsythe를 만나 감화

포사이드

를 받고 더욱 독실한 신앙인이 되었다. 죽어가는 친구 오웬을 구하기 위해 광주로 오던 포사이드가 버려진 한센인 여성을 온갖 정성을 다해 구하려 한 행동이 그에게는 충격으로 다가온 것이다. 최흥종은 1910년 이후 광주선교진료소에서 발전한 광주제중원의 사무인으로 재직하며, 1912년 자신의 땅을 내놓아 광주나병시설을 시작했고 나환자교회인 봉선리교회의 설립에 참여했다. 최흥종은 1914년 평양신학교에 입학해 공부를 시작했으나, 직장은 여전히 광주제중원이었다.

광주를 중심으로 민족독립, 사회운동, 노동운동의 전면에 나서다

최흥종이 민족운동에 본격적으로 나서게 된 계기는 자신의 나이 40이 넘은 시기에 일어난 1919년 3·1만세운동이었다. 그는 서울 남대문 역전에서 인력거 위에 올라가 〈신조선신보〉란 유인물을 나눠 주며 '민족자결주의'에 대해 연설했다. 이후 덕수궁

남대문 거리

대한문 앞으로 자리를 옮겨 다시 인력거 위에 올라가 '조선독립'이라 쓰여진 기를 흔들며 시위를 주도하였다. 최흥종의 신문조서에 따르면 그는 한일병탄에 대한 반감이 있었고, 조선의 독립을 강력하게 희망하고 있었다. 그는 독립운동을 계속하겠느냐는 질문에 "나는 독립이 될 것으로 믿고 있으며, 어쨌든 나로부터 독립사상은 사라지지 않을 것이다."라고 담대하게 답했다.

이를 계기로 최흥종은 보안법 위반으로 징역 1년을 선고받고, 1920년 6월 출옥한 후에 평양신학교 학업을 계속했다. 그리고 광주 북문밖교회 담임목사를 맡으며 유치원을 설립했는데, 이는 평소 우리나라의 어린아이 교육에 대한 큰 희망을 품고 있었기 때문이었다. 그뿐만 아니라 최흥종은 여

성들을 위한 야학도 운영하였다. 1933년도 통계에 따르면 한국인의 문맹률이 72%를 넘었는데, 1920년대도 이와 크게 다르지 않았다. 그런데 여자들의 문맹률이 남자들보다 훨씬 높아서 "여자는 천 명 중 구백이 무식자이다."라고 말할 정도였다. 이런 상황에서 최흥종은 교회에 여성을 위한 한글 야학반을 개설하여 운영하였던 것이다. 최흥종은 한센인, 어린이, 여성에 대한 관심을 평생 지속하였다.

그 후 최흥종은 1920년 8월 창립한 조선노동공제회 광주지회장으로 일하다가 이어 9월에 열린 전국회의에 참석하면서 노동운동을 시작했다. 3·1만세운동에 이은 노동운동으로 1921년 1월 당국으로부터 '갑종 요시찰인물'로 지목되었다. 1924년 3월에는 전라노동연맹 발기회에 광주 지한면 소작인회 대표로 참석하면서, 노동운동에 이어 농민운동으로 관심을 확장했다. 1925년 1월에는 한 기자와의 면담에서 "면화 공동판매 개선이 시급한 문제"이며, "부정간책 철저 징치"를 주장하며 노동운동의 전면에 적극적으로 나섰다.

또한, 1927년 10월 29일 열린 신간회 광주지회 창립총회에서 1대 지회장에 취임하여 사회주의계열과 연대하여 다양한 사업을 추진하였다. 그러나 최흥종의 사회운동은 사회주의적 노선을 따른 행동이라기보다는 기독교 정신에 따른 인도주의적 입장과 민족주의가 합쳐진 활동이었다. 이처럼 40대의 최흥종에게는 거칠 것이 없었다.

광주YMCA 설립과 운영

최흥종의 활동 중 중요한 한 가지는 광주YMCA 설립과 활동이었다. 1911년 광주 숭일학교 학생들이 이승만 박사의 강연을 들은 다음에 광주기독학생청년연합회를 조직하였는데, 이를 기회로 숭일학교 학생을 중심으로 학교 내에 YMCA가 창설되었다. 이를 기반으로 1920년 수감생활을 마치고 광주 북문밖교회에 다시 부임한 최흥종은 8월 29일 YMCA광주지부를 설립하였다. 최병준이 초대회장을 맡았으나, 1924년 최흥종 목사가 회장을 맡았을 때 비로소 서울 중앙 YMCA의 인준을 받아 지부로서의 자리를 굳혔다.

 광주 숭일학교 선생과 학생, 광주 양림교회와 북문밖교회 교인들이 대다수를 이루던 광주YMCA의 회원들은 전남 각 지역에 광주 기독청년 전도대를 보내어 복음전도활동과 음악 및 각종 문화활동을 전개하였다. 이러한 활동은 단순히 복음전도를 넘어 광주와 전남지역의 독립과 사회운동으로 확장되었다. 이들은 지역 경찰서와 교도소에 수감된 독립지사들에게 사식을 넣어주고, 친일적인 반민족주의자들을 집단으로 구타하거나 습격하고, 심지어 요인암살과 관공서 파괴까지 서슴지 않았다. 최흥종이 중심이 된 광주YMCA의 근저에는 이처럼 확고한 독립과 애국심이 기초하고 있었다.

포사이드에 감명받은 호남 지역 한센인의 아버지

 최흥종의 삶 가운데서 빼놓을 수 없는 이야기가 바로 한센인 사역이다. 1909년 당시 조사 자격으로 선교사를 돕던 최흥종은 포사이드 선교사의 헌신적인 한센인 사랑과 치료에 감명을 받았다. 이에 감동한 최흥종은 광주 봉선리에 있던 자신의 땅 1,000여 평을 바쳐 치료소와 나환자교회인 봉선리교회 설립에 이바지하였다.

 포사이드 선교사를 동생처럼 여기던 최흥종 목사는 나병에 걸린 여자가 떨어뜨린 고름에 찌든 지팡이를 집어달라는 포사이드의 간청에 오랫동안 주저했던 당시 상황을 생각하며 후일에 이런 글을 남겼다.

그 당시 교회 집사직으로 있으면서 제법 믿는다고 하던 나였는데, 사랑이라는 진미眞美를 못 깨닫고 포 의사의 그와 같은 사랑의 행동을 보고서야 비로소 깨달은 것입니다.

1924년 560여 명에 이를 정도로 규모가 커지자 치료소를 한적한 곳으로 이전하기로 계획하고 제임스 엉거James K. Unger, 원가리 선교사와 최흥종이 필요한 자금을 모금하였다. 그리고 1926-1928년에 걸쳐, 마침내 현재의 여수 신풍리로 600여 명의 한센인이 옮겨와 병원, 교회,

애양원교회

학교를 세우고 한센인 마을을 형성했다. 이후 애양원은 문자 그대로 '사랑이 자라는 동산'으로 성장해 나갔다.

최흥종은 1932년 한센인의 근본적인 해결을 위하여 '나환자 근절협회'를 조직하여 한센인에 대한 격리, 치료, 구제, 예방의 근절책을 내세우고, 이 사업을 향후 10년간 운영하는데 드는 비용을 선교회와 한국인들의 기부금으로 충당하려는 계획을 구체적으로 세웠다. 그러나 당시 소록도를 확장하고 한센인들을 일괄적으로 통제하고자 한 일본의 방해로 같은 해 협회가 해산할 수밖에 없었다. 하지만 최흥종은 1933년 4월 총독부를 방문해 경무국장과 위생국장을 면담하고 한센인들을 위한 활동을 지속했다. 특히 갈 곳 없는 음성 한센인들을 위해 나주군 남평면 산포리에 10여 명의 음성 퇴원환자들을 직접 정착시키는 등 지원을 아끼지 않았다.

오방의 실천가

1935년 최흥종은 서울 세브란스병원 의사 오긍선을 찾아가서 오늘날의 정관절제 수술이라 부를 수 있는 단종 수술을 받았다. 그리고 광주로 내려

와 YMCA총무를 통해 자신에 대한 사망통지서를 전달하도록 하였다. 이어 "교역자의 반성과 평신도의 각성을 촉함"이란 글을 〈성서조선〉에 기고하여 한국교회를 비판하였다. 이는 이제 50여년의 역사를 거쳐온 한국교회의 타락과 무능을 질책하는 예언자적인 저항이었다.

무등산 결핵환자촌에 찾아온 함석헌과 함께

50대 후반에 달한 최흥종은 제도권 교회를 떠나 무교회주의자들과 교류하고, 무등산 증심사 계곡에 칩거하며 병자와 빈민들을 위한 활동에 전념했다. 이는 신사참배를 요구하는 자들을 향한 최흥종의 항변이었고, 성경대로 살아가지 못한 제도권에 대한 질타였다.

이때부터 최흥종은 자신의 호를 '오방'이라고 하였다. 다섯가지에서 해방한다는 뜻의 '오방'五放은 식욕, 성욕, 물질욕, 명예욕, 종교적 방랑으로부터의 해방과 자유를 뜻한다. 더 나아가 오방이란 가정, 사회, 경제, 정치, 종교에 매이지 않고 하나님과 나 자신만의 관계에 충실함으로써 어지러웠던 시대에 등불이 되려는 순수한 마음의 출발을 뜻한다.

최흥종은 1948년 3월 광주 고등국민학교를 설립했는데, 하나님 사랑, 이웃 사랑, 땅 사랑이라는 설립 정신을 반영해 "삼애학원"이라고 불렀다. 또한, 중심사 주변에 사는 지역민들과 더불어 '신림교회'를 시작하였다. 그뿐만 아니라 결핵환자들과 관련된 소식을 들은 최흥종은 서울YMCA와 전국에 호소문을 발송해 결핵치유를 위한 후원금을 모금하였다. 그 결과 상상할 수 없는 큰 액수의 지원금이 전달되어 결핵 환자의 지속적인 치료가 이루어졌다. 이처럼 60대의 최흥종은 전방위적인 사역을 왕성하게 펼쳤다.

1964년 12월 30일 최흥종은 〈유언장〉을 작성하여 지인들에게 발송하였다. 1966년 2월 단식과 절필을 선언했으며, 그해 5월 14일 사망했다. 고아와 여성, 한센인, 교회와 민족을 위해 쉼 없이 달려온 삶이 마침내 쉼과 해방을 맞은 것이다. 그의 장례식은 5월 18일 한국인 최초의 시민장으로 광주공원에서 거행되었다.

정부에서는 1986년 대통령표창과 함께 고인의 공훈을 기리어 1990년에 건국훈장 애족장을 추서하였다.

〈성서조선〉을 통해 C^Christ C^Chosun 를 강조한 진정한 예수쟁이 노동자 김교신 ^1901-1945

널리 깊이 조선을 연구하여
영원한 새로운 조선을 성서 위에 세우리.

두 개의 J^{Jesus와 Japan}, 두 개의 C^{Christ와 Chosun}

청년 김교신의 모습

1901년에 태어난 김교신은 어렸을 때 한학을 공부하고 함경도 함흥 보통학교를 거쳐서 함흥 농업학교에서 공부하였다. 그 후 일본에 건너가 도쿄 세이소쿠영어학교에 입학했다. 이곳은 민족지도자 조만식이 25세 나이인 1908년 일본으로 와서 공부했던 학교이다. 김교신은 1922년 도쿄고등사범학교 영문학과에 입학했으나, 후에 지리와 박물과로 전과해 1927년에 졸업하였다.

우치무라 간조

도쿄에서 유학할 당시 김교신은 일본의 군국주의를 반대하고 일본기독교의 자주성을 주장하면서, 무교회운동을 전개하던 우치무라 간조^{內村鑑三}의 사상에 깊은 영향을 받았다. 우치무라 간조는 사무라이 계급의 후예로 평생 일본인임에 강한 자긍심을 가진 기독교인으로 자신의 사상을 '두 개의 J'로 표현하였다. '예수'^{Jesus}와 '일본'^{Japan}의 약자를 뜻하는 '두 개의 J'는 우치무라의 고유한 사상과 신앙이었다. 우치무라가 주장한 무교회주의는 이 '두 개의 J'의 산물이었다. 우치무라는 기독교 신앙의 본질적인 요소를 영원히 살아있는 그리스도 예수에게 직결하는 '의뢰적 독립'으로 보고, 신과 인간 사이의 직접적인 관계를 중개하려는 모든 인간적 종교제도, 의식 또는 교리나 성직제도를 비판하였다. 또한 제도교회를 인위적이고 기교적인 인간중심주의라 배격하고, 참된 교회는 그리스도를 믿는 사람들이 자연스럽게 연합해 만들어 낸 사랑의 공동체이어야 한다고 하였다. 따라서 기독교를 신앙과 성서만으로 단순화하여 평신도 성서공부모임이라는 최소한의 형식을 제외하고는 모든 것을 소박한 자연스러움에 맡기고자 하였다.

김교신은 도쿄 유학 시절 신앙적으로 방황하던 때 우치무라의 신앙과 그의 국가관에 영향을 받고, 그것을 '두 개의 C', 즉 '그리스도'Christ와 '조선'Chosun으로 표현하였다.

김교신은 어린 시절 유교적인 교육을 받으며 성장했다. 그 때문에 조국을 생각하는 국가관에는 당연히 임금에게 충성하고 나라를 사랑하는 일종의 '충군애국'忠君愛國 봉건적 사상이 포함되어 있을 수밖에 없었다. 그러나 우치무라 간조를 만나면서 독특한 기독교적 신앙관과 국가관을 갖게 되었다.

"무레사네', 이 땅의 지리를 통해 애국과 그리스도를 가르치다

도쿄 유학 시절 지리박물과를 전공한 김교신은 귀국한 후 1927년 4월부터 고향인 함흥 영생여자고등보통학교를 시작으로, 서울의 양정고등보통학교, 제일고등보통학교, 개성 송도고등보통학교에서 13년 11개월 동안 지리교사로 학생들을 가르쳤다.

김교신은 일차적으로 교육을 통해 실력양성을 시켜야 한다는 생각을 하고 있었는데, 교육을 통해 나라를 세운다는 일명 교육입국敎育立國이란 생각은 당대 많은 선각자가 공유하던 개념이었다. 김교신의 교육에는 신앙적 모습과 민족주의적 모습이 동시에 담겨 있었다. 당시 일제는 지리교육을 통해 황국신민화 교육을 강요하고, 한반도를 일본의 한 지방으로 가르쳐 한국인을 일본화하려고 하였다. 그러나 김교신은 의도적으로 거의 일 년 내내 자신의 수업시간에 우리의 영토와 우리의 지리

손기정 선수에게 민족혼을 심어준 양정고등보통학교 교사 시절

와 우리의 땅을 가르쳤고, 이를 통해 분명한 애국적 사상과 얼을 학생들에게 심어주었다. 김교신은 어느 특정 지역을 가르칠 때는 그 지방 출신이나, 관련된 인물을 언급하면서 살아있는 교육을 시켰다. 그리고 '무레사네'(물에 산에)라는 답사반을 조직해 학생들과 함께 서울 근교를 답사하면서 조국에 대한 사랑을 심어주었다.

이처럼 김교신은 식민지 도구로 전락한 공교육의 지리 과목을 과감하게 민족주의적 애국심을 가르치는 과목으로 적극 활용하였다. 내 나라와 내 지도자를 갖지 못한 당시, 이 땅의 모든 주제와 배움이 민족혼과 얼을 가르치는 교과서가 되었다. 그리고 김교신은 지리를 통해 그리스도와 조선, 즉 '두 개의 C'를 가르쳤던 것이다.

'의뢰적 독립'을 강조한 무교회주의를 한국에 나누다

김교신은 외형보다는 내면을 추구하는 신앙을 추구했으며, 이러한 신앙관은 식민지 한국이 처한 역사적 현실 속에서 자연스럽게 형성되었다. 김교신은 삶의 많은 한계상황에 부딪히면서 이를 극복하는 방법을 성서에서 찾았다. 특히 조선이라는 역사와 시대적 현실에서 발생한 여러 문제를 성서에 대한 묵상과 연구를 통해 답을 얻고 극복하려고 노력하였다. 그 때문에 김교신에게 있어서 성서는 최고요 최선이었고, 이 최고의 것을 '조선'인 한국에 심고자 하였다.

김교신과 함석헌은 우치무라가 주장한 하나님과 자신을 직접 연결하는 '의뢰적 독립'을 통해 자신을 세상에 대해 자유롭고 독립된 자아로 세우는 것이 기독교의 근간이고, 예언자의 기본적 소양이라고 보았다. 즉, 하나님 앞에서는 "자유와 독립을 가진 단독자로서 스스로를 정립하는 이 절대적 책임과 의무"를 대신해 주겠다는 모든 교회제도와 조직을 '교회주의적인 우상'이라 보았다. 도쿄고등학교 유학시절 김교신을 통해 우치무라 간조를 소개받고, "그의 마음 내가 알고 내 마음 그가 안다."고 할 정도로 평생을 지기知己로서 함께한 함석헌과 함께 김교신은 성서연구와 신앙만으로 간소화한 무교회주의의 집회 방식을 실천하였다. 여기서 성서연구는 스스로 성서를 직접 읽고 자기의 생활과 관련해 성서를 철저하게 연구하는 것이었다. 김교신은 이렇게 하여 무교회주의자 각자가 하나님의 뜻을 깨닫고, 그것을 생활 원칙으로 삼을 수 있다고 보았으며, 무교회주의 생활에서 성서연구는 인격적이고 실천적인 행위라 보았다.

성서조선사건

김교신을 비롯해 일본에 유학 중이던 함석헌, 송두용, 유석동, 양인성, 정상훈은 일본에서부터 '조선성서연구회'를 조직하고 우리말 성경을 읽고 연구하였다. 1927년 7월 학교를 졸업한 김교신은 귀국한 후에 월간 동인지 〈성서조선〉을 창간하였다. 그는 1930년 5월부터 혼자 주필 겸 발행인으로 〈성서조선〉을 발행하였는데, 물론 이때도 같이 활동했던 동인들의 투고는 계속해 이루어졌다. 이 잡지는 한센인들의 집단 거주지인 소록도까지 전달되어 많은 한센인에게 위로와 희망을 주기도 했다. 〈성서조선〉은 1934년부터 폐간되던 1942년까지 조선총독부로부터 10여 차례의 출판물 압수와 출판금지 처분을 받으며 검열을 받아야했다. 1937년 중일전쟁 이후의 전시총동원체제 아래서 강화된 출판법이 적용되면서 〈성서조선〉은 여러 차례의 출판금지 처분을 받았다.

〈성서조선〉 창간 당시 동인들의 모습

그러던 중 결국 1942년 3월호의 권두언인 '조와'弔蛙, 일명 개구리의 죽음을 슬퍼한 글로 인한 필화사건이 발생하였다.

짐작컨데 지난 겨울의 비상한 혹한에 작은 담수의 밑바닥까지 얼어서 이 참사가 생긴 모양이다. 예년에는 얼지 않았던 데까지 얼어 붙은 까닭인 듯. 동사한 개구리 시체를 모아 매장하여 주고 보니 연못 아래에 아직 두어 마리 기어다닌다. 아, 전멸을 면했나 보다.

일본은 함흥지역 만세운동과 연관되어 있던 김교신이 쓴 '조와'라는 권두언의 내용이 한국민족의 소생을 노래했다고 판단하였다. 그리고 이를 빌미로 일제는 전국적으로 〈성서조선〉 집필자와 정기구독자들 3백여 명을 일시에 검속하였다. 김교신은 이 일로 1년 동안 미결수 상태로 서대문형무소에서 옥고를 치렀다. 그는 1943년 3월 29일 석방되었지만, 〈성서조선〉은 '성서조선사건'으로 불린 이 일을 계기로 폐간당하였다.

〈성서조선〉

석방된 후 김교신은 1944년 7월부터 1945년 4월까지 흥남 일본질소 비료회사에서 계장으로 있으면서 한국인 노동자의 복리, 특히 교육, 의료, 주택, 대우의 개선을 위해 노력하였다. 그리고 일본이 태평양 전쟁을 일으켜 많은 청년을 징용하여 갈 때는 전국의 청년들을 모아 질소비료공장에서 전쟁과 징용을 일단 피하도록 적극적으로 도왔다.

자신을 돌보지 않고, 쉼 없이 달려온 김교신은 결국 광복을 3개월여 앞둔 1945년 4월 하늘의 부름을 받았다. 정부는 그의 공훈을 기려 2010년에 건국포장을 추서하였고, 김교신의 유해가 북한의 함경남도에 있기 때문에 그 위패를 대전 국립 현충원에 모셨다.

3·1만세운동 당시
대한 예수교장로회 총회장으로 활동한
평양출신 목사 **김선두** 1876-1949

구속되어 천 년을 사는 것보다
자유를 찾아 백 년을 사는 것이 의의가 있다.

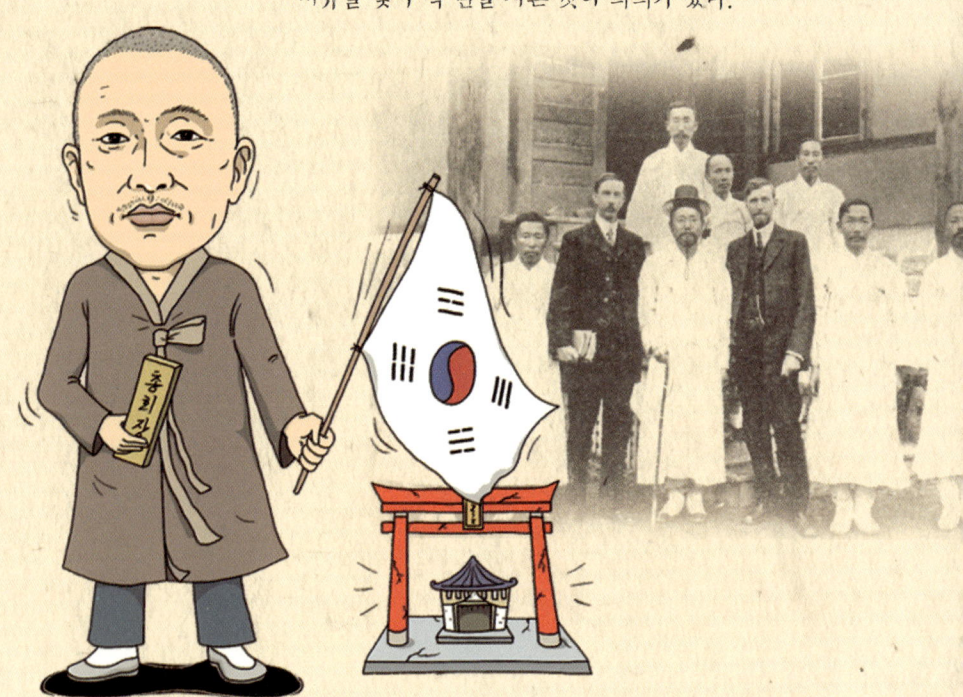

"구속되어 천년을 사는 것보다……", 평양의 3·1만세운동

김선두

　　　　　　김선두 목사는 우리나라가 일본에 개항을 시작한 1876년 8월 4일 평양에서 출생했다. 1901년 26세의 나이로 기독교 신앙을 받아들인 그는 숭실중학교와 숭실사범 강습과를 거쳐 모교인 숭실중학교에서 교편을 잡고, 이후 숭덕학교와 숭현학교의 교감으로 봉직하였다.

　1908년 평양의 대표적인 장대현교회 장로로 장립된 후, 이듬해 장대현교회에서 분립된 서문밖교회 장로로 시무하였다. 1913년 평양신학교를 졸업한 김선두는 서문밖교회 목사로 시무하였고, 노회장과 총회 서기를 거쳐 43세가 되던 1918년 8월 31일에 평안북도 선천읍 북예배당에서 개최된 제7회 장로회 총회에서 한석진 목사의 뒤를 이어 총회장에 선출되었다.

　김선두가 총회장에 부임한 다음해에 전국적인 만세운동의 기운이 무르익어갔다. 평양의 독립만세운동은 총회장 김선두와 전도사 정일선이 주도하였다. 정일선은 2월초 상하이의 신한청년당에서 활동하던 선우혁으로부터 파리강화회의에 대표를 파견해 조선의 독립을 요구할 것이라는 소식과 함께 국내에서 이에 호응할 것을 요청받았다. 그리고 2월 23-24일에 걸쳐 길선주의 집에서 윤원삼, 도인권, 안세환과 함께 3월 1일 서울 만세운동에 찬성하여 평양에서도 시위를 벌이기로 하였다.

　김선두 목사는 이일영, 김이제, 강규찬 목사, 정일선 전도사와 함께 평양에 있는 장로교와 감리교 여섯 교회가 연합한 독립선언식과 시위를 계획하였다. 김선두가 사회를 맡고, 강규찬이 강연을, 정일선이 독립선언서 낭독을 맡기로 했다. 3월 1일 1시경 미리 대형 태극기를 걸어놓고 숭덕학교 운동장에 회집한 약 1천 명의 회중 앞에서 예정대로 독립선언식을 거행하였다. 먼저 도인권이 "우리들은 인의仁義로써 주의主義를 삼고 강약 평등주의를 존중할 뜻"을 전하고, 정일선이 선언서를 낭독하였다. 강규찬 목사가 "조국이 자유를 찾게 된 것을 경축해 마지 않는다."는 연설을 하였고, 김선두는 이어 "구속되어 천 년을 사는 것보다 자유를 찾아 백 년을 사는 것이 의의가 있다."고 외쳤다. 마지막으로 윤원삼이 조선독립만세를 삼창하고 군중과 시위운동에 들어갔다.

결국 김선두 목사는 동지들과 함께 체포되었고, 1919년 10월에 열린 제8회 총회는 부득이 부회장이었던 사무엘 마펫Samuel A. Moffett이 주재할 수밖에 없었다. 당시 상황이 제8회 총회 회의록에는 다음과 같이 기록되어 있다.

김선두의 일제 감시대상 카드

> 총회장 김선두 씨가 본년 3월 1일에 조선독립운동사건으로 경성 서대문 감옥에 수금되어 총회로 보낸 편지에 문안함과 축복함과 회장 직무를 부회장 마포삼열 씨에게 위임한 말씀을 서기가 낭독하매, 회중이 슬픈 마음으로 받고 부회장이 회장을 위하여 간절히 기도하다.

김선두 목사는 경성지방법원에서 징역 1년 6개월을 선고 받고 체포된 지 1년 2개월만인 이듬해 1920년 4월 30일 서대문형무소에서 가석방될 수 있었다.

진정한 자유와 육체적 자유

김선두 목사는 출옥 후 평양으로 돌아와 다시 교회를 돌보고 평양장로회신학교에서 강의를 하면서 학생들을 가르쳤다. 그는 민족주의적이고 열정적인 설교로 여러 곳에서 부흥사경회 초청을 받았고, 감옥생활 이후에도 독립에 대한 저항의식은 전혀 줄어들지 않았다. 1920년 10월 11일부터 수일간에 걸친 광주교회 부흥사경회에서는 갈라디아서 5장 1절 이하를 본문으로 '신도의 자유'라는 제목으로 다음과 같은 설교를 하였다.

평양 장대현교회 당회원(1909)

> 윌슨 대통령이 제창한 민족 자결과 자유해방의 복음이 세계인류의 이막을 진동한 이래 강한 자의 목구멍과 다리아래喉下脚下에서 구차한 생활을 감수하던 약소국 민족들이 각자 양춘陽春을 만난 듯, 시일을 얻은 듯 자유를 다시 찾으려고 부르짖는 그 소리가 전 지구의 공기를 혼란케 하는 금일임은 여러분이 이미 각 신문 잡지의 보도로 인하여 아시는 바이어니와 내가 지금 말하고자 하는 이 사유는 작년과 올해 새로이 부르짖은 통속적인 자유가 아니라, 2천 년 전에 십자가 상에서 흘리신 그리스도의 보혈의 값으로 만국만민에게 부여하신 그리스도의 자유이외다. 매국적인 구 아담이 하나님의 계명과 허락을 무시하고 사욕의 포로가 되어 마귀에게 천당을 매도한 이래 고통과 압박에 신음을 불감하는 창생을 구원하시려는 신 아담 예수 그리스도의 보혈을 흘리어 회복하여 주신 자유이외다.
> - 〈기독공보〉(1920.12.15)

김선두는 십자가에 의한 신도의 자유가 영적인 구원뿐만 아니라 육체적이고 물리적인 일제로부터의 자유임을 주장하였다.

청년 김두영과 함께 한 신사참배 반대운동

1931년 일제는 만주사변을 시작으로 대륙침략의 야욕을 드러내며 한편으로 한국인들의 민족정신을 말살시키고자 통제를 강화해 나갔다. 특별히 신사참배가 국가의례일 뿐 종교행사가 아니라고 주장하면서 기독교계 학교에 신사참배를 강요하기 시작했다. 그것은 기독교 신앙을 꺾기 위한 일제의 술수였다. 1937년 중일전쟁 이후에는 학교에서 강요하던 신사참배가 교회에까지 깊숙이, 그리고 더 강력하게 강요되기 시작했다.

김선두는 1935년 이래 만주에서 선교하면서 봉천신학교에서 강의를 하였는데, 일제의 강압적인 신사참배 소식을 접하고 국내에 들어와 신사참배 반대 운동에 나섰다.

신사참배 거부 운동으로 평양경찰서에 체포되었다가 병보석으로 풀려난 김선두는 일본에서 공부하다 하기사경회 강사로 잠시 귀국한 김두영[1917-1995]과 함께 1938년 8월에 일본 본토로 건너가 일제의 신사참배 정책을 막고자 했다. 김두영은 1960년대 초에 소록도의 교회폐쇄문제를 해결하기 위해 담임목사로 소록도에 뛰어든 사람이었다. 당시, 신사참배를 거부하는 목사 장로들이 무차별적으로 구속되는 것을 지켜볼 수밖에 없었던 김두영은 남아있는 목사 장로들을 찾아다니며 일본의 신사참배 문제에 대한 대책을 모색하고 있었다. 일본 유학생활 중에 일본 정계 요인이나 군부 학교 요인들과 안면이 있었던 김두영은 기도하던 중 조국의 목소리를 대변해야 한다는 자신의 사명을 깨달았다. 22살 청년인 김두영은 한국교회를 대표할 인물을 보내달라 기도하며 준비하고 있었던 차에 병보석으로 가석방된 김선두 목사를 만나게 되었다.

63세의 김선두는 청년 김두영과 함께 일본에서 중의원 의원인 마츠야마 츠네지로山常次郎 장로, 궁내 대신 차관 세키야 테사부로關屋貞三郎, 정계와 군부의 원로인 히비키 신료日丕信亮 장로를 만나 진정하며, 조선총독부의 신사참배 강요를 막고자 노력하였다. 일본인들을 직접 만나 한국의 상황을 전하고 독립에 대한 지지를 확보하려는 노력은 이전에도 종종 애국지사들이 사용한 방법이었다.

다시 한국에 건너온 김선두 목사는 미나미 지로南次郎총독의 강압적인 지시에 따른 대한예수교장로회 총회의 강제 신사참배 결의를 막고자 하였다. 그러나 이러한 사실이 탄로나 김선두는 다시 종로경찰서에 구속되고, 장로교도 일제의 압력에 굴복하여 1938년 9월 9일 제27회 총회에서 신사참배를 결의하고 시행하고 말았다. 이때 일제 경찰의 각본에 따라 결의된 성명은 다음과 같다.

> 우리는 신사가 종교가 아니오, 기독교의 교리에 위반하지 않는 본의를 이해하고 신사참배가 애국적 국가의식임을 자각하며 이에 신사참배를 솔선 여행하고 추히 국민정신동원에 참가하여 비상 시국하에서 총후 황국 신민으로서 적성을 다하기로 기함.

아무리 억압적인 여건에서 일본경찰의 간교함에 따라 어쩔 수 없었다 하더라도, 신사참배결의는 한국기독교 선교 50여 년 만에 맞이한 치욕스런 사건이다. 김선두 목사는 1943년에도 신사참배 문제로 감옥생활을 하였다. 해방되자 월남하여 1949년 10월 14일 서울에서 소천하였다.

정부는 김선두의 공훈을 기려 2007년에 건국훈장 애족장을 추서하였다.

유학과 민족과 기독교를 한 몸에 품은
이황의 14대손 선비기독교인
이원영 1886-1958

목사가 땅 사고 집 사는 것은 삯꾼 목자다.
참 목자는 있는 것도 다 하나님께 바친다.

경상북도 안동의 유생, 독립운동가

이원영은 1886년 7월 3일 경상북도 안동군 도산면 원촌동에서 조선 최고의 유학자 퇴계 이황¹⁵⁰¹⁻¹⁵⁷⁰의 14대손으로 태어났다. 유교 기풍이 강한 집안에서 유학과 한문을 익히면서 이원영은 곧고 강직한 인품을 형성해갔다. 후에 그의 사촌 이육사가 가진 기개와 민족 사랑 정신을 이원영도 어린 시절부터 이미 길러갔다.

이원영

이육사

유림의 본고장 퇴계의 마을 안동에도 1876년 강화도조약 소식이 날아들고, 이원영의 문중은 봉성측량강습소라는 사립학교를 세워 시대의 변화에 발맞추고자 하였다. 망국의 날이 다가오던 1909년 이원영은 1회로 이 학교를 졸업하였다. 이어 문중이 설립한 보문의숙에 입학했는데 보문의숙은 안동, 영주, 봉화, 영양지역의 인재들이 신문학을 수학하던 학문센터였다. 그는 여기서 자연과학, 사회과학, 역사, 어학, 수학 등의 서양문물과 학문을 접하고 1912년 졸업하였다. 이원영은 유교의 본고장 출신이지만 외세나 서구문물을 무조건 반대하는 위정척사파가 아닌, 개혁유림파에 속해 있었다.

이원영 목사의 생가

1919년 서울에서 3·1만세운동이 일어나자 30대 중반에 접어든 이원영은 경북 예안의 독립만세를 주도했다. 3월 17일 오후 3시 예안시장에 동지들과 군중 수백 명이 같이 모여 대한독립을 외치고, 예안 경찰관 주재소 정문까지 시위행진을 벌였다. 결국, 이원영은 일경에게 붙잡혀 시위주도자로 서대문형무소에서 1년 동안 복역하였다.

이원영이 주도한 예안 만세운동은 안동에 큰 영향을 끼쳐 안동시에서도 만세운동이 일어나게 되었다. 더군다나 기독교와 천도교가 주도한 민족대표 33인 중 유림 출신이 없었고 유림 정신이 썩었다는 냉소를 받던 상황에서 이원영이 외친 독립만세는 더욱 중요한 의미를 지녔다.

그리스도교 신앙인이 되고 나서

안동에서 서대문으로 잡혀 온 이원영에게는 형무소가 복음을 접하게 만든 의미 있는 장소가 되었다. 그는 서대문형무소에서 함께 수감된 유림출신 장로 이상동의 전도를 받고 기독교 신앙을 받아들인 것이다. 그리고 1921년 1월 8일 형무소에서 나온 후 이원영은 미국 북장로회 선교사로 안동지역을 담당하던 존 크로더스John Y. Crothers, 권찬영에게 세례를 받았다.

전통적인 유생의 후손으로 예수를 믿은 이원영이 문중의 가공할만한 핍박을 받은 것은 놀랄만한 일이 아니었다. 문중은 그를 위협했다.

> 우리는 퇴계 선조의 후예로 예수를 믿는 것은 국가와 사회에 대한 수치요,
> 조상에게는 용납 못할 죄인이니 문중에서 축출하고 족보에서 제명한다.

그러나 이원영은 매 주일 10리나 되는 길을 걸어 만촌교회에 출석해 신앙을 지켰다. 시간이 지나 맏형을 제외하고 모두 기독교로 개종한 것은 하나님의 은혜였다. 이원영은 1921년에 자신의 향촌 섬촌에 예배당을 짓고 교회를 개척했다. 예배당 건축과정을 붓글씨로 자세히 기록한 〈섬촌교회

설립 일기〉와 섬촌교회 설립 당시 교인 명부록, 다른말로 생명록이 그의 유품으로 귀하게 남아있다.

1922년 이원영은 크로더스로부터 신구약을 다 읽었다는 〈성경 본 증서〉를 받았는데, 세례를 받은 지 불과 1년 만에 이 증서를 받았다는 것은 그가 기독교인이 되자마자 성경 읽기와 묵상에 얼마나 깊이 몰두했는지를 웅변적으로 보여준다. 그는 처음부터 성경을 통해 신앙을 다듬고 성숙해져 갔다. 한학자로서 몸에 밴 주자학의 경전을 숙독하던 이원영이 이제는 성경을 깊이 읽게 된 것이다.

1925년 인노절Roger E. Winn기념성경학교를 1회로 졸업하고, 조사로 일하다 40이 다되던 1926년 평양신학교에 입학했다. 1930년 제25회로 평양신학교를 졸업하고 경북 영주의 중앙교회와 이산의 용상교회에서 강도사로 목회 활동을 시작했다. 그리고 한반도가 격동의 시기에 진입하던 1930년 12월, 40대 중반의 나이에 목사로 장립을 받았고, 1932년부터 안동의 신세교회(현 동부교회)와 안기교회, 즉 현재의 서부교회를 맡아 교회를 섬기기 시작했다.

이원영은 쉴 새 없이 사경회를 인도하며 성경을 가르치고, 담임목회자가 없는 교회를 주로 심기고, 틈틈이 인노절기념성경학교에서 성경을 가르쳤다. 이원영 목사는 1933년 제24회 경안노회에서 노회장으로 피선된 후 네 차례 더 노회장에 선출되어 경안노회를 이끌었다.

감옥에서 보낸 기나긴 야골 골짜기

1938년 9월 장로회 총회에서 신사참배를 국가의식으로 인정하고 이를 허락하자 크로더스는 신사참배결의에 반대하는 항의서를 총회에 제출하였다. 크로더스의 신앙을 이어받은 이원영 역시 일제의 황민화정책인 조선교육령 개정, 창씨 개명, 신사참배를 철저히 거부했다. 결국, 이원영은 일제의 압력을 받고 안기교회, 즉 지금의 서부교회를 사임했으며, 노회에서도 제명되었다.

산골로 도피한 이원영 가족은 배고픔과 사회적 단절 속에서 하루하루 목숨을 이어갔다. 그러나 이황의 기개를 타고난 것처럼 이원영은 하나님이 주신 소명, 즉 말씀 선포를 멈추지 않고 가족 앞에서 끊임없이 말씀을 선포하였다.

이원영은 일제의 끈질긴 박해로 1939년부터 해방이 되기까지 예비검속으로 수개월씩 모두 4차례나 구금되었다. 3·1만세운동으로 구속된 것까지 합하면 총 다섯 번이나 구속을 겪었다. 한반도 어디서나 볼 수 있었던 일제의 혹독한 고문은 이원영의 몸을 들쑤셔 놓았고, 죽음의 문턱을 몇 번이나 넘나들게 하였다. 그러나 이원영은 신사참배가 신앙과 성경에 어긋나기 때문에 따를 수 없다고 주장하며, 심지어 심문을 받을 때 성경을 펴놓고 성경에 근거해 답변하곤 했다.

이원영은 폐렴과 늑막염으로 잠시 병보석을 얻기도 했지만, 1941년 건강이 회복되자 다시 안동경찰서에 구금되어 가족도 모르게 포항, 영덕, 경산 등 각 경찰서로 옮겨 다니다 해방과 함께 출옥하였다.

광복 후 교회복구와 경안고등성경학교 설립

1945년 경북 경산경찰서 유치장에서 광복을 맞이한 이원영은 교회로 돌아와 일제 탄압으로 없어진 경안노회를 복구하고, 안기교회의 이름을 서부교회라 바꾸고 교회를 다시 세워나갔다. '산 순교자' 이원영은 신뢰와 존경을 받으며 교회복구와 경북 지역 사경회로 분주하게 지냈다. 이미 환갑을 넘어선 고령에도 불구하고 뜨거운 신앙 열정으로 말씀으로 성도들의 마음을 회복시켰다.

수많은 젊은이가 그를 찾아오자 지도자양성이 시급함을 깨닫고 1946년 경안고등성경학교(경안성서학원)를 설립했다. 당시 교회의 수에 비해 목회자 수가 턱없이 부족했고, 1년에 두 달만 교육하는 일종의 단기 성경학교를 운영하고 있을 때였다. 경안고등성경학교에서 이원영 목사를 비롯해 김광현 목사, 김진호 목사가 학생들을 가르쳤고, 올가 존슨Olga C. Johnson, 조운선, 존 크로더스John Y. Crothers, 권찬영, 해롤드 뵈켈Harold Voelkel, 옥호열, 엘라 크로더스Ella M. Crothers, 캐서린 클라크Katherine E. Clark, 곽가전가 함께 했다.

이원영은 경안성서학원을 통해 한국교회 많은 인물을 길러냈다. 명성교회 김삼환 목사도 바로 경안성서학원 출신이다. 이원영에게 가르침을 받았던 사람들은 지금도 그에 대한 존경심을 추억하고 있다. 경안성경학교 1회 졸업생 김원진은 누가복음 17장에 기초한 "무익한 종인 줄 아는가?"라는 이원영의 설교를 여러 번 들었다고 회고하면서, 그의 설교와 삶 또한 겸손했고, 그가 출옥 성도란 자세나 남을 멸시하는 교만한 모습을 전혀 찾을 수 없었다고 증언했다. 문자 그대로 이원영은 항상 자신을 무익한 종으로 알고 살아갔다. 이원용은 경안고등학교와 계명대학교 설립 이사로도 활동하며, 인물 양성에 애를 썼다.

> 목사가 땅 사고 집 사는 것은 삯꾼 목자다.
> 참 목자는 있는 것도 다 하나님께 바친다.

늘 이렇게 말하였던 이원영은 서부교회 예배당을 신축할 때 자신이 가지고 있던 전답을 모두 헌납하였다. 1950년 예배당 터를 닦는 것으로 시작된 서부교회 건축은 한국전쟁으로 일시 중단되었다가 1954년 완공되었다.

신사참배취소성명 주관

이원영 목사는 1954년 제39회 장로교회 총회에서 총회장으로 선출되었다. 신사참배 파문으로 혼란에 빠져 있던 장로교회는 당시 두 차례나 분열을 겪었다. 그런데 남북한 노회가 한자리에 합석한 이 모임에서 이원영은 신사참배 문제를 공개적으로 뉘우치고 참회의 기도를 드린 후, 교단의 화해와 일치를 위해 신사참배취소성명을 발표하였다.

안동교회에서 개최된 제39회 장로교회 총회 사진

> 1938년 9월 9일 평양 서문외교회에서 회집한 제27회 총회에서 신사가 종교가 아님을 결의한 것은 일제의 강압에 못 이긴 결정이었으나 이것이 하나님 앞에 계명을 범한 것임을 자각하고 남부대회가 신사참배 회개운동을 결의 실행했으되 남북통일 총회가 아니었던 고로 금번 남북이 통일된 본 총회는 이를 취소하고 전국교회 앞에 성명함.

김윤찬 목사가 총회장 이원영에게 신사참배를 거부하고 옥고를 겪은 일을 후배들에게 한마디 해 달라고 요청을 하자, 그의 겸손한 대답은 다음과 같았다.

> 나는 그때 잘한 것도 자랑할 것도 없고 다만 마땅히 해야 할 것을 주의 종으로서 의무로 다한 것뿐이다.

이러한 대답이 반증하듯이, 신사참배를 공개적으로 참회한 그의 역할은 한국교회를 위한 마지막 위대한 일이었는지 모른다. 이원영은 1958년 6월 21일 하늘의 부름을 받았다.

1985년 3월 1일, 안동군 풍산면 수곡동에서 이원영 목사 묘비 제막식이 거행되었고, 정부는 1990년 그에게 건국훈장 애족장을 추서했다. 그의 유해는 1999년 이장되어 대전국립묘지 애국지사 제2묘역에 잠들어 있다. 경북 안동시 도산면 원천리에는 봉경 이원영목사 생가가 보존되어 있으며, 안동 성광교회에는 이원영 목사가 직접 제작해 경안고등성경학교에서 사용하던 강대상이 보관되어 있다.

이원영목사 기념비

서부교회 내에 있는 이원영 목사 기념비

훌륭한 가문 고귀한 명성
영광스런 성직 실로 값진 것을
한 몸에 지닌 자랑스럽던
한 인물의 생애
그는 일제의 폭정 아래 수없이 투옥에 당하시며
오로지 나라를 사랑하고 하나님만 바라보고
걸어가셨다
그 독실한 믿음 고결한 인격
온유 겸손한 성품 충성된 하나님의 종
늘 우러러 존경합니다
　　　　　　　　　　　　　　-한경직

1. 사회주의 출현과 한국 기독교

한국에서의 사회주의 운동은 일제 강점기 때 항일 민족운동을 전개하는 과정에서 민족운동의 한 방편으로 나타났다. 1917년 러시아 혁명이 성공하여 소비에트연방(소련)이 등장하면서 볼셰비키 정부가 식민지 약소민족 해방운동에 대한 전격적인 지원을 약속했기 때문에 민족주의자들은 사회주의와 연결해 독립운동을 시도하였다.

임시정부 국무총리를 지낸 이동휘는 1918년 6월 러시아의 하바로브스크에서 '한인사회당'을 만들어 한인 최초의 사회당을 조직했는데, 레닌은 이들에게 독립운동 자금을 제공하기도 하였다.

국내에서의 사회주의 운동은 3·1만세운동의 좌절로 새로운 독립운동론을 모색하고 있던 지식인과 청년층들 사이에 빠르게 확산되었다. 그런데 유물론과 무신론에 근거해 폭력적 방식으로 계급해방을 주장하던 사회주의는 기독교의 원리와 배치될 수밖에 없었고, 결국 한국에서 반기독교운동이 전개되어 기독교와 갈등을 겪기도 했다.

3·1만세운동 이후 교계에서는 교육, 문화, 사회계몽운동을 추진해 기독교정신에 입각한 실력양성운동을 펼치는 한편, 김익두, 길선주, 이용도 같은 부흥사들은 패배주의적이고 허무주의적인 사회 분위기를 반영하듯 초월적이고 신비적 형태의 신앙을 펼쳤다. 3·1만세운동의 준비와 전개과정에서 주도적 역할을 한 한국기독교는 초기 기독교의 사회개혁적이고 역동적 모습을 상실한 채 현세 부정적, 내세 지향적 신앙에 몰두하는 경향이 심해졌다. 이와 함께 적지 않은 교회가 한국의 빈곤하고 비참한 사회현실을 외면하였다. 그리하여 교회 안의 의식 있는 젊은이들이 교회를 떠나고 사회주의 사상으로 전향하기도 했다.

기독교계에서는 사회주의 운동에 대응하며 기독교 사회운동의 다양한 방법을 강구하였고, 이동휘, 김창준, 박차정 같은 인물은 기독교와 사회주의를 연결해 잃어버린 나라를 되찾고자 노력하였다.

레닌 　 이동휘

2. 물산장려운동과 농촌운동

물산장려운동

실력양성운동의 한 가지 방법으로 일본 상품을 사용하지 않고 국산품을 애용하자는 취지로 평양의 조만식을 중심으로 한 민족 지도자들이 일으킨 1920년대 경제적 민족운동이다.

이 운동으로 소비조합을 비롯한 민족기업을 설립하는 일이 촉진되었고, 이런 움직임은 인천을 거쳐 서울의 '조선물산장려회' 창립으로 이어져 이후 전국으로 확산되었다. 예를 들어 남자는 무명베 두루마기를, 여자는 검정 물감을 들인 무명 치마를 입었고, 우리 음식물과 토산품 사용을 실천하자는 것을 기본 정신으로 강조했다.

조만식

물산장려운동사진

기독교 농촌운동

일제의 토지조사사업과 산미증식계획으로 한국인의 80% 이상이 거주하던 농촌사회가 자작농 몰락, 소작농 급증, 농가 부채의 증가에 직면하였고, 농촌사회 전체가 빈곤과 궁핍에 빠져들었다. 이에 사회주의자들은 농민들과 함께 소작쟁의나 농민운동을 일으켜 농민의 생활조건을 개선하기 위한 사회운동을 활발히 진행하였다.

개인 구원과 내면적 신앙을 중시한다는 당대 기독교에 대한 사회주의자들의 비판에 맞서 YMCA에서도 이대위를 중심으로 1923년에서 1925년까지 두 차례에 걸쳐 농촌 조사를 진행하고 문맹퇴치, 농사개량, 협동조합운동과 같은 농촌운동을 적극적으로 추진했다. 또한, 1928년 장로교회의 농촌부가 설치되고 조만식의 지도를 받던 배민수, 유재기, 최문식이 중심이 되어 1929년 6월에 기독교농촌연구회를 조직해 농촌 복음화와 농촌의 경제적 자립을 목표로 활동하였다.

3. 신간회, 근우회

1920년대 중반 국내외에서 사회주의와 기독교의 갈등이 고조되고 있을 때, 민족 분열을 우려한 지도자들이 민족운동연합전선을 결성한 것이 신간회이다. 이는 사회주의 경향을 취하고 있던 〈조선일보〉 기자들과 기독교청년회 지도자들을 중심으로 전개되었다.

1929년 당시 신간회 간부들

신간회 창립총회 모습

1927년 출범한 신간회는 민족적·정치적·경제적 예속의 탈피, 언론·집회·결사·출판의 자유의 쟁취, 청소년·여성의 평형운동 지원, 파벌주의·족보주의의 배격, 동양척식회사 반대, 근검절약운동 전개를 활동목표로 삼고 1930년에는 전국에 140여 개의 지회와 3만 9,000여 명의 회원을 확보하였고, 심지어 일본에까지 지회를 설립하였다. 신간회의 세력이 이렇게 성장하자, 일제의 탄압이 거세져서 대규모 집회를 여는데 어려움을 겪었다. 그렇지만 1929년 11월 광주학생운동이 일어나자 신간회는 진상조사단을 파견해 일제에 대해 학생운동 탄압을 격하게 항의하면서 적극적인 항일운동을 전개하였다.

근우회는 신간회가 조직된 직후, 자매단체의 성격을 띠고 1927년 5월 모든 운동을 효율화하여 새로운 여성운동을 전개하려는 취지로 창립되었다. 1930년에는 지회 수가 70여 개로 늘었으며 일본, 간도를 포함한 국외까지 조직이 확장되었다. 여성문제 토론회와 강연회 개최, 야학 실시, 문맹 퇴치, 여공파업의 진상 조사, 광주학생운동 및 각종 항일학생운동 지도와 지원을 주요 활동으로 하였다.

근우회 간부들 회의하는 모습

신간회와 근우회는 처음 출발 할 때 민족주의자 혹은 기독교인들이 전면에 나서 운동을 이끌었으나, 회장으로 추대된 월남 이상재가 1년 만에 별세하고 이후 사회주의 계열이 주도권을 잡으면서 운동노선과 방법론이 보다 폭력적인 방식으로 바뀌었다. 결과적으로 많은 기독교 측 인사들이 신간회를 떠나면서 조직이 해체되었다. 근우회 역시 사회주의 계열이 주도권을 잡으면서 기독교측 인사들이 대부분 조직을 이탈했다. 결국 신간회나 근우회는 창설 2년 만에 기독교와 민족주의 세력

신간회 창립 멤버들

들이 대거 이탈하였고, 2차 조선공산당 사건과 광주학생사건을 겪으면서 사회주의 지도부가 투옥되어 더 이상 적극적인 활동이 어렵게 되었다.

신간회는 1907년 신민회운동, 1919년 3·1만세운동에 이어 종파나 이념을 초월한 광범위한 민족운동이었으며, 사회주의와의 갈등 속에서도 민족해방을 위해 기독교인과 사회주의자가 연대하였다는 점에서 의의가 있다.

여운형
김규식
함태영
김용기

4부

분열과 신탁을 넘어 하나된 남북의 진정한 해방을 꿈꾸던 시대

분열과 신탁을 넘어 하나된 남북의
진정한 해방을 꿈꾸던 시대

갑자기 주어진 하나님의 선물, 감격과 한계

일제의 한국지배가 마냥 영원할 것 같았지만, 일본은 1945년 8월15일 연합국에 항복선언을 하고 한반도에서 물러나기 시작했다. 한반도를 초토화시켜놓고 명나라에 항복선언 사신을 보낸 임진왜란 시기 무례했던 일본의 데자뷰였다. 물론 한국의 해방은 독립투사들의 눈물겨운 사투, 신사참배반대를 중심으로 한 기독교인들의 종교적 투쟁, 해외동포들의 헌신을 포함한 한국인들의 노력의 결과였다는 사실은 재론의 여지가 없다.

하지만 우리는 8·15해방을 우리 한국인이 쟁취했는가, 외부적 요인에 의해 해방이 주어졌는가를 냉철히 질문해 볼 필요가 있다. 한국의 대표적인 기독교지도자들과 교단들은 스스로 자기 교단을 해체시키고 해방 한달 전인 1945년 7월에 일본기독교 산하의 조선기독교단으로 굴복해 들어갔다. 더 많은 기독교지도자들이 이미 임전보국단을 비롯한 각종 단체를 만들어 일본의 전쟁승리에 앞장서 강연회를 다녔다.

한치 앞을 내다볼 수 없는 1945년 한반도의 상황에서 해방이 주어진 자체가 기적이 아닐까? 필자는 물론 한국의 8·15해방이 일본에 떨어진 원자폭탄, 연합군의 희생, 한민족의 절규가 복합적으로 작용해 부여된 하나님의 선물이라 믿는다. 그러나 당시 우리에게는 해방을 맞고, 해체된 나라를 재건할 물리적이고, 현실적 준비가 넉넉하지 않았다. 40여 년에 다다른 일본의 강압적 지배는 일할만한 사람들의 씨와 에너지, 그리고 우리가 가진 자원을 말려버렸다.

애국자는 실질적인 힘이 부족하고……
기독교인들마저……

20세기 대한민국은 "나라를 팔아먹고 부정을 저지른 사람들은 오랫동안 성공하고, 애국자들의 후손들은 힘들게 산다."는 통념을 바꿀 기회를 수없이 잃어버렸다. 갑자기 찾아온 해방 이후, 우리는 대표적 친일파들을 처단할 기회와 힘마저 제대로 발휘하지 못했다. 일제하에서는 가진 것이 거의 없었어도 진실과 정의가 그래도 힘을 발휘했지만, 해방의 와중에는 지략과 간교함과 영악함이 빛을 더 바랬다. 예기치 못한 자유가 찾아온 현실에서 만주벌판의 기개는 그리 대접을 받지 못했다. 애국자들은 험난한 시절에 사회를 바꿀 실질적인 힘이 부족했을까?

해방의 와중에서, 해방에서, 그리고 한국전쟁 사이에 한국기독교는 무엇을 했을까? 근대의회기관의 일종인 중추원에서 시대의 변혁을 외친 청년 이승만의 기개는 어디로 사라졌을까? 독립협회를 이끌고 간도에서 무장투쟁을 통해 나라의 독립과 해방을 꿈꾸 기독교인들의 기개와 호연지기는 어디로 가 버렸을까? 목사 길선주가 그리 사랑한 매화꽃의 기개는 도대체 어디서 찾을 수 있었단 말인가? 청년성을 그리 강조한 이상재가, 한민족의 '대동'을 꿈꾸던 안창호가 좀더 살아주었다면 어떠했을까? 신사참배를 한 대다수의 사람들이 감옥에서까지 지조를 지킨 신사참배반대자들을 소수파와 분열주의자로 몰아버리는 현실에서 그들은 과연 무엇을 할 수 있었을까?

해방, 분단, 건국의 고뇌

1945년 8·15해방에서 그 해 12월까지 불과 5개월 남짓한 시

1945. 8. 6-9
일본 히로시마, 나가사키 원자폭탄 투하

1945. 8. 15
광복

1945. 8
조선건국준비위원회 발족

1945. 9. 2
38선 성립

1945. 12. 16-25
모스크바 3상회의

기에 한반도는 연합국을 대표한 미국과 소련에 의한 '신탁'의 문제에 부딪쳐 혼란스러운 시간을 보냈다. 40년 남짓 한반도를 폭압적으로 지배한 일제의 문제 대신에 분단과 분열의 문제가 신탁이라는 이름과, 미국과 소련이라는 강대국의 개입 아래 성큼 다가왔다.

일제의 외형적 지배력은 물러갔지만, 더 큰 두 강대국이 민주주의와 공산주의라는 강력한 두 이념을 무기 삼아 한반도에 들이닥쳤다. 이 와중에 친탁과 반탁이라는 양자택일의 상황에서 북과 소련, 남과 미국이라는 이념적 대립구조가 형성되었다. 일제를 상대로 해방을 쟁취하기 위해 함께 싸운 사람들이 "찬탁=좌익" 구조를 만들어 내기도 했고, 한편에서는 사선과 같은 38선을 건너며 남과 북이 하나가 되기를 위해 사력을 다하기도 했다. 김구와 김규식은 이제 쉽게 움직여지지 않는 나이든 육신을 이끌고 하나된 나라를 일구어내기 위해 수 차례나 38선을 넘었다. 그리고 조만식같이 의식 있는 수많은 사람들은 "혼자만 살겠다"고 남쪽으로 내려오지 않고, 북에 있다 순직하고 순교했다.

그러나 아쉽게도 그리고 잔인하게도 일제의 폭압에서 해방의 기쁨을 채 누려보기도 전에 70년이라는 분단과 전쟁과 위협의 기나긴 현대사의 굴절된 역사가 시작되었다. 이리하여 전세계 200여 개의 국가 중에서 해방과 분단을 같이 추억해야 하는 잔인한 현대사를 가진 유일국가가 되어 버렸다. 1948년 시작된 남한과 북한의 각각의 단독정부는 다시는 돌아오지 못할 강을 건너게 했다.

한국 기독교, 기독교인, 너는 어디에 서 있었는가?

민족과 공동체가 위기의 순간에 처했을 때, 하나님은 종종 "너는 그때 어디에 있었는가"라는 질문을 던지신다. 한국개신교 선교 130주년과 해방과 분단 70년을 맞는 2015년, 하나님은 "너는 그때 어디에 있었는가"를 여전히 묻고 있다.

필자는 교회사가로서 130여 년의 개신교역사 가운데 선교사들과 한국기독교지도자들이 가장 열정적이고 헌신적으로 한국사회와 함께 한 기간이 1894년부터 1919년까지 25년 어간이었을 것으로 본다. 이 시기가 바로 민족의 현실을 부여안고, 복음을 전하며, 사회변혁의 주체가 되고자 했던 때다.

단지 지금까지 무시되거나 감추어져 있었을 뿐, "유순한 기독교"를 거부하고 심장엔 성경의 진리를 간직하면서도 양손으로 총과 칼을 들고, 한국의 독립과 해방을 위해 자신의 목숨마저 내던진 수많은 기독교지도자들이 있었다. 이들의 작지만 격렬한 숨소리와 절규가 한국교회와 함께 하기를 소망할 뿐이다.

아직도 필자는 역사적 길목마다 자신의 모든 것을 다 바친 선배들 앞에서 죄인과 겁쟁이가 된 심정이다. 나라도 미처 영적인 진혼가, 레퀴엠이라도 부르며 춤 꾼이라도 되고 싶은 심정이다.

1946
좌우합작위원회 조직

1948. 4
남북협상

1948. 5
대한민국 정부 수립

1948. 9
조선민주주의인민공화국 출범

1950. 6. 25
한국전쟁 발발

좌우가 함께 하는
독립과 해방과 건국을 꿈꾼
여운형 1886-1947

우리는 노동자, 농민을 비롯한 광범한 인민대중이 주인이 되는 진보적 민주주의 사회를 건설해야 합니다. 그러자면 나라를 사랑하고 민주를 사랑하는 각계각층 민중이 하나로 단결해야 합니다. 민주주의민족전선 주위에 단결해야 합니다. 나라의 밑거름인 청년들은 모두 다 새 조선 건설에 분투해야 합니다.

동학 사상 너머의 기독교 사상, 먼 친척 여병현의 영향

여운형은 1886년 5월 25일 경기도 양주군 양서면 신원리 묘골에서 여정현의 장남으로 태어났다. 여운형의 집안은 양반 가문이었지만 삶의 현실은 그렇게 평탄치 못했다. 동학의 2대 교주인 최시형 시절에 여운형의 조부 여규신이 동학에 합류해 여운형 역시 기독교를 접하기 전에 동학사상의 영향을 먼저 받았고, 동학사상을 통해 평등 의식에 눈을 떴다.

여운형

1900년 15세가 된 여운형은 서울로 올라와 배재학당에 입학하고 이후 황성기독교청년회에서 윤치호, 이상재와 같은 기독교계의 지도적 인물들과 교류하였는데, 이러한 배경에는 족숙 여병현의 도움이 있었다. 여병현은 일본을 거쳐 미국과 영국에서 유학한 후 배재학당과 흥화학교 교사로 활동하며 YMCA를 창설하는 데 큰 역할을 한 인물이었다.

여병현과 황성기독교청년회 인사들을 통해 기독교를 접한 여운형은 1906년 고향에 묘곡교회가 설립될 무렵에 기독교를 받아들였다. 이후 서울 승동교회를 담임하던 찰스 클라크Charles A. Clark, 곽안련 선교사의 조사로 5년동안 교회를 섬겼으며, 강원도 강릉읍 근교에 세워진 초당의숙에서 학생들을 가르치기도 했다. 여운형은 1912-1913년 평양신학교의 5년 수업기간 중에 2년을 마치고 중국 유학 길에 올랐다.

3·1만세운동의 진원지, 상하이 신한청년당

평양신학교를 채 마치지 못하고 중국으로 건너간 여운형은 1915-1917년까지 3년간 난징 진링대학金陵大學 영문과에서 공부한 후, 1917년 상하이로 거처를 옮겼다.

1918년 11월 독일의 항복으로 제1차대전이 종결되고, 파리강화회의가 준비되고 있었다. 당시 해외에 거주하고 있던 한국인들은 파리강화회의가 한국이 독립할 수 있는 절호의 기회라 판단했다. 이에 여운형은 상하이를 방문한 미국 대통령 특사 찰스 크레인Charles R. Crane을 만나 한국 대표를 파리에 파견할 수 있도록 도움을 요청하고 독립청원서까지 전달했다. 나아가 그는 신한청년당을 조직해 대표와 총무에 오른 뒤 중국 톈진에 머물던 김규식을 초빙해 파리강화회의 대표로 파견하였다. 이 소식은 일본 유학생에게도 전해져 1919년 2·8 독립선언을 일으키는 촉진제 역할을 하였다.

한편 여운형은 파리대표의 활동을 홍보하고 국내외의 독립운동을 촉구하기 위해 각지로 사람들을 파견하였다. 특별히 장덕수는 일본을 거쳐 국내로 들어와 이상재와 손병희를 만나 3·1만세운동 봉기를 촉구하였고, 선우혁은 평안도 지역에서 이승훈과 양전백을 만나며 3·1만세운동 세력을 결집하였다. 여운형 자신도 아편상인으로 가장하고 만주와 노령 지역으로 떠나 여준, 이동휘, 김약연 같은 민족지도자들을 만났는데, 돌아오는 중 3·1만세운동의 소식을 접하고 급히 상하이로 돌아왔다. 비록 파리강화회의에서 조선의 독립은 논의조차 되지 않았지만, 여운형과 신한청년당의 보이지 않는 노력 속에 거대한 3·1만세운동의 물줄기가 더욱더 강렬하게 솟아오르게 되었다.

신한청년당의 활동을 실은 신문기사

세상에서 가장 강한 무기, "정의와 진리"

여운형은 파리강화회의에 민족 대표를 파송하여 일제에 자신의 이름을 선명히 각인시켰다. 일제는 유능한 청년지도자를 회유하고자 일본 조합교회 목사들을 동원해 여운형을 일본으로 끌어들였다. 여운형의 도쿄 방문은 상하이의 대한민국임시정부와 독립운동 진영 안에서도 논란의 빌미를 제공했고, 일부 사람들은 당시 여운형에게 '일제에 매수된 친일파', '민족의 치욕'이라 극언을 퍼붓기도 했다. 그렇지만 여운형은 "범의 굴에 가야 범을 잡을 게 아닌가. 설사 내가 형장의 이슬로 사라진대도 조선의 독립의지를 만 천하에 천명할 수 있는 절호의 기회를 놓칠 수 없네."라고 하며 일본행을 감행했다. 그는 큰 뜻을 품고 적진에 담대하게 뛰어들었다.

일본에 도착한 여운형은 한국독립을 주장하는 외교와 선전을 펼쳤다. 그는 제국호텔에서 열린 기자회견에서 한국의 독립운동이 세계의 큰 흐름과 부합하는 신의 뜻이며 한민족이 각성한 때문이라 강조하고, 한국의 독립은 한국의 생존권이며 인간의 자연적인 원리라 역설했다. 후에 임시정부는 결국 국무원 포고를 통해 그의 일본행은 "독립운동의 일환"이라고 정리했다.

여운형의 둘째 딸 여연구의 회고록 《나의 아버지 여운형》에서 그녀는 아버지에게 그 당시에 무섭지 않았는지 물어본 내용을 담고 있다. 그때 여운형은 딸에게 이렇게 대답했다.

> 물론 나 혼자요. 저놈들은 방대한 무력을 틀어쥔 대적이니 힘으로는 대비가 안 되지. 그러나 생각해 보면 나는 저놈들에게 빚진 것도, 죄진 것도 없는 정당한 사람이요, 저놈들은 조선에 대죄를 지은 강도들이다. 나는 정의요, 저놈들은 부정의이니 내가 저놈들을 두려워할 까닭이 없었지. 세상에 정의와 진리만큼 강한 무기는 없는 거야.

감옥에서의 깨달음, "자기 인민의 힘으로, 자기 손으로"

내가 독립운동에서 실패한 이유는 큰 나라에 의존해서 독립하려 했기 때문이다. 나는 어리석게도 미국이 조선의 독립을 선사해 주리라 기대했고, 일본의 이성에 호소해서 스스로 침략을 포기하게 하려고 하였다. 또한 소련이나 중국의 힘에 의거해 보려고도 하였다. 자기 인민의 힘을 가지고 자기 손으로 독립해야 한다는 입장과 자세가 서지 못한 것이 실패의 원인이었다.

1929년 상하이 푸단대학復旦大學 축구팀을 이끌고 원정경기를 구실 삼아 말레이시아와 필리핀을 순방하며 반일본, 반제국주의 연설을 하던 여운형은 체포되어 징역 3년을 언도 받고 감옥에 갇혀 자신의 삶을 되짚어 보았다. 여운형은 파리강화회의에 대표를 파견하고, 1919년 이후에는 모스크바에서 레닌을 만나고 이동휘가 창당한 고려공산당에 가입해 활동하였다. 그러나 이동휘가 이끄는 상해파와 오하묵이 이끄는 이르쿠츠크파의 치열한 경쟁으로 1921년 6월 러시아령 자유시(알렉세예브스크)에서 한국독립군 부대와 러시아 적군이 교전을 벌인 자유시 참변이 발생하였다. 그리고 한인사회당이 국제공산당(코민테른)으로부터 받은 운동자금을 이르쿠츠크의 전러한인공산당全露韓人共産黨이 탈취한 국제공산당자금사건이 일어났다. 이러한 파벌싸움을 목격한 후에는 중국의 쑨원孫文을 만나 국민당에 가입하고 중국의 국민혁명에 앞장섰으나 쑨원이 세상을 떠나자 그의 제자 장제스가 쑨원을 따르던 여운형을 체포하려 하였다. 그래서 그는 다시 중국을 떠날수밖에 없었다.

축구대회를 이끈 여운형

나라를 잃고 의지할 곳이 없는 민초들은 어디에 기대어야 할 것인가? 여운형은 감옥에 있으면서 독립은 오직 인민의 힘을 가지고 자신의 손으로 이룩해야 함을 깊이 깨달았다.

> 눈이 내리는 한없이 추운 겨울 밤, 싸늘한 독방에서 모진 잠이 깨어 다시는 잠을 이루지 못하고 있을 때 근방에서 들려오는 몇 줄기 닭의 울음소리는 고적한 심정에 다시 없는 위안이 되었다. 나는 담 너머로 은은히 흘러오는 그 닭 울음소리가 우리 조선이 암흑에서 광명의 길을 맞이할 날이 멀지 않았다는 예고로 들리게 될 때에 용기백배하여졌던 것이다.

감옥에서도 이렇게 독립의 꿈을 놓지 않았던 여운형은 그의 나이 40대 중반을 넘어선 1932년 형기를 마치고 출옥하였다.

"일장기를 달았지만 등덜미에는 조선반도를 짊어지라", 손기정의 일장기 말소사건의 주역

출옥 후 여운형은 1933년 2월 16일 〈중앙일보〉 사장에 취임했다. 당시 정치적 자유가 완전히 금지된 상황에서 종교활동과 언론활동에는 어느 정도의 자유가 주어졌기 때문이다. 일제의 탄압을 적절히 피해 합법적으로 항일운동과 독립운동을 계속하기에 신문사 사장 자리는 나쁘지 않았다.

〈조선중앙일보〉 일장기 말소 신문기사 (1936)

여운형은 사장 취임 후 신문 제호를 〈중앙일보〉에서 〈조선중앙일보〉로 바꾸고 영업과 지면을 혁신했다. 또한 일제의 각종 정책과 이에 협력한 자들을 날카롭게 비판하였다. 여운형은 총독 우가키 가즈시게字垣一成가 농민들을 기만하는 '자작농 창설령'을 발표하자 이에 대한 반박논설을 썼다. 그리고 3·1만세운동 당시 33인 중 변절자인 박희도나 최린의 패륜적 행위를 과감하게 기사화하여 폭로하였다. 적은 일제 같은 외부만이 아니라 내부에도 있었던 것이다.

그가 〈조선중앙일보〉 사장으로 있을 당시 이룬 최고의 업적은 1936년 8월 9일 제11회 베를린 올림픽 마라톤 우승자 손기정의 가슴에 달린 일장기를 지운, 일명 '일장기 말소 사건'이다. 여운형은 손기정에게 조선 민족의 우수성을 전세계에 보여 주어야 한다고 베를린 출전을 격려하였다. 그리고 선수단 대표를 환송하는 자리에서도 선수들에게 "제군들은 비록 가슴에 일장기를 달고 가지만 등덜미에는 조선반도를 짊어지고 간다는 것을 잊어서는 안 된다. 제군들은 조선의 남아라는 것을 잊지 말라."고 당부하였다.

올림픽에 참가한 손기정은 신기록을 세우며 우승했고, 이에 〈조선중앙일보〉는 '마라톤의 제패, 손, 남 양군의 위공'이라는 사설을 포함해 기사를 연이어 게재했다. 게다가 8월 13일자에서 기자 류해붕은 손기정의 가슴에 일장기가 지워진 사진을 게재했고, 〈동아일보〉 기자도 이 동판을 빌려 동일한 사진을 신문에 실었다. 이 사건으로 〈동아일보〉와 〈조선중앙일보〉는 무기정간처분을 당했다. 후에 류해붕은 자신의 여러 기사가 불온하다는 주의를 받았지만, 사장 여운형이 "붓대가 꺾어질 때까지 마음껏 민족의식을 주입할 것이며, 그 놈들의 주의를 들을 필요는 없다."고 격려해 주었다고 회상했다. 이 사건으로 결국 여운형은 총독부의 강요로 인해 〈조선중앙일보〉 사장직을 사임했고, 1937년 〈조선중앙일보〉도 폐간되었다.

조선건국동맹과 건국준비위원회

여운형은 1942년 4월 18일 도쿄에서 목격한 미군기의 공습상황을 설명하며 한국독립의 필연성을 역설하다 2차로 투옥되었다. 그러나 출옥하자마자 여운형은 일제의 패망을 예상하고 건국준비에 힘썼으며, 1944년 좌우각파를 망라하는 비밀결사체인 조선건국동맹을 결성했다. 해방의 기운이 무르익자 상해임시정부에서도 건국강령을 제정했고, 국내에서는 조선건국단과 건국위원회가 조직되었지만 구체적인 건국준비 활동을 한 것은 조선건국동맹이 유일했다.

1945년 해방 직후 여운형은 건국동맹에 기초해 조선건국준비위원회를 결성하고 위원장을 맡아 해방정국의 건국운동을 주도하였다. 중도좌파 정당의 지도자였던 여운형은 좌우합작에 기초한 민족통일을 최종 목표로 중도우파 김규식과 좌우합작 운동을 추진했다. 두 사람은 모스크바 3상회의의 한국에 대한 결정이 임시정부를 수립한 후에 신탁을 실시하는 것임을 일찍이

건국준비위원회 발족식

간파하고, 임시정부를 수립한 후에 신탁문제는 자주적으로 해결할 것을 합의했다. 또한 이들은 남한 내 좌우합작 성공에 기초해 북한과 연계한다는 남북연합을 구상했고, 이를 위해 여운형은 1946-1947년 다섯 차례나 북한을 방문해 김일성을 포함한 북한 수뇌부들과 회담을 가졌다.

진정한 독립을 꿈꾸며 좌우의 연합과 남북의 통일을 위해 애쓰던 여운형은 1947년 7월 19일 우익 테러단체인 백의사白衣社의 행동대원이었던 당시 18세의 한지근에게 암살되었다. 여운형의 시신은 이튿날 광화문 인민당사로 옮겨지고, 70여 정당, 사회단체 합의로 각계 인사들로 장의위원회가 구성되어 인민장으로 장례를 치렀다. 발인 날인 8월 3일 오전 8시, 인민당사를 떠나 광화문과 종로 사거리를 지나 서울운동장으로 향하는 운구행렬에는 수만 명의 시민들이 참석하였으며, 이날 시가지는 모두 철시했다. 정부에서는 여운형의 공훈을 기려 2005년에 대통령장을 추서하였다.

여운형 장례식

참된 자유와 독립된 하나의 나라를 꿈꾼 '흑이 있는 선비', 우사 김규식 1881-1950

좌우합작이 독립을 위한 단계라면
독립을 위하여 내가 희생하겠다.
나는 독립정부를 세우기 위해 나의 모든 것을 희생하겠다.

언더우드를 만난 고아

김규식

우사 김규식은 1881년 부산 동래에서 부친 김지성의 2남으로 출생하였다. 외무관리를 역임하기도 한 양반 관리였던 부친 김지성은 한국에 자전거를 처음으로 들여온 개화 인물이었다. 김지성은 동래 부사 참모관으로 재직 중 부산 개항장에서 일제의 불평등 무역을 지적하는 상소를 올렸다가 귀양을 가게 되었고, 김규식이 6세 때 어머니까지 세상을 떠나자 김규식은 고아와 다름 없는 처지에 놓이게 되었다.

1887년 언더우드의 고아학교에 들어가 김규식의 인생 중 가장 은인인 미국북장로회 선교사 호레이스 언더우드 Horace G. Underwood와 인연을 맺게 되었다. 언더우드 부인은 김규식과 언더우드의 만남을 다음과 같이 회상하였다.

언더우드

언더우드 고아원

> 그 아이가 몹시 아픈 데도 아무도 돌보아주지 않는다는 소식을 들은 언더우드는 자기 몸 역시 좋지 않는 데도 불구하고 분유와 약을 들고 가마를 타고서 아이가 있는 곳으로 찾아갔다. 그 아이는 너무 굶주려서 먹을 것을 달라고 울부짖으며 문창호지를 뜯어내어 삼키려고까지 하였다.

분열과 신탁을 넘어 하나된 남북을 꿈꾸던 시대

유배당했던 아버지가 풀려나자 잠시 고향에 돌아갔던 김규식은 1894년 조부와 형이 사망하자 다시 서울로 올라와 관립영어학교에 입학하고 서재필이 경영하는 독립신문사의 영어 사무원으로 일하였다. 관립영어학교를 수석으로 졸업할 만큼 명석했던 김규식은 17세가 되던 1897년 미국 버지니아주에 있는 로어노크대학Roanoke College 예과에 입학하였다. 1903년에 전체 졸업생 중 3등의 우수한 성적으로 졸업한 그는 1903년 프린스턴대학교 대학원에서 영문학 석사 학위를 받았다. 특별히 영어, 라틴어, 불어, 독일어 등 외국어에 탁월한 재능을 보였는데 이러한 재능은 이후 파리강화회의를 비롯한 여러 국제회의에 대표로 선발되는데 큰 역할을 하였다.

숭고한 신앙심을 가지고 교회 일에 앞장서다

김규식은 러일전쟁의 전운이 감도는 1904년 봄에 미국에서 한국으로 귀국하였다. 러일전쟁 발발 후 강화회담이 미국 포츠머스에서 개최한다는 소식을 접한 김규식은 회의에 참가하기 위해 상하이까지 갔으나 이미 강화회의가 끝나 뜻을 이루지 못하였다.

국내로 돌아온 김규식은 중국으로 망명하는 1913년까지 기독교인으로서의 자신의 신앙을 견고히 하고 교회활동에 집중하는 시간을 보냈다. 여러 회사가 김규식을 원했지만, 그는 새문안교회의 집사와 장로로 섬기며 언더우드의 비서일과 YMCA간사, 경신학교 학감과 같은 기독교와 연관된 일을 주로 하였다.

언더우드 부인은 그러한 김규식의 모습을 이렇게 평했다.

> 청년 김규식은 봉급이나 물질보다도 더 중요한 사명감이 있고, 그는 무엇보다도 민족을 향상시키고 계몽해야 한다는 굳은 목적의식과 사람은

빵만으로 살 수 없으며 더구나 사람은 육신만이 아니라는 숭고한 신앙심을 가지고 있다.

김규식은 새문안교회의 세례문답, 헌당식 등과 같은 교회의 여러 절기 행사에 빠짐없이 참가하였고, 1911년에는 새문안 교회에서 열린 경기충청노회 창립식에 회장 프레데릭 밀러Frederick S. Miller, 부회장 찰스 클라크Charles A. Clark와 함께 서기로 선임되었다. 그리고 이듬해에는 평양에서 예수교장로회총회가 조직되었을 때 경기충청노회 총대표로 참석하는 등 교회의 중요한 직책을 맡아 수행하였다. 이처럼 김규식은 목사가 아니었지만, 목사급 이상의 일을 한국교회를 위해 감당하고 있었다.

새로운 시작으로서의 중국망명과 1919년 파리강화회의

1911년 발생한 105인 사건은 김규식에게 민족의식을 본격적으로 발현하는데 큰 계기가 되었다. 평소 친밀한 관계를 맺던 언더우드를 포함해 윤치호와 같은 한국교계지도자들이 총독암살미수사건의 교사자 및 주모자로 구속되어 반인륜석인 가혹한 고문을 당하는 것을 보며 김규식은 엄청난 분노를 느꼈다. 그래서 김규식은 일본의 간섭과 회유를 벗어나고 동시에 새로운 길을 개척하기 위해 중국망명을 결심하였다.

김규식은 상하이에서 결성한 최초의 해외 망명 정당인 신한청년당에 가입한 후 1919년 2월 한국 대표로 파리강화회의에 파견되었다. 파리강화회의는 제1차 세계대전의 종결과 함께 승전국들이 연합국과 동맹국 간의 평화 조약을 협의하고, 패전국과의 조약협상을 위해 1919년 1월 18일부터 1920년 1월 21일까지 1년 여간 지속된 국제회의였다. 김규식 일행은 파리에 도착하여 불라베라라는 시인의 집에 한국공보국Bureau de Information Cor'een

을 설치하고 일본의 반인류적인 식민통치를 알리는 20여개의 조항으로 이루어진 독립공고서를 만들어 각국 대표와 기자단에게 배포하였다. 또한 80

파리강화회의 임시정부 대표단

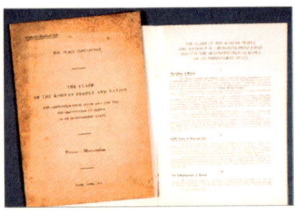

대한민국 임시 정부 명의로 파리강화회의에 제출한 〈독립공고서〉

여명의 각국 대표들과 기자단이 초청된 외신기자 클럽에서 일제 침략의 부당함과 한국 독립의 타당성을 호소했다.

하지만 1차 세계대전의 승전국 일본의 식민지인 한국의 문제가 회의 주제로 상정될리 없었다. 그러나 이 활동으로 김규식은 외교 능력을 인정받을 수 있었고 이후 한성정부 학무총장, 임시정부 외무총장, 대한국민의회 강화전권대사에 오르며 그의 이름을 독립운동 전선의 앞부분에 올려놓았다.

'혹이 있는 선비', 우사

1921년 김규식은 상하이에 도착하여 해외에 있는 한인들의 통일 정부를 수립하기 위해 임시정부활동을 시작했다. 그러나 임시정부는 독립노선의 차이와 내부적 갈등으로 인해 분열되어 있었다. 1921년 소련에서 모스크바 극동인민대표회의가 열리자 김규식은 한국대표단의 대표로 참석하였고 레닌 정부의 후원을 기대하며 연해주로 갔지만, 레닌의 사망 이후 한국 독립운동에 대한 소련 정부의 태도가 급격히 바뀜에 따라 도움은커녕 퇴출 명령을 받을 수 밖에 없었다.

상하이로 돌아온 김규식은 기존의 독립운동 정당과 단체의 파당성과 분파성을 극복할 수 있는 결속력과 통제력을 지닌 정당 설립의 요구를 느꼈다. 그래서 대한독립당, 의열단, 조선혁명당, 한국독립당, 신한독립당이라는 다섯개의 정당을 통합해 민족혁명당을 창당하였다.

김규식은 특정한 이념이나 노선, 인맥, 학맥 등에 메이지 않는 독립운동을 하고자 끊임없이 노력하였으며, 독립운동 세력이 분열되는 것에 대항하여 조선민족전선연맹과 한국독립당을 결성하려고 했다. 이후 1944년 개최된 민족혁명당 전당대회에서 김구가 주석으로, 김규식이 부주석으로 임명되었으며 여러 독립운동 세력의 연대와 협력을 위한 노력을 아끼지 않았다.

김규식은 다양한 활동을 하던 중 두통이 심해지고 눈이 보이지 않아 업무가 가능하지 않자 워싱턴에서 머리 수술을 받게 되었는데, 그는 휴식을 취하지 않고 독립운동을 계속하였기에 두골이 절단된 부분에 혹이 생겼다. 김규식의 호 우사尤士는 바로 '혹 있는 선비'라는 뜻을 지니고 있다.

해방 후 자유와 행복이 있는 하나된 하나님의 나라를 꿈꾸며

해방 후 1차 임시정부의 요인 환국 때 고국 땅을 밟은 김규식은 성결교단에서 발행한 잡지 〈활천〉(1946년 6월 중간 2호)에 고국에서 맞이하는 첫 부활절의 감동을 다음과 같이 서술하였다.

> 무엇을 구할까. 곧 우리의 자유와 행복을 구하자. 그리하여 이 땅 위에 하나님의 나라를 세우자. 만일 우리가 이 나라 건설을 위하여 충성하다가 죽는다면 하늘나라에 들어가 제일 좋은 자리를 차지하리라. 밀 한 알이 죽었다 다시 살아나매 많은 열매를 맺는 것 같이 예수는 부활하셨다. 조선의 교회들아, 예수의 부활이 헛되지 않게 하라.

민족의 분열과 혼란스러움 가운데도 김규식은 이 땅 위에 자유와 행복이 있는 하나님의 나라를 세우고자 하였다.

김규식은 김구와 함께 광복 이후 남북 양쪽에서 일어난 단독정부 수립을 막기 위해 고군분투하였다. 이들은 1948년 북한으로 가서 남북협상에 참석하기도 하였다. 그러나 이러한 노력에도 불구하고 미국과 소련은 한반도를 남한과 북한으로 분할하여 점령하였고, 남북한의 정치세력은 자신들의 권력과 이익만을 추구하였다. 이러한 갈등이 극대화되자, 1950년 6월 25일 한국전쟁이 발발하였다. 이 과정에서 김규식은 납북되어 같은 해 12월 10일 평북 만포진에서 70세의 일기로 생을 마감했다. 정부에서는 그의 공훈을 기리어 1989년에 건국훈장 대한민국장을 추서하였다.

광복 후 처음 맞는 3·1절 기념식(1946)

김순애

부창부수, 김규식의 아내 김순애

김필순의 누이이기도 한 김규식의 아내 김순애는 1889년 한국 최초의 교회가 설립된 황해도 소래에서 출생하였다. 김순애는 집안에서 세운 소래학교에 입학해 신식교육을 받았고, 1901년 오빠 김필순이 가족을 서울로 이주시키고 난 후에는 정신여학교에 입학하여 1909년 3회 졸업생이 되었다. 김순애는 부산의 초량소학교에 교사로 부임하여 한국사를 비롯한 민족적인 교육을 가르쳤으나 구국교육활동이 발각되어 신변에 위협을 느끼자 김필순과 함께 중국으로 망명을 떠났다.

애국지사의 집안 출신답게 김순애는 김규식 못지 않은 왕성한 독립운동을 전개하였다. 주로 임시정부를 지원하며 다양한 여성들의 계몽 교육을 도와 민족운동 참여를 이끌어내는 등의 활동을 하였다. 중국어와 영어에 능통하였던 김순애는 독립운동에서 유능한 외교관 역할을 하기도 하였다.

1919년 1월 김규식과 결혼한 직후에는 김순애 역시 신한청년당의 당원이 되어 상하이의 독립운동 상황과 김규식의 파리강화회담 등에 대한 내용을 전달하는 역할도 하였다. 1920년 1월에는 손정도, 김철, 김립, 김구와 함께 조국광복운동을 위해 임시정부의 재정과 사무를 원조하는 의용단에 유일한 여성 발기인으로 참여하여 〈독립신문〉을 배달하고 독립운동 자금을 모으는 등의 활동을 하였다. 또한 여성 독립운동의 지도자로 1919년 4월에는 대한애국부인회 발기에 참여하였으며, 1923년 상하이에서 열리는 국민대표의회의 대한애국부인회의 대표로 참석하였다.

김순애는 독립운동을 지원하는 일이라면 어떤 일에도 몸을 사리지 않았는데 상하이에서는 독립운동자들의 옷 세탁이나 삯바느질도 하고 하숙을 치고 와이셔츠 공장을 운영하면서 독립운동 자금을 마련하기도 하였다. 1943년 '주의'와 '이념'을 초월하여 애국과 구국을 다짐하는 한국애국부인회를 재결성하여 주석으로 활동하였다.

김순애는 광복 이후 1945년 11월 23일 임시정부요인 1차 환국 때, 남편 김규식을 비롯해 김구, 이시영, 김상덕 등과 함께 고국 땅을 밟았다. 이후 1946년부터 1962년까지 모교인 정신여자중고등학교에서 이사장과 이사로 여성교육에 힘썼다. 그리고 1976년 5월 88세의 나이로 영면하였다. 정부에서는 그녀의 공훈을 기리기 위하여 1977년에 건국훈장 대통령장을 추서하였다.

해방 후 감사원장과 부통령이 된 최초의 근대적 법조인 **함태영** 1872-1964

> 나라가 바로 되려면 정의가 서야 하고, 정의가 서려면 법이 법대로 시행되어야 하는 것인데, 법이 옳게 시행되고 아니고는 오로지 우리 판직자의 손에 달린 것이다.

최초의 근대적 법조인

함태영은 1872년 함경남도 무산에서 함우택의 아들로 태어났다. 11세 때 서울로 상경한 함태영은 법관을 양성할 목적으로 1894년, 갑오개혁 시기에 설립된 법관양성소에 입학하였다. 한국최초의 근대식 법조인 교육기관인 이곳에서 함태영은 동년배 이준과 함께 근대적 법률 및 경제에 관한 전문교육을 배웠다. 6개월 동안의 속

함태영

성과정을 거쳐 양성소를 수석으로 졸업한 함태영은 한성재판소 검사로 법관생활을 시작하였다. 함태영은 한일병탄 이후 경기재판소 판사, 고등재판소(평리원) 검사, 법부 서기관 등을 역임하였고 1911년 사임하기 전까지 총독부 직속의 재판소인 경성공소원의 판사로 활동하였다.

1898년 공화성 수립을 도모한다는 이유로 정부에 의해 내란죄로 고발되어 이상재, 남궁억을 비롯한 독립협회 간부들이 구속된 사건이 발생하였다. 이때 함태영은 17명의 독립협회 간부들을 조사하면서 이상재의 당당함과 정열, 그리고 인품에 매료되었다. 함태영은 이상재를 비롯한 독립협회 지도자들에게서 깊은 인상을 받고, 그들이 매우 가벼운 처벌을 받고 풀려날 수 있게 도와주었다.

함태영은 복부에 생긴 큰 종양으로 사경을 헤매던 중 호레이스 언더우드 Horace G. Underwood의 도움을 받아 완치가 되었는데, 이후 함태영보다 14살 위인 언더우드를 아버지로 따르며 기독교에 입교하게 되었다. 그리고 독립협회 사건으로 수감되었다가 감옥에서 개종한 이상재, 이원긍, 김정식, 유성준이 다니고 있는 연동교회에 함께 출석하였다.

1911년 사법부의 관료직을 내려놓은 그 해에 함태영은 장로가 되었으며, 1915년 평양신학교에 진학하여 남강 이승훈과 같이 신학교를 다녔다.

3·1만세운동을 도운 독립운동가, 최고형을 받다

평양신학교에서 이승훈과의 인연으로 함태영은 3·1만세운동을 준비하는 과정에서 주도적인 역할을 감당하였다. 함태영은 기독교 측의 연합과 동지 규합, 천도교와의 교섭, 서명 날인 주선, 독립선언서 배포를 실질적으로 주도하였으며, 특히 재정을 책임졌다.

1919년 2월 21일 세브란스 병원 내 이갑성의 방에서 모인 기독교 지도자들은 천도교와 연합하여 3·1만세운동을 전개할 것인지의 여부를 두고 밤새 회의를 거듭하였다. 그 다음날, 함태영은 이승훈과 함께 천도교 지도자 최린을 만나 천도교 측의 운영방법을 확인 한 후, 자신의 집에서 다시 모여 천도교와 함께 독립운동을 전개하기로 결정하였다.

이에 2월 26일 독립선언서와 기타 문서에 서명할 기독교 측의 대표를 뽑고, 이튿날 28일에는 이승훈, 박희도, 이갑성, 오화영, 최성모, 이필주, 김창준, 신석구, 박동완을 포함한 기독교 지도자들이 이필주의 집에서 만났다. 그리고 최린으로부터 받은 독립선언서와 기타 문서의 초안을 돌려보고, 당일 참석한 사람들이 기독교 측의 민족대표로 서명하기로 하였다. 그러나 함태영은 최린 등의 부탁을 받아 중요한 역할을 담당하였음에도 33인의 민족대표로 서명하지 않았다. 함태영은 그의 재판기록을 통해 그 이유를 다음과 같이 밝히고 있다.

"투옥된 사람의 가족을 원조해 주는 한편, 독립운동을 계속할 목적이었다. …… 33인의 독립선언 후에 제3차 독립선언자를 비밀편성할 사명을 가지고 있었다."

독립선언서 초안은 문학과 언론계에서 다양한 활동을 하던 최남선이 작성하였는데, 독립선언서의 초안을 받은 최린은 천도교 지도자 손병희, 권동진, 오세창, 불교 지도자 한용운에게 보이고 기독교측에는 함태영을 통해 동의를 얻어 극적으로 독립선언서가 만들어졌다. 함태영은 그처럼 3·1독립선언서 작성과 만세운동준비에 깊이 개입하였다.

이렇게 만들어진 독립선언서 배포는 천도교, 기독교, 불교, 학생 등으로 나누어져 이루어졌다. 기독교에서는 평안도에 함태영, 김창준, 경상도에 이갑성, 경기도와 함경도에 오화영을 책임자로 독립선언서를 배포하였다. 28일, 평안도를 담당한 함태영은 이종일로부터 인쇄된 독립선언서 1천 3백여 매를 받아 그 중 반은 평양에, 나머지는 김창준에게 보냈다. 그리고 3월 1일, 함태영은 독립운동을 전개하다가 체포되었다.

1920년 10월 30일 경성복심법원에서 함태영은 소요 및 출판법·보안법 위반 혐의로 징역 3년을 선고 받았다. 그는 독립선언서에 서명한 33인의 한 사람이 아니었는데도 3·1만세운동 주동자로 기소된 48명 가운데서 손병희, 최린, 이승훈, 한용운 7명과 최고형인 징역 3년을 받았다.

3·1만세운동 참여 체포장

기독교와 남북의 하나님을 추구한 해방 후의 활동

감옥 생활 이후 1922년 평양신학교를 졸업하고 목사 안수를 받은 후 함태영은 청주읍교회를 시작으로 마산 문창교회, 서울 연동교회에서 목회하였다. 특히 1929년 10월에 부임한 연동교회에서는 함태영의 부임 날짜와 위임식에 관한 일체의 기록이 없다. 이것은 함태영의 청렴함을 다시 한 번 나타내 주는 것이라 할 수 있다. 함태영은 모교회인 연동교회 위임목사로 부임해 56살의 완숙한 목회자로서 교회의 내분을 종식시키고, 발전시키는 데 크게 이바지하며, 1941년 원로목사가 되기까지 12년간 목회를 하였다. 그리고 여러 지역의 노회장, 장로교 총회장, 조선신학원 이사장, 조선예수교연합공의회 회장을 포함한 교회 행정가로 활약하였다.

연동교회를 사임하고 원로목사로 추대된 함태영은 경기도 광주에서 지내다 해방을 맞이했으며, 해방 후 함태영은 해방정국에서 기독교 조직을 재건하고, 재편하는 일에도 깊이 관여하였다.

우선 개신교단을 아우르는 조선기독교 남부대회에 법제부장으로 참여하여 교파를 초월한 단일교회를 만드는 일에 적극적으로 나섰으나 초교파적 단일교회 설립은 무산되었다. 각 교파는 각각 독단적으로 교단을 설립하기 시작했고, 함태영은 1946년 6월 조직된 남한의 장로교 조직인 조선예수교장로회 남부총회의 부총회장으로 장로교회의 재건에 앞장섰다.

1945년 10월 이승만이 독립촉성중앙협의회를 발기한 이후, 조선예수교장로회 남부총회는 독립촉성기독교 중앙협의회를 조직하여 발족시켰고, 함태영은 협의회의 회장을 맡았다. 이 조직은 1945년 12월 천주교, 불교, 유교, 천도교, 대종교 등 다른 종교단체와 함께 조선독립촉성 종교단체연합대회를 만들어 신속한 독립을 요구하고 신탁통치를 반대하는데 중추적인 역할을 했다.

감사원장에서 부통령으로

함태영은 1964년 11월 26일, 93세 나이로 현재 감사원장직인 심계원장審計院長에 임명되었다. 심계원은 오늘날 감사원과 비교할 때 감찰기능이 없이 국가의 수입과 지출의 결산 및 감사를 임무하는 기관으로 "국가의 수입지출의 결산은 매년 심계원에서 검사한다."는 1948년 7월에 제정된 제헌헌법 제95조에 따라 설치된 대통령 직속의 헌법기관이었다. 함태영은 취임사에서 이렇게 주장했다.

부통령 시절 함태영

> 나라가 바로 되려면 정의가 서야 하고, 정의가 서려면 법이 법대로 시행되어야 하는 것인데, 법이 옳게 시행되고 아니고는 오로지 우리 관직자의 손에 달린 것이다.

함태영은 제2대 부통령 선거에 출마하여 낙선한 후 새로운 직선제 부통령 후보로 등록하였고, 2위인 이범석과 1백만 표 이상의 차이인 298만 표를 얻어 제3대 부통령1952-1956에 당선되었다. 함태영은 부통령으로서 "국민의 소원과 말이 정치에 도달할 수 있게 하는 교량"의 역할을 하겠다고 하였다.

함태영은 심계원장 시절과 마찬가지로 부통령 재임에도 한국신학대학 학장직을 계속 유지하였으며, 김재준을 도와 해방 후 현재의 한국신학대학의 전신인 조선신학교를 재건하였다. 그리고 신학노선 문제로 장로교단이 분열되어 1953년 대한기독교장로회가 설립되는 과정에서 김재준의 힘이 되어주었다.

4년 후 부통령직의 임기를 마치고 1956년 퇴임한 함태영은 직책의 "어느 것 하나 만족한 열매를 거두지 못하였음"을 부끄러워하며 국민에게 사과하였다. 퇴임 후 세계일주를 하던 중 네덜란드 헤이그에 묻힌 이준의 묘를 찾아 아무 것도 한 것이 없는 자신을 한탄하였다. 그리고 1964년 의정부 자일동에서 영면하였다. 정부에서는 그의 공을 기리어 1962년에 건국훈장 국민장을 수여하였다.

"한 손에 성경을, 또 한 손엔 괭이를……"
한국의 가나안을 꿈꾼 김용기 1912-1988

> 그들의 탄압이 심하면 심할수록 나로 하여금 애국심과 그들에 대한 항거의 힘은 더욱 더해 갈 뿐이었다.······ 공출 반대의 방안으로는 가능한 한, 논농사를 짓지 말고, 공출을 하지 않는 고구마농사 즉, 밭농사를 주로 지어 그것을 식량으로 대용하자는 것 등이었다.

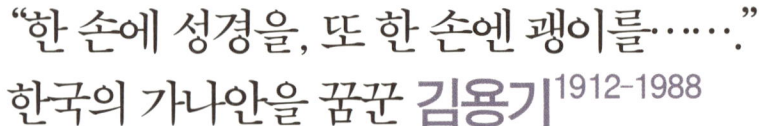

기도로 살린 아들을 민족을 구할 농사꾼으로 만든 아버지

김용기

김용기는 1912년 경기도 양주군 와부면 봉안 마을에서 중농인 김춘교의 넷째 아들로 태어났다. 그의 아버지는 김용기가 원인을 알 수 없는 병으로 어려움을 겪고 있을 때, 한 전도인으로부터 받은 요한복음 3장 16절의 전도지의 말씀에 감동을 받았다. 그리고 그 말씀을 유교식의 "하늘에 순종하면 흥하고, 거역하면 망한다."로 받아들이면서 하나님을 알게 되어 기독교를 믿게 되었다. 그리고 불치병에 걸린 아들 김용기를 위해 간절히 기도했는데, 이때 김용기가 기적적으로 병에서 낫게 되었다.

김용기는 8살에 3·1만세운동을 겪었다. 부친은 마을의 만세운동을 주도하였는데, 당시 3-400명을 이끌고 덕소까지 가는 모습과 태극기의 물결을 보면서 어린 나이에도 김용기는 조국의 소중함을 느낄 수 있었다. 김용기는 14살에 양주 광동중학교에 입학해 성경, 역사, 지리, 산술을 배웠다. 이 학교는 몽양 여운형이 민족계몽을 위해 설립했는데, 바로 이곳에서 김용기와 여운형의 인연의 시작되었다. 해방 직전 김용기는 여운형을 봉안마을에 모셔와 섬길 정도였고, 그의 영향을 받아 더욱 깊은 민족애를 길렀다.

봉안마을에 청년들과 함께 한 여운형

양주 광동중학교를 졸업한 김용기는 서당의 전통교육, 광동학교에서의 근대교육, 아버지를 통한 신앙과 민족주의 의식을 가지고 중국에서 힘을 키워 일본을 정복하겠다는 포부를 지닌채 만주로 갔다. 그러나 선양 서탑교회를 섬기던 이성락 목사의 종용으로 한국으로 다시 돌아오고 말았다. 그리고선 김용기는 자신과 민족의 앞날을 설계하고자 강화도 마니산에 올라가 40일간을 기도 하며 자신의 앞날을 생각하였다.

23살, 한참의 나이에 김용기는 자신에게 신앙과 조국을 사랑하는 마음을 심어준 아버지를 잃었다. 그의 아버지는 창세기 3장 16절 말씀에 근거해 "농사꾼이 되라."는 유언을 그에게 남겼다.

> 우리나라의 경우, 지식인일수록 농사를 지어야 한다. 농사야말로 산업의 원동력인데, 역대로 지식인들이 농사를 기피하고 무식한 촌맹들만 이 농사일을 해왔기 때문에 우리나라의 경제 문명 등이 후진성을 불면케 되어 결국 일인들의 식민지가 되었다. 우리의 주권을 회복하려면 먼저 경제자립을 해야 한다. 그렇게 되려면 곧 지식인이 농사에 참여하여 농산물을 증산하는 길밖에 없다.

김용기는 아버지의 유언대로 농사를 평생 천직으로 알고, 농사일에 종사하면서 농민을 계몽한 농촌운동가의 삶을 살았다.

십가촌에서 고구마 투쟁까지, 나라와 민족을 위한 이상촌

아버지의 유언대로 김용기는 농촌을 지상낙원으로 만들기 위해 이상촌을 세울 것을 계획하고, 자신의 고향 봉안 마을 앞에 위치해 있는 산 4,100평을 구입하는 것을 그 시작점으로 삼았다. 이상촌 입주가 시작되면서 그 가구수가 10가구가 되어 이를 '십가촌'이라고 불렀다.

김용기는 봉안 이상촌을 시작하기 전에 개간한 땅에서 고구마 40가마니를 수확하여 마을 사람들로부터 칭찬을 받은 일이 있다. 고구마는 식량으로도 유용하지만, 풍년이 들었을 때는 팔아서 현금화하는데도 인기 있는 작물이었다. 그러나 고구마를 어떻게 장기간 저장할 수 있는가가 문제였다. 고구마는 수분이 많아서 잘 썩기 때문에 겨울을 지나 봄이 되면 거의 성한 것이 없을 정도였기 때문이었다.

김용기는 고구마를 저장할 방법을 연구하기 시작했다. 수없이 실패한 끝에 4년 만에 '12개월 지하 저장법'이라는 자신만의 방법을 찾아냈다. 당대 많은 농민의 가장 큰 숙제인 고구마저장법을 김용기가 해결한 것이다. 주변의 다른 농가뿐만 아니라 경기도 농민훈련 도장장道場長인 고구마 권위자 일본인 다케다도 이곳을 찾아 그 저장법을 배워갔다.

더욱이 고구마는 일제가 쌀, 보리, 콩과 같은 농작물을 공출해 가던 시기에 공출대상이 아닌 식품이었기 때문에 식량난으로 어려웠던 농민들에게는 진정한 구황작물로서의 의미를 지녔다.

'십가촌'으로 시작한 김용기의 이상촌이 일제강점기에 기독교 신앙을 바탕으로 민족애로 뭉쳐진 공동체였다는 점은 주목할만하다. 이상촌 사람들은 신앙을 갖고 동지애를 기르며 이를 한국 전체에 펼치게 하고 싶었다. 그렇지만 그런 꿈과 이상이 쉽지만은 않았다. 봉안교회 장로였던 김용기는 신사참배와 동방요배를 끝까지 거부해 경찰서에 끌려가 고문을 당하기 일쑤였다. 한번은 일제가 교회 종을 떼어가려 하자 김용기는 종을 지키고자 대신 밥그릇을 내주었다.

김용기는 일제의 어떤 압제에도 굴하지 않고 농민동맹을 결성하였다. 1944년 경기도 용문산에서 동네 각부 농민대표들이 회동해 공출을 반대하고, 징용에 응하지 않을 구체적인 계획을 세웠다. 우선은 각 군, 면, 리가 단합해 징용이나 징병 해당자를 서로가 교환해 숨기거나 기피하게 하기로 했고, 공출에 반대하기 위해 논농사 대신 밭농사를 지어 식량으로 삼자고 했다. 김용기가 고구마재배와 저장법을 그렇게 강조한 것도 일종의 항일운동이요 민족운동이었다.

황무지를 옥토로 만든 가나안농장 개척자

해방 후 김용기는 "이상촌 운동을 전국적으로 전개시켜 덴마크와 같은 이상국을 건설해 보자."는 포부를 갖고 1945년 8월 20일 상경해 동지들을 규합하여 농민동맹을 조직하고자 했다. 그런데 좌익계 조직력을 등에 업은 농민조합과 대결해 실패하고 말았다.

그러던 중 12월 모스크바 3상회의의 신탁통치 결정에 분개한 김용기는 신탁통치 반대 선언문 수천 장을 등사해서 학생들을 동원해 시내 곳곳에 살포하다 40여 명의 동지들과 같이 체포되어 임시군정 치안재판에서 재판을 받았다. 그가 뿌린 선언문에는 "남쪽의 미군도 북쪽의 소련군도 물러가라"는 내용이 들어있었다. 김용기는 자신이 주모자임을 밝히고 군정 반대 죄목으로 5년 형의 선고를 받았으나, 10여 명의 변호인들의 탄원으로 체포된 지 15일 만에 석방되었다.

김용기는 고향 봉안의 이상촌 건설을 시작으로 평생에 걸쳐 총 다섯 군데에서 황무지를 개간해 옥토로 만들었다. 두 번째로 1946년 경기도 고양 은평면에 삼각산 농장을 개척했는데, 정부도 그의 개척 능력을 인정해 농림부장관이 그를 초청해 농촌진흥협회 간부들을 대상으로 강연을 하기도 했다. 세 번째는 1952년 경기도 용인군 원삼면에 6만평을 개간해 '에덴향농장'을 건설했는데, 이곳에는 교회와 복음고등농민학원을 세워 신앙과 민족을 강조했고, 심지어 생활헌장을 만들어 교육의 기초로 삼았다.

넷째로 김용기는 1954년 경기도 광주군에 가나안농장을 설립했는데, 이

것이 오늘날 하남시에 위치한 제1의 가나안농군학교이다. 그는 주변 농민들을 위해 영농강습회를 열고 농사 기술을 가르치고 가나안교회와 소생학교도 설립하였다. 그는 이곳에서 5개년 개간계획을 세워 8천 평의 땅을 개간하는데 성공하였다. 딸기, 토마토, 양배추, 고구마, 감자, 양계, 양봉 등 다각적인 방법으로 농장 운영에 성공해 많은 사람들이 이곳을 방문했다. 심지어 군사정부의 재건운동 요원 3천여 명이 찾아와 교육을 받을 정도였다.

가나안농군학교를 방문한 박정희 최고회의 의장

농사꾼 외길 인생을 걸은 김용기는 1962년 30여 년 쌓은 황무지 개간과 농장 경영을 보다 많은 사람과 나누기 위해 가나안농군학교를 건설했다. 당시 박정희 최고회의 의장이 방문해 견학할 정도로 그는 한국농촌운동의 나침반이었다.

가나안농군학교에 세워진 비석

"일하기 싫어하는 자는 먹지도 말라", 복민福民을 꿈꾼 선각자

30여 년에 걸쳐 이룬 김용기의 업적은 그저 생긴 것이 아니었다. 그는 아침 4시 일어나 밤 10시에 잠자리에 드는 고달픈 생활을 자처하며 "일하기 싫어하는 자는 먹지도 말라."는 하나님의 말씀을 스스로 먼저 실천하였다. 심지어 그는 몇 차례의 개간 생활에서 식기를 1, 2, 3호로 등급을 매겨 노동의 경중에 따라 식사량을 달리했을 정도였다.

김용기는 1973년 강원도 원주군 신림면에 생애 마지막 이상촌 '신림동산'을 개척했다. 그곳에 제2의 가나안농군학교를 개간했고, 재단법인 가나안복민회를 설립해 복민운동, 즉 '민초들을 복되게 하는 운동'을 폈다.

김용기의 사상의 핵심은 '복민주의'로 정리할 수 있는데, 이는 애굽으로 상징되는 억압과 빈곤, 무지로부터 우리 민족을 해방시켜 가나안으로 상징되는 젖과 꿀이 흐르는 복지로 인도하겠다는 것이었다. 한마디로 백성들을 복되게 하겠다는 것으로 요약할 수 있는 것이 김용기가 꿈꾸고 실천한 이상촌 건립의 목표였다.

최초의 농민장, 그리고 일가(一家)재단

김용기는 한 손에는 성경을, 한 손에는 괭이를 들고 평생 황무지 개척에 힘썼다. 한평생 농민운동가로 산 김용기는 문화공보부장관이 주는 향토문화공로상, 필리핀의 라만 막사이사이상(사회공익부문), 새마을훈장 협동장(대통령) 등 많은 상을 받았다. 1988년 소천한 김용기는 우리나라 최초의 농민장으로 장례가 치러졌다.

김용기가 건설한 가나안농장과 가나안농군학교는 그의 후손들이 이어 해외까지 전파하고 있다. 그가 사후 후손과 지인들은 "땀 흘려 일하고 더불어 사랑의 공동체"를 가꾼 일가 김용기의 뜻을 기리기 위한 일가재단을 만들어 일가사상 세미나나 논문연구 지원을 통해 김용기의 사상을 연구하고 나누고 있다. 또한 세계 12개국이 넘는 곳에서 가나안농군학교를 전개해 외국인 근로자를 지원하고 동남아 선교 지원 사업 등을 전개하며 김용기의 사상을 실천하고 있다.

또한 매년 일가상 시상 등을 통해 일가사상을 전파하고 있다. 일가상은 한국 뿐만 아니라 아시아 지역에 거주하는 사람이라면 한국인은 물론 외국인이라도 아시아 지역의 발전을 위해 봉사한 사람은 누구든 수상자가 될 수 있다. 시상에는 농업기술과 농촌사회 발전에 기여한 사람에게 수여하는 농업부문, 산업의 발전과 근로환경 및 복지에 탁월한 업적을 이룩한 사람에게 수여하는 산업부문, 소외된 사람과 낙후된 분야를 위해 봉사하거나 사회일반의 복리증진에 크게 기여한 사람에게 수여하는 사회공헌부문, 그리고 공동체에 대한 공헌과 의식교육 등을 통해 일가 정신을 현대에 구현하는 청장년 실천가에게 수여하는 청년일가상이 있다.

일가상은 매년 9월 첫째주 토요일에 시상하며, 2014년까지 24번의 일가사 시상식이 진행되었다.

1. 건국준비위원회

　태평양 전쟁 발발 이후 일제의 패망이 다가오자 1944년 여운형을 중심으로 좌우각파를 망라한 조선건국동맹이 결성되어 비밀리에 건국을 준비했다. 1945년 8월 초 일본의 패배가 확실해지자 조선 총독 아베 노부유키阿部信行는 여운형을 찾아가 한국에 있는 일본인들의 생명과 재산을 보호해줄 것을 요청했고, 여운형은 정치범과 경제범의 즉각 석방, 서울의 3개월 치 식량 확보, 치안 유지와 건국 사업에 관한 일본의 간섭 금지를 약속받고 아베의 제안을 받아들였다.

　1945년 8월 15일 해방 직후 조선건국동맹은 조선건국준비위원회로 확대되었으며, 위원장에 여운형, 부위원장에 안재홍과 허헌이 선임되었다. 독립국가 건설, 민주정권 수립, 과도기 질서 유지를 주요 목표로 활동을 시작한 건국준비위원회는 지부도 잇따라 결성되어 8월 말까지 145개 지부가 생겨났다.

해방을 맞아 길거리에 나와 만세 부르는 시민들

조선건국준비위원회 선언문
1. 우리는 완전한 독립국가 건설을 기함.
2. 우리는 전 민족의 정치적, 사회적 기본 욕구를 실현할 수 있는 민주주의 정권의 수립을 기함.
3. 우리는 일시적 과도기에 있어서 국내 질서를 자주적으로 유지하며 대중 생활의 확보를 기함.

　한편, 해방 직후 박헌영을 중심으로 사회주의자들은 1928년 강제 해체된 조선공산당을 재건하고 노동자와 농민이 참여하는 인민 정권을 수립하고자 하였다. 건국준비위원회와 조선공산당은 미군이 한반도에 들어오기 전에 정부를 만들어 놓는 것이 유리하다고 생각해 1945년 9월 6일 옛 경기여고 강당에서 인민대표자회의를 개최하고 조선인민공화국을 수립하였다. 따라서 건국준비위원회는 해체되고 이승만, 여운형, 허헌, 김규식, 김구, 김성수, 안재홍, 조만식 등 55명이 조선인민공화국의 대표위원으로 선임되었다.

그러나 미국과 소련이 38선을 경계로 한국을 나누어 점령하면서 건국운동은 순조롭게 진행되지 못했다. 더군다나 송진우와 김성수 같은 우익 세력은 대한민국임시정부 인사들의 귀국을 기다리며 건국준비위원회에 참여하지 않고 한국민주당을 결성하였다. 이승만 또한 귀국 후에 주석 취임을 거절하였고, 미군정청에서 10월 10일 조선인민공화국의 승인을 거절하는 포고를 발표하자 조선인민공화국은 해체될 수밖에 없었다.

건국준비위원회 수립

여운형

이름	지역	주요직책	교회직분
조만식	평남	건준위원장	장로
이유필	평북	자치위원장	장로
김응순	황해도	건준위원장	장로교 목사
최흥종	전남	건준위원장	장로교 목사
배은희	전북	임시시국대책위원장	장로교 목사
구연직	충북	치안유지회 대표	장로교 목사
백남채	경북	건준위원장	장로교 장로
김우종	강원	건준위원장	감리교 목사

〈해방 직후 건국준비위원회 '도'단위 위원회에서 대표 급으로 활동한 기독교 인사〉

2. 신탁통치와 미소공동위원회

해방 이후, 1945년 12월 미국과 소련, 영국의 외무 장관이 모스크바에서 제2차 세계대전 종전 후 제반 문제의 처리와 한국 문제를 협의하기 위해 일명 '모스크바 3상회의'를 열었다. 미국은 한반도에서 좌파 진영이 우세할 것으로 판단하고 신탁 통치를 제안했지만, 소련은 임시정부의 수립을 제안하였다. 결국 미국과 소련의 제안을 절충하는 임시정부 수립과 5년의 신탁통치가 결정되었다.

조선에 관한 모스크바 3상회의 결정서
1. 조선에 통일된 임시 민주 정부를 수립한다.
2. 이를 위해 미국과 소련의 대표자들이 미소공동위원회를 구성한다.
3. 미소공동위원회가 조선 임시 정부와 상의하여 최고 5년간의 신탁통치안을 작성한다.

한편 1945년 12월 27일 〈동아일보〉가 "미국이 즉시 독립을 주장한 데 대해 소련이 38도선 이북이라도 점령할 목적으로 신탁통치를 제안하였다."고 보도하였는데, 이는 명백한 오보였다.

이에 좌우 정치 세력은 모두 신탁 통치 반대 의사를 밝혔고, 특히 우파 세력은 대대적인 반탁운동을 벌였다. 김구를 비롯한 임시정부 계열은 신탁 통치에 반대하며 임시정부가 과도정부 역할을 맡겠다고 나섰고, 이승만과 한국민주당도 반탁-반소-반공운동을 전개하였다. 반탁의사를 밝혔던 중도파와 좌파는 회의 결정서를 확인한 후 입장을 바꾸어 신탁통치를 찬성하는 입장으로 돌아서는

미소공동위원회

데, 조선 공산당은 '3상 결정 절대 지지' 입장을 밝히고, 하루라도 빨리 미소 공동위원회를 열어 통일된 임시정부를 만들자고 주장하였다.

특별히 여운형과 안재홍이 이끄는 중도파는 미소 분할 점령이 분단으로 이어지지 않도록 남과 북을 아우르는 임시정부를 서둘러 세운 뒤, 단결된 한국인의 힘으로 신탁 통치 실시 여부를 놓고 미국, 소련과 협상해야 한다고 판단하였다.

모스크바 3상회의를 계기로 우파와 좌파가 정면으로 대립하는 상황이 벌어졌다. 38선 이

남에서는 우파 세력이 크게 확장되었고, 이북에서는 반탁을 주장한 우파 세력이 수난을 당했다.

신탁통치를 둘러싼 갈등

모스크바 3상회의 결정에 따라 한국의 독립정부 수립을 원조하기 위해 설립된 미소공동위원회는 1946년 3월 20일 미국 측 대표 소장 아치볼드 아놀드$^{Archibald\ V.\ Arnold}$와 소련 측 대표 중장 스티코프$^{T.\ E.\ Shtikov}$가 참석한 가운데 제1차 회의를 열었다.

그러나 미소공동위원회는 벽두부터 난관에 부닥뜨렸는데, 가장 큰 논란은 민주주의 제정당諸政黨에 관한 해석을 둘러싸고 벌어졌다. 소련 측 대표는 모스크바 3상회의 결의를 반대하는 정당과 사회단체는 임시정부 구성에 참여시킬 수 없다고 주장하였고, 반면 미국 측 대표는 의사 표시의 자유원칙에 따라 모스크바 3상회의 신탁통치안을 반대한다고 해서 임시정부수립에서 제외될 수 없다는 입장을 취했다. 이러한 의견대립으로 미소공동위원회는 아무런 결실 없이 5월 6일부터 휴회에 들어갔고, 그 뒤 1947년 5월 21일에 열린 미소공동위원회도 견해차를 좁히지 못하고 결렬되었다. 결국 소련은 대표단을 서울에서 철수시켰고, 미국은 한국에 대한 신탁통치안을 포기하고 한국문제를 국제연합$^{United\ Nations,\ UN}$으로 이관시켰다.

[연표]

1945. 8. 15	해방
1945	조선건국준비위원회(여운형)
	모스크바 3상회의
1946	제 1차 미소공동위원회
	좌우합작운동(김규식, 여운형)
	남북 별도의 임시 정부 구성
1947	제 2차 미소공동위원회
	여운형 피살
1948	제주 4·3사건
	5·10 총선거
	대한민국 정부 수립, 북한 정부 수립
1949	반민족 행위 특별조사 위원회 활동, 김구 암살
1950	한국전쟁

3. 좌우합작과 통일운동

1946년 3월 20일 모스크바 3상회의의 결정에 따라 미소공동위원회가 열렸으나 우파의 반탁운동과 미-소간의 대립으로 순조롭지 못했다. 두 달을 끌던 회의는 아무런 성과 없이 끝났고, 남북이 서로 다른 길을 걷게 될지 모른다는 우려가 커졌다. 이를 저지하기 위해 여운형, 김규식을 중심으로 중도파가 분단을 막기 위한 좌·우 합작 운동을 제안하였다.

김규식

1946년 7월 좌·우파가 참가한 좌우합작위원회가 결성되었지만, 이승만을 비롯한 한국민주당은 반소·반공을 원칙으로 내세우면서 남한만의 단독정부 수립을 주장하였고, 조선공산당도 친일 민족 반역자 배제, 중요 산업의 국유화, 토지개혁 실시를 주장하면서 좌우합작 노력은 난관에 부딪혔다.

좌우합작위원회 해단식

1946년 말 남과 북의 단독정부 수립을 염두에 두고 각각 임시의회와 임시정부가 구성되었다. 그러나 남쪽에서는 좌파세력이, 북쪽에서는 우파 세력이 배제된 임시정부와 임시의회에 불과했다. 1947년 5월 미소공동위원회가 다시 열렸으나 성과 없이 끝났고, 통일된 민주 정부를 세우려던 중도파의 노력도 좌절되었다.

제2차 미소공동위원회가 결렬되자 1947년 9월 미국은 한국 문제를 국제연합United Nations, UN을 통해 해결하겠다고 나섰다. 소련은 이에 반대하며 두 나라 군대가 동시에 철수하여 한국인 스스로 문제를 해결하도록 하자고 제안하였으나 미국은 이 제안을 거부했다.

1947년 11월 유엔 총회는 미국이 제안한 결의안에 따라 유엔한국임시위원단을 파견했으나, 소련은 이들의 이북 방문을 거부하였다. 이에 미국은 38선 이남에서라도 단독 선거를 시행하겠다고 밝혔다. 단독선거가 분단 정부 수립으로 이어질 상황에서 분단을 막기 위한 남북 협상운동이 중도파 정당 및 사회단체를 중심으로 민족자주연맹을 조직한 김규식과 한국독립당을 이끌었던 김구가 중심이 되어 다시 일어났다.

1948년 2월 김구와 김규식은 김일성과 김두봉 같은 북쪽 지도자들에게 남북협상을 제안하였으나, 시간이 흘러 4월이 되어서야 남북협상을 열 수 있었다. 그러나 미국과 소련은 모두 이 합의안을 무시하였고, 1948년 남과 북에서 각각 단독정부가 수립되었다. 36년간의 일제의 잔인한 억압 밑에서 해방을 맞은 지 3년이 채 되지 않아서 남과 북은 쉽사리 되돌아 올 수 없는 분단의 강을 건너고 말았다.

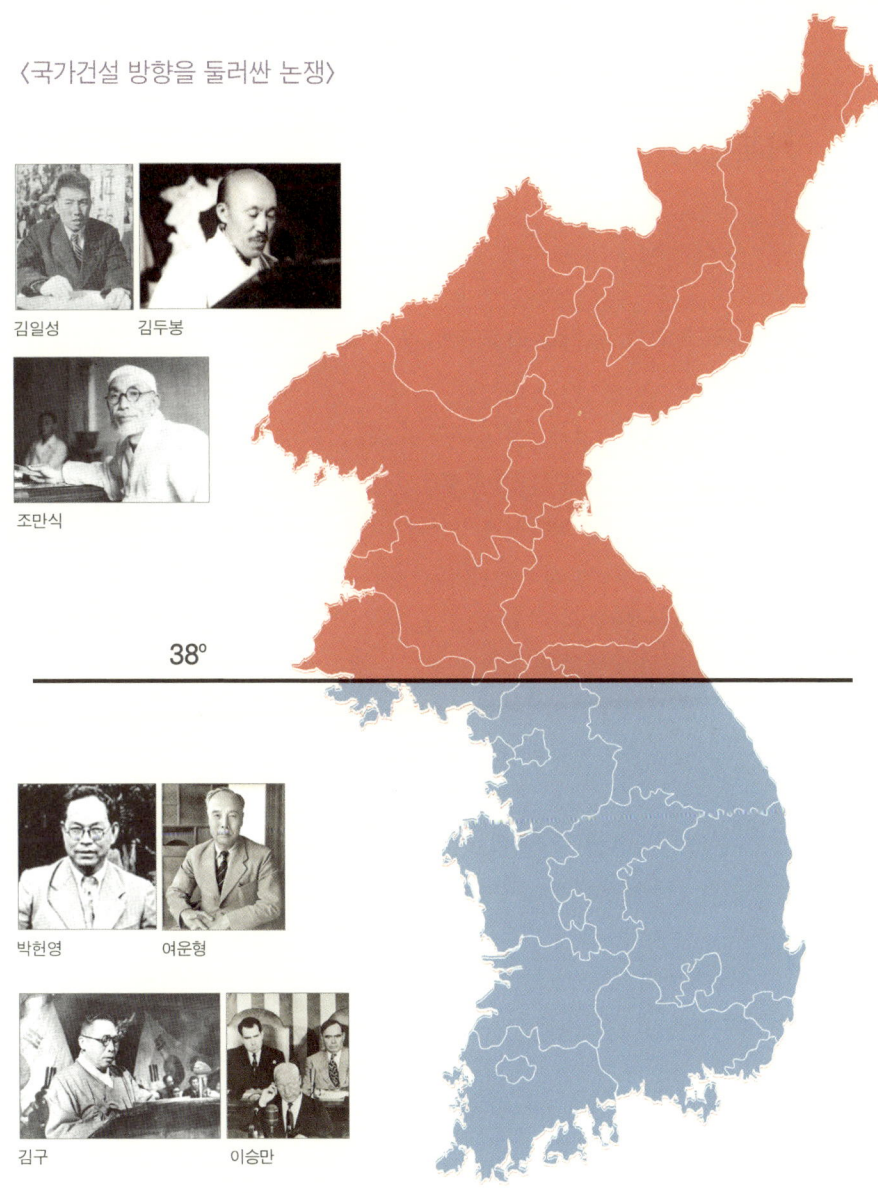

〈국가건설 방향을 둘러싼 논쟁〉

김일성 김두봉

조만식

38°

박헌영 여운형

김구 이승만

분열과 신탁을 넘어 하나된 남북을 꿈꾸던 시대

에필로그

한민족을 복음으로 껴안고 섬긴 기독교지도자 50인

김상옥과 이회영, 성경과 총을 같이 들 수밖에 없었던 나라 잃은 백성들

독실한 기독교인 김상옥은 빼앗긴 조국을 되찾기 위해 암살단을 조직해, 한반도를 강탈한 일본 경찰과 요인을 죽이려 했다. 공부하고 싶었지만 집안 상황이 여의치 않아 어린 시절부터 철물점을 운영하고 말총 모자를 만들어 팔았던 김상옥은 빼앗긴 나라를 되찾는데 자신의 모든 것을 바쳤다. 궐석 재판에서 사형선고를 받은 몸이지만, 총독을 죽이고 군자금을 모금할 겸 서울을 다시 찾은 그는 1923년 1월 일제억압의 상징 종로경찰서에 폭탄을 던져 많은 사상자를 내었다. 이로 인해 수백 명의 일본 경찰의 추격을 받은 김상옥은 거의 한나절이나 대치하면서 16명 이상의 일본인을 처단하고 마지막 한 발 남은 권총으로 자살해 그 파란만장한 생애를 끝냈다.

백사 이항복의 10대손 우당 이회영은 상동청년학원 출신으로 20세기 초반 절박했던 한국정세의 고비 고비마다 깊숙하게 관여했다. 한국의 독립을 호소하기 위해 1907년 세 명의 밀사를 헤이그에 파견하는데도 주도적 역할을 했다. 1910년 빼앗긴 나라 하늘 아래서 더 이상 살 수가 없어 이회영의 6형제가 가진 40만 냥에 이르는 재산을 처분해 만주로 옮겨가 신흥무관학교의 기틀을 놓았다. 이회영은 무력으로 빼앗긴 나라 무력으로 되찾겠다고 중국 전역에서 무력투쟁을 전개하다 여순감옥에서 옥사했다.

김상옥과 이회영 외에도 수많은 사람이 가슴엔 기독교의 하나님을, 양손엔 총과 책을 들고 한국의 독립과 해방을 위해 분투했다. 그릇을 팔아 오산학교를 세워 독립된 나라의 미래를 꿈꾼 이승훈이 날카롭게 지적했듯이, 나라 잃은 백성들을 보고서 자기들만 천당에 앉아있을 수 없었기 때문이다.

로마서 13장 1-3절, 1970년-1980년대 한국교회의 딜레마

1972년 유신헌법 제정과 유신체제의 등장에서 시작해 1987년 노태우의 6·29선언에 이르는 15년 어간 한국사회는 독재타도 항쟁과 민주화 투쟁이라는 격변의 세월을 보냈다. 1970년대 유신항쟁과 1980년 전두환의 5·18로 상징되는 '7-80년대 학번'이라는 단어가 이 시대를 가장 함축적으로 보여주었다.

역설적으로 한국교회, 특히 개신교는 이 시기 가장 큰 양적 성장을 이루었다. 1973년 빌리 그래함 전도대회, '엑스폴로74', 1977년 민족복음화대성회는 한국 개신교회를 한국사회의 '힘이 있는' 집단적 실체로 만들었고, 개신교의 폭발적 교회성장을 대내외에 알렸다. 1980년대 강남구에 위치한 충현교회의 대규모 건축은 한국교회 대형화와 강남스타일화의 전조였다. 이후 대규모 교회건축, 부자세습, 기업형 교회의 양산은 한국개신교회의 주된 자화상을 형성했다.

이 무렵 필자를 비롯한 많은 청년은 복음적인 기독교인들이 쿠데타에 기초한 정권과 이에 협력 혹은 침묵하는 현실에 돌을 던질 수는 없는가를 물었다. 20세기 초반 일제의 식민전략에 협력한 한국인들을 처단할 수 없을까 하는 질문을 연상시켰다. 그런데 많은 이들은 로마서 13장 1-3절을 인용하며 "하나님이 세우신 권위"에 복종하라는 대답을 반복했다. 하나님이 세운 것으로 간주한 정권의 정당성이나 부의 축적과정의 공정성과 사회적 책임은 아예 질문과 의심의 대상이 아니었다. 적지 않은 교회와 지도자들이 어떤 대가와 논란을 치르더라도 이미 세워진 체제에 대한 순종을 강조했다.

이런 조치가 아름다운 순종이 아닌 사실은 굴종이요, 비겁함이요, 부정의라는 것을 우리는 한국교회가 사회로부터 외면을 당한 후에야 뒤늦게 깨닫게 되었다. 청년들을 포함한 많은 사람이 고민 없고 자기 공동체에만 이기적인 교회를 훌쩍 떠난 뒤에 말이다.

해방과 분단 70년에 다시 묻는 한국기독교와 한국사회

아무리 남에게 얻어맞고, 우리끼리 주먹질을 해서 참혹하게 깨져버린 나라라도 이 땅 외에는 달리 갈 곳이 없는 대부분의 민초들에게 그래도 이 나라와 민족의 삶의 현장은 고귀한 것이다. 어쩌면 비록 병 들고 척박한 현장이라 할지라도 더는 물러날 곳이 없으므로 중요한 것인지 모른다.

20세기 한국사회에 가장 중요한 두 가지 화두는 일제의 지배와 해방, 그리고 남북의 분단과 통일이었다. 그런데 사실 '일제'와 '분단'은 서로 깊숙하게 연결되어 있다. 1945년 일본의 폭압적인 지배에서 해방된 지 올해로 70년이다. 참으로 안타깝게도 남북이 분단된 지도 70년이 되었다. 이것이 해방과 분단을 같은 주기로 기념해야 하는 우리 한국민족의 아픈 현실이다.

물론 이 민족이 여기까지 오는데 을사오적 같은 배반자나 친일파만 있었던 것은 아니다. 목숨 걸고 싸웠던 사람들도 적지 않았다. 교회에도 침묵과 내세만 강조한 자들만 있었던 것은 아니다. 한 손에 성경을 또 한 손에 총과 칼과 괭이와 펜을 들고 최전선에서 싸운 기독교인들이 많았다. 단지 그들의 삶과 정신이 일제 협력자들과 반공이데올로기의 혜택을 누려온 사람들에 비해 기억되거나 알려지지 않았을 뿐이다.

이런 맥락에서 이 책은 해방과 분단 70년을 맞이해 구한말에서 1950년 한국전쟁이 일어난 어간까지 한민족의 현실을 복음으로 섬겼던 기독교 민족지도자

50명의 삶과 신앙을 간략하게 되짚어본 책이다. 그리고 21세기 한국교회와 기독교인들이 여전히 분단되고 혼란스런 상태로 남아있는 이 땅에서 어떻게 살아갈 것인지를 묻고자 했다.

사실 이 책은 일명 "50인 시리즈"로 한국기독교를 정리해 나가는 한국고등신학연구원의 세 번째 연구결과이다. 2013년에 한국기독교 역사에 등장하는 대표적 순교자 50명을 정리해 《한반도에 새겨진 십자가의 길》을 출간하였다. 그리고 2014년 한국선교 130주년을 맞이해 1945년 이전에 한국에 들어온 1500여 명의 선교사 중에 50명을 선별해 《한반도에 심겨진 복음의 씨앗》이라는 책을 출간했다. 이번에 해방과 분단 70년을 맞이해 기독교인으로 20세기 한민족 역사의 한 중심에서 활동한 50명의 기독교 민족지도자를 정리해 보았다.

우리는 이 세 권의 책에 기초해 음악을 새로 만들어 음반을 제작하고, 콘서트를 통해 한국교회와 나누고 있다. 한국고등신학연구원은 앞으로 한국기독교 유적지를 50개로 나누어 정리해 책을 출간할 예정이고, 750만여 명에 이르는 전 세계 한인 디아스포라의 이야기를 50개의 주제로 담아 출간할 예정이다.

시대의 아픔과 사유와 냉철한 반성의 공간과 기회마저 잃어버린 한국기독교의 현주소에서 그저 소박하게 우리의 기독교적 신앙의 뿌리와 역사와 갈 길을 되물어보고 싶다. 성장신학과 익숙한 침묵, 자기변호, 일제와 분단을 숙주로 살아온 자들 앞에 몸 사린 한국기독교가 바르게 살려고 몸부림친 선배들을 대면하게 하고 싶다. 그리고 중추원 앞에 선 청년 이승만의 모습, 압록강과 두만강을 건너던 이회영과 김약연의 기개, "교회 하나가 경찰서 천 개보다 낫다"고 주장한 김구의 모습을 나누고 싶었다.

김재현(한국고등신학연구원, 원장)

공훈별 인물(정부예우)

정부예우(공훈별)	이름
대한민국장	강우규
대한민국장	김구
대한민국장	김규식
대한민국장	서재필
대한민국장	안창호
대한민국장	이승만
대한민국장	이승훈
대한민국장	조만식
대한민국장	이준
대통령장	김병조
대통령장	김상옥
대통령장	신홍식
대통령장	양전백
대통령장	여운형
대통령장	이동휘
대통령장	이상재
대통령장	이재명
대통령장	이필주
대통령장	장인환
대통령장	신석구
독립장	구연영
독립장	김인전
독립장	박차정
독립장	우덕순
독립장	전덕기

정부예우(공훈별)	이름
독립장	헐버트
독립장	스코필드
독립장	조종대
국민장	김마리아
국민장	김약연
국민장	손정도
국민장	유관순
국민장	함태영
국민장	남궁억
국민장	이회영
애국장	김인서
애국장	배민수
애국장	이만집
애국장	조신성
애족장	김선두
애족장	김필순
애족장	어윤희
애족장	차미리사
애족장	최흥종
애족장	하란사
애족장	이원영
건국포장	김교신
건국포장	문용기
무궁화장	김용기
해당사항 없음	김창준

1등급(중장) 대한민국장
2등급(복장) 대통령장
3등급(단장) 독립장(국민장)
4등급   애국장
5등급   애족장
등급외   건국포장

이 달의 독립운동가
〈국가보훈처 자료〉

연도	1월	2월	3월	4월	5월	6월	7월	8월	9월	10월	11월	12월
1992년	김상옥	편강렬	손병희	윤봉길	이상룡	지청천	이상재	서일	신규식	이봉창	이회영	나석주
1993년	최익현	조만식	황병길	노백린	조명하	윤세주	나철	남자현	이인영	이장녕	정인보	오동진
1994년	이원록	임병찬	한용운	양기탁	신팔균	백정기	이준	양세봉	안무	조성환	김학규	남궁억
1995년	김지섭	최팔용	이종일	민필호	이진무	장진홍	전수용	김구	차이석	이강년	이진룡	조병세
1996년	송종익	신채호	신석구	서재필	신익희	유일한	김하락	박상진	홍진	정인승	전명운	정이형
1997년	노응규	양기하	박준승	송병조	김창숙	김순애	김영란	박승환	이남규	김약연	정태진	남정각
1998년	신언준	민긍호	백용성	황병학	김인전	이원대	김마리아	안희제	장도빈	홍범도	신돌석	이윤재
1999년	이의준	송계백	유관순	박은식	이범석	이은찬	주시경	김홍일	양우조	안중근	강우규	김동식
2000년	유인석	노태준	김병조	이동녕	양진여	이종건	김한종	홍범식	오성술	이범윤	장태수	김규식
2001년	기삼연	윤세복	이승훈	유림	안규홍	나창헌	김승학	정정화	심훈	유근	민영환	이재명
2002년	곽재기	한훈	이필주	김혁	송학선	민종식	안재홍	남상덕	고이허	고광순	신숙	장건상
2003년	김호	김중건	유여대	이시영	문일평	김경천	채기중	권기옥	김태원	기산도	오강표	최양옥
2004년	허위	김병로	오세창	이강	이애라	문양목	권인규	홍학순	최재형	조시원	장지연	오의선
2005년	최용신	최석순	김복한	이동휘	한성수	김동삼	채응언	안창호	조소앙	김좌진	황현	이상설
2006년	유자명	이승희	신홍식	엄항섭	박차정	곽종석	강진원	박열	현익철	김철	송병선	이명하
2007년	임치정	김광제 서상돈	권동진	손정도	조신성	이위종	구춘선	정환직	박시창	권득수	주기철	윤동주
2008년	양한묵	문태수	장인환	김성숙	박재혁	김원식	안공근	유동열	윤희순	유동하	남상목	박동완
2009년	우재룡	김도연	홍병기	윤기섭	양근환	윤병구	박자혜	박찬익	이종희	안명근	장석천	계봉우
2010년	방한민	김상덕	차희식	염온동	오광심	김익상	이광민	이중언	권준	최현배	심남일	백일규
2011년	신현구	강기동	이종훈	조완구	어윤희	조병준	홍언	이범진	나태섭	김규식	문석봉	김종진
2012년	이갑	김석진	홍원식	김대지	지복영	김법린	여준	이만도	김동수	이희승	이석용	현정건
2013년	이민화	한상렬	양전백	김붕준	차경신	김원국 김원범	헐버트	강영소	황학수	이성구	노병대	원심창
2014년	김도현	구연영	전덕기	연병호	방순희	백초월	최중호	베델	나월환	한징	이경채	오면직
2015년	황상규	이수흥	박인호	쇼우	안경신	류인식	송현주	연기우	이준식	이탁	이설	문창범

《한국기독교 민족지도자 50명》에 수록된 인물들

참고문헌

가나안 농군학교, 《가나안 강의록》, 규장, 1983
강대민, 《여성 조선의용군 박차정 의사》, 고구려, 2004
강만길, 《항일독립투쟁과 좌우합작》, 한울, 2000
고성은, 《신홍식의 생애와 민족 목회 활동 연구》, 삼원서원, 2012
고정휴, 《이승만과 한국독립운동》, 연세대학교 출판부, 2004
국사편찬위원회, 《한민족독립운동사》, 국사편찬위원회, 1990
김교신, 《김교신》, KIATS, 2008
김구, 《백범일지》, 나남출판, 2002
김명섭, 《이회영》, 역사공간, 2008
김삼웅, 《33인의 약속》, 산하, 1997
김삼웅, 《이회영 평전》, 책보세, 2011
김수진·차종순·정성한·임희국·탁지일, 《장로교 최초 목사 7인 리더십》, 쿰란, 2010
김용기, 《나의 한길 60년》, 규장, 1980
김중순, 《아, 대구! 브루엔 선교사의 한국생활 40년》, 평화당, 2013
김행식, 《일재 김병조 평전》, 한민족 독립정신 사상연구회, 2002
김형석, 《일재 김병조의 민족운동》, 남강 문화재단 출판부, 1993
남강문화재단, 《남강 이승훈과 민족운동》, 남강 문화재단 출판부, 1988
남궁억, 《무궁화 선비 남궁억》, KIATS, 2010
남양감리교회, 《남양감리교회 115년사》, 한올문학사, 2012
문충환, 《의사 장인환》, 청조사, 2008
박노원, 《배민수 자서전》, 연세대학교 출판부, 1999
박용옥, 《김마리아》, 홍성사, 2003
박환, 《박우규 의사 평전》, 선인, 2010
방기중, 《배민수의 농촌운동과 기독교 사상》, 연세대학교 출판부, 1999

서대숙, 《김약연》, 역사공간, 2008
서재필, 《자주독립 민주개혁의 선구자 서재필》, KIATS, 2013
서정민, 《겨레사랑 성서사랑 김교신 선생》, 말씀과 만남, 2002
서정민, 《이동휘와 기독교》, 연세대학교 출판부, 2007
신용하, 《독립협회 연구》, 일조각, 2006
신용하, 《백범 김구의 사상과 독립운동》, 서울대학교 출판부, 2003
안창호, 《겨레의 스승 안창호》, KIATS, 2012
여연구, 《나의 아버지 여운형》, 김영사, 2001
유영렬, 《기독교 민족사회주의자 김창준》, 숭실대학교 출판부, 2006
윤경로, 《105인 사건과 신민회 연구》, 일지사, 2004
윤우, 《김상옥 의사》, 백산서당, 2003
윤정란, 《조신성》, 역사공간, 2009
이기서, 《교육의 길 신앙의 길》, 북산책, 2012
이덕주, 《신석구》, 신앙과 지성사, 2012
이만열, 《역사에 살아 있는 그리스도인》, 한국기독교 역사연구소, 2007
이승만, 《독립정신》, 정동출판사, 1993
이은숙, 《민족운동가 아내의 수기》, 정음사, 1975
이장락, 《민족대표 34인 석호필》, 바람, 2007
이현희, 《경재 김인전 목사의 나라사랑》, 동방도시, 2004
임희국, 《선비목사 이원영》, 조이웍스, 2014
장규식, 《민중과 함께 한 조선의 간디》, 역사공간, 2007
전인수, 《김교신 평전》, 삼원서원, 2012
전택부, 《월남 이상재의 삶과 한마음 정신》, 2000
정병준, 《몽양 여운형 평전》, 한울, 1995
정운현, 《강우규》, 독립기념관, 2010
최은희, 《여성을 넘어 아낙의 너울을 벗고》, 문이재, 2003
한상권, 《차미리사 평전》, 푸른역사, 2008
Frank W. Schofield, 《프랭크 스코필드》, KIATS, 2014

이 책에 실린 민족지도자 찾아보기

ㄱ. 강우규 288
　구연영 14
　김교신 370
　김구 252
　김규식 408
　김마리아 146
　김병조 162
　김상옥 302
　김선두 376
　김약연 78
　김용기 422
　김인서 260
　김인전 244
　김창준 202
　김필순 94

ㄴ. 남궁억 354

ㅁ. 문용기 230

ㅂ. 박차정 332
　배민수 318

ㅅ. 서재필 22
　손정도 102
　스코필드 208
　신석구 186
　신홍식 178

ㅇ. 안창호 62
　양전백 170
　어윤희 224
　여운형 400
　우덕순 118
　유관순 216
　이동휘 326
　이만집 236
　이상재 30
　이승만 70
　이승훈 154
　이원영 382
　이재명 126
　이준 38
　이필주 194
　이회영 86

ㅈ. 장인환 110
　전덕기 46
　조만식 310
　조신성 294
　조종대 268

ㅊ. 차미리사 338
　최흥종 362

ㅎ. 하란사 346
　함태영 416
　헐버트 54